古代方言文獻叢刊

華學誠 主編

歷代方志方言文獻集成

曹小雲
曹 嫄 輯校

第四册

中華書局

浙江省　凡三十七種

〔民國〕重修浙江通志稿

【解題】浙江省通志館編，余紹宋等修，孫延釗等纂。民國三十八年（一九四九）修成。「浙江方言志」見第十九册《民族考》、「方言」見第二十册《民族考》。録文據一九八〇年浙江圖書館謄録本《重修浙江通志稿》。

浙江方言志

目録〔一〕

〔一〕目録爲編者所加。

凡例

一、計分天、地、人、宫室、疾病、飲食、器服、動作、情狀、名詞、植物、動物等共十二門〔一〕。

二、每句方言，均以大字書於上。有注解者，以小字書於下〔二〕。方言之義同句異者附焉。

三、各書中之方言，衹注解字義而不説明方言所指，有如字典者概不録。

四、方言另有一説者，則加按字以資區别。

浙江自宋高宗南渡，中州臣民扈蹕相從，散處於各府縣屬，文言土音，參雜其間，爲時又百餘年之久。當時必有甚流行之方言，惜無人彙集成書，而人又狃於微漸而不知覺。是方言一科，非特因風俗、水土不同而異，即交通之輻輳與否，以及軍興政革之頻繁，亦往往隨歷史演變，能於潛移默運之間，促其變易也。兹篇集各縣志所載及臨時采訪所得，並參以往哲著述，略加詮釋，不斤斤於揚子《方言》例也。

一、天

天開　言雨霽，又曰㝩㝩。《湯溪縣志》。

〔一〕正文中尚有「十三釋成語」一門。

〔二〕本編「注解」改用與正文同號字。

鬻　讀如吼。虹霓也，亦作雩。《湯溪縣志》。

矆睒　電也，亦作霍閃、忽閃等字。《湯溪縣志》。

頞　温入聲。水災也。《湯溪縣志》。

旰　讀若愛。日午也。《集韻》音骭，晚也。《漢書·張湯傳》：「日旰，天子忘食。」俗有旰晝、旰飯之語。《蕭山縣志》。

秋老虎　立秋後酷熱。《蕭山縣志》。

日頭　日字讀如業。指太陽而言。《衢縣志》。

日子　指時日之日而言，亦曰一天。有前日、昨日、今日、明日、後日等名。前日之前日曰大前日，後日之後日曰大後日。《衢縣志》。

天光　黎明也，又曰五更早。《衢縣志》。

豆前　午前也，過午曰豆罷。《衢縣志》。

點心邊　晡時也。《衢縣志》。

烏陰底　黄昏時也。又曰煞黑邊。稍早爲邊，稍遲爲底。《衢縣志》。

定更　夜之初更也。有二更鼓、三更鼓、四更鼓，五更鼓則天將亮矣。《衢縣志》。

炖　天暖也。《衢縣志》。

霉　夏多雨時。《衢縣志》。

河西　秋夜銀河也。一作荷西。俗設供，具五穀、酒果曰擺河西，不知何義。又曰派車。《衢縣志》。

烏風凍　冬日雲陰冷甚欲雪時。《衢縣志》。

雪油　霰也。《衢縣志》。

雪子　雪珠也。《衢縣志》。

壺鐸　簷冰如玉柱者。《衢縣志》。

初頭　每月之初一、初二也。中旬曰月半，下旬之廿八、九曰月底。寧海采訪。

頭年　去年也。寧海采訪。

三十夜　十二月之除夕也。寧海采訪。

風暴　狂暴之風也。又曰龍風。《越諺》。

霒霃　久雨陰天。《越諺》。

黭黮　雲黑未雨及久陰。《越諺》。

陰靉　晴雲遮日。《越諺》。

鵝毛雪　雪之大塊者。《越諺》。

鏖懆頭暖　鏖懆音奧照。晴暖過當也。《越諺》。

天曉日夜　謂終日勤勞也。《越諺》。

護日護月　日蝕、月蝕也。諱言蝕，故曰護。《越諺》。

熅烞　霉天氣候。《越諺》。

開雪眼　冬際日光穿漏雲中。《越諺》。

皛晢清天　天無雲翳也。《越諺》。

大年初一　元旦日。《越諺》。

燈頭　元旦至上元。《越諺》。

開春　立春日。《越諺》。

元宵　正月十五日。《越諺》。

歲假　元旦至初五日之總稱。《越諺》。

黄道日　曆中除、危、定、執四日。《越諺》。

黑道日　曆中建、滿、平、收四日。《越諺》。

巧夕　七月初七日之夜。《越諺》。

中元節　七月十五日。《越諺》。

二十夜　十二月念至除夕之二十天〔一〕。不呼日而呼夜，警歲暮也。《越諺》。

〔一〕《越諺》作「自臘月二十至除夕」。

龍虎日　鄉試放榜必擇寅、辰日也。《越諺》。

百花生日　二月初二日。《越諺》。

夾年夾節　年節遇事也。《越諺》。

兩頭春　正初、臘底皆逢春。《越諺》。

一條工夫　俄頃也。《越諺》。

一遘晝　今午至明午。《越諺》。

無頭風　旋風之小者。大者能將水及魚蝦卷至空中，曰挂龍風。黄巖采訪。

二、地

地頭　地方也。《湯溪縣志》。

塘　築土以遏水。《湯溪縣志》。

塘　捍海堤防築土以衛之，瀦淡水，隔鹹水，以保良田廬舍。與别縣之瀦水處曰塘異。《蕭山縣志》。

甿　《説文》：「陌也。」俗謂蔬畦間人行之道曰地甿，讀如岡，亦作坑、埂。《定海縣志》。

淖泥茇頭　土塊曰淖泥，茇頭，草根也。見《説文》。《定海縣志》。

船港　造船時所開之水道曰船港。《定海縣志》。

潭　水底也。《雲和縣志》。

埂　可耕之高地也。田塍所界亦曰埂。《雲和縣志》。

丼　地中有深坎可貯水。古井字，今假爲坎窨之窨。《雲和縣志》。

塇　讀如烘。菜圃曰菜塇，茅廁曰茅塇。《雲和縣志》。

峯　山尖突起，小而圓者曰山峋。讀若炮。《雲和縣志》。

坪　山之平處。《衢縣志》。

塢　山之深處。《衢縣志》。

踏步　路之有階級者。《衢縣志》。

塔壇　石坡光潔不生草木者。《衢縣志》。

溇　汊港窮源處。《越諺》。

蕩　栽菱、養魚之處。《越諺》。

閘　放水入海之木板。《越諺》。

溜　田之水溝也。《越諺》。

礵　音醮。海中暗石也。《越諺》。

笛　音答。數土堆草芃曰一笛、二笛。《越諺》。

埮塲　音壇場。空曠可堆物之處也。《越諺》。

塢壤　棲枝處。《越諺》。

潮汛　潮按時而至也。江海間遇朔、望二日子、午二時，水漲逆流。午曰潮，子曰汐。《越諺》。

埇　音察。田邊斜條。《越諺》。

濠溝　城壘間掘出者。《越諺》。

教場　演武之處。《越諺》。

窪壤　窪音汪去聲。凹成窩處也。《越諺》。

陡疊　兩山夾出水處。《越諺》。

堰陡　盤船過駁處。《越諺》。

山嶴　山阿也。《越諺》。

壩頭　築水拖船之處也。《越諺》。

埠頭　泊船起貨之岸。《越諺》。

石宕　石山鑿餘之深窩。《越諺》。

跶路　歧途也。《越諺》。

瀇哩　小津也。瀇，户孟切。《越諺》。

甕城哩　城外郭内。《越諺》。

寸金地　市廛稠密處。《越諺》。

墘哩　山坳岡脊有通路者。《越諺》。

塓溝　高田出泥之窊挑。《越諺》。

寫橋　上弔城口之橋。《越諺》。

湖埏頭　人家磡邊也。《越諺》。

連底凍　冰之厚到底者。《越諺》。

田畹　田之長闊面積。黄巖采訪。

三、人

儂　人也。《湯溪縣志》。

胡嚨　《説文》：「嚨，喉也。」俗稱咽喉曰胡嚨。《後漢書》：「請爲諸君鼓嚨胡。」今俗顛倒言之曰胡嚨。胡音烏。《定海縣志》。

肩克　俗稱肩曰肩克，亦曰肩甲。按，《説文》：「克，肩也。」是肩克之稱頗古。《定海縣志》。

手肱　俗稱手曰手肱。肱字，《廣韻》隸登韻，今讀古横切，則轉入庚韻。古庚、登本合也。俗又曰手骨。《定海縣志》。

腳脛　俗稱腳曰腳脛。脛字，《廣韻》隸徑韻，今讀古孟切，則轉入映韻，古音徑、映本合也。俗又曰腳骨。《定海縣志》。

胃腕　俗稱胃曰胃腕。按《説文》：「脘，胃府也。」脘音换。《定海縣志》。

胸脘頭　俗稱胸腔曰脘頭。按脘字，《集韻》有二音，一胡玩切，即胃脘之脘。一古緩切，即胸脘頭之脘，讀若管音。《定海縣志》。

嬭嬭脯　《集韻》：「脯，雉膺肉也。」《通俗編》謂人之胸部曰胸脯。今謂乳房曰嬭嬭脯，亦此意。《定海縣志》。

肋胳肢下　胳讀若格，腋下也。《定海縣志》。

手掙𢵧　俗謂肘曰掙𢵧。蓋謂肘爲掙扎及支𢵧之用也。掙𢵧，讀若諍致。《定海縣志》。

腳髁頭　髁音課。《廣韻》：「膝骨也。」俗稱膝蓋曰腳髁頭。《定海縣志》。

腳腸肚　《易》：「咸其腓。」疏：「腓，足之腓腸也。」按醫經稱下脮內側之筋曰腓腸筋。腸，讀如陽，故俗謂腳腸肚。《定海縣志》。

髀股　俗稱臀曰髀股。《說文》：「髀，股也。」通作屁股。《定海縣志》。

腡　音騾。《廣韻》：「手指紋也。」俗謂指紋之作螺旋形者曰腡，亦作螺，即斗也。《定海縣志》。

筲　俗謂指紋之作波浪形者曰筲。筲，即筲箕之簡稱，故亦稱箕。《定海縣志》。

峻　峻，赤子陰也。《老子》：「未知牝牡之合而峻作，精之至也。」《說文》作朘。俗謂男孩之陰曰波羅峻。《定海志》。

胴肛　音洞江。胴，《玉篇》：「大腸也。」肛，《六書故》〔一〕：「大腸端，肛門也。」俗謂大腸

〔一〕故：原脱。

端曰胴肛。《定海志》。

嘴餔　餔音府。俗謂獸畜之喙曰嘴餔。按，餔，亦作頔，通作輔。《説文》：「頰也。」《淮南子》：「靥餔在頰則好，在顙則醜。」《定海志》。

賺頭　俗謂猪舌曰賺頭。舌，音近蝕，商家忌諱，故改爲賺。《定海志》。

凖　音拙。雄鵝頭上肉瘤曰鵝屛。按，屛不見字書，蓋省鼻字而爲之，當作凖。《史記》：「高祖隆凖。」凖，鼻尖也。鵝之肉瘤似人之鼻凖，故名。《定海志》。

脬　音抛。《説文》：「脬，膀也。」俗謂猪之膀胱曰猪尿脬，通作泡或胞。《定海志》。

近睩眼　睩，《説文》：「察也。」《廣雅》：「視也。」俗謂目之近視者曰近睩眼。睩亦眴，通作覷。《定海志》。

乜睩眼　《集韻》：「乜眼。」乜，斜也。俗謂目之細狹而長者曰乜睩眼。《定海志》。

罅睩眼　俗謂蹙眥而視物者曰罅睩眼。謂目縫微啓如罅也。《定海志》。

鬭鷄眼　俗謂目瞳逼近内眥者曰鬥鷄眼。如鷄鬥時，兩眼定向前也。或曰當作鬥睩眼，兩目視線相輳而鬥。《定海志》。

鏤眼　俗謂深目者曰鏤眼。謂目眶如鏤穴也。或曰當是凹字，凹有婁音。《定海志》。

覞睛　《説文》：「覞，目蔽垢也。」俗謂目疾之因淚管腫塞者曰覞睛，訛作偷鍼。《定海志》。

宣髮　髮早白者，俗曰宣髮。此稱頗古。《易・説卦》：「巽爲宣髮。」亦作蒜髮。見《北齊·慕容紹宗傳》。《定海志》。

獠牙　俗謂齒之特長露於脣外。《定海志》。

趼　胼胝也，即手足之厚皮。《莊子》：「百舍重趼而不敢息。」亦作皶，通作繭。《定海志》。

皰　凡皮膚因傷暴起如水泡者皆謂之皰，通作泡。《定海志》。

血瘢　皮膚因傷有血痕者，俗曰血瘢。或謂血痕之隱約者，當作隱字。《定海志》。

有娠　婦女有孕曰有娠，亦作娠。俗讀娠如辰。《定海志》。

小官人　呼童男，稍長曰小夥子、後生。《蕭山志》。

嘔鴉　音窩。《陳造傳》：「寧堪歲攬減，又抱兩嘔鴉。」自注：「淮人以歲饑爲年歲攬減，越人以嬰兒爲嘔鴉。」《蕭山縣志》。

寶寶　《留青日札》：「今人愛惜其子，呼曰寶寶。言如珍寶也。」《蕭山志》。

艿　《直語類録》：「鐘鼎文有韻字，謂乳也。俗作奶，實當爲艿。」《蕭山志》。

眗　深目也，音摳。《埤蒼》：「目深貌。」《蕭山志》。

睩睩　《廣韻》：「古録切，大目也。」《蕭山志》。

齙牙　《集韻》：「步化切，齒出貌。」《蕭山志》。

痳　腹饑也。《博雅》痳音曹，痛也。《蕭山志》。

養出火　小兒養至五六歲，曰養出火。或謂養蠶至三眠後，撤去火具曰出火。蓋蠶家語也。《蕭山志》。

新新婦　新媳婦也。見陶元藻《鳧亭詩話》。《蕭山志》。

爸爸　父也，亦作爹。《景寧志》。

孃　母也，亦作姆媽，又呼曰姐姐。《説文》：「蜀人呼母曰姐。」本有母義。通常相謂爲娘。後母曰晚娘。晚，讀如慢。《景寧志》。

爺爺　祖父也，亦單稱爺，又作公公。《衢縣志》。

太公　曾祖也。《衢縣志》。

太婆　曾祖母也，亦單稱太。《衢縣志》。

伯伯　伯父也。《衢縣志》。

大娘　大，讀如杜，伯母也。《衢縣志》。

叔叔　叔父也。《衢縣志》。

嬸嬸　叔母也。《衢縣志》。

娘娘　姑母也。年長者曰姑媽，其夫曰姑丈。《衢縣志》。

姑婆媽　祖姑。《衢縣志》。

姑太　祖太姑。《衢縣志》。

哥哥　兄也，或稱老況。況，讀如賞。妻曰嫂嫂，或單稱嫂。《衢縣志》。

弟弟　弟也。妻曰弟婦，或稱嬸嬸。《衢縣志》。

舅舅　母之兄弟。《衢縣志》。

舅母　舅舅之妻。《衢縣志》。

姨母　母之姊妹。長者稱大姨娘，幼者稱小姨娘，亦連呼姨姨。《衢縣志》。

阿姨　庶母也。言與適母若有姊妹之義。或曰姨，爲如字轉音，亦通。《衢縣志》。

岳父　妻之父，或稱丈人。《衢縣志》。

岳母　妻之母，或稱丈母。《衢縣志》。

老婆舅　妻之兄弟。《衢縣志》。

親家老　婚姻兩家之互稱。《衢縣志》。

親家母　婚姻兩家之互稱。《衢縣志》。

連襟　兩壻互稱，或呼大、小姨夫。《衢縣志》。

外甥　姊妹之子。《衢縣志》。

公公　伯叔祖。《衢縣志》。

婆婆　伯叔祖母。《衢縣志》。

倪子　兒也，男性。《衢縣志》。

囡　兒也，女性。《衢縣志》。

内侄　妻兄弟之子。《衢縣志》。

舅爺　媳之兄弟。《衢縣志》。

填房　稱繼娶。《衢縣志》。

討小　納妾。《衢縣志》。

嘔呪　音謳華。指兒女之初生者。《越諺》。

奼婼　音諾塔。戲謂女兒。《越諺》。

孝子　甫喪親之通稱。《越諺》。

大人　稱父母、尊長或成年之人。《越諺》。

小人　子女、幼輩。《越諺》。

養媳婦　即童養媳也。《越諺》。

太太們　泛稱富貴之婦人。《越諺》。

老太婆　泛稱年老之婦人。《越諺》。

犽㱮　音牙雅。稱生未百日之嬰。《越諺》。

外公外婆　稱母之父母。《越諺》。

姨婆姨公　祖母之姊妹及其夫。《越諺》。

叔伯姆　姒娣通稱。《越諺》。

如夫人　稱人之妾。《越諺》。

後生家　泛稱年少者。《衢縣志》。

小僂儸　音婁羅。泛稱幼童。《衢縣志》。

老牌子　泛謏老翁。《衢縣志》。

獨養子　衹生一子者。《衢縣志》。

孤哀子　訃父稱孤子，訃母稱哀子，父母俱故稱孤哀子。《衢縣志》。

承重孫　先喪父、後喪祖之訃稱。《衢縣志》。

當家倪子　父老而令子攝家事者。《越諺》。

進舍女壻　舍，讀沙去聲，贅壻也。《越諺》。

姪　兄弟之子女。《越諺》。

小髻頭　髻音毛，嬰。《越諺》。

老爺　稱舉人、進士、翰林及仕官者。《越諺》。

少爺　稱老爺之子。《越諺》。

奶奶　稱老爺之妻。《越諺》。

少奶奶　少爺之妻。《越諺》。

小姐　姐音借上聲。稱老爺之女。《越諺》。

老太爺　稱老爺之父及封翁。《越諺》。

人客　外賓。《衢縣志》。

堂客　婦人。《衢縣志》。

大小娘　大，讀如杜。稱十四五歲以下之閨女。《衢縣志》。

小娭娭　娭，《説文》：「美也。」言其嬌小可愛。作妹妹，非。泛稱十四五歲以上之閨女，或又稱娜嬭。《衢縣志》。

乾爺　寄父也。《衢縣志》。

乾孃　寄母也。《衢縣志》。

蔭孃　乳母也。《衢縣志》。

老板　店東也。疑板爲販之轉誤，謂老於販運之人也。《衢縣志》。

夥計　店友。《衢縣志》。

郎中　醫士，又曰太人。《衢縣志》。

地仙　堪輿師。《衢縣志》。

耳朵　耳也，讀若你。《衢縣志》。

齆鼻　鼻寒也。《集韻》烏貢切。《衢縣志》。

缺子　缺脣者。江山采訪。

吃子　口難於語言者。吃音葛。《史記·韓非傳》作口吃。俗誤爲哈。江山采訪。

啞吧子　有口不能言者。江山采訪。

頭髳　女人挽髮爲髻曰頭髳。《玉篇》：「髳，高髻也。」江山采訪。

劉海圈　小兒剪髮如圈於頂，雛尼多作此妝束。江山采訪。

囟命搭　初生嬰兒留髮以護腦。江山采訪。

搭耳　耳音你。小女子梳髻於兩耳旁邊。江山采訪。

駝子　背曲而若有臃腫者，如駝之有峯也。江山采訪。

蹺子　跛足者。或作蹪腳。蹪義同疐，若顛仆然。衢縣采訪。

困覺　夜睡也。《衢縣志》。

寣　音忽。小睡也。《衢縣志》。

爬起　早起。《衢縣志》。

光棍　鰥夫也。無賴子則曰青皮光棍。《衢縣志》。

曲篤三　手膝。開化采訪。

烤末什塗　腳膝。開化采訪。

族長　族中年輩最長者。開化采訪。

遺腹子　孕而夫死所生者。寧海采訪。

大好老　稱能幹者。寧海采訪。

先生　呼人之通稱。寧海采訪。

孤孀　寡婦。寧海采訪。

大相公　謿嬾者。大相公，本士人之尊稱，言其嬾惰如養尊處優之相公，隨事不動手脚。寧海采訪。

相　紳士之尊稱。於名下添一相字，爲某某相以尊之。寧海采訪。

作頭　稱傭工者。《元史》：「造船作頭。」寧海采訪。

老司　工匠之通稱。寧海采訪。

司父　學徒稱授技能者。反之稱學徒則曰徒弟。寧海采訪。

長年　雇工以年計者，又曰長工。寧海采訪。

忙工　雇工以月計者。寧海采訪。

短工　雇工以日計者。寧海采訪。

三姑六婆　泛稱婦人之搬弄是非者。《輟耕録》：「三姑：尼姑、道姑、卦姑。六婆：牙婆、媒婆、師婆、虔婆、藥婆、穩婆。」寧海采訪。

張三李四　泛稱人頭雜亂。寧海采訪。

單夫隻妻　人口稀少，無長輩，無子女。寧海采訪。

狗頭軍師　亂出主意者。寧海采訪。

老大　稱水手。寧海采訪。

阿大　稱掌櫃者。寧海采訪。

好漢　喜出風頭而工技能者。寧海采訪。

下流　無志氣者。寧海采訪。

婊子　倡妓。寧海采訪。

油頭　輕薄者。寧海采訪。

毛面　犯顔也，謂如畜類面有毛也。寧海采訪。

艮頭　樸實人。寧海采訪。

新娘　新婦。《五代史補》：「李澣婦參李濤，曰：『新婦參阿伯。』」寧海采訪。

陪姑　女嬪相。寧海采訪。

拜堂　結婚。寧海采訪。

通相喚　廟祝喚喏也。寧海采訪。

走堂　幫忙做事之人，指喜事而言。寧海采訪。

唸材頭　道士請靈。寧海采訪。

帶孝　持服。寧海采訪。

出喪　出殯。寧海采訪。

做月半　祭祖。寧海采訪。

傴頭　行禮頭下也。《左傳》：「再命而傴。」寧海采訪。

調戲　引誘婦人。寧海采訪。

庶娜嬭　婢也。江山采訪。

頭盔殼　頭也。江山采訪。

孤老　稱孑身殆盡者。《越諺》。

佲乃　謂爾及爾一黨括言之。《越諺》。

佁儗　佁，額害切。總謂我與我黨人。《越諺》。

傒僇　音移六。謂彼也。《越諺》。

我僇　謂我也。僇，猶儂也。吴稱儂，越稱僇。《越諺》。

俠儗　音夷賴。儕亞也。《越諺》。

犵狫官　音葛老光。泛稱不相識之人。《越諺》。

闊客　揮金如土者。《越諺》。

傚漢　傚音廠。慷慨人。《越諺》。

明公　泛稱作事精明之人。《越諺》。

硬漢　泛稱崛强者。《越諺》。

熟視人　謂常見面者。《越諺》。

驀生人　驀音麥。泛稱不相識者。《越諺》。

本色人　天真爛漫者。《越諺》。

在行人　讀如社杭銀。稱曉事者。《越諺》。

落魄阿四　魄音託。謂不修邊幅者。《越諺》。

行家　市肆儥價主人。《越諺》。

親送　舅爺送新婦初至壻家。《越諺》。

幕師爺　分刑名、錢穀兩學，越士多業之。《越諺》。

檀越　《翻譯名義》：「唐言施主也。」《越諺》。

太先生　業師之父及父之業師。《越諺》。

東家婆　主母。《越諺》。

大老官　聲勢大、好趨承者。《越諺》。

起課先生　賣卜者。《越諺》。

過路郎中　流醫。《越諺》。

王親國戚　言有背景者。《越諺》。

名士　不仕之士而有名望者。《越諺》。

中人　有田中人、屋中人、秤中人、雇工中人、契據中人之别。《越諺》。

行販　小商賈。《越諺》。

經紀　習商賈謀利者。《越諺》。

尼姑　女子出家薙髮者，又稱師姑。《越諺》。

和尚　男子出家落髮者。《越諺》。

頭陀　謂蓄髮戴箍敲響板和尚。《越諺》。

門徒　《册府元龜》：「唐開元二年制：百姓家多以僧、尼、道士爲門徒。」《越諺》。

㱿老　㱿音賀。易爲人所愚者。《越諺》。

朝奉　當鋪之夥。吕種玉《言鯖》：「徽州俗稱富翁。」《越諺》。

鼻頭　僕也。又名底下人，見《燕北雜記》。《越諺》。

竈户　賣滷煎鹽之主。《越諺》。

盤師　鹽舍煎鹽者。《越諺》。

總甲　地保。《越諺》。

佃户　農我田者。《越諺》。

宕户　採石工。《越諺》。

小爐匠　挑擔營業之銅匠。《越諺》。

送媽媽　隨新嫁娘往男家之人。《越諺》。

大士婆　帶髮尼。《輟耕録》六婆中之師婆。《越諺》。

廟道人　女者曰廟道婆，夫婦同住廟狀香燭而非僧道尼。《越諺》。

小沙彌　僧、尼年幼薙髮留圈者。《善覺要覽》：「華言息慈。」《越諺》。

撑船駕長　船長也。《越諺》。

腰機司務　男織布者。《越諺》。

在家出家　身不僧、尼而齋呪平居者。《越諺》。

白摸喫飯　做工不給錢者。《越諺》。

四八老相公　管僧道尼閒事者。《越諺》。

了傏　音唐。駡敗子。《越諺》。

闞客　闞音瓢。宿娼者。《越諺》。

亮眼　賭客能認識牌者。《越諺》。

活手　賭博能掉换牌者。《越諺》。

喇唬　音瀨虎。稱無恥之人。《越諺》。

大辟　犯人之死罪者，即殺頭。《越諺》。

馬快　捕役也。《越諺》。

坐都　分村捕役。《越諺》。

𠑊騙　音密片。謟人誑財者。《越諺》。

劊子手　斬囚者。《越諺》。

假八叔　非正直之人。《越諺》。

遰腳貨　遰音滯。不易銷售之貨，以比人之無能者。《越諺》。

拖油瓶　隨母改嫁之子。《越諺》。

饞牀老　饞音步。孀招後夫來居婦家者。《越諺》。

回頭人　夫亡改嫁，又名二婚頭。《越諺》。

活絜頭　夫存轉嫁。《越諺》。

大膌子　不識好歹之人。《越諺》。

老齩口　指男女私爲夫婦者。《越諺》。

搭色嫪　指瞞妻別私之婦。《越諺》。

無相干倪子　買來之子。《越諺》。

撈靣　音料向。竊盜之隱名。《越諺》。

拐子　騙賣小兒者。《越諺》。

三隻手　專竊人袋中之物者，又名扒手，或翦綹賊。《越諺》。

白撞賊　白日撞竊。《越諺》。

閟背賊　閟音閟。先伏門壁暗處，入夜行竊者。《越諺》。

墮貧　相傳宋時焦光瓚部曲以降金，故錮之，世世不得與民伍。《越諺》。

嫪嫲　墮貧之妻。《越諺》。

班子　唱戲成黏者，有末、外、生、旦、丑、浄等名。其人通稱子弟或脚色。《越諺》。

剔脚　代人剔脚趾甲者。《越諺》。

萬蓮班　專唱萬蓮一齣戲者。《越諺》。

花鼓婆　其鼓槌用花絨紮竹枝，故名。不論老小婦女，到處唱舞度日。上虞崧廈鎮上湖頭、下湖頭人爲之。《越諺》。

天靈骨　頭腦骨。《越諺》。

鼻頭紅　鼻血。《浦江志》。

飯鍬骨　肩背間之闊薄骨，形似飯鍬也。《浦江志》。

頦　音孩。頤下也。《浦江縣志》。

小的　供役使者自稱。《新昌縣志》。

笑面虎　内含奸詐〔一〕，而外滿面春風者。《新昌縣志》。

〔一〕詐：原作「怍」。

老骨頭　罟年老之人。《新昌縣志》。

酒囊飯袋　罟人之無能者。《新昌縣志》。

授兒　撫他人之子爲嗣，亦作螟蛉子、混黄子。《瑞安縣志》。

負喜　有孕，又曰坐喜。《瑞安縣志》。

半子　壻也。《瑞安縣志》。

頸　脰頸。《瑞安縣志》。

面般　人面之四周。《瑞安縣志》。

生娜媄　分娩。江山采訪。

烏毛妳　初生小兒。江山采訪。

腦殼　頭部。常山采訪。

抱頭　胸前。常山采訪。

指脢頭　指也。手之第二指曰鷄公指。常山采訪。

睩睩動　目左右視而不停。目略視曰覞一覞。遂昌采訪。

落月　婦人生産之月。遂昌采訪。

月頭　婦女經期。遂昌采訪。

阿大、大大　俗稱叔父曰阿大，亦曰大大。按，《晉書》謝道藴有「一門叔父，阿大中郎」之稱。《定海縣志》。

囝子　俗呼男子子曰囝子，亦妮子。《定海縣志》。

囡　俗呼女子子曰囡，亦作媛。《定海縣志》。

嬭歡　俗呼食乳嬰兒曰嬭歡。或作嬭花，謂乳汁培養若花也。《定海縣志》。

𥑮玡　《集韻》〔一〕：「吴人謂赤子曰𥑮玡。」按，浙音略變，實皆嬰孩之轉音，似其啼聲也。《定海縣志》。

填房　繼室。《定海縣志》。

老伻　俗稱僕役曰老伻。按，《爾雅》：「伻，使也，從也。」《定海縣志》。

綷縩阿姆　綷縩，音翠蔡。俗謂不修邊幅之人。按，《類篇》：「綷縩，紈素聲。」謂其行動無儀，衣服作聲也。《定海縣志》。

要貨　俗謂婦女之輕佻淫濫者曰要貨，猶言玩也。《定海縣志》。

孱頭　俗謂人之庸懦無能者曰孱頭。按，《廣韻》：「孱，弱也。」《玉篇》：「劣也。」《定海縣志》。

齆　巨鳩切。俗讀轉爲病寒鼻窒也。稱鼻洟曰鼻齆泗，簡呼爲鼻齆。《甬諺名謂籀記》。

骹　音在尻敖之間。脛也。俗呼腳骨節曰腳骹。《甬諺名謂籀記》。

〔一〕集韻：原誤作「方言」。

骭　音在看豻之間。骹也。俗呼腳骹，亦曰腳骭頭頭。《甬諺名謂籀記》。

䯊　骨耑也。俗呼䯊骼頭，讀若滑轤頭。《甬諺名謂籀記》。

髁　髀骨也。俗呼膝上曰腳髁頭，亦曰腳髖骼頭。《甬諺名謂籀記》。

髕　膝耑也。俗呼臏骨蓋。《甬諺名謂籀記》。

汗埴埴　埴音志，微汗也。黄巖采訪。

嗙嗙諤諤　讀若巖岳。出言讜直，凜乎不可犯者。黄巖采訪。

彪氣　恃才傲物。黄巖采訪。

打鼻頭銃　鼻作哼聲，含有輕視之意。黄巖采訪。

不偢不睬　對人態度冷淡。黄巖采訪。

毷氉火性　性躁易怒。按，亦作茅草性，言其遇火易熾也。黄巖采訪。

緑客　强盗。黄巖采訪。

四、宫室

㕟腳屋　㕟音辣。《廣雅》：「庵也。」俗謂小屋曰㕟腳屋。《定海縣志》。

厙頭　厙音舍。正屋與軒房交接處之室，俗曰厙頭，亦作舍頭。《定海縣志》。

㪷　俗謂屋一所曰一㪷。㪷，天口切。《定海縣志》。

石墈　石堪，築石如台也。《説文》：「堪，地突也。」《定海縣志》。

簷楯　楯，乳允切，音盾。簷下階除間曰簷楯，亦作簷脣。又横曰楯，縱曰欄，階除前木欄也。《定海縣志》。

㮰　屋上短桷曰㮰。何晏《景福殿賦》「爰有禁㮰」是也。俗稱椽上所以籍瓦者曰㮰。磚曰磚㮰，竹曰篾㮰。《集韻》：「屋簀也。」《定海縣志》。

撩簷　屋簷挑出於外者。《衢縣志》。

長壽天燈　懸於簷際之燈。衢縣。

鼇頭　牆角高聳者。衢縣。

水梘　亦作筧格，簷溜水者，以鐵皮爲之。衢縣。

道壇　天井。縉雲采訪。

竹籭　音獵。貧家鋪牀之竹扇。《越諺》。

明唐　屋中院落。《越諺》。

甬道　衙署長直之院。《越諺》。

翻軒　廳之近簷處。《越諺》。

坐憩　即便廳。《越諺》。

廊廈　房寢之外簷窗之内。《越諺》。

側廂　正室兩旁之搭廂也。《越諺》。

門擴　音扇平聲。俗作閂，非。《越諺》。

門檻　音嵌。閾也。《越諺》。

門枋　音方。間也。《越諺》。

磝磉　音敦賞。礎也。《越諺》。

甎甎　音專黄。用在瓦下椽間。《越諺》。

歪瓦　比常瓦大，正屋、側屋毗連處斜霤用。《越諺》。

明瓦　昔以蛤殼製成，今則以玻璃製造，更爲明亮。《越諺》。

豎窩　大瓦。《越諺》。

天窗　房屋暗處瓦間改用明瓦，以透天光。《越諺》。

地閣　嫌其潮濕而鋪板者。《越諺》。

薖座　薖音科，呼所居之處。《越諺》。

地坪　甎大方尺者。《越諺》。

臺門　即大門之僭稱。《越諺》。

誃門　音義。即二門。《越諺》。

歡門　寺僧拜懺時所懸者。《越諺》。

山門　寺之大門。《越諺》。

雨棚　街店門前搭棚架簟，爲買主遮雨之用。《越諺》。

鷹架　起亭造橋，先用木料搭架。《越諺》。

庫房　藏囥雜物。《越諺》。

作馬　木匠工作時所用之櫈。《越諺》。

家堂　供祖先牌位處。《越諺》。

卯眼　即種榫處。《越諺》。

竈羹　羹音蟹去聲。坐炊處也。《越諺》。

巷牌　凡節、孝、科，用石坊表如牌，豎於街巷，又名牌坊。《越諺》。

一透　無論屋之幾進，由前至後，皆曰一透。《越諺》。

一進　無論屋之幾間，遞加至十餘間，横者皆曰一進。《越諺》。

地竈　竈之大者。淘鍋煎酒及大寺多丁之家用之。《越諺》。

祠堂　合族供宝匾。《越諺》。

旂杆　舉人豎板斗，進士花斗，狀元將臺斗，角皆有旂。《越諺》。

地線石　起屋時，先夯石如線，以爲牆柱基。《越諺》。

實疊牆　用磚平放實䑽〔一〕，其中不空〔二〕。《越諺》。

〔一〕䑽：原作「䏚」，據《越諺》改。

〔二〕其：原脱，據《越諺》補。

石蕭牆　用亂石疊成。《越諺》。

礓礤步　礓礤音薑察。山居升高處多級石階也。《越諺》。

地窨子　窨音陰。密室掘坎作窨以藏物。《越諺》。

作坊　有酒作坊、錫箔作坊、扇作坊等名。《越諺》。

磉盤　《廣韻》磉音顙，柱下礎石也。《瑞安縣志》。

道壇　《通俗編》：「庭際也。」《瑞安縣志》。

天窗　屋上開窗，以通光線。《瑞安縣志》。

闔　於小切，隔也。俗稱室内分間之壁曰闔壁，庭内分堵之牆曰闔牆。《甬諺名謂籀記》。

五、疾病

瘊子　音艾平聲。心疾也。癲狂、癡瘋皆仝。《越諺》。

瘤　音壘。皮外起小粒。《越諺》。

儂　音寨。痢疾之洞瀉者。《越諺》。

殞　音毛上聲。嘔吐也。《越諺》。

痞　音步。傷寒症復病。《越諺》。

痞　音太平聲。病久不愈亦不死。《越諺》。

殛　與瘚同。人忽如死。《越諺》。

痳子　音挑。飢也。《越諺》。

嗔　音質。口音不清。《越諺》。

嬯子　嬯音堆。愚厚鸁蠢。《越諺》。

瘋子　專指手足癱瘓。《越諺》。

瞓子　目珠不正者。《越諺》。

艹子　足有疾，行不穩者。《越諺》。

痲子　面有痘疤點者。《越諺》。

癩子　頭有瘡無髮者，又名鬎鬁頭。《越諺》。

倭子　倭音窩。説不明白之人。明末多倭寇，而言語不通者。《越諺》。

出痘　方書所載出痘外，又有一種名水痘，稀而粒粗。《越諺》。

齅殠　音信湊。狐腋氣。《越諺》。

痱子　痱音廢。暑熱皮瘤。《越諺》。

瘝癩　瘝音乖。如疿多癢，必搔出血乃止〔一〕。《越諺》。

結癧　瘍痂也。《越諺》。

〔一〕血：原脱，據《越諺》補。

瘰痒　音歷串。又名痰核，生於頸上。《越諺》。

痔病　痔音蒿。痰響胸項間。《越諺》。

刮積　痢疾之不暢解者。《越諺》。

鐙食　鐙音登。傷於多食而不消化。《越諺》。

心痕　音販。惡心欲吐也。《越諺》。

發畚　貪去聲。臉病浮腫。《越諺》。

發背　背疽。《越諺》。

走陽　即夢遺。《越諺》。

發癡　多情不慧。《越諺》。

疰夏　逢夏則病。《越諺》。

粉疿　疿音滓。面瘤，掐出如粉。《越諺》。

膹皴　音春册。嚴冬皮塝。《越諺》。

凍瘃　音冬竹。凍瘡也。天氣過冷，手足耳面皆有之，甚者亦能潰爛。《越諺》。

腳𤺥　音芝。足趾起堅皮如眼樣。《越諺》。

手𪘨　音繭。手掌中堅皮，同趼，農役者居多。《越諺》。

㓟痧　音挑沙。暑天患痧，用刀㓟之出血也。《越諺》。

瘑牙　瘑音注。牙齒虫蠹也，亦作齲。《越諺》。

病倪　身妊不舒快也。《越諺》。

出瘡子　小兒出痘，又名出天花。《越諺》。

出瘄子　音醋。小兒必有之症，與瘡子並重。《越諺》。

烏子瘢　音斑。滿面細黑點子。《越諺》。

垃圾子　音粒率紙，病瘦矮短小。《越諺》。

唏呴病　音希吼。氣喘喉響而無痰。《越諺》。

脾瘫儽　音皮雪寨。即五更痢。《越諺》。

痳瘫痢　久痢時愈時病。《越諺》。

三消病　多食不知飽。《越諺》。

羊癲病　病發時喊聲如羊。如猪者曰猪癲病。《越諺》。

臌脹病　腹脹如鼓。《越諺》。

發寒瘵　病寒而身戰齒擊。《越諺》。

抖抖病　瘧病。《越諺》。

瘍疮瘡　疥也。《越諺》。

裙緶瘡　女稱臁瘡，男爲老臁。《越諺》。

齈鼻頭　不知香臭。《越諺》。

酒齇鼻　鼻多紅色瘤皰。《越諺》。

生膗病　即黄腫病，又名乏力膗。《越諺》。

瘶痧肚痛　酷暑時之急症。有名鵨腳痧，吐瀉至腳筋趋即死。《越諺》。

痼子　痼音由。《廣韻》：「息惡肉也。」俗謂皮膚上所生贅肉曰痼子，亦作疣子。《越諺》。

凍瘃　《説文》：「瘃，中寒腫核。」俗謂之凍瘃，因皮膚驟受劇寒而起，多生於手足及耳邊。《越諺》。

開皸　皸音君。《莊子》：「宋人有善爲不龜手之藥者。」釋文龜，舉倫反。注：「不龜，謂不皸瘃也。」故俗謂皮膚因寒坼裂曰開皸。《越諺》。

瘡風　瘡亦作皻、皶。皮紅暈似瘡，浮起於面鼻各部，俗曰發瘡風。《越諺》。

瘍疟　《集韻》：「瘍疟，疥瘡也。」今俗亦稱疥瘡曰瘍疟。實即疥癩之轉音。《越諺》。

疢　音趁。《説文》：「疢，熱病也。」俗謂患病曰生疢，面有不預之色曰生疢氣，駡人之疲弱無力者曰疢鬼。《越諺》。

瘟病　疫病也。今俗人相駡詈輒曰生瘟病。瘟音皇。《越諺》。

虚疲病　疲，呼合切。《本草》：「枸杞療虚疲病。」按，俗謂無氣力也。又人心有所疚，亦曰生虚疲病。《越諺》。

疰夏　疰音注，病也。逢夏多病曰疰夏。《越諺》。

噿　《博雅》孚萬切，吐也。俗謂惡心欲吐曰噿，通作疲。《越諺》。

𪘀　音緇。手足生堅皮也。《寧海縣志》。《越諺》。

鷄瘷病　癎病也。《瑞安縣志》。

沙子　癡呆之人。江山采訪。

瞎目男　瞽者。江山采訪。

虹　瘡爛也。《詩》：「實虹小子。」箋云：「潰也。」《黄巖縣志》。

瘄　讀如閧。方書：瘄，瘡名，生於手指甲内。今俗凡瘡瘍潰爛成孔曰瘄。《定海縣志》。

覞　當候切。目蔽垢也。今俗稱目疾之一種曰偷鍼，即覞疹之訛。《甬諺名謂籀記》。

歗　許璧切。音轉爲匹。俗罵人輒曰歗。又輕視其物曰歗東西。《甬諺名謂籀記》。

饕　音惇。貪食也。俗稱食多滯胃曰饕食。《甬諺名謂籀記》。

六、飲食

麻餈　以糯米粉和青蒿製成之餅，上糝以松花，於清明時食之，謂之麻餈。餈亦作糍。《定海志》。

油饊子　饊子，古謂之粔籹〔一〕，膏環也。《齊民要術》：「粔籹，名環餅，象環釧形。」《廣

〔一〕籹：原誤作「敉」，下同。

雅》謂之粰䊀。今通名饊子〔一〕。《定海志》。

餛飩　《廣雅》作䐊肫。《集韻》亦作䊕䊵。《定海志》。

粞糠　《類篇》：「米碎曰粞。」按，舂米所餘之粰及米屑〔二〕，俗謂之粞糠。《定海志》。

盲湯　《表異録》：「煎茶初滚曰蟹眼，漸大曰魚眼，故俗以將滚未滚曰盲湯。」《定海志》。

糂　《説文》：「糂，粒也。」按，今謂飯屑曰飯糂。《定海志》。

梢瓜　亦作瓢、瓠，即菜瓜也。《定海志》。

倒𤬳　𤬳音練。《廣韻》：「瓜中瓤也。」俗謂瓜腐敗曰瓜倒𤬳。《定海志》。

㐁　他念切。以舌試探食味也。《説文》：「舌貌。」《六書精蘊》：「舌在口内，露其端以抵物也。」《蕭山志》。

饡　作旦切。食物漬醬也。《蕭山志》。

給力　點心也。寧海采訪。

呥　嚼也。奉化采訪。

三頓　三餐飯。江山采訪。

〔一〕子：原誤作「之」。

〔二〕粰：原誤作「桴」。

借力　吃點心。江山采訪。

喫戳飯　戳音屹害切。指不工作而食者。《越諺》。

鹵　音魯。鹽澤也。濱海之區，漲沙地鹹，刮土曬淋，厥水曰鹵。《越諺》。

鹺　音糊。鹽嫩瀝之出汁，其味厚苦。又名苦鹵，食之殺人。《越諺》。

水煙　吸器，銅製，盛水大吸。煙有青條、黄條兩種。嘉慶中，出蘭州，徧行各省。咸豐間，蘭州道阻，閩、粤出浄絲黄煙，俗名皮絲。《越諺》。

鹽氹　音乃。煎鹽時，鹵漏篾縫，遇火成乳，研食，味較鮮於鹽。《越諺》。

啞口　啞音忌。不食葷腥油膩及暫時應戒絶之食品。《越諺》。

肉鬆　音松。熟肉紅鑊屢爆之，斡碎如棉鬆起。按，今俗又作鬆。《越諺》。

饞獠　音殘勞。謂貪口腹之欲者。《越諺》。

齗蟹　坐齗捕得者，味最佳。《越諺》。

軟飽　北人以晝眠曰黑甜，南人以飲酒曰軟飽。《越諺》。

臛頭　臛讀如教。庖丁揀精美食品飾於肴饌之面。《越諺》。

羮凍肉　爲過年下飯，貧富皆有之。《越諺》。

淘湊米　元旦忌淅，於除夕預淘食米。《越諺》。

筯扴頭　音滯夾。水調麥粉在盌中，用筯扴下煮食。《越諺》。

油炸檜　相傳民恨秦檜，捁麪粉爲檜夫婦頭臉，互扭減其四肢，油鍋烹食。《越諺》。

候口茶　謂不熱不冷頗適口者。《越諺》。

酒合酒　以酒當水，再作紅酒。《越諺》。

煞口　肴味鮮美煞口下飯也。《越諺》。

欶　音卒。酒略上口也。又以口吮去汙洟，亦曰欶。《蕭山縣志》。

燘　《廣韻》呼罪切，音賄。熟食以火再煮也。《蕭山縣志》。

下飯　肴饌也。《過庭録》：王子野羅列珍品，謂水生曰：「何物可下飯乎？」生曰：「惟饑可下飯乎。」《蕭山縣志》。

汪住　飲水過多。《浦江縣志》。

麨麧　貪食也。《寧海縣志》。

發酵　酵讀如告。起麪也。《寧海縣志》。

鱲　魚暫醃。《寧海縣志》。

腈　音精。肉之粹者。《新昌縣志》。

煠　煮物。《新昌縣志》。

臑頭　音曹。豕項間肉。《新昌縣志》。

水棉襖　淡酒。言酒飲後能加體温也。《新昌縣志》。

鮑魚　鰒魚也。《養新録》：古讀如愎。今人讀鰒魚曰鮑魚，亦音之近於古者。《瑞安縣志》。

糟坊　造酒之家。《瑞安志》。

蘸　斬上聲。以物沾水也。按，俗謂以食物點醬醋曰蘸。《瑞安志》。

酘　音豆。《集韻》：「酒再釀也。」俗謂以冷茶攙和熱水曰酘。《瑞安志》。

炰　音缶。《玉篇》：「火熟也。」陸游詩：「自愛雲堂炰粥香。」自注：「僧雜菜餌作粥名炰。」按，俗讀如鄔，又作熩。《定海縣志》。

爊　音鏖。亦作爈。《玉篇》：「温也。」今俗煮飯曰爊飯。《定海志》。

䏲　讀若吞。今人以豆腐和菜或肉同煮曰䏲，如菠薐䏲豆腐是也。《甬諺名謂籀記》。

臑　讀若纂。膗也。俗以生肉入湯作羹，曰生臑。《甬諺名謂籀記》。

腏　挑取骨間肉也。俗有拆骨鷄、拆骨刀魚等稱。《甬諺名謂籀記》。

刉　古外切。本訓劃傷，别義謂刀不利，於瓦石上刉之。今俗以刮字當之。《甬諺名謂籀記》。

歍　音烏轉爲於。口相就也。俗以口哺小兒食曰歍。《甬諺名謂籀記》。

䵑　音泥。今肉泥、豆泥、山藥泥等字當從此。《甬諺名謂籀記》。

糱　博厄切，讀若括。俗謂飯未熟曰糱殭。《甬諺名謂籀記》。

腈　肉之粹者。今俗作精肉字。《甬諺名謂籀記》。

𩟄　音凝，讀轉如冰。今俗以肉䵑而摶之，曰肉𩟄子。《甬諺名謂籀記》。

糊　濾取粉也，初尤切。俗以水浸濾粉，謂之糊粉。《甬諺名謂籀記》。

醻杯　音醮杯。杯酒歡客，一飲而盡。黄巖采訪。

七、器服

櫎　閼門之機。俗作閂，非。《黄巖志》。

水車　戽水之桿。《湯溪志》。

襱　《説文》：「襱，袴踦也。」《急就篇注》：「袴之兩股曰襱。」今俗謂袴之兩股曰袴腳，衣之兩袖曰袖子襱。《定海志》。

衩　亦作衱。《玉篇》：「衣衩也。」兩衽雜處，俗謂之衩子，亦曰開衩。《定海志》。

襠　《漢書·外戚傳》注：「窮袴。」即今緄襠袴，亦稱滿襠袴。《定海志》。

下褷　衣之底邊曰下褷，亦作擺。《定海志》。

帽綖　《玉篇》：「綖，冕前後垂覆也。」今謂冠邊曰帽綖，亦作帽沿。《定海志》。

鈕襻　《類篇》：「衣繫曰襻。」今謂衣繫之牡者曰鈕，牝者曰襻，亦作鈕襻。《定海志》。

惋子　《廣韻》：「惋子，裁餘也。」今謂袖下裁餘之布帛曰惋子，又曰裁敷。《定海志》。

補靪　《説文》：「靪，補履下也。」今謂衣服補處亦曰補靪。《定海志》。

布綾帊　《急就篇》：「帊幧囊橐不值錢。」按，帊即布帛之殘餘者，俗謂之布綾帊。《定海志》。

彯帶　《廣韻》：「彯，長組之貌。」按，俗謂帶之長者曰彯帶。通作飄。《定海志》。

襞　讀如迫。摺疊也。俗謂摺疊數層之布或紙褡褙之使成一片曰襞。俗作䙾。《定海志》。

綿綉　綉讀如兜。《集韻》：「吴俗謂綿一片爲綉。」即可以絮衣之絲綿，亦作綿䋺，又曰綿兜。《定海志》。

帽箇　箇，亦作楇，製帽之型具也。《定海志》。

鞵楥　《説文》：「楥，履法也。」俗謂鞵楥，亦曰楥頭。《定海志》。

釧臂　《説文》：「釧，臂環也。」《墨莊漫録》條脱，即今臂釧。按，今倒言釧臂。《定海志》。

墜　繫拄之飾物曰墜，如扇墜、玉墜頭等。《定海志》。

杴　《玉篇》：「鍬屬。」按，俗稱掘地之鍬曰甿杴，出灰之鍬曰火杴。杴，虚儼切。《定海志》。

號頭　喇叭，軍中吹器，俗曰號頭。見戚繼光《新書·號令》篇。《定海志》。

瓦瓪　瓪音版。《説文》：「瓪，敗瓦也。」俗曰瓦爿。爿，當作瓪。《定海志》。

甒　盆之大而長者曰甒，亦作船。如盛全鴨之盆曰鴨甒。《定海志》。

甏　盛物陶器。底口同大，而外飾緑油者，謂之緑甏，亦作𨰻。《定海志》。

庎廚　俗呼食廚曰庎廚。庎字見《集韻》，亦作椚。《定海志》。

鋬　《五音集韻》：「器系。」按，今器具之柄紐皆呼爲鋬，亦曰鋬頭。鋬，普患切。《定海志》。

甴　凡物之襻以便手提者曰甴。如水桶之襻曰水桶甴。或即鋬之轉音。《定海志》。

笱　甑盂桶盆等之篾束曰笱。案，即箍之俗字。《定海志》。

屜　《集韻》：「履中薦也。」俗謂筐篋之附於棹几者，曰抽屜，亦曰抽斗。屜，他計切。《定海志》。

郎頭　有柄之椎。《定海志》。

和頭〔一〕　棺之前端。《廣雅》作脉頭。《類篇》作棶頭。《定海志》。

木柹　木屑也。柹音費。《定海志》。

弶　其兩切。《廣韻》：「弶，張取獸也。」今謂捕鼠機曰老鼠弶。《定海志》。

圈　其卷切。《説文》：「養畜之閑。」按，俗謂豕牢曰猪圈。《定海志》。

油銚　銚音調。藏醯醢等小甕也。《定海志》。

淤箕　淘米之具也。亦作溲箕。《定海志》。

摇呼串　江湖醫士所持之串鈴，俗曰摇呼串，又曰摇虎撑。《定海志》。

鞔　於阮切。《説文》：「量物之鞔。」按，俗秤物之時，須除盛物之器重曰鞔。《定海志》。

榫　《集韻》：「剡木入竅也。」按，俗謂之榫頭，又謂脱卯曰脱榫，亦作筍。《定海志》。

鑊䥫　䥫音感，器蓋也。俗謂鍋蓋曰鑊蓋。《定海志》。

鍬　千遥切。起土之具。俗亦謂起飯之銅鏟曰飯鍬。《定海志》。

〔一〕　和頭：原誤作「頭和」。

炭墼　《説文》：「墼，未燒。」磚坏也。按，今摶炭屑爲塊曰炭墼，亦作炭結。《定海志》。

濺布　《説文》：「濺，拭滅貌。」一曰塗也。《方言》：「浄巾謂之濺布。」按，俗作抹布。《定海志》。

筅帚　《集韻》：「筅，帚也。」亦作箲帚。《定海志》。

亮　燈也。謂點燈曰點亮。《定海志》。

箳子　《集韻》：「箳，竹笭，所以乾物。」按，以竹篾織成長方形，所以曬物。俗謂之箳子。《定海志》。

鍘刀　鍘，亦作鍘。《集韻》：「斷草刀也。」《定海志》。

鑷子鉗　攝取毛髮之鉗。亦作鉆。《定海志》。

珓　杯珓，所以占吉凶者。俗以竹根二片擲於地，皆俯爲陽筊，皆仰爲陰筊，一俯一仰爲勝筊。《定海志》。

鷂子　即紙鳶也，又名風箏。《定海志》。

眠牀櫎　《集韻》：「櫎，俎跗横木也。」按，俗謂牀前横木曰眠牀櫎，亦作牀横、桄。《定海志》。

碇　《集韻》：「錘舟石也。」亦作椗、矴、磸等字。按，俗謂事之費周折者曰起碇拔錨。《定海志》。

篼子　《正字通》：「竹輿也。」篼之别名，俗謂篼子。《定海志》。

麻車　打油處之統稱，猶製酒之酒坊也。《衢縣志》。

碓頭　舂米杵臼之合稱。《衢縣志》。

香几桌　廳堂供於上者。可坐八人者曰八仙桌。可圍坐者曰圓桌。可分可合者曰和合桌。《衢縣志》。

太史椅　可坐可靠之欖。又有美人椅、筆管椅、綺帽椅等稱。《衢縣志》。

酒注　酒壺之有耳者。亦作酒持。《衢縣志》。

調羹　瓢匙也。《衢縣志》。

箸　筷也。《衢縣志》。

杯　鐘也。《衢縣志》。

戧　止船木樁也。《廣韻》：「色絳切，捍船木也。」用以代碇，住則下，行則起。《衢縣志》。

綳　疏布蒙物。《説文》綳，補盲切。今有綳鼓、綳紗篩之語。《蕭山志》。

篗子　絡絲文具。揚子《方言》：「篗，榬也。」注云：「所以絡絲也。」《廣雅》榬亦謂篗〔一〕。《蕭山志》。

鉋　平木之器，木匠用之。《蕭山志》。

捆　衣之緣邊也。《蕭山志》。

〔一〕雅：原誤作「韻」。

鑰匙　鎖鑰之統稱。《蕭山志》。

煖碗　火鍋也。《蕭山志》。

風爐　火爐也。《蕭山志》。

火熜　熜音聰，亦作爖，冬季用以熨手之火籠也。《蕭山志》。

燭　有蠟燭、紅燭、油燭、皂燭等。《衢縣志》。

火爆　即爆仗。有鞭爆、百子爆。《衢縣志》。

坌斗　坌，《説文》：「掃除也。」《廣韻》音奮。俗稱糞斗，非。《衢縣志》。

袥　音托。《説文》：「衣衸也。」俗謂托肩。《衢縣志》。

背搭　《敬止録》：「古謂之背子，又謂之搭護，故合背褡。」俗又謂背心。《衢縣志》。

火孃　炭也。《建德志》。

醡　壓物之具。《浦江志》。

甏　甕也。《浦江志》。

坏　音配平聲，未燒之土器。《寧海志》。

筤子　筤音民，婦女澤髮之刷。《寧海志》。

笓篦　櫛髮器。《寧海志》。

筳子　筳音廷。紡絲銓也。《寧海志》。

䉒[一]　音牌。筏也。編竹爲之，用以載物。《寧海志》。

頭面　婦女首飾也。《東京夢華録》：「相國寺兩廊賣綉作領抹花朵、珠翠、頭面之類。」

《乾淳起居注》：「太上太后幸聚景園，皇后先到宫中起居，入幕次，换頭面。」《蕭山志》。

褓裙　《儂雅》：「小兒被爲褓。」如俗呼褓裙被是也。今轉爲抱，誤。《蕭山志》。

急須　大肚酒壺也。《三餘贅筆》：「吴人呼煖酒壺爲急須，以其應急而用。」《蕭山志》。

勃闌　盤米之器也。《蕭山志》。

手記　指環也。《景寧志》。

行李　客裝也。行，讀如杭。《景寧志》。

牀鋪　卧榻也。《景寧志》。

家生　包括桌、櫈動用諸物。《越諺》。

絣　八鑾切。刺繡羅緞之绷架。《越諺》。

篕　堪入聲。篾具，圓口、長項、大腹。漁農繫腰際以盛魚蝦。《越諺》。

甌竈　音剛。以小缸旁鑿火門，置鍋其上。貧家多用之。《越諺》。

斗盐　音魁。粗大之碗。《越諺》。

[一] 䉒：原作「箄」。

冰盤　大盤。《越諺》。

柞刀　析薪之刀。《越諺》。

砧板　廚師作膳時，劚剁切刮之用。《越諺》。

薄刀　即菜刀。《越諺》。

鏊槃　又名銚盤，其底平器淺，油炠燉物之用。《越諺》。

挈桶　汲水用。《越諺》。

銅杓　音若。用取羹湯。《越諺》。

棒槌　此槌直木而圓，洗衣時用之。《越諺》。

砝碼　音法馬。天平秤之錘，以權貴物品。《越諺》。

酒歛　音喝。製銅爲細管，彎如弓，凡不欲開壇散其酒氣，先鑿泥頭成一小孔，以細管插入，酒自歛出。《越諺》。

花車　紡具。《越諺》。

坐車　竹木造成，夏令以坐嬰兒。《越諺》。

拐拄　丫腳者，拄腋而行之具。《越諺》。

水碓　以水力舂米。以腳踏者曰踏碓。《越諺》。

風箱　以木造成，扇穀扇米之用，又稱風車。《越諺》。

櫳篩　穀出櫳後，篩米出穀用之。《越諺》。

格篩　孔更小，舂後出糠粞用之。《越諺》。

紗篩　磨後出細粉用之。《越諺》。

曬篣　篣音聘。曬粉用篾具，低邊而圓大。《越諺》。

壽礦　未死預爲壙礐也。《越諺》。

鍥子　音橘。即鐮刀，割稻用。《越諺》。

泥簦　簦音落。挑泥用。《越諺》。

鍚頭　平田具。《越諺》。

苗騎　耘具，草爲之，以禦苗葉剺骸。古所謂秧馬也。《越諺》。

耜頭　如斧而薄長，削麥用。《越諺》。

鐵穧　穧音勺。一鋊四齒，耜田用。《越諺》。

鐵鑼　音爬。有齒，鑼泥使平。《越諺》。

犂軛　耕牛所駕。《越諺》。

哮囉　和尚、道士吹器，大螺殼爲之。《越諺》。

歆笙　歆音黑。樂器也。他器皆吹，此獨吸嗚。《越諺》。

嗐頭　嗐音害。俗名號筒，銅製，長四尺，作兩秃，上管下㚒，吹聲嗐然。戚繼光《紀效新書》所謂喇叭也。《越諺》。

唔頭　吹聲唔唔然，如母字平聲，製異嗐頭，厚銅兩禿，上短下長，有肩，如竹筒大，開門吹之。《越諺》。

喇叭　頭尖尾夵，皆圓銅，中木管，六孔，頭套哨子，口吹指按，其聲喇喇叭叭。與戚繼光《紀效新書》所釋者異。《越諺》。

鐃鈸　銅製，形圓兩片，各中起如漚，貫以韋，相擊聲飶飶然。其銅厚者聲哺哺然，名鋪鈸，小者名鐵子。《越諺》。

二胡　亦胡琴之屬。《越諺》。

三絃　樂器，算命瞎子亦有用之者。《越諺》。

搥板　樂器，佳者棗木板製成，其聲堅越。《越諺》。

扇璈　璈音滯。扇間拖佩玉也。《越諺》。

鍚釦　音搭寇。門有此方可鎖。《越諺》。

花轎　五采綢絹球纏裝成，迎娶新婦用之。《越諺》。

秤錡　錡音佗。秤錘也。《越諺》。

頂鍼　形如戒指而多細窪，鍼漕以此頂之，故名。亦稱替指。《越諺》。

急蘇壺　祭祀及賓客用之。《越諺》。

花鼓缸　面小身長，様如花鼓。可容七石者，名七石缸。《越諺》。

生活簩　簩音待。婦女盛鍼線之具。《越諺》。

馬桶箱　婦女屎尿之桶，外復加箱隱藏，以免穢氣。《越諺》。

塌地僕　粗磁之尿壺。《越諺》。

躅槳船　用腳踏槳，小而快。《越諺》。

櫓綳索　維繫船櫓動摇之具。《越諺》。

踏步眠牀　牀前接有碧紗廚者，踏，踏腳也。步，步幛也。《越諺》。

各富　竹製之燈架也。可爲臘杪祀竈，竈神之乘輿，貧富皆同。故美其名曰各富。《越諺》。

粉心　又名水粉，婦女搽面用之。《越諺》。

銀錠　冥鏹也，以鑞箔紙糊作錠形。《越諺》。

鑞箔　打錫成箔，砑於紙上。相傳以前人民供宝用銀，太祖起兵無餉，劉青田借而集之。定鼎後，則還以錫箔之紙錠。業此者寧、紹人爲多。《越諺》。

蟒　紅緞金繡之衣，命婦、貴人穿之。《越諺》。

霞帔　命服。《越諺》。

花衫　與蟒小異者，用元鍛鑲挹耳。新婦廟見用之。《越諺》。

角帶　繫於腰際，穿蟒時用之。《越諺》。

排釵　此釵鏤玉爲頭，包金於股，貫珠爲絡索，或三五挂，長及肩。其數少則四釵，多則十二排，插於髻，垂兩鬢外。《越諺》。

網釵　此釵片金爲花朵，貫珠結網，垂八旒、十二旒。每對計珠五六百粒，簪髻鋪鬢。新婦及富婦有事輒戴之。《越諺》。

烏帕　緞縫爲一幹兩杈，杈有銀腳插髻幹〔一〕，綴珠黏眉心。今已亡矣。《越諺》。

包帽　此爲婦飾，起于道光，此行而烏帕廢。其物繡緞鑲嵌，綴大珠、金鈿、寶石，包於額爲帽，貴重者值錢百萬。《越諺》。

衲裰　音納答。破布縺而粗厚，乞丐、游僧無冬、無夏之衣也。《越諺》。

海青　道士衣。即紅羅大袖。《越諺》。

藍衫　生員服〔二〕，綾羅緞皆可爲之，色月白，領緣衩衸鑲元色。《越諺》。

接衫　兩截接成，上下異色，遠望如長袍短褂，蓋儉服也。《越諺》。

褙褡　女子所穿之長背心也。《越諺》。

糊臉子　徘優所用之假面具也。《越諺》。

百家衣　小兒文褓也，乞集百户人家之錢製成之，云可免兒多病。《越諺》。

〔一〕髻：原脱，據《越諺》補。
〔二〕員：原誤作「貴」。

蘆蔽席　蔽音廢。用蘆編如笄者。《越諺》。

步步高　兩三層擱物之板架也。《越諺》。

鋃鐺箍　音朗蕩枯。大門鐵甩，客叩即鳴之，屈戌也。《越諺》。

袷　衣服施裏，亦曰裌。《寧海縣志》。

襴衫　士人之服。《寧海縣志》。

亅　音釣。懸物也。《新昌縣志》。

㓜　音綳。以木架編繒帛刺繡。《新昌縣志》。

庎廚　藏食物之廚。《瑞安縣志》。

套褲　脛衣也。按，俗製成褲足筒子兩隻，穿時繫於褲帶。民國以後，即無人用之矣。《瑞安縣志》。

筳　紡車銼也。《説文》：「筳，繀絲管也。」《瑞安縣志》。

馬子桶　溷器也。《雲麓漫抄》：「漢人目溷器爲虎子，唐諱虎子，改爲馬子。」《瑞安縣志》。

笆　編竹以貯五穀之器，亦作囤。《瑞安縣志》。

調羹　匙。《瑞安縣志》。

鑊　大鍋。《遂昌縣志》。

手照　小燭臺，可以手攜用。《遂昌縣志》。

鳥羽　掃帚。《遂昌縣志》。

鞈　馬汗出覆之，以防風寒。其制，無四足，僅被腹背。人以裲襠似之，遂裲襠爲馬甲。裲襠者，言前當心後當背，故又稱背心。《甬諺名謂籀記》。

紕　讀若埤。飾緣邊也。今俗稱衣緣曰紕頭，頭猶言耑也。《甬諺名謂籀記》。

櫨　讀盧入聲。俗稱柱之短小者，曰欂櫨柱。《甬諺名謂籀記》。

重　音鏁。抄飯匙也。俗有飯重、鑊重等語。《甬諺名謂籀記》。

繇　楮几切，讀若替。移蠶就寬。今俗有繇蠶字。《甬諺名謂籀記》。

糨　衣洗後再加漿水潑之，乾後使硬。黄巖采訪。

幰桌布　幰音剿。拭桌之布。黄巖采訪。

杚　讀若夾。用以平斛面榖米之具。黄巖采訪。

鋬　讀若攢。曲柄繫於器之上端，如言茶壺鋬、酒壺鋬等。黄巖采訪。

八、動作

唉　應聲也，亦曰阿。《黄巖志》。

啞　歎聲也。《黄巖志》。

咦　驚聲也。《説文》：「大呼曰咦。」《黄巖志》。

抛　擲物也。《黄巖志》。

咄　喝人。《黄巖志》。

嬥包　以醜易好。《黄巖志》。

擦　摩物也。《黄巖志》。

敨　音鼗。展物也。《黄巖志》。

挼　俗作捼，兩手摩物。《黄巖志》。

膽　拭物也。《黄巖志》。

寣　音忽。小臥也。《黄巖志》。

踼　音儻。伸足臥也。《黄巖志》。

曡　他陷切。緩行也。《黄巖志》

踱　音鐸。慢走也。《黄巖志》。

瀏　潛逃也，又曰六工尺。《黄巖志》。

沸　語多也，又曰諸諸。《黄巖志》。

㖙　《集韻》烏化切，小兒啼也。《黄巖志》。

啫　飲食之聲。《黄巖志》。

餩　愛黑切，噎聲也。《黄巖志》。

咋咋　音賾，嘶聲也。《黄巖志》。

叿叿　閙市之聲。《黄巖志》。

尋貌幽　小兒遊戲之一種。《譚概》：「貌，獸名，善遁藏。」《黄巖志》。

豁拳　伸指賭酒。《黄巖志》。

夜不收　通宵不寐。《黄巖志》。

箍　音枯，以篾束物也。《黄巖志》。

鞔　《説文》讀若薦，治皮也。《黄巖志》。

圎　撈漉泥也，音儼。《黄巖志》。

掭　他念切，挑燈也。《黄巖志》。

縞　懸物也，今借作弔。《黄巖志》。

騳馬　初限切，不鞍而騎。《黄巖志》。

般　移物也，俗作搬。《黄巖志》。

囥　藏物也。《黄巖志》。

齦　康很切，齧物也。《黄巖志》。

餧　飼物也。《月令》：「喂獸之藥。」《黄巖志》。

秚　兩物相和也，亦作拌。《黄巖志》。

淰　《集韻》披教切，滚水漬物也。俗作泡，非。《黄巖志》。

焙　以火幹物。《黄巖志》。

煠　以湯瀹物也，土洽切。《黄巖志》。

燘　呼罪切，俗音晦。熟物和五味也。《黄巖志》。

銲　音翰。錮金鐵，令相著也。《黄巖志》。

剕　音批。削物也，亦作㓟。《黄巖志》。

華　破開也。《黄巖志》。

舀　以沼切。挹彼注此也。《黄巖志》。

熥　他灰切。以湯去鷄鶩之羽。《蕭山志》。

𨇾　呆坐而候人。《蕭山志》。

僻脱　作事便捷也。《文選·景福殿賦》：「僻脱承便。」《蕭山志》。

敁敠　《博雅》敠，都果反，量也。《集韻》敁，丁廉切，以手稱物也。《蕭山志》。

潚　音肅。《文選·思玄賦》：「迅猋潚其滕我。」《淮南子·精神訓》：「渾然而往，逯然而來。」故俗狀疾忽之辭有「潚地裡、逯地裡」之語。《蕭山志》。

扳　用力挽引也。《公羊傳》隱公元年：「諸大夫扳隱而立之。」《蕭山志》。

剕　音批。《玉篇》：「削也。」俗以刀切薄片曰剕。《蕭山志》。

搧　讀如萱。《六書》：「掌擊也。」俗有搧巴掌、搧拳頭等語。又㓶、摑、摮，皆音異義同。

《蕭山縣志》。

䶑　音濟。以手逼物出汁也。《蕭山志》。

撦　音車。《集韻》：「裂開也。」皮日休詩：「風撦紅蕉仍換葉。」按，今俗作扯。《蕭山縣志》。

㧱　音推。用力牽引也。《蕭山縣志》。

捦　《集韻》邱禁切，俗謂以手按物也。《蕭山縣志》。

拎　音零。以手提物也。《蕭山縣志》。

軀　音偃。匿迹潛進也，俗有「軀壁賊」之語。《蕭山縣志》。

瀏　潛逃也。《楚詞·九歎》：「秋風瀏以蕭蕭。」按，今俗語有瀏之大吉。《蕭山縣志》。

骼　古駕切。捕捉也。《五燈會元》金山穎偈有「勸人放開骼蛇手」。《蕭山縣志》。

掣　《集韻》尺列切，揭取也。《晉書》：「獻之習書，羲之從後掣其筆，不得。」《蕭山縣志》。

趒　音迢。跳舞也。《蕭山縣志》。

斯　對扯物裂也。《說文》注斯爲析，《爾雅》注斯爲離。《蕭山志》。

抻　扯物令長也。《莊子》鳥申讀抻，謂延頸令長耳。《蕭山志》。

䞩　音透，以身踴擲。《蕭山志》。

舠　舟搖動也，音兀。《唐文粹》：「舟之行也，匪仡不進。」言動而後進也。《蕭山志》。

頞　烏勿切。入水也。《蕭山志》。

汏　洗物也。見《説文》。《景寧志》。

刬　送飯入口。言如船之刬進也。《衢縣志》。

風水鳥　謂早起者。江山采訪。

迷暗鬼　謂遲眠者。江山采訪。

絞面　昔時婦人整容，用線拔除面上毫毛。按，今悉用剃刀。《越諺》。

敹　了彫切。衣縫脱綻略綴治之也。《書·費誓》：「善敹乃甲胄。」疏引鄭氏云：「敹，穿徹之也。」謂甲繩有斷絶，當使敹理穿治之。今俗有「敹兩鍼」之語。《蕭山縣志》。

騸　音扇，讀如線。閹鷄也。《正字通》：「割去勢也。」牝猪則稱扺，使不令孕而易肥大。《衢縣志》。

哱　普没切。吹氣也。《蕭山縣志》。

作梗　凡事立異也。《北史·魏收傳》：「羣氏作梗〔一〕，遂爲邊患。」《蕭山縣志》。

出尖　强出任事也。《宋史·兵志》：「熙寧間，造箭四種，一曰出尖。」俗語謂脱穎而出之意。《蕭山縣志》。

㑇　《字彙》音薦，屋斜，㑇之使正也。《蕭山縣志》。

〔一〕氐：原誤作「氏」，據《北史》改。

杌　音八。俗謂擘橙橘之屬曰杌。《景寧縣志》。

擤　虎梗切。以手捻鼻出涕也。按，俗有「擤鼻涕」一語。《景寧縣志》。

撩　音料。仰取也。《寧海縣志》。

摭　音蛙。爬取也。《寧海縣志》。

拕　音駝。兩手擒物也。《寧海縣志》。

擣　舂穀也，舂米曰臿。《寧海縣志》。

庹　音拓。以手量物也。《新昌縣志》。

篆　以帶束物也。《周禮·考工記》：「陳篆必正。」鄭注：「篆，轂約也。」《瑞安縣志》。

笪　遷謝切。《廣韻》：「斜逆也。」按，俗謂斜曰笪，如日西斜曰太陽打笪。《寧海縣志》。

擨　胡刀切。《集韻》：「較多少曰擨。」按，俗讀如拗，角腕力曰擨手勁。《定海縣志》。

佛　讀若弼。回首曰佛轉頭，見《禮記》：「獻其鳥者佛其首。」亦作別，杜牧詩：「別臉小底頭。」《定海縣志》。

迦　讀若勒。《後漢書·輿服志》：「遮迦出入。」按，俗謂攔截曰遮迦。《定海縣志》。

啄　讀如得。鳥食曰啄。俗謂敲門之聲曰啄。《定海縣志》。

揞　於陷切。《六書故》〔一〕：「擲棄也。」俗謂抛棄曰揞了，唯小兒言之，成人罕言也。《定海縣志》。

〔一〕故：原脱。

摠　音忽。《廣雅》：「擊也。」俗謂搏擊而擲去曰摠脱。《定海縣志》。

拵　蒲問切。《集韻》：「手亂也。」俗謂持棍棒撥動雜物而檢出之曰拵。如言拵灰、拵垃圾。《定海縣志》。

揞　烏括切。《集韻》：「抉也。」俗謂以指抉取曰揞。如曰抉目曰揞眼烏珠。《定海縣志》。

掀　音欣。《説文》：「舉起也。」俗謂以手舉物曰掀。如掀帽子、掀蓋頭。《定海志》。

掏　徒刀切。《集韻》：「擇也。」俗謂檢取曰掏。如檢抽屜之物曰掏抽斗，又掘土、掘墓曰掏壙。《定海志》。

挌　《集韻》：「手把持也。」俗謂以手扼人咽喉曰挌胡嚨管，讀如客。如把筆曰挌筆，拈筯曰挌筷，捕魚蟹曰挌魚蟹。《定海縣志》。

撩　音聊。取物也。按，俗謂水中取物曰撩，如言撩金魚。《定海縣志》。

擀　幹上聲。《集韻》：「以手伸物也。」俗謂麪麪使展成薄片之器曰擀槌。《定海縣志》。

擂　雷上聲。《玉篇》：「研物也。」俗謂研粉曰擂末。又《韻會》：「自高而下也。」俗謂器物自斜面墜落曰擂落。《定海志》。

擤　讀如臬。謂揭去也。如掀去缸蓋曰擤缸蓋。《定海縣志》。

擉　音齪。刺取魚鱉曰擉。《莊子》：「冬則擉鱉。」按，俗亦作簎。《定海縣志》。

撣　旦上聲。俗謂拂去塵埃曰撣。如拂塵驅蚊曰撣蚊。《定海縣志》。

攏　聾上聲。合也。郭璞賦：「攏萬川乎巴梁。」按，俗凡言二物連合曰合攏，亦作併攏、連攏。《定海縣志》。

搡　桑去聲。距也。俗謂推而遠擲之曰搡。如言隔窗搡出去。《定海縣志》。

弄　俗謂戲侮曰弄，如侮人曰弄人。又謂作事曰弄，如作饌曰弄飯，竣事曰弄好。《定海縣志》。

縋　馳僞切。《説文》：「以繩有所懸也。」按，俗謂以重物繫繩懸之曰縋。如言縋落、縋倒之類。《定海縣志》。

掙　除耕切。《集韻》：「觸也；撞。」俗謂衝撞而入曰掙，如蛇入穴曰蛇掙洞。亦作灯、掙、振、撜、敦、斅、敜、斅等字。《定海縣志》。

隑　五來切。《方言》：「企立也。」俗謂植立不動曰隑。如言東隑西立。《定海縣志》。

刋　七見切。俗謂修足趾之甲曰刋腳，亦作扦。《定海縣志》。

剺　俗謂以刀劃之曰剺，亦作剺、劙。《定海縣志》。

㓟　音披。《集韻》：「刀析也。」俗謂薄切魚肉等曰㓟。通作披，亦作批。《定海縣志》。

剻　音果。《集韻》：「割也。」按，《唐文粹》有《劉寬夫剻竹論》。俗謂截竹木等之剩枝曰剻。《定海縣志》。

䟃　白銜切。《廣韻》：「步行渡水也。」俗謂跨越曰䟃。如䟃地袱、䟃階沿。《定海縣志》。

尥　音料。《説文》：「行脛相交也。」《方言》：「以足鉤之爲尥。」俗謂涉水及伸手取遠處之物皆曰炮。《定海縣志》。

砑　魚駕切。《玉篇》：「光石也。」《正韻》：「碾砑也。」按，俗謂以石磨物使光澤曰砑，又謂堅物軋轢曰砑。《定海縣志》。

筂　薄必切。《集韻》：「次也。」俗謂依次排列曰筂。如言筂緊、筂牢。又定物之鍼曰筂鍼，通作別鍼，亦作鼻鍼。《定海縣志》。

踮　讀如店。以足趾抵地，使足踵懸起，加高身體謂之踮。此字字書未收。《定海縣志》。

張冒　音帽。《說文》：「冒，突前也。」按，今小兒捉迷藏爲戲，突出曰張冒。《定海縣志》。

吥　音市。魚食也，啖也。俗謂嘗味曰吥味。謂嘗味時，開闔上下唇，如魚之食也。《定海縣志》。

𣎆　音繭。《說文》：「小束也。」俗謂理麻曰𣎆，自績曰自𣎆麻。《定海縣志》。

鞝　諸兩切。俗謂靴鞵配皮底曰鞝。《定海縣志》。

⿰米芻　初尤切。濾取粉也。俗製年糕時，以水磨粉盛於坦筐中，上鋪以布，再用灰吸取其水使燥，謂之⿰米芻年糕粉。《定海縣志》。

糳　《廣雅》：「舂也。」《說文》：「米一斛舂爲八斗曰糳。」〔一〕按，今音轉如拆。《定海縣志》。

〔一〕八：原誤作「九」，據《說文解字》改。

鞍　讀如致。《廣韻》：「履鞍底也。」《定海縣志》。

滰　其兩切。《説文》：「漬米也。」俗謂洗物曰滰。《定海縣志》。

泥　蜀人謂糊窗曰泥窗。花蕊夫人《宫詞》：「紅錦泥窗繞四廓。」浙江凡以糊或泥土蠣灰塗抹之皆曰泥。《定海縣志》。

瀝　本謂飲後餘瀝也。今俗則謂去汁曰瀝，如言瀝乾。《定海縣志》。

滉　胡廣切。水摇動貌。又謂摇動不安曰船滉。《定海縣志》。

煬　音陽。《集韻》：「爍金也。」或作烊。按，俗謂金屬鎔化曰烊，又謂食物煮爛曰烊。烊、煬通。《定海縣志》。

烚　音洽。《集韻》：「火貌。」俗謂銀樓之金，經精煉，絶無渣滓者曰烚金。《定海縣志》。

燩　必結切。《集韻》：「灼物焦也。」亦作烿。俗謂炙之使幹曰燩，如言熱燩火炙。《定海縣志》。

燙　音宕。與蕩同。俗謂火灼肌膚曰燙，又謂熨衣曰燙衣，煖酒曰燙酒。《定海縣志》。

去來去去　言好閒蕩也。《建德縣志》。

九、情狀

豥　黠也。《廣韻》呼關切，今借用作儇字。《黄巖縣志》。

睔　物大也。《廣韻》古困切。《黄巖縣志》。

流宕　遊手好閒。《黄巖縣志》。

兜搭不成　事多牽制。《黄巖志》。

氣吽吽　吽音烘。盛怒也。《黄巖志》。

地頭蛇　言地方中有惡勢力之人。《黄巖志》。

帶挈　無條件以物贈人也，猶俗言父兄以産業帶挈。《黄巖志》。

白嚼　以言語誣人，或專談無稽之事。《湯溪志》。

蝴蝶争空　無謂之糾紛。《湯溪志》。

猢猻望丐　無聊之依賴。《湯溪志》。

吹法螺　虚張己之好處，亦作吹牛。《湯溪志》。

魄屍　俗謂人之軀幹曰魄屍，含輕蔑之意。謂其人有魄而無魂，如死屍也。《湯溪志》。

殠　尺救切。《説文》：「腐氣也。」《漢書·楊惲傳》：「單于得漢美食好物，以爲殠。」按，殠與臭通，氣之總稱，不論香與不香也。《湯溪志》。

溏　音唐。《廣雅》：「淖也。」按，俗謂不凝結曰溏，如食物中心未凝曰溏心。《定海志》。

侏　侏儒，短人也。梁上短柱亦曰侏儒。按，俗凡草木及毛髮等短者，皆謂之侏。《定海志》。

嬯　音臺。《説文》：「遲鈍也。」俗謂書癡曰書嬯子。《定海志》。

怢〔一〕　《集韻》：「忽忘也。」按，俗謂悠忽度日曰怢，如言怢落、怢怢動等，當即此字。《定海志》。

〔一〕怢：原誤作「帙」。本條同。

憨　音蚶。《玉篇》：「愚也。」俗謂癡愚曰憨頭。《定海志》。

驃　《玉篇》：「驍勇也。」俗謂馬勇健曰驃，因又謂人驕傲曰驃。《定海志》。

蹁　便平聲。《説文》：「足不正也。」俗謂足乖戾不正者曰蹁腳。《定海志》。

㝗㝩　音郎康。《説文》：「屋閒也。」〔一〕今俗謂器物徒占地位曰㝗㝩。《定海志》。

倭妥　倭讀如婀。按，即委佗及婀娜之轉音，俗謂婉順也。《定海志》。

殷青　殷，幺閑切。《韻會》：「殷，赤黑色也。」按，俗以紫而略帶青色者曰殷青。或作燕青，非。《定海志》。

藐然　藐音眇。《孟子》：「説大人，則藐之。」注：「藐，輕視也。」俗有「看得藐然」之語。《定海志》。

藃翹　藃音敖。《考工記》：「輪人則轂，雖敝不藃。」俗謂竹木因乾燥而橈曲曰藃翹。《定海志》。

炄皺　《集韻》：「㶶炄欲乾。」俗謂日中曝物，表面已皺縮而中心未乾者曰炄皺。《定海志》。

濕溚溚　溚音答。《集韻》：「溚，濕也。」按，俗形容器物濕曰濕溚溚，又曰溚溚滯。《定海志》。

水汪汪　汪汪，水深廣貌。《後漢書·黃憲傳》：「叔度汪汪若千頃波。」按，俗謂目光晶熒曰水汪汪，又謂含淚曰眼淚汪汪。《定海志》。

〔一〕《説文解字》無此條。

燠焞焞　焞音孛。《正韻》：「蒸熱也。」俗謂天氣蒸熱曰燠焞焞。《定海志》。

煱焞焞　《字彙補》：「煱，火息也。」焞音屯，俗轉音爲敦。俗謂燈光不明及事之停頓、家之中落皆曰煱焞焞，以火爲喻也。《定海志》。

渾沌沌　俗以水之不清、事之不明、家庭之不清白者，皆可曰渾沌沌。亦作渾淘淘。《定海志》。

寒凚凚　凚，渠飲切。俗謂冷也。又寒儉亦曰寒凚凚。凚一作噤。《定海志》。

甔甔動　甔音琰。俗謂食太甜，使胃欲嘔也。《集韻》：「甔，甘也。」《定海志》。

忕忕動　忕音弋。《集韻》：「心動也。」俗謂恐懼心動曰忕忕動，亦曰惰惰動。《定海志》。

噱噱笑　噱，讀如格。俗形容笑聲也。《定海志》。

改改笑〔一〕　《集韻》：「小笑也。」〔二〕亦作咥咥笑。冷笑則曰欸欸笑，大笑曰呵呵笑。《定海志》。

欨欨響　枯架切。《集韻》：「張口息也。」俗謂熟寐睡聲曰欨欨。《定海志》。

肵肵嗆　肵音鏗。《玉篇》：「肵，欬也。」俗謂劇嗽曰肵肵。《定海志》。

殸殸響　殸音彤。《說文》：「殸，擊空聲。」俗形容敲擊空器之聲曰殸殸響。《定海志》。

涾涾滾　涾，徒合切。《說文》：「涾，涫溢也。」按，俗形容水沸曰涾涾滾。《定海志》。

老木懵倲　俗謂老年昏耄曰老木懵倲。按，《集韻》：「懵倲，愚貌。」或曰當作老耄龍東。

〔一〕改：原誤作「改」。

〔二〕《集韻》作「笑不壞顏也」。

《定海志》。

尐尐一點　尐，姊列切。《説文》：「少也。」按，今俗極言其少曰一尐尐。《定海志》。

囥　音和。《玉篇》：「牽船聲。」宋儒語録有「囥聲落地」之語。今俗於用力時亦發此種聲音。《定海志》。

㰯　篇夷切。《集韻》：「氣出聲。」按，俗蔑視他人之發語聲曰㰯。《定海志》。

儌歐　音候加。《集韻》：「咽病。」又：「氣出皃。」〔一〕俗謂人嘔吐時咽中氣逆發聲曰儌歐。《定海志》。

戞　吉黠切。擊也，如《書》：「戞擊鳴球。」又齟齬貌。韓愈文：「戞戞乎其難哉。」按，俗變爲濁音，用爲擊義者，如擊核桃曰戞胡桃；用爲齟齬者，如二人相傾軋，曰戞五戞六。《定海志》。

挭　音梗。《集韻》：「攪也。」俗謂腹中積食腸胃擾動曰挭。《定海志》。

搕　《集韻》克盍切，擊也。俗謂行路不穩曰搕搕搓搓。亦作磕，如叩首曰磕頭。《定海志》。

撽　音致。《説文》：「刺也。」揚雄《甘泉賦》：「洪臺掘其獨出，撽北極之嶟嶟。」〔二〕俗謂物將傾頹，以棒支之曰撽。《定海志》。

〔一〕氣出皃：原作「出氣也」，據《集韻》改。

〔二〕掘：原誤作「握」，據《甘泉賦》改。極：原脱，據《甘泉賦》補。

儱　音銃。《篇海》：「斜儱。」俗謂屋斜曰儱。又謂人斜倒而未仆曰儱，如言七儱八跌。《定海志》。

纏　言語重沓曰纏，如言纏過又纏。《定海志》。

恚惡　讀若畏武。因羞愧而發怒也。《定海志》。

作梗　毛《詩》傳：「梗，病也。」按，俗謂鬼祟人使病曰作梗。今以喻小人之播弄。《定海志》。

轉噍　噍音醮。俗謂牛反芻曰轉噍。《定海志》。

乜　讀如米。目閉也。亦作瞐、瞇。《定海志》。

怏　於亮切。《説文》：「不服懟也。」俗謂怨懟曰怏。《定海志》。

打諢　諢，弄言也。《遼史・伶官傳》：「打諢底不是黃幡綽。」〔一〕俗謂人言談或作事時在旁擾亂曰打諢。《定海志》。

歊　火酷切。《説文》：「氣出貌。」班固詩：「吐金景兮歊浮雲。」按，讀如霍，如言口氣歊進歊出。《定海志》。

窨　音蔭。《説文》：「地室也。」今俗以物窨藏地窟使涼曰窨，以物座於冰或冷水中亦曰窨。《定海志》。

〔一〕底：原作「得」，據《遼史》改。

傴　委羽切。《説文》：「僂也。」《左傳》昭公七年：「再命而傴。」按，俗謂曲脊曰傴，讀如歐去聲。《定海志》。

㔝　避席也。《建德縣志》。

慫恿　攛掇也。《建德志》。

敁敠　料量輕重大小。《建德志》。

傪僸　言語虛妄也。《建德志》。

七夙八敵　性不馴順。《建德志》。

牽枝帶絑　話太煩瑣。《建德志》。

前世爺　相怨之詞，女則曰前世娘。《建德志》。

嘩剌　剌，讀如赤，驚訝之詞。《建德志》。

喥頭　謂不懂世務者。《越諺》。《建德志》。

病孤特　病中見人輒怒者。《越諺》。

牙齒㾌　音西。爬物有聲，聞之齒如酸癢。《越諺》。

𩞬咳弗打　𩞬音影，欠飽求益之言。《越諺》。

𪕬　謂人不智慧。《景寧縣志》。

鼾　睡有鼻息聲。《景寧縣志》。

𤇾　音爈。爐中起火也。俗有火𤇾之語。《衢縣志》。

琅湯　人不斂攝也。《管子·宙合》篇：「以琅湯淩轢人，人之敗也常自此。」《蕭山縣志》。

蕩頭陣　遇事首先當之。《蕭山志》。

忐忑　《五音集韻》音毯忒，心虚也，心事不決也。《蕭山縣志》。

懊憹　心中不快。《鼠璞》：「《晋·禮儀志》有《懊憹歌》。」《蕭山縣志》。

落拓　不拘禮節也。《北史·楊素傳》：「少落拓，有大志，不拘小節。」《蕭山縣志》。

索性　勢難中止，一意竟事曰索性。朱子《與吕伯恭書》：「騁意過當，遂煞不住，不免索性説了。」《蕭山縣志》。

發作　猝然生怒也。《三國志·孫皎傳》：「近聞卿與甘興霸飲酒發作，侵淩其人。」《蕭山縣志》。

惡勃　甚之之詞。俗語惡勃吃、惡勃做之類。《衢縣志》。

勃勃滿　凡物甚多也。滿而溢曰孛孛出。《衢縣志》。

紅曈曈　紅色。《衢縣志》。

緑英英　亦作陰陰，緑也。《衢縣志》。

黄嬌嬌　亦作焦焦，黄也。亦作黄䵽䵽。《衢縣志》。

黑闥闥　《衢縣志》。

白皙皙　亦作雪雪。《衢縣志》。

柴瘦　謂骨瘦如柴也。《瑞安縣志》。

顑頗　音下感切。《瑞安縣志》。

夥頤　讀若呼唷。見人富貴赫赫突口作驚羨之聲。黄巖采訪。

十、名詞

砉　虎伯切。亦作啯，響聲也。《黄巖志》。

耐可　願詞。《黄巖志》。

奘　肥大也，亦作胖。《黄巖志》。

齷齪　不浄也，亦曰邋遢，又曰鏖糟。《黄巖志》。

磊谆　重笨可厭。《黄巖志》。

鯽令　輕倩。《黄巖志》。

怎生　何爲也，又曰怎兒馨。《黄巖志》。

無萬　多也。《漢書·成帝紀》：「青蠅無萬數。」《黄巖志》。

不能彀　事不成也。《黄巖志》。

孋　更易財物。《黄巖志》。

詇　以言托人也，俗作央。《黄巖志》。

蘁苴　蘁，《指月録》郎假切，粗率不精也。《黄巖志》。

眠娗　僞爲遜順也。《黄巖志》。

墨㞙　騃不曉事。《黄巖志》

縠力　縠音喫。勤苦也。《黄巖志》。

攟掇　誘人爲非。《黄巖志》。

打白醭　物敗生白膜也，亦曰出白殕。《黄巖志》。

烏漉秃　不分皂白也，又曰囫圇吞。《黄巖志》。

長赦赦　狀物之長。《黄巖志》。

寬定宕　狀物之寬。《黄巖志》。

麻葛刺　刺音辣，言面麻者。《黄巖志》。

光辣撻　滑澤。《黄巖志》。

冷清清　冷也。《黄巖志》。

熱湯湯　熱也。《黄巖志》。

暖烘烘　煖也。《黄巖志》。

實辟辟　辟音闢。實也。《黄巖志》。

空飄飄　空也。《黄巖志》。

薄鬆鬆　薄也。《黄巖志》。

圓衮衮　圓也。《黄巖志》。

硬綳綳　硬也。《黄巖志》。

蔫　物不鮮豔貌，於乾切。《楚詞》：「蔫而無色兮。」《蕭山志》。

餿　食物微壞，即有此種氣味。《蕭山志》。

油　以彩色之油塗於器上。《蕭山志》。

瀾　音探，浮於水面也。俗有「浮瀾瀾」之語。《蕭山志》。

潭　音澹，沈於水底也。俗有「没頭潭」之語。《蕭山志》。

客氣　人多儀文。《蕭山志》。

順流　言事無阻逆也。《蕭山志》。

出名　聞名也。《鶡冠子·世賢》篇：「扁鵲之長兄名不出於家，中兄名不於閭，扁鵲名出聞於諸候。」《蕭山志》。

艮古頭　稱人古樸不和通者。《蕭山志》。

惡少　少年無賴。《荀子·修身篇》：「無廉恥而嗜乎飲食，可謂惡少者矣。」亦稱惡棍。《蕭山志》。

訟棍　律師之品行不良者。《蕭山志》。

賭棍　以賭爲生者。李紳《拜三川守詩序》：「閭巷惡少，免冠散衣，聚爲羣鬥，或差肩追繞擊大毬，里言謂之打棍，士庶苦之。」此棍字所起。《蕭山志》。

皸　貨物低劣也。《西湖遊覽志》：「杭州市人諱低物爲皸，以其足下物也。」《蕭山志》。

聰察　難與言語也。《漢書·宣元六王傳》贊：「淮陽憲王於時爲諸侯聰察。」《蕭山志》。

拉答　作事不簡潔。《蕭山志》。

不相干　事不相涉。《蕭山志》。

厭賤　鄙視人。《廣古今五行志》〔一〕：「侯景時，定州阿專師曰：『汝等何厭賤我？我捨汝去。』」《蕭山志》。

賴　背信渝盟。《左傳》昭王十二年：「楚子曰：『今鄭人貪賴其田而不我與。』」《蕭山志》。

答颯　怠不理事也。《南史·鄭鮮之傳》：「范泰誚曰：『卿居僚首，今答颯去人遼遠，何不肖之甚？』」俗謂事之不振者曰踏趿。按，與答颯二字義同。《蕭山志》。

樂得　言爲所爲復有利益也。《禮記》：「君子樂得其道，小人樂得其欲。」《蕭山志》。

藞苴　凡物未經鑪鞲。《蕭山志》。

話欛　話柄也。《鶴林玉露》載安子文自贊曰：「今日到湖南，又成閑話靶。」按，靶欛通。

〔一〕古：原誤作「告」。

山志》。

嘈雜　人聲雜亂也。《抱朴子》：「曲宴密集，管弦嘈雜。」《蕭山志》。

厭瓚　厭其陳久也。五代時有馮瓚，其人魯戇，有所聞見，他人已厭熟，猶新奇道之。《蕭山志》。

親眷　親戚之概稱。鮑照《別郎中》詩：「已經江海別，復與親眷違。」《蕭山志》。

師公　稱烹任之人，又稱廚子。《蕭山志》。

主故　商鋪稱常相交易者。《蕭山志》。

子本　商人之母金也。元稹《估客樂》：「子本莕息，貨賂兼并。」按，子音孳，孳息也。今作資本。《蕭山志》。

壁角落頭　室之一隅。見《東坡集·大慧真贊》。《蕭山志》。

薖座　薖，《廣韻》苦禾切。《詩》：「碩人之薖。」俗謂所居曰科座。科，薖之誤。《蕭山志》。

修娖　整葺也。《唐書》：「中和二年，修娖部伍。」《蕭山志》。

生活　靠手藝以度日者。《元典章》〔一〕。田藝衡《張應祥墓志》：「命匠造冰絲，不得作僞，直不加昂，而生活易售。」按，俗謂工作曰做生活。《蕭山志》。

霞頭　染物標識也。染時於帛角識物主姓名處先爲纏結，使不漫滅。《蕭山志》。

〔一〕章：原脱。

家生　器具之泛稱。《夢粱録》載家生動事如棹凳、涼牀、交椅、几子之類。《蕭山志》。

欔柄　憑證也。《蕭山志》。

淋尖踢解　稱精明强幹者。《蕭山志》。

豱猪頭　市場不稱意也。《爾雅·釋獸》郭注：「豱猪短頭，皮理腠縮。」按，此猪之頭短小而醜，非人所喜，故有是稱。《蕭山志》。

三腳猫　譏人一知半解也。《輟耕録》：「張明善《樂府》云：説英雄，誰英雄，兩頭蛇，南陽臥龍，三腳猫，渭水飛熊。」《蕭山志》。

無數　言其多也。《周禮·序官》：「男巫無數，女巫無數。」《蕭山志》。

板板六十四　事之一定不易者。《豹隱叢談》：「凡鼓鑄錢，每板六十四文，乃定例也。或私增其一，即屬偷鑄。」故俗又謂偷兒曰六十五。《蕭山志》。

一槌　防教切，音皰，泛稱物一件。俗又謂四十斤爲槌。《蕭山志》。

寧可　勉爲所願也。《世説新語》：「劉尹曰：寧可鬥戰求勝。」今又轉爲耐。李白詩：「耐可乘明月。」《蕭山志》。

咋　問人何爲。《廣韻》咋，音詐，語辭也。《蕭山志》。

嗄　事可疑怪之發語詞。《龐居士傳》：「龐婆走田中，告其子龐大曰：『汝父死矣。』龐大曰：『嗄？』停鋤脱去。」《蕭山志》。

魌　示物炫奇也。《樂府雜録》：「驅儺用方相四人，執戈揚盾，口作儺儺之聲，以除逐也。」又《集韻》哪，音儺。哪哪，儺人之聲。蓋魌、儺、哪三字皆通。《蕭山志》。

齊整　美麗之概稱。《三國志・鄭渾傳》：「村落齊整。」《集韻》：「嬐，婦人齊整貌。」《蕭山志》。

波俏　泛稱婦人之輕倩者。《北史》：「温子升曰：詩章易作，逋峭難爲。」〔一〕《廣韻》曰：「峬峭，好形貌。」與波俏音義俱同。《蕭山志》。

媌條　稱婦人身材之嬝娜。《蕭山志》。

尷尬　事至進退兩難。《蕭山志》。

狼抗　言性情剛愎難容於物也。《晉書・周顗傳》：「顗言王敦剛愎強忍，狼抗無上，其意寧有限耶？」《蕭山志》。

儱侗　言物之直而胖大者。《五燈會元》：「有冬瓜直儱侗。」《蕭山志》。

鶻淪　言物之渾圓而未開者。朱子《語録》：「道是個有條理底，不是囫圇一物也。」按，鶻淪、囫圇，字別義同。《蕭山志》。

𪓰𪕟　音蓊桶。物之臭惡者。《蕭山志》。

骨鹿　形容圓物旋轉之迅捷。《樂府雜録》有骨鹿舞，於小球子上縱橫騰踏，旋轉甚捷。

〔一〕爲：原脱，據《北史》補。

《蕭山志》。

拉颯　穢雜也。《晉書·五行志》：「太元末〔一〕，京口謡云：黄雌鷄，莫作雄父啼。一旦去毛衣，衣被拉颯棲。」《夢粱録》諸河有載垃圾糞土之船。字别義同。《蕭山志》。

寬定宕　言服物寬廓不稱也。《癸辛雜志》：「胡衛道三子，孟曰寬，仲曰定，季曰宕。後妻亡，友人作志曰：『夫人生三子，寬定宕。』讀者掩鼻。」當時已有此俚語也。《蕭山志》。

文傷傷　稱文弱之人。《蕭山志》。

渧　水滴也。《廣韻》渧音帝，滮漉也。《蕭山志》。

搵　暫没入水。《説文》：「搵，没也。」《蕭山志》。

儴　音囊去聲。物寬緩不緊帖也。《蕭山志》。

蹺　《廣韻》丘召切。物聳起貌。《蕭山志》。

夯落　夯音笤。物軟而垂之貌。《蕭山志》。

膖開　《廣韻》膖，匹江切，物脹大也。亦作朧開。《蕭山志》。

揝　《集韻》七夜切，音且去聲，斜而不直，側而不平也。俗有凡由徑者曰斜揝過去。《蕭山志》。

敧　《廣韻》私盍切，支𢻱不平也。《中州集》周馳詠《敧子》云：「勿以微材棄，安危任不

〔一〕太：原作「大」。

輕。誰憐一片小，能使四方平。」《蕭山志》。

靠攏　使相近也。《蕭山志》。

一楠貨　《集韻》楠，乃感切〔一〕。物未經檢選也。《蕭山志》。

驏　初限切，音産。不鞍而騎也。《蕭山志》。

㪔　音鵲。木理不直，裂而易脱也。《蕭山志》。

焬　金屬消鑠也。亦作烊。《法苑珠林》：「鐵鉗開口，灌以烊銅。」《蕭山志》。

鋊　《丹鉛録》音裕，今讀若已。物經磨而漸薄也。《宋書》孔顗《鑄錢議》曰：「五銖錢周郭其上下，令不可磨。」《蕭山志》。

皺　《説文》即由切，「收束也」。凡物不伸挺曰皺。《蕭山志》。

癟　蒲結切，音鱉。物乾枯也。《七修類稿》：「張士信用黄敬夫、蔡彦夫、葉得新三人，民謡云：丞相做事業，專用黄菜葉，一朝西風起，乾癟。」《蕭山志》。

䏧　《説文》陟加切。物大而披張也。亦作䐢。俗有「䐢䐢開」之語。《蕭山志》。

懟　《説文》：「市也。」音對，俗讀若兑，遂借用兑字，憑票支取錢鈔也。《蕭山志》。

擢　讀若忽。《漢書·王莽傳》：「猾吏奸民，辜而擢之。」注：「謂脅人罪自取利也。」今俗

〔一〕乃感切：《集韻》作「那含切」。

有「攉奪撞騙」之語。《蕭山志》。

䶜　都合切，音答。濕物黏附也。《蕭山志》。

白殕　音撫。物陳腐起白膜也。《蕭山志》。

黕　《集韻》陟甚切，物濕而黴也。元稹詩：「青衫經夏黕。」今俗有「發黕」之語。《蕭山志》。

甹　《説文》普丁切，以財物鬥勝競奢也。《蕭山志》。

䁵　《廣韻》於建切，以兩物較出其長短也。《蕭山志》。

攉換　攉，《集韻》音窕，更易財物也。《蕭山志》。

儹　即産切。《廣韻》積也。故蓄積財物曰儹。《蕭山志》。

焙　音塢。寒則偎之使暖，濕則偎之使乾也。《蕭山志》。

煏　皮力切。以火烘物使乾也。按，俗有火煏鷄。《蕭山志》。

爁　《廣韻》音濫，火焰外竄也。《蕭山志》。

煠　《廣韻》士洽切，以食物納油及湯中一沸即出。蘇軾《十二時偈》：「百滾油鐺裏，恣把心肝煠。」《蕭山志》。

燂　《廣韻》徒南切，以火略灼之也。《蕭山志》。

銲　《廣韻》作釬，俗以藥固著金鐵器也。《蕭山志》。

剾　恪侯切。以指深剜也。《蕭山志》。

華　破瓜成塊也。《蕭山志》。

舀　以招切。挹彼注此也。《蕭山志》。

㪷　音豁。挹水散潑也。《蕭山志》。

敨　《集韻》他口切，展也。俗謂振物使展開曰敨。亦作戽，戽音虎。《蕭山志》。

滗　音筆。去渣取汁也。俗語滗藥、滗湯之類。《蕭山志》。

㽎　《廣韻》音拍，擘物使開也。今俗謂擘橙橘之屬曰㽎。《蕭山志》。

抓　莊交切，搔癢也。《蕭山志》。

攋　《集韻》洛駭切，手爪披毀物也。《蕭山志》。

趦　《玉篇》實洽切，往來倏忽也。今俗有「趦來趦去」之語。《蕭山志》。

趣　音暫。犇進也。俗有「直趣、亂趣」之語。《蕭山志》。

埏　《集韻》時連切，音延，邊際也。《蕭山志》。

㩝　《集韻》音豪，較量多少也。《蕭山志》。

攮　《字彙》音囊，推宕也。俗有「推來攮去」之語。《蕭山志》。

勿割捨　不忍廢棄也。《詩譜》：「陸士衡才思有餘，但太多爲礙，能痛割捨乃佳。」《蕭山志》。

聊蕩　亦曰濫聊，又曰聊鬼，稱游手無賴者。施鴻《閩雜記》：「地方惡少，遊手覓食，詐索詐騙者，謂之聊蕩。」《蕭山志》。

丁相公畫一字　稱作事迂執者。《山堂肆考》：「元丁濟爲奉化令，凡公論所在，一判不復，民稱之曰丁相公一字判。」《蕭山志》。

嬌痃　《集韻》病，音怯，病弱也。俗謂器物薄弱者亦曰嬌痃。《蕭山志》。

蕈偄　物嫩而輭者。《玉篇》：「蕈，地菌也。」「偄，奴亂切，弱也。」《蕭山志》。

一㸒　物至微小者。《廣韻》音窣，麥屑也。《蕭山志》。

攦　線索糾繞也。《篇海》直善切，音躔。《蕭山志》。

扳　《集韻》音班去聲，絆也。俗謂有物礙足。《蕭山志》。

掚　《類篇》烏瓦切，俗謂手爬物曰掚。《蕭山志》。

作苛苛　作何事也。《蕭山志》。

㑲儶　權勢嚇人也。《集韻》：「豪强貌。」後魏時語：「莫㑲儶。」《蕭山志》。

捻　握也。《景寧志》。

犟　負强不屈。《景寧志》。

手下　指侍從者。《景寧志》。

子細　慎重也。《景寧志》。

帳目　記財貨之往來。《景寧志》。

打算　籌畫也。《景寧志》。

荒唐　言之無稽及行之不檢者。《景寧志》。

含糊　論事不明白。《景寧志》。

妥帖　措置周密。《景寧志》。

擡舉　扶助。《景寧志》。

毛病　習氣。《景寧志》。

落魄　貧也。《景寧志》。

扁　稱物之闊也。《景寧志》。

腳色　名銜貴顯也。又泛稱人亦曰這個腳色。《景寧志》。

牙郎　代客買賣也。古爲互市郎，變爲互市牙郎，今單稱牙郎。《景寧志》。

拍　讀如擘。分開也。故兄弟析産曰分拍。《景寧志》。

鳥　《玉篇》丁了切，懸物於繩也。俗作弔。《景寧志》。

帄　音丁。補衣也。俗有「打補帄」之語。《景寧志》。

其　泛稱他人也。《詩》：「彼其之子。」亦作伊。《衢縣志》。

彼格　彼讀如必。指彼也。《衢縣志》。

個格　指此也。《衢縣志》。

彼裏　猶言那處地方，亦作旁裏。《衢縣志》。

其能　人有所指也。亦曰渠儂，又曰若能。《衢縣志》。

裹舍　泛指物件也。亦曰東西。《衢縣志》。

這等　猶言如此也。《衢縣志》。

賺錢　營業盈餘。《衢縣志》。

蝕本　營業虧折。《衢縣志》。

頭錢　賭博計贏而抽采也。總其事者曰頭家。《衢縣志》。

籌碼　代錢以計數之具。或以竹爲，或牛骨及象牙爲之。《衢縣志》。

舔糖拇指　拇指二字音如牧竹，謂得有好處也。《衢縣志》。

嘗辣湯〔一〕　泛稱作艱難，又曰吃苦頭。《衢縣志》。

發潮頭　謂憑空生事也。《衢縣志》。

起花頭　藉端滋擾。《衢縣志》。

捉鵝頭　詐人之財也。鵝，一作訛。《衢縣志》。

打圓場　爲人排解紛糾也。《衢縣志》。

捻酸鼻　有挾而求。《衢縣志》。

〔一〕辣：原誤作「竦」。

挖痛瘡　攻訐陰私。《衢縣志》。

搭趉頭　欺誑人語。《衢縣志》。

打雪孔　冒取他人之物。《衢縣志》。

敲竹杠　遇事生風。《衢縣志》。

打瓜精　卷物而逃。《衢縣志》。

打秋風　善語求人財物。《衢縣志》。

倒湯瓶　罄其所有。《衢縣志》。

待慢　謙詞，猶言招待不周也。亦曰簡慢。《衢縣志》。

頭削尖　善鑽營者。《衢縣志》。

頭睡扁　謂睡眠時間太久也。《衢縣志》。

戴高帽　謂喜奉承者。《衢縣志》。

戴石臼　謂不喜奉承者。《衢縣志》。

持蒲扇　煽人生事。《衢縣志》。

打邊鼓　從旁吹嘘。《衢縣志》。

貼水面膏藥　敷衍了事。《衢縣志》。

抽橋板　事後不履行。《衢縣志》。

七零八落　不完備齊整。《衢縣志》。

八瓶七蓋　兩抵不敷。《衢縣志》。

老虎吃蝴蝶　哂微薄之物不足充饑也。《衢縣志》。

螞蟥釘螺螄　凡事舍不脱。《衢縣志》。

聾子放火爆　與己無干。《衢縣志》。

啞子吃黄連　説不出苦。《衢縣志》。

燈籠照火把　隱瞞不了。俗語「亮見亮」意同。《衢縣志》。

義烏人釘碗　自顧自也。言如釘碗時之聲音。《衢縣志》。

去了補碗來個釘秤　言事之一時不易清理也。《衢縣志》。

泥菩薩過水　言自身難保。《衢縣志》。

鐵將軍把門　言主人不在家也。《衢縣志》。

樓板鋪紙　相差無幾。《衢縣志》。

雲端跑馬　高不踏實地。《衢縣志》。

陽溝翻船　失於不措意。《衢縣志》。

豁閅　閅，呼下切。門大開也。《衢縣志》。

筆尖　言其端甚鋭也。《衢縣志》。

鶻落子圓　言其圓也，亦稱滚圓。《衢縣志》。

慢遠　甚遠也。《衢縣志》。

黄龍　虚張聲勢而無其實。《衢縣志》。

小家子　言器皗甚小之人。《衢縣志》。

齊整　齊讀如西。言其美麗也。《衢縣志》。

難好　慚愧也，亦曰難爲情。《衢縣志》。

連忙　言作事不遲艇，猶言趕緊也。《衢縣志》。

倭子夾韃　言無條理也。《衢縣志》。

胡里胡塗　不明白。《衢縣志》。

丢　丁由切。舍去也。《衢縣志》。

甩　音環去聲。棄擲也。亦曰掼。掼，古患切。《浦江志》。

挐　音擺。分佈陳列也。《浦江志》。

掗　《字彙》音亞，强以物與人。《浦江志》。

盤　以言語難人也。《浦江志》。

悛　音燥。性急也。《浦江志》。

頣　古恨切。俯首也。《浦江志》。

㙊　音殿。牀几不平以物支之也。《浦江志》。

腐𡢃𡢃　音台。謂人迂腐也。《浦江志》。

呆鄧鄧　人不靈動。《浦江志》。

囉唆　語言多而不條達。《浦江志》。

汗漐漐　出汗多也。《浦江志》。

澒澒　音轟。大水之聲。《浦江志》。

孖孲　小兒啼口作聲以慰之也。《浦江志》。

生骨頭　語含刺隱。《浦江志》。

野草子　異種也。《浦江志》。

在鼓裡　謂不知此事之情由者。《浦江志》。

必律不剌　剌音辣〔一〕。謂煩言不休也。《浦江志》。

伊哩烏盧　言其聲之不清淅也。《浦江志》。

薄嘴　薄讀如白。互相口角也。《浦江志》。

打交　交讀如高。鬥毆也〔二〕。《安吉志》。

〔一〕辣：原誤作「辢」。

〔二〕毆：原作「歐」。

在行　行音杭。謂精於所事者。《安吉志》。

眠娗　音如緬忝。稱人之藴藉者。《安吉志》。

扎火囤　以計欺人。《安吉志》。

上檔　墜人術中。《安吉志》。

很　勇而健也。《安吉志》。

屋裏　家中也。《安吉志》。

窟嚨　孔也。《安吉志》。

嬲　糾纏也。嬲音裊。《安吉志》。

獨步　言其才能特出也。《安吉志》。

隑　巨代切。倚也。《安吉志》。

瘵　音柴去聲。瘦也。《安吉志》。

脹　音張。私窺也。《安吉志》。

矃　音寧去聲。熟視也。《寧海志》。

倔𡯷　音崛拙。短小也。《寧海志》。

亘硬　音責。强有力也。《寧海志》。

打扮　裝飾也。《寧海志》。

摰　緊束也。《寧海志》。

攙　扶也，楚銜切。《寧海志》。

揰　音聳。抱持也。《寧海志》。

扛　舁物也。《史記·項羽紀》：「力能扛鼎。」《寧海志》。

摸捺　作事濡緩也。《寧海志》。

湯　讀去聲。爲熱所傷也。《寧海志》。

洿　音户。游泳也。《寧海志》。

墝埆　瘠薄也。《史記·三王世家》：「燕地墝埆。」《寧海志》。

倒塌　崩墮也。《寧海志》。

築　音逐。旁推令覺也。《三國志·顔斐傳》：「時典農私推築斐謝。」《寧海志》。

跺　音朵。避至隱處不使人見也。《寧海志》。

跦　音擂。跌而輾轉。《寧海志》。

譹　音炒。言相擾也。馬融《廣成頌》：「輕譹趬悍。」《寧海志》。

鬼孼口　洩漏言語也。《寧海志》。

勴　音預。心助也。《寧海志》。

幫襯　相助也。《寧海志》。

弗俶睬　不看待也。《寧海志》。

毴毨　不精細也。《寧海志》。

空穽　穽音弄。間隙也。《寧海志》。

瘸逴逴　逴音戳。人疲輭也。《寧海志》。

吸唝　音吉角。物摇動聲。《寧海志》。

褪　音退。卸衣也。《寧海志》。

黬　音巖。積垢也。《寧海志》。

轣轆　不安静。《寧海志》。

紮　纏束也。《寧海志》。

幾遍　幾次。《寧海志》。

鹼水　鹼音減。鹹汁也。《寧海志》。

好漢　稱勇敢能任艱苦者。《寧海志》。

脿子　倡伎。《新昌志》。

衆生　駡人畜類。《新昌志》。

出恭　如廁。《新昌志》。

偡齊　偡音斬。長短相等。《新昌志》。

合同　同樣契約各持一紙爲憑者。《新昌志》。

花字　簽字。《新昌志》。

眼中釘　視反對之人及所心惡者。《新昌志》。

天高皇帝遠　怨無可訴，言政府管轄不到之處也。《新昌志》。

遠水不救近火　不可持也。《新昌志》。

一花　五個錢合計之稱。《新昌志》。

菖蒲花　謂遇到久不見面之人。《新昌志》。

靠天　不倚賴於人。《新昌志》。

躐垟路　行捷徑。《瑞安志》。

澆清　灑浄。《瑞安志》。

生受　煩難也，貧乏亦曰生受。《瑞安志》。

花攤　浪用。《瑞安志》。

勢　《説文》音棃，劃也。俗謂以指甲劃破皮膚曰勢。《瑞安志》。

望節　四季送物長輩。《瑞安志》。

惹人嗔　讀如抵能貞。厭惡於人也。《瑞安志》。

侏儒倒縮　謂身材短小也。《瑞安志》。

不郎不秀　人不成材也。《瑞安志》。

賀儨　新嫁娘於廟見後，分粧飾品於夫之戚家。《瑞安志》。

譂讕三四　多言也。《瑞安志》。

盉　與人相晤，先發此種聲音。或作盬。《瑞安志》。

多肆　多極也。章炳麟《新方言》云：「《小爾雅》：『肆，極也。』」《瑞安志》。

殆半是　與人相語遇疑而未定之詞。《瑞安志》。

誂嘴　從言語播弄是非。《瑞安志》。

粘脂　言多可厭。《瑞安志》。

丁　蝨蟎嚼人也。又厭人乞貸亦曰丁，言如蝨蟎嚼人，麾之不去也。《瑞安志》。

藹　息火後蓋以柴灰不令滅曰藹，亦曰藹火種。《瑞安志》。

轉灣抹角　言路之曲折也。《瑞安志》。

發擂　打鼓也。《瑞安志》。

密葚葚　密極也。《瑞安志》。

火煤　卷紙如箸，用以引火。《瑞安志》。

賒　記賬。《瑞安志》。

頂樣　梁下有覆板，又曰替塵。《瑞安志》。

欛柄　證據。《瑞安志》。

笑　柑橘壞爛也。《蜀方言》：「物裂口曰笑。」今言壞爛，義亦相近。《瑞安志》。

涌湯　沸水。《瑞安志》。

盤纏　路費。《瑞安志》。

重鐭鐭　重也。《集韻》吐衮切。《瑞安志》。

嚂問　詰難也。《篇海》嚂音盤。《瑞安志》。

窮忙　自謂貧無閒暇。《瑞安志》。

忒煞　太甚也。《瑞安志》。

饒　寬人一步也。《魏書》：「郭祚謂李彪曰：豈能饒你。」《瑞安志》。

糴　徒歷切。買穀。《瑞安志》。

糶　他弔切。賣穀。《瑞安志》。

得人憎　可厭惡也。陳標《蜀葵》詩：「得人憎處只緣多。」《瑞安志》。

得人惜　可愛也。《瑞安志》。

諢場戲　事不賣力也〔一〕。《瑞安志》。

〔一〕賣：原誤作「買」。

打諢帳　插嘴。《瑞安志》。

賴避　不踐行諾言也。《晉語》：「已賴其田。」《瑞安志》。

家私　家産。《瑞安志》。

耳邊風　事不經心也。《瑞安志》。

耳朵軟　易聽讒言。《瑞安志》。

眼孔大　不理人。《瑞安志》。

相　看也。《説文》：「目省視也。」《寧海志》。

盯　丑證切。熟視也。《寧海志》。

眼不見爲浄　言不必追求到底也。《寧海志》。

辣手　言作事很不講情面也。《寧海志》。

𪘏你一口　作僞證以誣人。《寧海志》。

心肝　寶愛。《晉書》：「愛將士同心肝。」《寧海志》。

黑心　不顧一切以營私。《寧海志》。

肚皮大　能容忍。《寧海志》。

賤骨頭　駡人下流。寧海采訪。

放雕　乖巧也。雕，俗作刁。寧海采訪。

打秋風　託名干求。寧海采訪。

有面子　言事不易成功，而成功有財有勢之人居多。寧海采訪。

老面皮　不知羞恥也，亦作面皮厚。寧海采訪。

麤糙　不精細。寧海采訪。

巴不得　本喜所欲也。寧海采訪。

暮花落　驚其物之多。寧海采訪。

外行　不識貨。寧海采訪。

蚩笑　戲謔。寧海采訪。

無落棠　事無結果。寧海采訪。

死心　不欲有所爲。《元曲》：「死心搭地。」寧海采訪。

索性　不顧一切。寧海采訪。

執㑊　固執。寧海采訪。

看山色　察情形。寧海采訪。

鬔鬆　物雜亂貌。寧海采訪。

橫歺歺　讀如堆堆。蠻不講理。寧海采訪。

橫諓諓　言不正也。寧海采訪。

彭彭魄魄　大聲。張舜民詩：「打麥打麥，彭彭魄魄。」寧海采訪。

調代　代讀如大。時間、人事均優豫而不逼迫也。寧海采訪。

魏　稱人能幹也。《方言》：「能也。」今作會。寧海采訪。

僻脱　作事矯健。寧海采訪。

亘硬　亘音責。强有力也。寧海采訪。

打巴勢　恃强。寧海采訪。

囫圇吞　凡事不加細察。寧海采訪。

横死　天誅。寧海采訪。

寫緣　和尚請助財帛。其他公益事業則曰寫捐。寧海采訪。

碓頭　與人相仇，取衝突之義。江山采訪。

戴炭簍　喜奉也。江山采訪。

浮裏起空　造謡。江山采訪。

縮頭縮腦　膽小。江山采訪。

曬不燥　駡人頭腦不清。亦作差把火，又作夾銅。江山采訪。

伯高　褒孩童。遂昌采訪。

雙夾餅　事忙。遂昌采訪。

打鄉里親　婦受夫或舅姑虐待，婦之娘家與之交涉。遂昌采訪。

担水不識埠頭　喻人之莽撞。遂昌采訪。

啜水要吹冷　言人過於謹慎。遂昌采訪。

好心天雷打　行善不得好報。遂昌采訪。

排場　鋪排場面甚爲華美。遂昌采訪。

發魘　猶蘇州話之發噱，有詫爲奇異之義。《雜志》。

著奇　凡事逸出常情。《雜志》。

倭累　情事不佳也。明季倭寇擾浙，浙人仇之，遂有此語。《雜志》。

木佬佬　狀情物之形態皆可用之。如言木佬佬大、木佬佬細、木佬佬徒吃力等。《雜志》。

在處裏　住家中也。縉雲采訪。

𣯷　音軒。毛筍氣味。《越諺》。

寒酸氣　譏人之貧寒。《越諺》。

孏花香　小兒之乳臭。《越諺》。

哳口　紹興酒似酸非酸之謂，言酒味劣也。《越諺》。

趜　音勾。物屈不伸也。跔通。越語。

𣮏　音竅。物不平也。如言獸尾豎起曰𣮏。越語。

關肚仙　口技之一種。以大布蓋其人之頭部，詭言肚中有仙，能答問者之吉凶禍福。越語。
隔壁戲　口技也。一人入幕，並時能作種種繁雜之聲。越語。
回門　女嫁後初次與壻同拜父母及女家之親戚尊長。越語。
發行嫁　嫁女之家於臨嫁前數天，載送牀箱桌櫈等物至壻家。越語。
陶成　所得也。少有贏餘曰無陶成。越語。
俌俏　波峭同，美而崚嶒。越語。
懵懂　昏昧也。越語。
倒眉　眉音媒。受辱於人，或所事不諧。越語。
困覺　覺音告。臥也。越語。
還杯　報復也。越語。
出孃肚皮　言其人有始以來之第一次。越語。
對牛彈琴　言與不解事理之人談論。越語。
唐頭　謂此地也。奉化采訪。
躲罵　隱語刺人。奉化采訪。
攀猪腳　事後討小費。奉化采訪。
鑽竹蜂　做事快。奉化采訪。

黄蜂嘴　語多不遜。奉化采訪。

三不象　學無成就也。奉化采訪。

出路由路　去處不能定也。奉化采訪。

問客殺鷄　隨人之便也。奉化采訪。

一心念佛　專做此事。奉化采訪。

九鍊成鋼　言人老練。奉化采訪。

虎頭搔癢　言險也。奉化采訪。

佛面刨金　言不顧情面而所得仍微。奉化采訪。

狗頭軍師　言導人不善也。奉化采訪。

扳脚後跟　幫助也。奉化采訪。

屙虹書生　不通又固執也。奉化采訪。

燈芯當拐杖　言不勝任也。奉化采訪。

冬瓜當欖坐　隨左隨右也。奉化采訪。

千佛一拄香　多亦無益。又百事只憑一理，亦通。奉化采訪。

鑿打鑿，木打木　循根到底。奉化采訪。

籠糠打出油　勢所必得也。奉化采訪。

肚腸筋笑斷　笑不止也。奉化采訪。

古老　陳舊也。《越諺》。

上頭　回溯以前。《越諺》。

市日　村鎮聚市貨物之日也。或雙日，或單日，或三、六、九日。《越諺》。

麥市　穀雨至芒種爲麥市，霜降至立冬爲稻市。《越諺》。

做日喫日　傭人苦語，猶言一日不做，一日不得食。《越諺》。

田地　極頭也。朱子《語録》：「做到那田地。」《越諺》。

小娘店　娼家也。古謂青樓，又曰半開門。《越諺》。

還俗　爲僧尼不終者。《越諺》。

咄　規孩聲。奉化采訪。

儇　謂人靈敏也。奉化采訪。

啥　問何事。奉化采訪。

羸瘨　音離其。不堅固也。《越諺》。

傄𤸱　音札至。堅固也。《越諺》。

釉水　釉音油。窰器光澤曰釉水好。《越諺》。

冷板櫈　本無此物名，俗以謔塾師曰坐冷板櫈。今則謂在未謀到職業之前曰坐冷板櫈。

《越諺》。

草　俗謂幼小未長成者皆曰草，如草鷄、草鴨、草馬之類。《蕭山縣志》。

擔閣　遲延。《蕭山志》。

瓢子　俗稱人之家財曰瓢子，謂猶瓜心也。《蕭山志》。

𡤅　音贊。《説文》：「好。」按，俗謂美麗曰𡤅。《蕭山志》。

暴　《廣雅》：「猝。」故驟富曰暴富，引申之謂初次曰暴，如曰暴吃饅首三口生。對於新交密切曰新花暴熱。《定海縣志》。

休倢頭　音末闔。俗謂身體癡肥或盛物充滿曰休倢頭。《定海縣志》。

炣煖　炣，烏臥切。《集韻》炣，猶言煖也。《定海縣志》。

𣢾〔一〕　音剖。《集韻》：「語而不受也。」按，俗謂聞拂意之言，激切反對之發聲詞。音轉如坯，亦作呸。《定海縣志》。

漌　音董。物墜水聲。《定海縣志》。

攙　音産平聲。俗謂以物相雜曰攙，如言酒攙水。亦作羼。《定海縣志》。

掗　衣駕切。强以物與人也。俗謂强賣曰硬掗。《定海縣志》。

〔一〕𣢾：原誤作「敨」，據《集韻》改。

落　乾没他人之物曰落，所没之物曰落頭。《定海縣志》。

旻　讀如蓄。舉目使人也。今俗作嗾，音近義同。《定海縣志》。

捱　宜佳切。《字典》：「俗謂延緩也。」〔一〕俗謂稽遲晷刻曰捱時辰。《定海縣志》。

掂　店平聲。本作敁。俗謂量物輕重曰掂斤兩。《定海縣志》。

搨　音塔。《集韻》：「冒也，摹也。」俗謂面貌相似曰活搨斯像。《定海縣志》。

搭　音答。附也，挂也。白居易詩：「熏籠亂搭繡衣裳。」〔二〕故附舟曰搭船。引申之二物連類而及曰搭，如烏搭魚。女子有私曰搭老公。《定海縣志》。

朻　渠尤切。《説文》：「木下曲也。」俗謂凡物彎曲皆謂之朻。《定海縣志》。

甩　謂往反動摇也。如牛馬摇尾曰甩尾巴，撲被塵之藤器曰被甩，器物懸挂而摇動曰甩來甩去。《定海縣志》。

戳　影射曰戳。如冒人商標曰戳牌子。引申之站立他人之旁亦曰戳。《定海縣志》。

嚄啯　猶言阿呀也。《建德縣志》。

嬾里嬾㵾　不清楚也。《建德縣志》。

嘸傝偛　無結果也。

〔一〕謂：原作「字」，據《康熙字典》改。
〔二〕繡：原誤作「舊」，據《全唐詩》改。

介　指詞也。如介頭、介一嚮，讀若餘。介種、介許多、介特光，讀若革。又如此曰介末、曰介様大小、曰介厚。又儼若有其事曰好像有介事，則作其事解矣。《甬諺名謂籀記》。

嘾　含深也，從覃聲，俗稱小兒口中含飯不下嚥曰嘾。引申之凡槖之容物滿者曰嘾。轉音如㑴，如嘾得重重、肚綳嘾住等是也。《甬諺名謂籀記》。

詯詯嚮　讀若曁。俗謂人氣盛聲高也。《甬諺名謂籀記》。

㱿㱿、㱾㱾、㲉㲉、豛豛　㱾讀跫或㴟，㲉讀沈，豛讀篤。狀擊物聲也。均古語。惟㱿㱿、㱾㱾俱擊空聲，㲉㲉、豛豛俱擊實聲，與古稍異。《甬諺名謂籀記》。

瞴婁　婁讀縷，微視也，謂視之未切也。俗斥言人作事不審曰瞴婁胡塗。《甬諺名謂籀記》。

瞶瞶瞴瞴　讀若買買虎虎。詈人不精察也。《甬諺名謂籀記》。

瞗目　讀若雕。熟視也。今人稱男女目逆而視曰瞗榜子。俗作弔，非。榜，猶様也。《甬諺名謂籀記》。

亯　讀若用。用也。今俗以食謁人曰亯，如請亯飯是也。《甬諺名謂籀記》。

韄到你　讀若敲。俗謂挾制人作事也。《甬諺名謂籀記》。

杚　古没切。平也。俗稱斗斛量米概平之曰杚平。《甬諺名謂籀記》。

楅　彼即切，亦作㢸。今俗治木器使無間曰楅縫。《甬諺名謂籀記》。

㼌　屋傾下也，都念切。《甬諺名謂籀記》。

阿剌　俗稱我儕也。《甬諺名謂籀記》。

惀　欲知之貌。俗有「心上惀一惀」之語。《甬諺名謂籀記》。

涒　他昆切，讀若吞。食已而復吐之也。俗謂穀物已收復出曰涒㑥，物價既高復低曰涒盤。又有「涒涒吐吐」一語。《甬諺名謂籀記》。

撓　讀若競。擊中也。今俗用爲狀聲字，如「敲得撓撓響」是也。《甬諺名謂籀記》。

溲　音咻。字亦作脿。今俗有「汗溲氣」一語。《甬諺名謂籀記》。

㼌　讀若愈，又讀若玉。微弱也。俗以植物本弱枝重被偃於地者曰㼌倒。《甬諺名謂籀記》。

膹　房吻切。又轉爲孛音切，熟肉也。俗以釜中食肉上下反覆之曰膹。《甬諺名謂籀記》。

跛　音紫。皮不展也。今俗有「鷄皮皺」一語。鷄，即跛字之譌。《甬諺名謂籀記》。

㑳儅　不當也。今俗稱不上不下曰弔當。《甬諺名謂籀記》。

㓾倀　讀若猛闖。俗稱不循道而走曰㓾倀。《甬諺名謂籀記》。

噥　多言不中。俗謂丈夫輕聽婦言曰被噥。《甬諺名謂籀記》。

㑩㑁　罵也。今俗有「放銅銃」語，即㑩㑁字聲譌。《甬諺名謂籀記》。

䞤　音鋪，讀轉爲蔀。稱物之端曰䞤頭。《甬諺名謂籀記》。

打邊鼓　先有人爲他人説項，再從旁應和之。黄巖采訪。

跌膘　馬瘦。黄巖采訪。

且慢跌倒　幾乎跌倒；且爲未定之辭。黄巖采訪。

十一、植物

白菜　菘菜。《湯溪志》。

花菜　莧菜。《湯溪志》。

油菜　芸薹。《湯溪志》。

蒀頭　蒀，讀如橋上聲。《本草》：「蕹，一名蒀子。」或作蕎，非。《定海志》。

稗草　《廣韻》：「草似穀而實圓細。」俗謂之稗草。稗讀如罷。《定海志》。

寒薑　田薺。《建德志》。

落蘇　茄子。《建德志》。

鷄頭菱　芡實。《建德志》。

蝦蟆葉　車前子。《建德志》。

老虎刺　巴戟。《建德志》。

夜明菜　枸杞。《建德志》。

夢春花　木筆。《建德志》。

滿山紅　杜鵑。《建德志》。

滿堂紅　鳳仙。《建德志》。

竹孚俞　竹中薄膜也。《蕭山志》。

蕻　音哄，菜心之長者。《蕭山志》。

金櫻　石榴，亦曰金瓶。鎮海采訪。

洋芋　馬玲薯。縉雲采訪。

十二、動物

漚　魚也。《湯溪志》。

花公　蝦。《湯溪志》。

外鵝　外，讀何加切。雁也。《湯溪志》。

犢　《集韻》烏猛切，吴人謂犢曰犢，浙人亦有此稱。《定海志》。

羯　音訐。《急就篇注》：「羖之犗者曰羯。」乃專稱雄羊之去勢者。今則凡畜類之去勢者多曰羯，如羯猪、羯狗等。《定海志》。

鐓鷄　鐓音線。閹鷄也。《賓齋瑣筆録》：「雄鷄去勢謂之鐓。」《定海志》。

蛷螋　俗誤名蚰蜒曰蠼螋，今更轉音爲蛷螋。《定海志》。

蚻螃　《方言》：「蟬大者謂之螃，小者謂麥蚻。」統言則曰蚻螃。轉音爲知了，更變音爲乍聊。《定海志》。

牛蟲　米中小黑蟲也。《爾雅疏》：「此蟲大如黍米，赤黑色。廣東人呼爲米牛，浙人又呼爲米象，皆牛蟲也。」《定海志》。

醬蟲　蟑螂也。廚竈中紫褐色有臭氣之蟲也。《定海志》。

蛆蟲　俗謂孑孓曰蛆蟲。《定海志》。

鸜鵒　八歌。《新昌志》。

鷄　讀如耶。開化采訪。

馬　讀如面。開化采訪。

猪　讀如到。開化采訪。

狗　讀如古。開化采訪。

騍馬　小馬。開化采訪。

騲羊　雌羊。開化采訪。

牯牛　雄牛。開化采訪。

猰狗　音吉，犬將乳，孳尾也。《越諺》。

馬熊　同治初年，賊平民稀，豺狼出山唵人，呼爲馬熊。《越諺》。

十姊妹　又名鐵嘴鷌鳥，其來成羣可囮也。《越諺》。

唹　喂六畜也〔一〕。奉化采訪。

嘩嘩　呼牛。奉化采訪。

〔一〕　畜：原作「蓄」。

叻叻　呼猪。奉化采訪。

㸌㸌　音竹。呼犬。奉化采訪。

啝啝　呼鵝。奉化采訪。

鸖鸖　呼鴨。奉化采訪。

闍闍　呼馬。奉化采訪。

罞罞　音米。呼猫。奉化采訪。

假假　呼鷄。奉化采訪。

丢丢　呼小鳥。

虩　讀若隔。俗呼轉爲介，虎聲也。有「老虎虩虩嗷」之語。《甬諺名謂籀記》。

嘆嘆　音鷄。鼠叫聲。黄巖采訪。

桂花魚　鱖魚。黄巖采訪。

蘿頭蝮　蝮蛇。黄巖采訪。

十三、釋成語

刀切豆腐兩面光。兩面不開罪。《龍游諺語》，下同。

臨時抱佛脚。

棺材背磨刀。言太遲。

棺材伸手。言貪得無已。

賣天公不作花字。謂不負責任。

火燒烏龜心裏痛。有苦自己知道。

天妃宫。因天妃宫建築均漂亮，借射客氣。客氣者，龍游言美觀也。

蜻蜓咬尾巴。自己吃自己的。

牆頭草。謂因風勢轉動，已無主見也。

田鷄燈。只照他人不見自己。

蘿蔔絲吹冷吃。言小心。

唐僧肉。言其吃香也。

雪上加霜。言禍上添禍也。

牛頭不對馬嘴。

門裏大。只能在家作威勢。

弄堂王。夜郎自大意。

荷葉命。言命薄也。

仰天辣火。辣火謂番椒，仰天生者味特辣，喻人之難相處。

銅錢孔内翻筋斗。謂貪得也。

吃隔壁醋。無關己事也。

雄鷄生蛋。言杜撰也。

香棒比大腿。言大小懸殊。

十個指頭有長短。言物類不齊。

手掌手背同是肉。言不要强分親疏也。

油裹鍋，鍋裹油。油腔滑調，是非無准。

荷葉包腦髓。言怕事也。

插桶底。説穿他人陰事。

良心喂狗吃。言他人以怨報德。

不管三七二十一。一切不顧。

害人精。

七日不縛手。言小兒好動，意同左。

没有包手袋。小兒生後須包手袋。此言小兒好動手也。

七口八椏扠。多嘴也。

布袋刺鐵釘。謂自己人搗自己鬼也。

再到紅浴桶打個筋斗。謂再生來也。

左手不相信右手。自家人不相信。
留得青山在，不怕没柴燒。
吃白烟摸夜。言貪嘴得不好結果。
高山上撒糞。本累贅之事，以灑脱出之。
吃家飯，撒野糞。吃自己飯，替他人作事。
黄胖椿年糕。吃力不討好。
不做曲事，不怕鬼叫門。即「平生不做虧心事，半夜敲門也不驚」之意。
混沌乾坤。不清爽。
龍生龍，鳳生鳳，老鼠生兒打地洞。
種田要好秧，生子要好娘。
吃麥不雜米。話不對頭。
螺螄殼裏做道場。
青面婆娘烏嘴狗。言青面及烏嘴女人，皆刻薄無情也。
破腳骨。流氓地痞。
不上不落。
薺菜花當盤景。

天落饅頭狗食運。

外甥替娘舅尋牛。不負責任。

打蛇不死遭蛇怨。

新親新的的，老親挂上壁。厭故喜新。

風未去雨又來。惡運相連。

夾門縫。爲人作事被累。

竈頭砌在脚背。喻人之居處無定。

一脚門内一脚門外。進退兩難，心意不定。

糞缸内照臉。不好見人，不可於明鏡中朗照也。

拖死人過岡。做事不起勁。

看風轉舵。投機。

猫哭老鼠。無真心。

順手牽羊。隨便取物。

老來子。老年所生之兒。

晚娘毒，猪娘肉。喻晚娘之心毒如母猪之肉。

人有良心，狗不吃糞。

黑裏摸白。不分别。

蛇咬一次，三年怕黄鱔。

强中更有强中手。

不要看賊吃，要看賊挨打〔一〕。

有前無後。

待羹澆飯。謂待錢應用也。

分食不均，抵過殺人。

多一事不如少一事。

夾閹鷄陣。閹鷄有美羽，無美羽之鷄强入其陣，猶人之無名位，而勉强加入先進隊中。

生鷄不入陣。生人常被欺於先進熟人。

三十六擋算盤。謂其人工心計。

吃生米。言其人難説話。

敲釘轉脚。言其人作事呆板。

舌頭没窟，彎彎轉窟。謂有意作僞，無所不可也。

〔一〕挨：據文義補。

良心放在背脊。

駝背不落席。謂心有不安，不能入睡也。

蹺子好走，聾子好問。

茅蓬中出觀音。小家碧玉。

大樹底下好遮蔭。謂有靠山。

己肉己痛。喻自己愛自己兒女。

吃虧人長長在。

自己坐在糞裏。己有醜行，卻喜批評人家。

祇可爲有用人背馬梢，不可替没用人做軍師。馬梢，盛物袋。

蓋鷄不孵卵。勉强無益。

鼻頭出氣。罵人意。

看了和尚罵賊秃。指桑罵槐。

亂七八糟。雜亂。

七拼八湊。補綴。

三頭六臂。有神通。

文不像謄録生，武不像救火兵。

三塊板，兩條縫。呆板意。
三長兩短。不測之意。
撥草尋蛇。自尋苦惱。
四不相。
兩頭尖。即路路通意。
青面老虎。刻薄無情人。
鍼頭削鐵。言微細也。
脱了袴子放屁。自找麻煩，又言多此一舉也。
莧菜子落進鍼孔。言機會極難也。
掃帚星。敗家門之人。
鼻涕當醬吃。刻薄吝嗇之極。
麻雀算帳。説話極快。
龜背刮毛。所得甚微。
羊毛出在羊身上。
天公落下，有長人去抵。有所恃而無恐意。
木人捧大脾。碰著運氣。

不三不四。不倫不類意。

爲一根草跌死一頭牛。貪小失大。

爲親家殺頭牛，親家吃啦牛鼻頭。

牛頭去了，拉了一根牛尾巴。舍本逐末。

騎牛碰著生親家。不幸遭遇。

捧腳過門檻。巴結闊人，無微不至。

公説公有理，婆説婆有理。

張家長，李家短。

灌米湯。想利用他人，而故意多多親近，多方稱頌也。

楊柳花。罵輕浮之人。

兩頭火把。來往播弄是非。

手長衫袖短。無力照顧之意。

衣衫角頭撞死人。言勢焰可怕。

漢威。言威風。

起勁。言神氣十足。

屋背開門。謂其人不和人交往，故無親友也。

眼睛白出水。憎厭他人也。

生尾巴。謂與人不相干，而人偏謂己觸犯彼。

眼孔淺。妒忌他人。

眼紅。羡慕他人。

肚裏一個小烏龜。言心中別有鬼計也。

三分顔料開染坊。小題大做。

白銅元寶。外貌可觀，而無實用之人。

繡花枕。金玉其外，敗絮其中之意。

一個銅元打出命。吝嗇意。

强盜碰到賊爺爺。惡漢遇惡漢。

眼睛朝天。目中無人。

白舌牛。口好亂説。

簷頭水滴，滴不差移。謂一代似一代。

一個和尚挑水吃，兩個和尚扛水吃，三個和尚没水吃。言人多反而誤事。

烏龜過門限，多些跌。言自找麻煩。

自翻石塊自壓腳。自尋煩惱。

醬裏蟲醬裏死。
痘裏不去痳裏去。
石板道地甩烏龜。硬碰硬。
打開窗子説亮話。
秤鉤上釘個釘。等於一樣。
鄉下人吃橄欖。初時不識味。
啞婆同狗睏覺。説不出。
天要落雨，娘要嫁人。制不住。
有眼無珠。不明察。
一塘清魚被烏鱧亂。
好馬不吃回頭草。
六月雪。言希有之物。
老鼠尾巴生個瘤。言微細也。
坐轎人不識扛轎人苦。
吃豇青花，撒月白屁。言行不相顧。
老壽星討藥吃。自討苦吃。

牙齒打架。言冷也。

砂裏掏金。言難得也。

和尚拜丈母。謂絶無僅有之事。

吃西瓜皮大老官。謂冒充也。

鑽牛角尖。走入僻徑。

好花插在牛糞裏。言不得其所。

剃鬍鬚頭。謂事之棘手者。

鐵樹開花。言事之希有者。

切蘿蔔。謂人出言太易。

三十夜皇帝。謂負債者常於除夕被衆人羣索，如皇帝朝見百官也。

灰堂煨蠟燭。謂無人知。

替人墊凳脚。替人出錢也。

斤米蕩。謂少有所得即自滿也。

牛皮糖。言人脾氣滯凝不爽。

一炮兩響。謂事之易於得手。

千銃打不動。謂人之性緩，少反應也。

三隻手。謂賊也。

火上添油。謂助勢也。

坐在門背後待天明。言不得其處，空待無成也。

手臂彎進勿彎出。言自家人總幫助自家人。

火燒眉頭。言事急也。

捏著鼻頭。忍氣也。

碰一鼻子灰。遇晦氣也。

三十六著走爲上著。

三十六行，行行出狀元。

撒糞須隔田塍。喻不可近之惡人。

猪八戒他娘。他，作的解，喻人難看。

豆腐西施。鄉僻美人。又言其嬌嫩色白也。

天怕黄亮，人怕臌脹。天色黄怕大水，人臌脹怕不治。

偷鞋頭狗。罵見物亂拿不放原處之人。

情人眼裏出西施。

無事不到三寶殿。

肚痛埋怨竈司。

開得起飯店，不怕大肚漢。

一想情願。

十五十六。喻人言語無定。

爛泥菩薩。喻人無用。

爛泥打樁。喻得步進步。

糠籮跳米籮。自惡劣處境而進至優越地位，如貧女嫁入富貴人家。

前世敲破木魚。謂修得好命運也。

眼前報。作惡而獲惡果也。

狗頭寄粽。喻不可靠。

丢個饅頭搶個粿。不合算。

三分人才七分扮，小鬼扮起做小旦。

棉絮包。怕事也。

烏老鴨。喻多言人。老鴨，老鴉也。

精金不怕火。

小狗落糞鋼。喻貪吃者得所欲。

嫁出女兒潑出水。

好狗不攔路。

個個鍋子仰天燒。道理不二也。

高山上看大水。不幹己事。

路上數石子。無事閒逛。

洗炭。没事做。

羅穄梗起大廳。小材大用。

火爆性。急性也。

火燒屋連累老鼠。

一不做二不休。

没斤三兩。不用精神。

欹欹蹺蹺。言人不肯安分作事。

冒失鬼。不懂内情也。

韮頭韮氣。於事理不精明之人。

口蹺鼻頭高。謂發怒様子。

腳後跟光溜溜。喻人之無子女。

頭上出青草。謂死也。
口唇牙齒雖好也要打架。謂夫妻争鬧，不妨真情也。
頭髮豎起。謂畏懼也。
一身冷汗。意同右。
毛管豎起。謂厭聞肉麻語。
打肚皮官司。謂肚飢也。
釘頭挂一。謂其人刻薄認真。
雄鷄帶小鷄。謂男子帶小孩。
船多擠港。言人多無用。
吃梅湯。替人做媒討没趣。
蟻搬家。喻一點一滴搜集而成。
老佛痾。言罕見。
鐵釘頭。小而結實。
肚皮做刀殼。謂欲死之也。
面面生毛。謂其人冷酷難相近。
偷鷄不着蝕了一把米。

一個吹簫，一個擪孔。謂須他人。

吃了三點頭。吃酒也。

落到水裏没浮沈。不分高低。

瞎子要亮子牽。

眼睛看鼻頭。無遠見。

牛不吃好草。謂不識人之好意也。

上桌看得下桌大。言祇羡他人，不知己所處地位。

阿七不要替阿八愁，阿八家裏還有一頭大水牛。

空手見閻王。謂死後帶不去也。

一手想捉兩條魚。謂力有不及。

有來頭。有勢頭。

腳底揩油。謂其人善走。

大表哥。呼帶些傻氣之人。

大伯伯。呼帶些糊塗之人。

窮不怕。謂窮人可以無所顧忌。

靠閻王勢。依年老而無顧忌，盛氣淩人。

山老虎。山鄉中之惡棍。

不吠犬會咬人。謂陰惡之人也。

紙包不得火。隱藏不起。

捲篾簟。荒年飢歲，窮民取食富家，既盡一家，舍而之他，如席捲也。

一、釋天

星亮。星辰。日頭。太陽。天亮曉。謂啓明星。日腳。日子也。

二、釋雨

毛毛雨。細雨。陣頭雨。一陣大雨，不久即過。龍雹。大雹。過雲雨。雨雲過便晴。

三、釋風

鬼頭風。旋風。雪風。將雪前之風。霜風。凝霜前之風。

四、釋雲

下山紅。晚霞。

大水紅。謂大水後有晚霞，尚須大雨也。

五、釋雷

雷鼓。雷也。忽閃。電也。

六、釋雪

雪娘。雪不融，等雪娘。謂積雪不融，將更下雪也。雪花。飛舞如花之雪。雪片。成片段之雪。雪鹽。碎雪。雪子。霰也。

七、釋氣候

八、釋時

靠夜邊。傍晚。夜快邊。傍晚。對時。中午。兩更過。二更以後。天亮邊。天將明。一對週。一天一夜。對罷。下午。天亮。天光。天黑。天黄。

九、釋地

十、釋水

水洑。水上白色細泡。水灣。水港。水灘。

十一、釋人稱謂

你儂。你也。我儂。我也。你那。你們。奴那。我們。其那。他們，其讀ㄍㄡ聲。零工。短工也。把作老司。長工領袖。趕牛小鬼。牧童。田莊頭。即長工領袖。阿娘。母親。姆媽。母親。利市婆婆。舊式新娘之女賓相。洗生老娘。收生婆。老佛仙。廟祝。先生娘。對人之妻通稱。阿媽。祖母。

十二、釋形容詞

古怪。叮嚏。迷糊。東倒西歪。零零碎碎。嘮嘮叨叨。説話囉嗦。畢畢剥剥。聲響。精光。

一掃光。重重疊疊。一團糟。東塗西抹。清清楚楚。晶光徹亮。三長四短。一不做，二不休。頂真。認真也。結結實實。勁空。没事做。空，讀閒空之空。昏昏沈沈。軟登登。四四方。老長長。橫直一樣。反正一樣。七鰲八蹺。七平八穩。七手八腳。細細碎碎。紫答答。青紅皂白。清清爽爽。老老實實。

方言

目録

方言小叙　一、釋天　二、釋雨　三、釋風　四、釋雲　五、釋雹　六、釋雪　七、釋氣候　八、釋時　九、釋地　十、釋水〔一〕　十一、釋稱謂　十二、釋身體　十三、釋性情　十四、釋形容詞　十五、釋發語詞　十六、釋成語　十七、釋動　十八、釋静　十九、釋名詞　二十、釋宫　廿一、釋病　廿二、釋飲食　廿三、釋器　廿四、釋衣服　廿五、釋動物　廿六、釋植物

方言小叙

揚子稱言爲心聲，聞其言，即可知其人。然人與人之間，何以能通而無扞格？據《荀子·正名篇》謂：「約定成俗，謂之宜；異於約，謂之不宜。」《尹子》亦云：「形以定名，名以定事，察其所以然，則形名與事物無所隱矣。」觀此，可知一方之言語與一方之風俗相表裏。浙江自宋

〔一〕九釋地十釋水：原作「九釋水十釋地」，據後文改。

高宗南渡，中州臣民扈蹕相從，散處各府州縣。文言土語，參雜糅混，因雙聲疊韻之轉變，漸趨分異。兹篇集各縣志所載及臨時采訪所得，參以往哲著述，略加審訂，分二十六門，以清眉目，而資考證。若夫追源溯流，以成專書，則言語學也。限於篇幅，不詳贅焉。

一、釋天 《釋名》：「青徐以舌頭言之。」今浙江各縣亦然。

天亮　《楊公筆録》：「浙諺云：雨下畏天亮。」《象山縣志》。

天光　黎明也，又曰五更早。《衢縣志》。

天黑　《釋名》：「晦也，如晦冥時色也。」《寧海縣志》。

天開　言雨霽，又曰宦康。《湯溪縣志》。

天開眼　《地文學》：「天空隕石、流星散布，爲日光所射而成。」《七修類稿》謂天裂〔一〕。《象山縣志》。

天黄亮　天色發黄光也。《寧海志稿》。

鬢　讀如吼，虹霓也。《爾雅》：「江東呼虹爲蝃蝀。」亦曰雩〔二〕。《湯溪縣志》。

星宿　《説文》：「宿，止也。」《釋名》：「宿，宿也，星各止住其所也。」寧海讀若獸。《寧海志稿》。

大水椿　《楊升庵外集》：「水虹，屈霓也，主雨。」俗呼爲水椿，虹霓之短者。《象山縣志》。

〔一〕謂：原誤作「課」。

〔二〕雩：原誤作「云」。

龍捲水　《地文學》：龍捲爲暴風之一，在陸捲沙，在海捲水。《寧海志稿》。

河西　秋夜銀河也。一作荷西。俗設供，具五穀、酒果曰擺河西，不知何義。又曰派車。《衢縣志》。

霉天　《正字通》霉作黴。《埤雅》：「芒種後逢丙入黴，小暑後逢未出黴。」《神樞經》則謂壬入梅，庚出梅。《象山縣志》。

二、釋雨

霎　《説文》：「霎，小雨也。」霎霎，雨聲。《寧海志稿》。

雨緢絲　《廣韻》作霢。蘇軾詩自注：「蜀人以細雨爲毛雨，俗作雨毛絲。」《象山縣志》。

淋頭雨　《五燈會元》：「天晴不肯去，直待雨淋頭。」《寧海志稿》。

時雨　寧海以無雷而雨謂之時雨。《寧海志稿》。

梅雨　《太平御覽》引《風俗通》：「五月霖霔，號謂梅雨。」杜詩：「四月黄梅熟，冥冥細雨來。」《寧海志稿》。

霾黄土　《説文》：「霾，風雨土也。」〔一〕《象山縣志》。

三、釋風

風報　《甕牖閑評》：「余鄉常有颶風，初來甚惡，人即曰報起矣。」《象山縣志》。

〔一〕　風：原誤作「天」，據《説文解字》改。

風潮　《田家五行》：「夏秋之間大風謂之風潮。」《寧海志稿》。

風色　何遜詩：「風色極天浄。」《寧海志稿》。

烏風凍　冬日雲陰冷甚欲雪時。《衢縣志》。

打頭風　元稹詩：「船泊打頭風。」《象山縣志》。

做風水　颶風帶雨，寧海謂之做風水。《寧海志稿》。

回西　凡久雨而西風起，天必晴，寧海謂之回西。《寧海志稿》。

四、釋雲

黔霒　久雨陰天。《越諺》。

黗黮　雲黑未雨及久陰。《越諺》。

陰霼　晴雲遮日。《越諺》。

上烏雲　烏，黑也，上讀上聲。《寧海志稿》。

早紅霞　《韻英》：「霞，雲氣也。」寧海讀霞若牙。諺云：「早紅霞，曬煞外婆家。」《寧海志稿》。

雲裏日頭　俗諺云：「雲裏日頭，晚娘拳頭。」指日烈也。《寧海志稿》。

晶晢清天　天無雲翳也。《越諺》。

五、釋電

矆睒　電也，亦作霍閃、急閃等字。《湯溪縣志》。

龍光閃電　《地文學》：「陰陽電相觸而發光，土人謂之龍光閃電。」《象山縣志》。

打霹靂　《説文》：「震，劈歷振物者。」《倉頡》：「霆，霹靂也。」《象山縣志》。

動雷　《廣韻》：「靇，皮證切。雷聲。」寧海謂之動雷。《寧海志稿》。

六、釋雪

鵝毛雪　雪塊之大者[一]。白居易詩：「可憐今夜鵝毛雪。」《越諺》。

雪油　霰也。《衢縣志》。

壺鐸　簷冰如玉柱者。《衢縣志》。

開雪眼　周必大《紹興龍飛録》：「越人以天欲雪而日光穿漏爲開雪眼。」《象山縣志》。

雪寔子　《詩緯》：「雪六出成華雹，三出成寔。」寧海讀寔若石。《寧海志稿》。

雨夾雪　婁克禮《田家五行》：「雨夾雪，無休歇。」《象山縣志》。

連底凍　羅鄴詩：「蜀河連底凍無聲。」《寧海志稿》。

七、釋氣候

炖　天暖也。《衢縣志》。

鏖懆頭暖　鏖懆音吞照，晴暖過當也。《越諺》。

[一] 大：原誤作「小」。

秋老虎　立秋以後酷熱。《蕭山縣志》。

煴焞　霉天氣候。《越諺》。

忽冷忽熱　氣候變化不定也。《寧海志稿》。

結霜冰　《禮·月令》：「孟冬水始冰。」《寧海志稿》。

八、釋時

年紀　《後漢書·光武紀》：「户口年紀。」《象山縣志》。

開年　庾信集：「開年寒盡。」《寧海志稿》。

日腳　亦作著。賈誼《新書》：「日著以請之。」〔一〕《象山縣志》。

頭年　去年也。《寧海志稿》。

月初　《傷寒論》：「初頭鞭後必溏。」《寧海志稿》。

月邊　何休《公羊》僖十六年注：「是月邊也，魯人語。」《象山縣志》。

另日　《楊升庵外集》：「俗謂異日爲另日。」《象山縣志》。

三十年夜　十二月之除夕也。《寧海志稿》。

暫時　《韻英》：「暫，少選間也。」《寧海志稿》。

〔一〕請：原誤作「著」，據《新書》改。

旰　讀若愛，日午也。《集韻》音酐，晚也。《漢書·張湯傳》：「日旰天子忘食。」俗有旰書之語。《蕭山縣志》。

豆前　午前也，過午曰豆罷。《衢縣志》。

點心邊　晡時也[一]。《衢縣志》。

烏陰底　黄昏時也。《衢縣志》。

煞暗　天冥也。《寧海志稿》。

日晝　《説文》：「晝，日之出入[二]，與夜爲界。」《寧海志稿》。

年頭月尾　見《唐書·楊瑒傳》。《象山縣志》。

三日三夜　見《史記·孟荀列傳》。《象山縣志》。

天曉日夜　謂自曉到晚也。《越諺》。

三更半夜　見《宋史·趙昌言傳》。《寧海志稿》。

登時　見《後漢書·方術傳》。《象山縣志》。

大年初一　元旦日。《越諺》。

燈頭　元旦至上元。《越諺》。

[一] 晡：原誤作「哺」。

[二] 日之：原誤作「之日」。

歲假　元旦至初五日之總稱。《越諺》。

八月十六　《蓬島樵歌注》：「八月十六爲中秋，相傳改自宋宗藩。」《象山縣志》。

黄道日　曆中除、危、定、執四日。《越諺》。

黑道日　曆中建、滿、平、收四日。《越諺》。

中元節　七月十五日。《越諺》。

二十夜　十二月初十至除夕之二十天，俗不呼日而呼夜，警歲暮也。《越諺》。

龍虎日　鄉試放榜必擇寅辰日也。《越諺》。

起九　自冬至日起九九消寒。《寧海志稿》。

三八　正月初八爲頭八，十八爲二八，廿八爲三八。《寧海志稿》。

定更　夜之初更也。《衢縣志》。

轉更　由初更至二更也。《寧海志稿》。

夾年夾節　年節遇事也。《越諺》。

無時無節　謂非年節舉宴也。《寧海志稿》。

一年兩頭春　正初、臘底皆逢春。《越諺》。

上頭　《元史·泰定帝紀》：「上頭數年之前。」《象山縣志》。

一條工夫　俄傾也。《越諺》。

一遘晝　今午至明午。《越諺》。

九、釋地

地頭　地方也。《湯溪縣志》。

地頭惡棍　朱子《語録》：「虚説此個地頭。」《寧海志稿》。

地頭鬼　見元曲馬致遠《青杉淚》劇。《象山縣志》。

地角　梁昭明太子文：「地角河沉，户庭不出。」《寧海志稿》。

地氣　《禮》：「孟冬之月，天氣上騰，地氣下降。」[一]《寧海志稿》。

地力　《論衡》：「地力盛者，草木暢茂。」《寧海志稿》。

堷　讀台烘，菜圃曰菜堷，茅廁曰茅堷。《雲和縣志》。

坪　山之平處。《衢縣志》。

塢　山之深處。《衢縣志》。

野畈　野，郊外也。《晉書》：「朝野清晏。」《廣韻》：「野，田畈也。」寧海讀野若洋。《寧海志稿》。

邨堂　邨俗作村。《增韻》：「聚落也。」陶潛詩：「曖曖遠人村。」《象山縣志》。

墺里[二]　《説文》：「墺，四方土可居也。」俗作岙。《寧海志稿》。

[一] 氣下降：原脱，據《禮記・月令》補。

[二] 墺：原誤作「隩」。

山峢　讀若炮。山峯之小而圓者。《雲和縣志》。

䢺　俗作鄉。《説文》：「國離邑。」《寧海志稿》。

踏步　路之有階級者。《衢縣志》。

矴步　《説文》：「砅，履石渡水也。」《象山縣志》。

塔壇　石坡光潔，不生草木者。《衢縣志》。

步頭　《青箱雜記》：「嶺南謂水津爲步頭。」今俗作埠頭。《象山縣志》。

馬頭　《晉書·地理志》：「武昌鄂縣有馬頭。」《寧海縣志》。

跴路　《通雅》：「山岐曰岔，水岐曰汊。」《集韻》跴作差。唐詩：「枯木巖前差路多。」《寧海縣志》。

甿　《説文》：「陌也。」俗謂蔬畦間人行之道曰地甿，讀如岡，亦作坑、埂。《定海縣志》。

船港　造船所開之水道曰船港。《定海縣志》。

墩　《爾雅》：「今江東呼地高堆爲墩。」《廣韻》：「平地有堆曰墩。」《寧海志稿》。

疄　《廣韻》：「田隴。」又作稜。陸龜蒙詩：「我本曾無一稜田。」《象山縣志》。

磡　《廣韻》：「巖崖之下。」《寧海志稿》。

田堪　俗作田坎。《説文》：「地突也。」《象山縣志》。

空穽　間隙。《廣韻》作礅硃。《寧海志稿》。

埳穽　《倉頡篇》埳坑曰埳穽。《寧海志稿》。

潭　水底也。《雲和縣志》。

埂　可耕之高地也。田塍所界亦曰埂。《雲和縣志》。

堤　《漢書·召信臣傳》：「起水門堤閼。」《象山縣志》。

淖泥茇頭　土塊曰淖泥。茇頭，草根也，見《説文》。《定海縣志》。

漊　汊港窮沅處。《越諺》。

蕩　栽菱、養魚之處。《越諺》。

埮場　音壇場。空曠可堆物處也。《越諺》。

田畹　田之長闊面積。黄巖采訪。

湖埏頭　人家堋邊也。《越諺》。

陽溝塘　村莊旁之通水津者。《寧海志稿》。

寫橋　上弔城口之橋。《越諺》。

瀇哩　小澤也，瀇，户孟切。《越諺》。

塷　音察。田邊斜條。《越諺》。

笣　音荅。數土堆草芃曰一笣、二笣。《越諺》。

田開裂　久旱田龜裂。《寧海志稿》。

當方土地　土地，后土，神也。《周禮·大行人》疏有「當方諸侯」。《象山縣志》。

唐頭　謂此地也。奉化采訪。

十、釋水

水津　《蓬島樵歌注》：「鄰田通水曰汥涸。」即俗稱水津也。《象山縣志》。

水孔　《書》鄭注：「九江從山谿而出，其孔衆多。」《寧海志稿》。

水口　《楚詞》注：「夏首，水口也。」《寧海志稿》。

旋渦　兩水相擊而旋轉，名曰旋渦。《寧海志稿》。

水花　水觸石而翻白，名曰水花。《寧海志稿》。

海洋　趙令時《侯鯖録》：「山東謂衆多曰洋。」《鶡冠子》陸佃注：「若今海之有洋。」《象山縣志》。

礵　音醮。海中暗石也。《越諺》。

淖　俗作潮。《説文》：「水朝宗於海。從水，朝省。」鉉曰隸書作潮。《象山縣志》。

嶼　《韻英》：「海中山也。」《説文新附》：「島也。」《象山縣志》。

喝山話水　《戰國策》：「恫疑虚愶。」喝山話水，大言虚假也。《寧海志稿》。

熕　温入聲。水災也。《湯溪縣志》。

澓水　即洄水也。《寧海志稿》。

十一、釋稱謂 凡普通者不録

儂　讀若囊。人也。《湯溪縣志》。

小官人　童男之稱。《蕭山縣志》。

阿妠　呼親生女之稱。《寧海志稿》。

寶寶《留青日記》：「今人愛其子，呼曰寶寶。」《蕭山縣志》。

姑婆媽　祖姑也。《衢縣志》。

姑太　祖太姑。《衢縣志》。

師公　稱烹飪之人，又曰廚子。《蕭山縣志》。

嘔鵶　音窩。陳造詩：「寧堪歲攬減，又抱兩嘔鵶。」越人以嬰兒爲嘔鵶。《蕭山縣志》。

嘔哯　音謳華。指兒女初生者。《越諺》。

奼婼　音諾塔。戲呼女兒。《越諺》。

犽犽　音牙雅。稱生未百日之嬰。《越諺》。

後生家　泛稱年輕者。《衢縣志》。

小僂儸　音婁羅。泛稱幼童。《衢縣志》。

老牌子　泛諛老翁。《衢縣志》。

當家倪子　父老而令子攝家事者。《越諺》。

小髫頭　髫音毛。稱嬰孩。《越諺》。
大小娘　大讀若杜。稱十五歲以下之閨女。《衢縣志》。
蔭娘　乳母也。《衢縣志》。
作頭　種田傭人之領班者。《寧海志稿》。
長工　以年計工之傭人。都邛《三餘贅筆》：「長工久傭於人。」《寧海志稿》。
忙工　以月計工之傭人。都邛《三餘贅筆》：「種莳時曰忙工。」《寧海志稿》。
牙人〔一〕　牙仲之稱。牙郎，見《安禄山傳》。《象山縣志》。
主故　俗作主顧。《漢書》有「主故」字。《象山縣志》。
短工　以日計之傭人。《寧海志稿》。
毑　《廣韻》：「毑，母也。」《新方言》今音䀴。寧海南鄉有呼母爲夷者。《寧海志稿》。
相　稱與先生同，今三門縣一帶均有此稱。《寧海志稿》。
老大　船上把柁者之稱，見《通典》。《寧海志稿》。
阿大　大讀若豆。呼店中之掌櫃。《寧海志稿》。
風水鳥　謂早起者。江山采訪。

〔一〕牙：原誤作「主」。

迷暗鬼　謂遲眠者。江山采訪。

雜種　駡野生之子。《後漢書》度尚、馬融傳：「雜種蠻羌。」《象山縣志》。

梟生　駡忘恩負義者。見《莊子·德充符》〔一〕。《象山縣志》。

妖精　駡迷人者。見《隋書·五行志》。《象山縣志》。

油頭　駡紈袴少年。黄山谷詩：「未嫌滿院油頭異。」《象山縣志》。

毛面　隨意反臉，不講交情者之稱。《寧海志稿》。

艮頭　《輟耕録》：「樸實人曰艮頭。」《寧海志稿》。

頭腦　管公産者之稱。《寧海志稿》。

三姑六婆　《輟耕録》：「三姑爲尼姑、道姑、卦姑，六婆爲牙婆、媒婆、師婆、虔婆、藥婆、穩婆。」《象山縣志》。

張三李四　人頭雜亂也。見王安石詩。《寧海志稿》。

單夫隻妻　指人口少也。見《齊民要術》。《寧海志稿》。

陪姑　女嬪相也。《寧海志稿》。

通相唤　廟祝也。《寧海志稿》。

〔一〕充：原誤作「光」。

庶娜孋　婢也。江山采訪。

孤老頭　稱孑身無子者。《越諺》。

俉乃　謂爾及爾輩一黨，概括之總稱。《越諺》。

佁儸　佁，額害切。謂我與我黨人之總稱。《越諺》。

傒傪　音移六。謂彼也。《越諺》。

我傪　謂我也。傪，猶儂也。吴稱儂，越稱傪。《越諺》。

俠儸　音夷賴。儕輩也。《越諺》。

彼裏　猶言那處，亦作旁裏。《衢縣志》。

其能　亦曰渠儂，又曰若能。《衢縣志》。

裏舍　泛指物件，亦曰東西。《衢縣志》。

犵狫官　音葛老光。泛稱不相識之人。《越諺》。

闊客　揮金如土者。《越諺》。

儆漢　儆音廠。慷慨之人也。《越諺》。

明公　泛稱作事精明之人。《越諺》。

魏人　《方言》：「魏，能也。」寧海謂人能幹曰魏。《寧海志稿》。

儇人　《説文》：「儇，慧也。」寧海謂慧者曰儇人。《寧海志稿》。

圁硬人　《敬止録》：「强有力曰圁硬。」圁音責。寧海凡稱强而毅者曰圁硬。《寧海志稿》。

鶻伶人　《北曲》：「伶俐謂鶻玲也。」寧海稱伶俐者曰鶻伶人。《寧海志稿》。

惷子　《倉頡解語》：「惷，愚無所知也。亦鈍也。」《説文》：「愚也。」《寧海志稿》。

辣手　《廣韻》：「辣，味辛也。」寧海謂狠心者曰辣手。《寧海志稿》。

媎子　《説文》：「媎，不肖也。」匹才切。《寧海志稿》。

姡人　《方言》：「姡，獪也。自關而東謂之黠，自關而西謂之鬼。」姡作鬼，寧海指無信義者。《寧海志稿》。

熟視人　謂常見面者。《越諺》。

驀生人　驀音麥。泛稱不相識者。《越諺》。

本色人　天真爛漫者。《越諺》。

原滓頭人　本性未脱者。《寧海志稿》。

外行人　不諳内情者。《寧海志稿》。

内行人　通曉此道者。《寧海志稿》。

落魄阿四　魄讀若託，謂不修邊幅者。《越諺》。

敗子　《七修類藁》：「敗子，乃稗草之稗。」寧海指破家蕩産者。《寧海志稿》。

檀越　《翻譯名義》：「唐言施主也。」《越諺》。

太先生　業師之父及父之業師。《越諺》。

東家婆　主母。《越諺》。

當家人　稱管家者。《史記·始皇紀》：「百姓當家則力農。」《象山縣志》。

老板娘　指主婦。《寧海縣志》。

老本　稱拳師。《寧海縣志》。

大老官　聲勢大者。《越諺》。

過路郎中　流醫。《越諺》。

單幫　指行商，即賈也。《寧海志稿》。

行販　買賤賣貴之行賈。《寧海志稿》。

經紀人　克勤克儉者。《寧海志稿》。

古版人　《説文》：「版，判也。」指人執拗如古版之不移也。《寧海志稿》。

砌老　音賀。易爲人所愚者。《越諺》。

鼻頭　僕也，又名底下人，見《燕北雜記》。《越諺》。

竈户　煮鹽之民。《越諺》。

盤師　鹽場煎鹽者。《越諺》。

小爐匠　挑擔營業之銅匠。《越諺》。

送娘子　隨新嫁娘往男家之女人。《寧海志稿》。

大士婆　帶髮尼姑，即《輟耕録》六婆中之師婆。《越諺》。

撑船駕長　船長也。《越諺》。

腰機司務　男織布者。《越諺》。

白摸吃飯　做工不給錢，僅供火食者。《越諺》。

四八老相公　管僧道閒事者。《越諺》。

了傌　音唐。罵敗子。《越諺》。

闞客　闞音瓢。宿娼者。《越諺》。

亮眼　賭客能暗認牌者。《越諺》。

活手　以假换真者。《越諺》。

喇唬　音賴糊。稱無耻之人。《越諺》。

坐都　分村捕役。《越諺》。

僟騙　音密片。諂人誑財者。《越諺》。

假八叔　非正直之人。《越諺》。

遰腳貨　音滯。不易銷售之貨，比人之無能者。《越諺》。

拖油瓶　隨母改嫁之子。《越諺》。

饞牀老　音步。孀招後夫來居婦家者。《越諺》。

回頭人　夫亡改嫁，又名二婚頭。《越諺》。

活絜頭　夫存轉嫁。《越諺》。

大膺子　不識好歹之人。《越諺》。

老皺口　指男女私爲夫婦者。《越諺》。

搭色嫪　指瞞妻別私之婦。《越諺》。

撈亍　音料向。竊盜之隱名。《越諺》。

閩背賊　閩音靨。先伏門壁暗處，入夜行竊者。《越諺》。

墮貧　相傳宋時焦光瓚部曲以降金故，錮之，世世不得與民伍。《越諺》。

嫪嫲　墮貧之妻。《越諺》。

笑面虎　内含奸詐而外裝和氣者。《新昌縣志》。

酒囊飯袋　詈人之無能者。《新昌縣志》。

授兒　螟蛉子。《瑞安縣志》。

負喜　有孕之婦。《瑞安縣志》。

烏毛孏　初生小兒。江山采訪。

阿大、大大〔一〕　俗稱叔父曰阿大，亦曰大大。《晉書》謝道藴稱：「一門叔父，則有阿大中郎。」《定海縣志》。

囝子　俗呼男子曰囝子，亦曰妮子。囝，讀若你平聲。《定海縣志》。

囡　俗呼女子曰囡，亦作煖。《定海縣志》。

嬭歡　俗呼食乳嬰兒曰嬭歡，亦作嬭花。《定海縣志》。

填房　繼室。《定海縣志》。

老伻　俗稱僕役曰老伻。《爾雅》：「伻，使也，從也。」《定海縣志》。

綷縩阿姆　綷縩音翠蔡，俗謂不修邊幅之人。《定海縣志》。

要貨　稱婦女之輕佻淫濫者。《定海縣志》。

孱頭　《廣韻》：「孱，弱也。」指人之無能。《定海縣志》。

阿剌　俗稱我也。《甬諺名謂籀記》〔二〕。

十二、釋人身體

胡嚨　《説文》：「嚨，喉也。」俗稱咽喉曰胡嚨。《後漢書》：「請爲諸君鼓嚨胡。」今俗顛倒言之。《定海縣志》。

〔一〕大大：原誤作「亡大」。

〔二〕謂：原誤作「稱」。

肩克　亦曰肩甲。《説文》：「克，肩也。」是肩克之稱甚古。《定海縣志》。

手肱　亦稱手骨。《廣韻》古横切，隸登韻。今轉入庚韻。《定海縣志》。

腳脛　亦稱腳骨。《廣韻》古孟切，隸徑韻。今轉入映韻。《定海縣志》。

胃腕　《説文》：「脘，胃府也。」脘音换。《定海縣志》。

胸脘頭　《集韻》古緩切，讀若管音。《定海縣志》。

嬭莆　《集韻》：「莆，雉膺肉也。」《通俗編》：「人之胸部曰胸莆。俗謂乳房曰嬭莆。」《定海縣志》。

肋胳肢下　胳讀若格。腋下也。《定海縣志》。

手掙撴　俗稱肘曰掙撴，讀若諍致。《定海縣志》。

腳髁頭　髁音課。《廣韻》：「膝骨也。」俗稱膝蓋曰腳髁頭。《定海縣志》。

腳腸肚　《易·咸卦》疏：「其腓，足之腓腸也。」醫經：下股内側之筋曰腓腸筋。讀若陽。《定海縣志》。

髀股　俗稱臀曰髀股。《説文》：「髀，股也。」通作屁股。《定海縣志》。

膶　音騾。《廣韻》：「手指紋也。」即斗也。《定海縣志》。

箳　即箳箕，指紋之作浪形者。《定海縣志》。

峻　峻，赤子陰也。《説文》。俗謂男孩之陰曰波羅峻。《定海縣志》。

胴肛　音洞江。《玉篇》：「胴，大腸也。」「肛，大腸，肛門也。」《定海縣志》。

嘴餔　《説文》：「餔，頰也。」亦作輔。《淮南子》：「靨餔在頰則好〔一〕，在顙則醜。」俗稱喙曰嘴餔。《定海縣志》。

脬　音抛。《説文》：「脬，膀也。」通作泡。猪之膀胱曰猪尿泡。《定海縣志》。

近瞭眼　《説文》：「瞭，察也。」《廣雅》：「視也。」亦作近覷。《欒城遺言》：「歐陽公近覷耳。」《寧海志稿》。

鏬瞭眼　俗謂蹙眥而視物者曰鏬瞭眼。《定海縣志》。

閅鷄眼　俗謂目瞳逼近内眥者曰閅鷄眼。《定海縣志》。

鏤眼　俗謂深目者曰鏤眼。《定海縣志》。

覞睛　《説文》：「覞，目蔽垢也。」俗譌作偷鍼。《定海縣志》。

宣髮　髮早白者曰宣髮。《易·説卦》：「巽爲宣髮。」亦作蒜髮，見《北齊·慕榮紹宗傳》。《定海縣志》。

獠牙　謂齒之特長露於外者。《定海縣志》。

趼　胼胝也。《莊子》：「百舍重趼而不敢息。」通作繭。《定海縣志》。

〔一〕則：原誤作「在」，據《淮南子》改。

皰　皮膚因傷而起泡者。《定海縣志》。

艿　《直語類録》：「鐘鼎文有韻字艿，乳也。俗作奶。」《蕭山縣志》。

眗　深目也，音摳〔一〕。《埤蒼》：「深目皃。」《蕭山縣志》。

睩睩　《廣韻》：「古録切，大目也。」《蕭山縣志》。

齙牙　《集韻》：「步化切，齒出皃。」《蕭山縣志》。

痳　腹飢也。《博雅》：「痳，音曹，痛也。」《蕭山縣志》。

仳孔　《説文》：「囟，匘蓋也。」今作仳孔。《寧海志稿》。

煩骨　《廣韻》：「煩，頭骨後。」《寧海志稿》。

水鬌　《説文》：「鬌，煩髮也。」《寧海志稿》。

頯骨　《説文》：「頯，權也。」即面之骨也。《寧海志稿》。

䪵面　《玉篇》：「䪵，頭面凹也。」音坳。《寧海志稿》。

黀子　《楊公談苑》：「馮暉號麻胡，以其面有黀子也。」《象山縣志》。

耳朵　《説文》：「聸〔二〕，垂耳也。」都甘切。音轉爲朵。《象山縣志》。

齆鼻　《埤倉》：「齆，鼻病。」王充《論衡》：「鼻不知香臭爲齆。」《象山縣志》。

〔一〕摳：原誤作「樞」，據《集韻》改。

〔二〕聸：原誤作「瞻」。

下耙　函也。《通俗文》：「口上曰臄，口下曰函。」《寧海志稿》。

鬠　婦人束髮於頭之髻也。《寧海志稿》。

頭鬃　女人挽髮爲髻。《玉篇》：「鬃，高髻也。」江山采訪。

劉海圈　小兒剪髮如圈。江山采訪。

囟命搭　初生嬰兒護腦之髮。江山采訪。

搭耳　小女梳髻於兩旁。江山采訪。

曲篤三　手膝也。開化采訪。

烤末什塗　腳膝也。開化采訪。

天靈骨　頭腦骨。《越諺》。

飯鍬骨　肩背間之闊薄骨，形似飯鍬。《浦江縣志》。

面般　人面之四周。《浦江縣志》。

抱頭　胸前。常山采訪。

指胸頭　手之第二指曰鷄公指。常山采訪。

齂　巨鳩切。鼻洟曰鼻齂泗。《甬諺名謂籀記》〔一〕。

〔一〕 謂：原誤作「稱」。以下四條同。

骹 音在尻敲之間，脛也。俗呼腳骨節曰腳骹。《甬諺名謂籀記》。

骭 音在看豻之間，俗呼腳髕曰腳骭頭。《埤倉》：「骭，脛也。」《甬諺名謂籀記》。

䯊 骨耑也，俗呼䯊骼頭，讀若滑轤頭。《甬諺名謂籀記》。

髕 膝耑也，俗呼臏骨蓋。《甬諺名謂籀記》。

髆 髆，肩甲也。《字林》甲作胛。《象山縣志》。

佗 《說文》：「佗，負也。」《集韻》佗駝同，今言駝背。《象山縣志》。

厷 音同。俗呼手臂厷。《寧海志稿》。

髖骨 尻骨也。《廣韻》髖，宅江切。《寧海志稿》。

月姅 《說文》：「姅，女人月汙也。」《內經》：「月事以時下。」《寧海志稿》。

糟股眼 穀道也。《素問》謂之魄門。《寧海志稿》。

顣 音下咸切。函也。《瑞安縣志》。

十三、釋人性情

辟性 《方言》：「凡罵庸賤或謂之辟。」《寧海志稿》。

戇 《說文》：「愚也。」《寧海志稿》。

花 《方言》：「獪曰蔿。」又云：「蔿，化也。」注作化，今人言花泡。《寧海志稿》。

顡 俗作呆。《廣韻》引《說文》：「癡顡，不聰明也。」《集韻》儑，吾含切。今皆作呆。《象山縣志》。

笨　《説文》笨本訓竹裏。《抱朴子·行品》篇：「笨人。」《晉書》史疇爲笨伯。《象山縣志》。

㥩　《三倉》奴課切，弱也。《説文》：「㥩，弱也。」《象山縣志》。

趪　俗作賊。《廣韻》查獲切，黠兒。《象山縣志》。

兇　《韻詮》：「驫人也。」《象山縣志》。

健　《説文》：「伉也。」寧海人以力大爲健。《寧海縣志》。

嫯　《説文》：「侮易也。」俗作傲。《寧海志稿》。

嫚　《説文》：「侮易也。」《寧海志稿》。

醜　《説文》：「可惡也。」寧海指無恥者言。《寧海志稿》。

慳　《説文》：「掔，固也。」鉉曰：「今別作慳。」寧海呼慳吝。《寧海志稿》。

歆　《廣韻》如惛之不明。《寧海志稿》。

奸　《説文》：「奸，犯婬也。」今作奸邪。《寧海志稿》。

謈譟　《字林》：「很也，戾也。」《廣韻》謈〔一〕，北教切。《寧海志稿》。

孰㘬　《廣韻》：「㘬，很也。於教切。」俗作拗。《寧海志稿》。

〔一〕謈：原誤作「譟」。

豯　黠也。《廣韻》呼關切。今作儇。《黄巖縣志》。

流宕　遊手好閒。《黄巖縣志》。

嬯　音台。《説文》:「遲鈍也。」俗謂書癡曰書嬯子。《定海縣志》。

怢　《集韻》:「忽忘也。」〔一〕俗謂悠悠度日曰怢。《定海縣志》。

憨　音蚶。《玉篇》:「愚也。」俗謂癡愚曰憨頭。《定海縣志》。

驃　《玉篇》:「驍勇也。」謂人驕傲曰驃。《定海縣志》。

蹁　便平聲。《説文》:「足不正也。」俗謂乖戾不正曰蹁腳。《定海縣志》。

倭妥　讀如婀妥。按,即委佗及婀娜之轉音。俗謂女人婉順曰倭妥。《定海縣志》。

猒　謂人不智慧。《景寧縣志》。

子細　慎重也。《景寧縣志》。

荒唐　言之無稽及行之不檢者。《景寧縣志》。

含糊　論事不明白。《景寧縣志》。

妥帖　措置周密。《景寧縣志》。

懆　音燥,性急也。《浦江縣志》。

眠蜓　音如緬忝,蘊藉也。《安吉縣志》。

〔一〕忘:原誤作「妄」,據《集韻》改。

很　陰而厲也。《安吉縣志》。

懵懂　昏昧也。《越諺》〔一〕。

𡡉　音贊。《説文》：「白好也。」按，俗謂美麗曰𡡉。《蕭山縣志》。

暴　《廣雅》：「猝。」故驟富曰暴富。俗引申之初次亦曰暴，如暴吃饅頭之類。《蕭山縣志》。

伶俐　《説文》：「伶，弄也。」俐字見《字彙》。俗謂活潑。《寧海志稿》。

𡡉　《廣韻》徂贊切，俗以作事舛錯曰綻，未是。按，與美好之𡡉音義不同，讀若纔。《寧海志稿》。

獨步　《晉書》：「江東獨步王文度。」俗作特出之意。《寧海志稿》。

内才　實幹也。《寧海志稿》。

軅軉　不安也。《笑林》：「漢有人適吴，吴人煮筍，問是何物，曰竹也，漢人歸，煮其簀不熟，曰吴人軅軉，欺我如此。」《寧海志稿》。

㥄　《説文》：「謹也。」《潛夫論》：「行步欲安穩。」《寧海志稿》。

歹　《字彙》：「多改切，好之反也。」俗稱不識好歹。《寧海志稿》。

輭熟　《玉篇》：「輭，柔也。」俗謂柔順。《寧海志稿》。

愞弱　《三倉》愞，奴課切，弱也。俗謂畏事。《寧海志稿》。

僻脱　《文選·景福殿賦》：「僻脱承便。」俗謂作事快便。《寧海志稿》。

〔一〕諺：原誤作「語」。

摸㨼　《廣韻》：「摸㨼。」鬧也，奴禮切，智力弱也。俗謂濡緩。《寧海志稿》。

耐煩　《南史·庾炳之傳》：「爲人强急而不耐煩。」《寧海志稿》。

活絡　《鶴林玉露》：「胸次玲瓏活絡。」意同活潑。《寧海志稿》。

銃　《山谷集》音充。俗謂作事無禮貌也。《寧海志稿》。

硬㒟　㒟，箏上聲。俗謂性情强硬者。《寧海志稿》。

毴毷　性躁易怒，亦作茅草性。黄巖采訪。

十四、釋形容詞

晼　物大也。《廣韻》古困切〔一〕。《黄巖縣志》。

兜搭不成　事多牽制也。《黄巖縣志》。

氣吽吽　吽音烘。盛怒也。《黄巖縣志》。

地頭蛇　指地方惡勢力之人而言。《黄巖縣志》。

白嚼　以言語誣人，或專談無稽之事。《湯溪縣志》。

蝴蝶争空　喻無謂之紛糾。《湯溪縣志》。

猢猻望丐　喻無聊之依賴。《湯溪縣志》。

吹法螺　喻虚張己之好處者，亦作吹牛。《湯溪縣志》。

〔一〕困：原誤作「囷」，據《廣韻》改。

魄屍　俗謂人之軀幹曰魄屍，喻其人有魄而無魂也。《湯溪縣志》。

殠　尺救切。《説文》：「腐氣也。」《漢書·楊惲傳》：「單于得漢美食好物，以爲殠。」《湯溪縣志》。

溏　音唐。《廣雅》：「淖也。」俗謂物之中心不凝結者曰溏心。《定海縣志》。

侏　侏儒，短人也。梁上短柱亦曰侏儒。今俗凡草木及毛髮短者，皆謂之侏。《定海縣志》。

殷青　殷，幺閑切。《韻會》：「殷，赤黑色也。」俗以紫而略帶青色者曰殷青。或作燕青，非。《定海縣志》。

藐然　藐音眇。《孟子》：「説大人〔一〕，則藐之。」注：「藐，輕視也。」俗有「看得藐然」之語。《定海縣志》。

蔽翹　蔽音敖。《考工記》：「輪人則轂，雖敝不蔽。」俗謂竹木因乾燥而撓曲曰蔽翹。《定海縣志》。

炪皺　《集韻》：「焫炪欲乾。」俗謂日中曝物，表面已皺縮而中心未乾者曰炪皺。《定海縣志》。

柴瘦　謂骨瘦如柴也。《瑞安縣志》。

齷齪　不浄也，亦曰邋遢，又曰鏖糟。《黄巖縣志》。

磊𧯽　重笨可厭。《黄巖縣志》。

〔一〕說：原誤作「視」，據《孟子》改。

鯽令　輕倩也。《黄巖縣志》。

無萬　多也。《漢書·成帝紀》：「青蠅無萬數。」《黄巖縣志》。

蠚苴　《指月録》蠚，郎假切，粗率不精也。《黄巖縣志》。

墨屎　騃不曉事。《黄巖縣志》。

蔫　物不鮮豔皃，於乾切。《楚詞》：「蔫而無色兮。」《蕭山縣志》。

客氣　人多儀文。《蕭山縣志》。

順流　作事無阻逆也。《蕭山縣志》。

出名　聞名也。《鶡冠子·世賢》篇：「扁鵲之長兄名不出於家，中兄名不出於閭，扁鵲名聞諸侯。」《蕭山縣志》。

鞁　貨物低劣也。《西湖遊覽志》：「杭州市人諱低物爲鞁，以其是下物也。」《蕭山縣志》。

聰察　難與言語也。《漢書·宣元六王傳》贊：「淮陽王憲於時爲諸侯聰察。」《蕭山縣志》。

拉答　作事不簡潔。《蕭山縣志》。

厭賤　鄙視人也。《五行志》：「侯景時，定州阿專師曰：『汝等何厭賤我？我捨汝去。』」《蕭山縣志》。

答颯　怠不理事也。《南史·鄭鮮之傳》：「范泰誚曰：『卿居僚首，今答颯去人遼遠，何不肖之甚？』」亦作踏趿。《蕭山縣志》。

樂得　《禮記》：「君子樂得其道，小人樂得其欲。」俗指儘可爲也。《蕭山縣志》。

嘈雜　人聲雜亂也。《抱朴子》：「曲宴密集，管弦嘈雜。」《蕭山縣志》。

厭瓚　厭其陳久也。五代時有馮瓚，其人魯戇，有所聞見，他人已厭熟，瓚猶新奇道之。《蕭山縣志》。

修娖　整葺也。《唐書》：「中和二年，修娖部伍。」《蕭山縣志》。

無數　言其多也。《周禮·序官》：「男巫無數，女巫無數。」《蕭山縣志》。

齊整　美麗之概稱。《三國志·鄭渾傳》：「村落齊整。」《集韻》：「媰，婦人齊整皃。」《蕭山縣志》。

波俏　泛稱婦人之輕倩者。《北史》：「温子升曰：詩章易作，逋峭難爲。」〔一〕《廣韻》：「峬峭，好形皃。」與波俏音義同。《蕭山縣志》。

媌條　稱婦人身材之嬝娜者。《蕭山縣志》。

尷尬　言事至進退兩難。《蕭山縣志》。

狼抗　《晉書·周顗傳》：「顗言王敦剛愎强忍〔二〕，狼抗無上〔三〕，其意寧有限也？」狼抗爲難容物。《蕭山縣志》。

〔一〕爲：原脱，據《北史》補。

〔二〕忍：原誤作「惡」，據《晉書》改。

〔三〕抗：原誤作「很」，據《晉書》改。

儱侗　言物之直而胖者。《五燈會元》：「冬瓜直儱侗。」《蕭山縣志》。

鶻淪　言物之渾圓而未開者。朱子《語録》：「道是箇有條理底，不是囫圇一物也。」鶻淪、囫圇，字别義同。《蕭山縣志》。

䆓㦷　音蓊桶。物之臭惡者。《蕭山縣志》。

骨鹿　圓物易於旋轉者。《樂府雜録》有骨鹿舞，於小球子上縱横騰踏，旋轉甚捷。《蕭山縣志》。

寬定宕　言服物寬廓不稱也。《蕭山縣志》。

一楠貨　《集韻》楠，乃咸切〔一〕。物未經檢選也。《蕭山縣志》。

嬌痃　《集韻》痃音怯，病弱也。俗謂器物薄弱曰嬌痃。《蕭山縣志》。

蕈偄　物嫩而輭者。《玉篇》：「蕈，地菌也。」「偄，奴亂切，弱也。」《蕭山縣志》。

一𪗾　物至微小者。《廣韻》音窣，麥屑也。《蕭山縣志》。

儝儚　權勢嚇人也。《集韻》：「豪强皃。」後魏時語：「莫儝儚。」《蕭山縣志》。

慢遠　甚遠也。《衢縣志》。

黄龍　虚張聲勢而無其實。《衢縣志》。

偡齊　偡音斬，長短相等。《新昌縣志》。

眼中釘　視反對之人及素所惡者。《新昌縣志》。

〔一〕乃咸切：《集韻》作「那含切」。

耳邊風　事不經心也。《瑞安縣志》。

雙夾餅　事忙。遂昌采訪。

冷板櫈　俗以詛塾師。《越諺》。

㜛　《説文》：「好也。」鉉曰：「今俗作嫩。」《切韻》奴困切。《象山縣志》。

胮　《説文》：「大皃。」普半切。《廣韻》胮，匹江切。《象山縣志》。

釥　《方言》：「釥，好也。」[一]錯少反。《集韻》：「俏，好皃。」俗作俏。《象山縣志》。

僄亮　《説文》：「僄，輕也。」俗作漂。《象山縣志》。

難領　《肯綮録》：「人呰物之醜曰堪。《隋韻》堪作領，音堪。」俗作看。《象山縣志》。

襸新　杜甫詩「暫新花蕊未應飛」，亦作襸。《玉篇》：「襸，好也。」音斬。《象山縣志》。

濫舊　陸機《文賦》：「滌煩而去濫。」《寧海志稿》。

得人惜　見王君玉《雜纂》：「謂能使人愛惜也。」《寧海志稿》。

得人憎　陳標《蜀葵》詩：「能共牡丹争幾許，得人憎處只緣多。」《寧海志稿》。

黑心　《法苑珠林》：「如來心不染黑。」《寧海志稿》。

懵懂　賈誼《新書》：「反慧爲童。」故蒙童轉爲懵懂。《寧海志稿》。

鬔鬆　《廣韻》：「鬔鬆，髮亂皃。」《寧海志稿》。

〔一〕好：原誤作「才」，據《方言》改。

勤謹　謂努力也。《寧海志稿》。

細緻　《釋名》：「絲細緻。」謂周到也。《寧海志稿》。

麤糙　亦曰粗繰，見《元典章》。《寧海志稿》。

怠嫚　不敬也。《説文》：「嫚，侮易也。」《寧海志稿》。

遭獺　謂隨意踐踏也。《南唐近事》：「任作獺。」《寧海志稿》。

打扮　黄公紹《在軒集·競渡櫂歌》：「十分打扮是杭州。」扮讀若扮去聲。《寧海志稿》。

希奇　《十洲記》：「品物羣生，希奇特出。」《寧海志稿》。

麨麮〔一〕　《集韻》：「物不精也。」《敬止録》：「貪食曰麨麮。」《象山縣志》。

綻　音暫。飽滿也。《象山縣志》。

癟　音鱉。不飽滿也。《象山縣志》。

吸喻　音吉角。物搖動聲也。《象山縣志》。

煖烘烘　烘去聲。喻煖也。《寧海縣志》。

冷冰冰　喻冷也。《寧海縣志》。

圓衮衮　見元稹詩。《寧海縣志》。

長横横　喻長也。《寧海縣志》。

〔一〕麮：原作「麪」，據《集韻》改。

硬綳綳　讀若彭。《寧海縣志》。

昏董董　朱子《語録》作懂。《寧海縣志》。

醉醺醺　熏平聲。《寧海縣志》。

白皚皚　音堪。杜甫《晚晴》詩：「沈崖没谷白皚皚。」《寧海縣志》。

黑漆漆　如漆之黑也。《寧海縣志》。

黄橙橙　如橙之黄。《寧海縣志》。

紅血血　如血之紅。《寧海縣志》。

緑悠悠　如水之悠悠。《象山縣志》。

藍虢虢　虢，括入聲。《象山縣志》。

文縐縐　見《元曲》。《寧海縣志》。

粗魯魯　魯平聲。《寧海縣志》。

陰沈沈　沈平聲。《寧海縣志》。

亮晶晶　如水晶之亮。《寧海縣志》。

輭洋洋　喻無力也。《寧海縣志》。

虚飄飄　見蘇文忠詩。《寧海縣志》。

實辟辟　辟讀若别。《寧海縣志》。

端端正正　《路史》引《鶡冠子》。《寧海縣志》。
停停當當　見《語類》。《寧海縣志》。
條條直直　見白居易詩。《象山縣志》。
蓬蓬勃勃　見《漢書·天文志》〔一〕。《象山縣志》。
闐闐霍霍　《軒渠録》：「奶子，又闐闐霍霍地。」《象山縣志》。
彭彭魄魄〔二〕　張舜民詩：「打麥打麥，彭彭魄魄。」《象山縣志》。
韌　銀去聲。柔而堅也。《象山縣志》。
砝實　砝音積。堅固也。《寧海志稿》。
襶新　鏃入聲。物之初成者〔三〕。《寧海志稿》。
鏡定　鏡去聲。物已馨也。《寧海志稿》。
霏薄　霏平聲。謂薄如霏也。《寧海志稿》。
鐵青　如鐵之青，北人以青爲黑色，此語傳自北方。《寧海志稿》。
碧緑　見杜詩。《寧海志稿》。
雪白　見《孟子》。《寧海志稿》。

〔一〕漢：原誤作「虞」。天：原誤作「王」。
〔二〕原脱一「魄」字，據《象山縣志》補。
〔三〕物：原誤作「初」，據《寧海縣志》改。

焦黃　焦，深色也。《寧海志稿》。

濕湁湁　湁音荅。《集韻》：「湁，濕也。」俗形容器物之濕曰濕湁湁、湁湁滯。《定海縣志》。

水汪汪　《後漢書·黄憲傳》：「叔度汪汪若千頃波。」俗人以目光曰水汪汪，含淚曰淚汪汪。《定海縣志》。

燠焞焞　焞音孛。《正韻》：「蒸熱也。」俗謂天氣熱曰燔焞焞。《定海縣志》。

熓焞焞　《字彙補》：「熓，火息也。」焞音屯。俗轉爲敦。凡燈光不明及事之停頓、家之中落皆曰熓焞焞。《定海縣志》。

渾沌沌　凡水之不清、事之不明、人之糊塗曰渾沌沌。亦曰渾淘淘。《定海縣志》。

寒噤噤　噤，渠飲切。俗謂冷也。又寒儉亦曰寒噤噤，一作噤。《定海縣志》。

睒睒動　睒音淡。俗謂食太甜，使胃欲嘔也。《集韻》：「睒，甘也。」《定海縣志》。

忙忙動　忙音弋。《集韻》：「心動也。」俗謂恐懼心動曰忙忙動，亦作惛惛動。《定海縣志》。

噱噱笑　噱，讀如格。笑聲也。《定海縣志》。

改改笑〔一〕　《集韻》：「小笑也。」亦作咥咥笑，冷笑則曰欸欸笑，大笑則曰呵呵笑。《定海縣志》。

歌歌響　枯架切。《集韻》：「張口息也。」謂熟寐睡聲曰歌歌。《定海縣志》。

〔一〕改：原誤作「改」。

彀彀響　彀音彤。《説文》：「彀，擊空聲。」俗形容敲擊空器之聲。《定海縣志》。

欣欣嗆　欣音鏗。《玉篇》：「欣，欬也。」俗謂劇嗽曰欣欣。《定海縣志》。

湝湝滚　湝，徒合切。《説文》：「湝，涫溢也。」俗形容水沸曰湝湝滚。《定海縣志》。

勃勃滿　物甚多也，滿而溢曰孛孛出。《衢縣志》。

紅瞳瞳　紅也。《衢縣志》。

紅英英　亦作陰陰，緑也。《衢縣志》。

黄嬌嬌　亦作焦焦，黄也，亦作黄蘣蘣。《衢縣志》。

黑闥闥　《衢縣志》。

白皙皙　亦作雪雪。《衢縣志》。

長敨敨　狀物之長。《黄巖縣志》。

烏漉禿　不分皂白也，又曰囫圇吞。《黄巖縣志》。

麻葛剌　剌音辣，言面麻者。《黄巖縣志》。

光辣撻　滑澤。《黄巖縣志》。

冷清清　冷也。《黄巖縣志》。

熱湯湯　熱也。《黄巖縣志》。

空飄飄　空也。《黄巖縣志》。

薄鬆鬆　薄也。《黄巖縣志》。

詛詛響　讀若暨。俗謂人之氣盛聲高也。《甬諺名謂籀記》〔一〕。

殼殼響　擊空聲。《甬諺名謂籀記》。

殳殳響　讀沈音。擊實聲。《甬諺名謂籀記》。

豛豛響　音篤。擊實聲。《甬諺名謂籀記》。

腐嬯嬯　音台。謂人迂腐也。《浦江縣志》。

呆鄧鄧　人不靈動。《浦江縣志》。

汗漐漐　出汗多也。《浦江縣志》。

水洶洶　音轟。大水之聲。《浦江縣志》。

密斟斟　密極也。《瑞安縣志》。

重鐄鐄　重也。《集韻》鐄，吐兖切。《瑞安縣志》。

潚地裡　潚音肅。《文選·思玄賦》：「迅猋潚其勝我。」〔二〕俗狀疾忽之辭。《蕭山縣志》。

筆尖　言其端甚鋭，喻人之能鑽營。《衢縣志》。

鶻落子圓　言其圓也，亦稱滚圓。《衢縣志》。

〔一〕謂：原誤作「稱」。下三條同。

〔二〕勝：原誤作「滕」，據《思玄賦》改。

十五、釋發語詞

唉　應聲也，亦曰阿。《黄巖縣志》。

啞　歎聲也。《黄巖縣志》。

咦　驚聲也。《説文》：「大呼曰咦。」《黄巖縣志》。

咄　喝人。《黄巖縣志》。

哱　普没切。吹氣也。《蕭山縣志》。

囦　音和。《玉篇》：「牽船聲。」宋儒語録有「囦聲落地」之語。今俗於用力時，亦發此種聲音。《定海縣志》。

欸　篇夷切。《集韻》：「氣出聲。」俗人蔑視他人之發語聲曰欸。《定海縣志》。

欱欭〔一〕　音候加。《集韻》：「咽病。」又：「氣出皃。」〔二〕俗謂人嘔吐時咽中氣逆發聲曰欱欭。《定海縣志》。

歊　火酷切。《説文》：「氣出皃。」班固詩：「吐金景兮歊浮雲。」讀如霍，如言歊進歊出。

嚇剌　剌讀如赤，驚訝之詞。《建德縣志》。《定海縣志》。

〔一〕　欭：原作「㢱」，據《集韻》改。下同。

〔二〕　氣出皃：原作「出氣也」，據《集韻》改。

耐可　願詞。《黄巖縣志》。

咋　問人何爲。《廣韻》咋音許，語辭也。《蕭山縣志》。

嗄　事可疑怪之發語詞。《龐居士傳》：「龐婆走田中，告其子龐大曰：『汝父死矣。』龐大曰：『嗄！』停鋤脱去。」《蕭山縣志》。

盍　與人相晤，先發此種聲音。或作鹽。《瑞安縣志》。

啥　問何事。奉化采訪。

嚄唦　猶言呵呀也。《建德縣志》。

介　如介頭、介一嚮之類，讀若餘。介種、介許多、介時光之類，讀若革。又介末、介様，則作其事解矣。《甬諺名謂籀記》〔一〕。

夥頤　讀若呼唷。見人富貴作驚羡之聲。黄巖采訪。

魑　示物炫奇也。《樂府雜録》：「驅儺用方相四人，執戈揚盾，口作儺儺之聲，以除逐也。」《集韻》那音儺。哪哪，儺人之聲。魑皆同音相通。《蕭山縣志》。

聶聶　《説文》：「附耳私小語。」讀若出出，聲細也。《象山縣志》。

阿唷　《左傳》服虔注：「苦痛聲也。」《埤倉》作唹伊痛念之聲。《象山縣志》。

〔一〕謂：原誤作「稱」。

否　俗作伾，音配。《説文》：「否，唾而不受也。」今作屁音。《象山縣志》。

歐　《廣韻》：「歐，大呼用力，于建切。」今作愛聲，呼人也。《象山縣志》。

歐　烏葛切，亦大呼皃。《象山縣志》。

歜　《説文》：「且唾聲。」〔一〕許壁切。今讀若黑，冷笑也。《象山縣志》。

欯　《廣韻》：「笑聲。」《朝野僉載》：「田公笑嚇嚇。」今人作吃吃，笑不止。《象山縣志》。

欸　《廣韻》：「大笑也，呼個切。」《廣雅》作「欸欸，笑也」〔二〕。《象山縣志》。

詒　即祋字，讀若偷，驅牛聲也。《象山縣志》。

呃嗏　訝聲也，讀若阿奈。《象山縣志》。

欸欸　含笑也，讀若欣欣。《象山縣志》。

唿　《集韻》烏化切。俗作打清唿，氣外出也。《黄巖縣志》。

餩　愛黑切，噎聲也。《黄巖縣志》。

咋咋　音頤。嘶聲也。《黄巖縣志》。

嗗　飲食之聲。《黄巖縣志》。

吰吰　鬧市之聲。《黄巖縣志》。

〔一〕唾：原誤作「睡」，據《説文解字》改。

〔二〕欸欸：原作「呵呵」。

十六、釋成語

王親國戚　言有背景者。《越諺》。

嗲嗲謣謣　讀若彦岳，俗謂出言讜直，凜乎不可犯者。黄巖采訪。

打鼻頭銃　俗人鼻作哼聲，含有輕視之意。黄巖采訪。

不偢不睬　對人態度冷淡。黄巖采訪。

老木㑷倲　俗謂老年昏耄曰老木㑷倲。《集韻》：「㑷倲，愚皃。」《定海縣志》。

尐尐一點　尐，姊列切。《説文》：「少也。」今俗極言其少曰一尐尐。《定海縣志》。

七頰八敲　性不馴熟。《建德縣志》。

牽枝帶棘　語太煩瑣。《建德縣志》。

前世爺　相怨之詞，女曰前世娘。《建德縣志》。

饚咳弗打　饚音影，欠飽求益之言。《越諺》。

邋頭陣　遇事首先當之。《蕭山縣志》。

不能彀　事不成也。《黄巖縣志》。

不相干　事不相涉。《蕭山縣志》。

話欛　話柄也。《鶴林玉露》：「安子文自贊：今日到湖南，又成閒話靶。」靶與欛通。《蕭山縣志》。

壁角落頭　室之一隅。見《東坡集》慧真贊。《蕭山縣志》。

淋尖踢斛　稱精明强幹者。《蕭山縣志》。

猛猪頭　市物不稱意也。《爾雅·釋獸》郭注：猛猪短頭，皮理膜縮，非人所喜。《蕭山縣志》。

三腳猫　譏人一知半解也。《輟耕録》：「張明善《樂府》云：『説英雄〔一〕，誰英雄，兩頭蛇，南陽卧龍，三腳猫，渭水飛熊。』」《蕭山縣志》。

板板六十四　言事一定不易者。《豹隱叢談》：「凡鼓鑄錢，每板六十四文，乃定例也。或增其一即屬偷鑄。」〔二〕故俗又謂偷兒曰六十五。《蕭山縣志》。

寧可　勉爲所願也。《世説新語》：「劉尹曰：寧可鬥戰求勝。」今轉爲耐，李白詩：「耐可乘明月。」《蕭山縣志》。

勿割捨　不忍廢棄也。《詩譜》：「陸士衡才思有餘，但太多爲礙，能痛割捨乃佳。」《蕭山縣志》。

丁相公畫一字　稱作事迂執。《山堂肆考》：「元丁濟爲奉化令，凡公論所在，一判不復易，民稱之曰：丁相公一字判。」《蕭山縣志》。

作苛苛　作何事也。《蕭山縣志》。

抬舉　扶助。《景寧縣志》。

腳色　專家也。又泛稱人曰這個腳色。《景寧縣志》。

〔一〕說：原脱。

〔二〕鑄：原誤作「錢」，據《豹隱叢談》改。

舔糖拇指　拇指二字，音如牧竹，謂得有好處也。《衢縣志》。

嘗辣湯　泛稱作事艱難，又曰吃苦頭。《衢縣志》。

發潮頭　謂憑空生事也。《衢縣志》。

起花頭　藉端滋擾。《衢縣志》。

捉鵝頭　詐人之財也。鵝一作訛。《衢縣志》。

打圓牆　爲人排解紛糾也。《衢縣志》。

捻酸鼻　有挾而求。《衢縣志》。

挖痛瘡　攻訐陰私。《衢縣志》。

搭赸頭　欺誑人語。《衢縣志》。

打雪孔　冒取他人之物。《衢縣志》。

敲竹槓　遇事生風，圖取銀財。《衢縣志》。

打瓜精　捲物而逃。《衢縣志》。

打秋風　借端求人財物。《衢縣志》。

倒湯瓶　罄其所有。《衢縣志》。

頭削尖　善鑽營。《衢縣志》。

頭睡扁　久睡不問外事。《衢縣志》。

戴高帽　謂喜奉承。《衢縣志》。

戴石面　謂不喜奉承。《衢縣志》。

持蒲扇　煽人生事。《衢縣志》。

打邊鼓　從旁吹嘘。《衢縣志》。

貼水面膏藥　敷衍了事。《衢縣志》。

抽橋板　事後不履行。《衢縣志》。

七零八落　不完備整齊。《衢縣志》。

七瓶八蓋　兩抵不敷。《衢縣志》。

老虎吃蝴蝶　笑微薄之物，不足充飢。《衢縣志》。

螞蟥釘螺螄　凡事捨不脱。《衢縣志》。

聾子放火爆　與己無干。《衢縣志》。

啞子吃黄連　説不出苦。《衢縣志》。

燈籠照火把　以亮看亮，隱瞞不了。《衢縣志》。

義烏人釘碗　自顧自己，言如釘碗聲作「自顧自顧」。《衢縣志》。

去了補碗來個釘秤　言事之一時不易清理也。《衢縣志》。

泥菩薩過水　言自身難保。《衢縣志》。

鐵將軍把門　言主人不在家。《衢縣志》。

樓板鋪紙　相差無幾。《衢縣志》。

雲端跑馬　不踏實地。《衢縣志》。

陽溝翻船　失於不當心。《衢縣志》。

倭子夾韃　言無條理也。《衢縣志》。

糊里糊塗　不明白也。《衢縣志》。

生骨頭　語含刺隱。《浦江縣志》。

野草子　異種也。《浦江縣志》。

在鼓裡　謂被瞞不知。《浦江縣志》。

必律不剌　剌音辣，謂煩言不休也。《浦江縣志》。

伊里烏盧　言聲音不清也。《浦江縣志》。

紮火囤　以計欺人。《安吉縣志》。

上檔　墮人術中。《安吉縣志》。

癟趠趠　趠音戳，人疲倦。《寧海縣志》。

老面皮《南史·文苑·卞彬傳》：「面皮如許厚。」《寧海志稿》。

有頭髦　言有恒産也。《説文》：「髦，髮也。」《寧海志稿》。

暮花落　言其多也。《韻會》：「錯落也，間廁皃。」《寧海志稿》。

眼不見爲浄　言不願見也，見《五燈會元》。《寧海志稿》。

仰人鼻息　倚靠他人也，見《三國志·袁紹傳》。《寧海志稿》。

花言巧語　飾非文過也。《語類》：「巧言，即花言。」《寧海志稿》。

賤骨頭　不自尊重也。《摭言》：「窮相骨頭。」《寧海志稿》。

巴不得　言甚願也。吴潛詞：「巴得西風起。」《寧海志稿》。

勿中意　言不喜歡也，見《漢書·酷吏傳》。《寧海志稿》。

無落棠　言無主意也。《淮南子》：「日入落棠。」《寧海志稿》。

心滿意足　得志也。《寧海志稿》。

不偢睬　不理也。《字彙》：「偢睬，俗言也。」《寧海志稿》。

勿相干　無涉也。《論衡》：「男女不相干。」《寧海志稿》。

看三色　察情勢也，見《吕氏春秋》。《寧海志稿》。

勿長進　習壞也。《三國志·張昭傳》：「勤於長進。」《寧海志稿》。

勿成軸　無結果也，見《管子》。《寧海志稿》。

做把勢　僞設機關也。《直語補正》：「俗謂瞎打把勢。」《寧海志稿》。

提心弔胆　謹防也。《寧海志稿》。

侎而浪儅　不務正業也。《寧海志稿》。

分唇候缺　缺口碗，當分唇，彼此適合也。《寧海志稿》。

大腿畫老虎　空嚇也。《寧海志稿》。

眼中釘　指所心惡者。《新昌縣志》。

天高皇帝遠　言政府管轄不到之處。《新昌縣志》。

遠水不救近火　不可恃也。《新昌縣志》。

菖蒲花　謂遇久不見面之人。《新昌縣志》。

靠天吃飯　不倚賴他人。《新昌縣志》。

躐垟路　行捷徑。《瑞安縣志》。

惹人嗔　讀如抵能貞。厭惡於人也。《瑞安縣志》。

侏儒倒縮　謂身材短小也。《瑞安縣志》。

不郎不秀　人不成材也。《瑞安縣志》。

諢讕三四　多言也。《瑞安縣志》。

生受　煩難也。貧乏亦曰生受。《瑞安縣志》。

花攤　浪用。《瑞安縣志》。

多肆　多極也。章炳麟《新方言》：「《小爾雅》：『肆，極也。』」《瑞安縣志》。

殆半是　與人相語遇疑而未定之詞。《瑞安縣志》。

誂嘴　以言語播弄是非。《瑞安縣志》。

粘脂　言多可厭。《瑞安縣志》。

轉灣抹角　言路之曲折也。《瑞安縣志》。

諢場戲　作事不賣力也〔一〕。《瑞安縣志》。

打諢悵　插嘴。《瑞安縣志》。

耳朵輭　易聽讒言。《瑞安縣志》。

眼孔大　不理人。《瑞安縣志》。

咬你一口　作僞證。《寧海縣志》。

心肝　寶愛也。《晉書》：「愛將士同心肝。」《象山縣志》。

放雕　放雕，猶言使乖巧。《象山縣志》。

欛柄　贓證。《朱子文集》作把鼻。高則誠《琵琶記》作把臂。《象山縣志》。

搭對　同伴也。《五燈會元》：「只是無人搭對。」《象山縣志》。

竘好　竘讀若口，義同恰。《廣雅》：「竘，巧也。」《象山縣志》。

〔一〕賣：原誤作「買」。

篕巧　俗作湊。《廣雅》：「盈也，楚驟反。」〔一〕《象山縣志》。

偡齊　《札樸》〔二〕：「長短相齊曰偡齊，讀若斬。」《象山縣志》。

䶒総　《説文》：「䶒，兼有也。」俗作攏，共計也。《象山縣志》。

廓落　架子也。《説文》：「霩，雨止雲罷皃。」徐鉉曰：「今别作廓。」《象山縣志》。

折蝕　虧本也。《廣韻》：「屠𡲬，少也。」今言折閲。《象山縣志》。

積㰗　糾纏也，讀若技勾。《象山縣志》。

狼獺　耗費也，亦作浪撻。《象山縣志》。

横歹歹　歹讀堆。不順也。《寧海縣志》。

横諓諓　諓，賤上聲。《公羊》文十三年：「惟諓諓善争言。」蓋言不正也。《寧海縣志》。

碓頭　與人相仇，取衝突之義。今作對頭。江山采訪。

戴炭簍　喜奉承也。江山采訪。

浮里起空　造謡。江山采訪。

縮頭縮腦　胆小。江山采訪。

〔一〕反：原誤作「友」。

〔二〕樸：原誤作「璞」。

晒不燥　罵人頭腦不清，亦作差把火，又作夾銅。江山采訪。

担水不識埠頭　喻人之莽撞。遂昌采訪。

啜水要吹冷　言人過於謹慎。遂昌采訪。

好心天雷打　行善不得好報。遂昌采訪。

排場　好排場面。遂昌采訪。

發魘　有詫爲奇異之義，猶發噱也。《雜志》。

着奇　凡事超出常情。《雜志》。

倭累　情事不佳也。明季倭寇擾浙，浙人仇之，遂有此語。《雜志》。

木佬佬　狀物情之形態。《雜志》。

在處裡　住家中也。縉雲采訪。

寒酸氣　譏人貧寒。《越諺》。

嬭花香　小兒之乳臭。《越諺》。

闢肚仙　女巫之一，能在肚中言人禍福。《越諺》。

隔壁戲　口技，能在幕中作種種之聲。《越諺》。

對牛彈琴　與不解事理之人相談。《越諺》。

攀猪腳　事後討酬謝。奉化采訪。

鑽竹蜂　做事快。奉化采訪。

黄蜂嘴　語言不遜。奉化采訪。

三不象　學不成也。奉化采訪。

出路由路　出處不能定也。奉化采訪。

問客殺鷄　隨人之便也。奉化采訪。

一心念佛　專做此事。奉化采訪。

九鍊成鋼　言人老練。奉化采訪。

虎頭搔癢　言險也。奉化采訪。

佛面刨金　言貪小也。奉化采訪。

狗頭軍師　言導人不善也。奉化采訪。

扳腳後跟　從後播弄人也。奉化采訪。

屙缸書生　不通又固執也。奉化采訪。

燈芯當拐杖　言不勝任也。奉化采訪。

冬瓜當櫈坐　隨左隨右也。奉化采訪。

千佛一柱香　言多亦無益。奉化采訪。

斧頭打鑿鑿打樹　循根到底。奉化采訪。

籠糠打出油　勢在必得也。奉化采訪。

肚腸筋笑斷　笑不止也。奉化采訪。

做日吃日　無永久計劃也。《越諺》。

揩釉水　搭便宜也。《越諺》。

冷板櫈　謔塾師也。《越諺》。

休倢頭　音末闐，俗謂身體癡肥也。《定海縣志》。

烌煖　烌，烏臥切。《集韻》烌，猶言煖也。《定海縣志》。

懶里懶㦟　不清楚也。《建德縣志》。

瞶瞶瞴瞴　讀若媽媽虎虎，詈人不仔細也。《甬諺名謂籀記》〔一〕。

做幹證　《説文》：「證，告也。」今作插訟。《象山縣志》。

鬼擘口　王明清《揮麈餘話》：「蔡元度謂錢穆父云：『知章子厚不可撩撥，何故詆之如是？』穆父愀然曰：『鬼擘口矣。』」《象山縣志》。

譣七譣八　《廣韻》：「譣，言利美也。」直廉切，音儉。《象山縣志》。

風水鳥　謂早起者。江山采訪。

〔一〕謂：原誤作「稱」。

迷暗鬼　謂遲眠者。江山采訪。

還杯　報復也。《越諺》。

出娘肚皮　言有始以來之第一次。《越諺》。

嘸傝僫　無結果也。《建德縣志》。

瞴婁糊塗　婁讀縷，微視也。俗斥人作事不審曰瞴里糊塗。《甬諺名謂籀記》。

薄嘴薄脣　輕言也。《浦江縣志》。

死心塌地　見元曲。《寧海縣志》。

囫圇吞　凡事不加細察。《寧海縣志》。

齉到你　讀若敲，俗謂强人作事也。《甬諺名謂籀記》。

十七、釋動

等　《恒言録》：「世俗謂待曰等。」《寧海志稿》。

嬲　稽康《與山濤書》：「足下若嬲之不置。」《寧海志稿》。

作　《廣韻》：「㵴祚切，造也。」〔一〕古音如做，俗謂做生活。《寧海志稿》。

劉　音留，穿入也。《寧海志稿》。

〔一〕㵴：原誤作「鋮」。

搬　《説文》：「般，象舟之旋。」《廣韻》：「般運，北潘切。」《寧海志稿》。

靠　《説文》：「相違也。」今借爲倚靠之義。唐曹松詩：「靠月坐春山。」《寧海志稿》。

犯　《説文》：「侵也。」《寧海志稿》。

猜　推測也。《寧海志稿》。

氽　音吞上聲，水流也。《寧海志稿》。

擠　幾上聲。《史記·項羽紀》：「漢軍卻，爲楚所擠。」《寧海縣志》。

揀　《埤倉》：「擇也。」《寧海縣志》。

探　《説文》：「遠取之。」今作探聽。《寧海縣志》。

捱　讀若額去聲，延緩也。《寧海縣志》。

揞打　《廣韻》：「揞，取也。烏括切。」今作折扣意。《寧海縣志》。

幫襯　讀若邦寸，相助也。《寧海縣志》。

撩理　《説文》撩，洛肖切。又作聊理。《寧海縣志》。

炙火　炙音責。《孟子》：「況於親炙之者乎？」今作靠火。《寧海縣志》。

燺　乾炙也。今作烤。《寧海縣志》。

烙　讀若各。《説文新附》：「灼也。」今作烘物義。《寧海縣志》。

煺　《廣韻》：「燖毛。」以湯除毛。他回切。今去毛作煺。《寧海志稿》。

胜　《字林》：「胜，不熟也。讀若生。」今煮物不熟曰胜。《寧海志稿》。

煨　《説文》：「煨，盆中火。」《寧海志稿》。

炨　《廣韻》：「他衮切，煮也。」《寧海志稿》。

炒〔一〕　《説文》：「炙，炮肉也。」今作炸。《寧海志稿》。

熬　《説文》：「熬，乾煎也。」〔二〕《寧海志稿》。

賠　《通鑒·宋紀》注：「備，償也。」賠古作備。《寧海志稿》。

賒　《説文》：「貰買也。」今作欠帳。《寧海志稿》。

儹　《説文》：「最也。」讀若贊上聲。今作暫借。《寧海志稿》。

㢝　《説文》：「偫也。」堂練切。今作墊。《寧海志稿》。

儥　《説文》：「市也。」都隊切。今作兑。《寧海志稿》。

㒒　《説文》：「引爲價也。」於建切。今作兩物相比之義。《寧海志稿》。

渻　《説文》：「少減也。」〔三〕今作省事之省。《寧海志稿》。

搭　皮日休詩：「擔酒三瓶搭夜航。」今同。《寧海志稿》。

〔一〕炒：似爲「炸」之誤。

〔二〕乾煎：原誤作「鬻熬」，據《説文解字》改。

〔三〕少：原脱，據《説文解字》補。

拌　《説文》：「羼，羊相厠也。」拌與羼同，相雜也。《寧海志稿》。

隑　巨代切。《方言》：「隑也。」〔一〕《象山縣志》。

搒　彭去聲。相撞也。《象山縣志》。

儋　《説文》：「儋〔二〕，何也。」鍇曰〔三〕：「儋何。」即負何，今作擔荷。《象山縣志》。

爬　《進學解》：「爬羅。」今作貼地走。《象山縣志》。

勴　《説文》：「勴，助也。」不以力取以心助也。《象山縣志》。

褪　吞去聲。脱衣也。《象山縣志》。

磕頭　磕音渴。今作叩頭。《象山縣志》。

傴頭　《左傳》：「再命傴，三命而俯。」今作低頭。《象山縣志》。

搵　《説文》：「搵，没也。」音温去聲。《象山縣志》。

齏糟　《蓬島樵歌》顧咸《俚語》詩：「姑姑嫂嫂會齏糟。」《象山縣志》。

嚁問　《五音篇海》音盤，以言難人。今作盤問。《象山縣志》。

〔一〕隑：原作「倚」，據《方言》改。

〔二〕儋：原誤作「估」。下同。

〔三〕鍇：原誤作「鉉」，據《説文解字繫傳》改。

蚩笑《説文》：「欰欰，戲笑貌。」〔一〕字書：「哈，蚩笑也。」音取〔二〕。《象山縣志》。

餂 音忝。《孟子》：「是以言餂之也。」今作以舌取物。《象山縣志》。

剢破 剢音矗。説破也。《象山縣志》。

呷 《説文》：「欱，歠也。」《廣韻》呼合切。今作大口飲。《象山縣志》。

嚃 《曲禮》：「毋嚃羹。」今作以舌辨味，他荅切〔三〕。《象山縣志》。

哽 《聲類》：「食骨留嗌中也。」〔四〕《説文》作骾。俗作梗。《象山縣志》。

嗀 《列子》：「嘔之不出，喀喀然。」今作咯吐也。《象山縣志》。

打饐 《説文》：「噫，飽食息也。」噎聲。今作氣逆。《象山縣志》。

歕水 《埤倉》：「濆，歕也。」今作吐水。《象山縣志》。

噤 《説文》：「噤，口閉也。」巨錦切。今閉口不言曰噤。《象山縣志》。

欶 《説文》：「一曰口相就。」〔五〕今人母以口欶小孩飯也，讀若餧。《象山縣志》。

〔一〕欰欰：原作「欰笑」，據《説文解字》改。

〔二〕音：原誤作「立」。

〔三〕荅：原誤作「若」。

〔四〕骨：原脱，據《玄應音義》引《聲類》改。

〔五〕就：原脱，據《説文解字》補。

歐　《説文》：「歐，吐也。」《廣韻》或作嘔。《象山縣志》。

困　俗作呸。《玉篇》匹元切。今作吐唾。《象山縣志》。

吪　《説文》：「欶〔一〕，吪也。」借吃爲之。今以舌舐物曰吪。《象山縣志》。

噦　《説文》：「氣牾也。」於月切。今作氣不順。《象山縣志》。

唔　《玉篇》：「唔，多言也。」《五燈會元》：「插嘴廝罵。」《象山縣志》。

謅動　《類篇》：「以言惑人。」今言唆使。《象山縣志》。

相訬　《説文》：「訬，擾也。」楚交切。今作交訴義。《象山縣志》。

詆讕　《説文》：「詆讕也。」今作抵賴，非。《象山縣志》。

䀇　《集韻》：「䀇，目大貌。」讀若張。《寧海志稿》。

矃　《玉篇》作盯，視皃，丑正切。《廣韻》作覴，孰視也。讀若寧去聲。《寧海志稿》。

䁖　《説文》：「䁖，瞭也。」《敬止録》：「目略一過曰瞭䁖。」《寧海志稿》。

齅　《説文》：「以鼻就臭也。」讀若薰上聲。《寧海志稿》。

鼾齁　《集韻》：「臥鼻息。」讀若漢瑞。《寧海志稿》。

掆　《廣韻》：「舁也。古浪切。」阮孝緒《文字集略》：「相對舉物曰掆。」俗作扛。《寧海志稿》。

〔一〕欶：原誤作「敕」。

捎《説文》：「凡取物之上者爲撟捎。」〔一〕今俗繫物腰間曰捎，讀若稍。《寧海志稿》。

簎《説文》：「刺也。」今作戳，敕角切。《寧海志稿》。

趙《詩·周頌》：「其鎛斯趙。」箋：「以田器刺也。」昨焦切。今或作趙，起物使出也。《寧海志稿》。

弶《周禮·秋官》：「冥氏掌設弧張。」注：「弧張〔二〕，罿罦之屬。」讀强去聲。《寧海志稿》。

劶《五音篇海》：「著力牽也，推上聲。」《寧海志稿》。

嬥色　以醜易好。《黄巖縣志》。

㩗　摩物也。《黄巖縣志》。

敨　他口切。展也。《黄巖縣志》。

捼　俗作挼，兩手摩物。《黄巖縣志》。

踼　音儻。伸足臥也。《黄巖縣志》。

䟕　他陷切。緩行也。如䟕地袱。俗謂跨越曰䟕。《黄巖縣志》。

踱　音鐸。慢走也。《黄巖縣志》。

瀏　潛逃也。《黄巖縣志》。

〔一〕之：原誤作「腰」，據《説文解字》改。

〔二〕弧：原脱，據《周禮注疏》補。

沸　語多也，又曰譗譗。《黄巖縣志》。

箍　音枯。以篾束物也。今作箍桶。《黄巖縣志》。

㘝　撈漉泥也，音儼。《黄巖縣志》。

甏　《説文》讀若雋〔一〕，治皮也。《黄巖縣志》。

掭　他念切。挑燈也。《黄巖縣志》。

般　移物也，俗作搬。《黄巖縣志》。

囥　藏物也。《黄巖縣志》。

齦　康很切。齧物也。《黄巖縣志》。

餧　飼物也。《黄巖縣志》。

漇　《集韻》：「披教切。滚水漬物。」俗作泡，非。《黄巖縣志》。

焙　以火乾物。《黄巖縣志》。

煠　以湯瀹物也，士洽切。《黄巖縣志》。

燘　呼罪切，俗音晦。熟物和五味也。俗作燴。《黄巖縣志》。

銲　音翰。錮金鐵令相結也。《黄巖縣志》。

〔一〕雋：原誤作「薦」，據《説文解字》改。

剸〔一〕　立批削物也。亦作刜。《黄巖縣志》。

蕐　破開也。《黄巖縣志》。

舀　以沼切。挹彼注此也。《黄巖縣志》。

𨇫〔二〕　呆坐而候人。《蕭山縣志》。

㧗𢴤　《博雅》：「𢴤，都果反，量。」《集韻》：「㧗，丁廉切，以手稱物也。」《蕭山縣志》。

扳　用力挽引也。《公羊傳》隱公元年：「諸大夫扳隱而立之。」《蕭山縣志》。

㨫　讀若萓。《六書故》〔三〕：「掌擊也。」俗有㨫巴掌、㨫拳頭之語。又刿，摑擊。皆音異義同。《蕭山縣志》。

𣤅　音擠。以手逼物出汁也。《蕭山縣志》。

撦　音車。《集韻》：「裂開也。」皮日休詩：「風撦紅蕉仍換葉。」俗作扯。《蕭山縣志》。

捦　《集韻》邱禁切。俗謂以手按物，如捦鈴之類。《蕭山縣志》。

拎　音零。以手提物也。《蕭山縣志》。

軀　音一。匿迹潛進也。俗有「軀壁賊」之語。《蕭山縣志》。

骼　古駕切。捕捉。俗作骼拿人。《蕭山縣志》。

〔一〕剸：原作「剸」。

〔二〕𨇫：原誤作「𨇫」。

〔三〕故：原脱。

趒　音迢。跳舞也。《蕭山縣志》。

斯　對扯，物裂也。《説文》注斯爲析，《爾雅》注斯爲離。《蕭山縣志》。

抻　扯物令長也。《莊子》鳥申讀抻，謂延頸令長也。《蕭山縣志》。

趃　音透。以身踴擲。《蕭山縣志》。

舠　舟摇動也，音兀。《唐文粹》：「舟之行也，匪仡不進。」言動而後進也。《蕭山縣志》。

汏　洗物也。俗稱汏衣服。《景寧縣志》。

劃　送飯入口，言如船之劃進也。《衢縣志》。

敹　了彫切。衣縫脱綻，略綴治之也。《書·費誓》：「善敹乃甲胄。」疏引鄭氏云：「敹，穿徹之也，謂甲繩有斷絶，當使敹理之。」今有「敹兩鍼」之語。《蕭山縣志》。

騸　音扇。讀如線，閹鷄也。《正字通》：「割去勢也。」牝猪則稱抵，使不令孕而易肥大。《衢縣志》。

作梗　《北史·魏收傳》：「羣氏作梗〔一〕，遂爲邊患。」《蕭山縣志》。

出尖　强出任事也。《宋史·兵志》：「熙寧間造箭四種，一曰出尖。」俗謂脱穎而出之意。《蕭山縣志》。

㑳　《字彙》音薦，屋斜㑳之使正也。《蕭山縣志》。

〔一〕氐：原誤作「氏」，據《北史》改。

朳　音八。俗謂擘欖桶之屬曰朳。《景寧縣志》。

擤　虎梗切。以手捻鼻出涕也。俗有「擤鼻涕」之語。《景寧縣志》。

庹　音拓。以手量物也。《新昌縣志》。

篆　以帶束物也。《周禮・考工記》：「陳篆必正。」鄭注：「篆，轂約也。」《瑞安縣志》。

笪　暹謝切。《廣韻》：「斜逆也。」俗謂斜曰笪。《定海縣志》。

擄　胡刀切。《集韻》較多少曰擄。俗讀若拗，角腕力曰擄手勁。《定海縣志》。

佛　讀若弼，回首曰佛轉頭。見《禮記》：「獻其鳥者佛其首。」亦作別。杜牧詩：「別臉小低頭。」《定海縣志》。

趔　讀若勒。《後漢書》：「遮趔出入。」俗謂攔截曰遮趔。《定海縣志》。

啄　讀如得。鳥食曰啄。俗謂敲門之聲曰啄。《定海縣志》。

揞　於陷切。《六書故》〔一〕：「暗〔二〕擲棄也。」俗謂抛棄曰揞了，唯小兒言之，成人罕言也。《定海縣志》。

揔　音忽。《廣雅》：「擊也。」俗謂搏擊而擲去曰揔脱。《定海縣志》。

摒　蒲悶切。《集韻》：「手亂也。」俗謂持棍棒撥動雜物而撿出之曰摒，如言摒東西之類。

〔一〕故：原脱。

〔二〕暗：原脱，據《六書故》補。

《定海縣志》。

捾　烏括切。《集韻》：「抉也。」俗謂以指抉取曰捾，抉目曰捾眼烏珠。《定海縣志》。

掀　音欣。《説文》：「舉起也。」謂以手舉物曰掀，如掀帽子、掀蓋頭之類。《定海縣志》。

掏　徒刀切。《集韻》：「擇也。」俗謂撿取曰掏，如掏地取石等。《定海縣志》。

挌　把持也。俗謂以手扼人咽喉曰挌胡嚨管，讀若客。《定海縣志》。

撩　音聊。取物也。俗謂水中取曰撩，如言撩萍草。《定海縣志》。

擀　幹上聲。《集韻》：「以手伸物也。」俗謂轢麥使展成薄片之器曰擀槌。《定海縣志》。

擂　雷上聲。《玉篇》：「研物也。」俗謂研粉曰擂末。又《韻會》：「自高而下也。」俗謂器物自斜面墮落曰擂落。《定海縣志》。

⿰扌⿱日衣〔一〕　讀如⿱日衣〔二〕，謂揭去也。如掀缸蓋曰⿰扌⿱日衣缸蓋。《定海縣志》。

擉　音齪，刺取魚鱉曰擉。《莊子》：「冬則擉鱉。」俗亦作簎。《定海縣志》。

撣　旦上聲。俗謂拂去塵埃曰撣，如拂塵曰撣塵。《定海縣志》。

攏　聾上聲。合也。郭璞賦：「攏萬川乎巴梁。」按，俗凡言二物連合曰合攏。亦作並攏、連攏。《定海縣志》。

〔一〕⿰扌⿱日衣：原誤作「搡」，下同。

〔二〕⿱日衣：原誤作「梟」。

搡　桑去聲。距也。俗謂推而遠擲之曰搡，如言隔窗搡出去。《定海縣志》。

弄　俗謂侮人曰弄人。又作事亦曰弄，如作饌曰弄菜，竣事曰弄完。《定海縣志》。

縋　馳僞切。《説文》：「以繩有所懸也。」俗謂以重物繫繩懸之曰縋，如縋落、縋倒之類。《定海縣志》。

捽　除耕切。《集韻》：「觸也。」俗謂衝撞而入曰捽，如蛇入穴曰蛇捽洞。亦作村捽振撜敦㲉㲉㲉等字。《定海縣志》。

刋　七見切。俗謂修足趾之甲曰刋腳。亦作扦。《定海縣志》。

劈　俗謂以刀劃之曰劈劙。《定海縣志》。

剻　音果。《集韻》：「割也。」按，《唐文粹》有劉寬夫《剻竹論》，俗謂截竹木剥枝曰剻。《定海縣志》。

𨃰　音料。《説文》：「行脛相交也。」《方言》：「以足鈎之爲𨃰。」俗謂涉水及伸手取遠曰𨃰。《定海縣志》。

砑　魚駕切。《玉篇》：「光石也。」《正韻》：「碾砑也。」俗謂以石磨物使光澤也，又謂堅物軋礫曰砑。《定海縣志》。

笓　薄必切。《集韻》：「次也。」俗謂依次排列曰笓，如言笓緊、笓牢。又定物之鍼曰笓鍼。通作別鍼或鼻鍼。《定海縣志》。

跕　讀如店。以足趾抵地，使足踵懸起，加高身體謂之跕。此字字書未收。《定海縣志》。

張旻　音猫。《説文》：「旻，突前也。」今小兒捉迷藏爲戲，突出曰旻。《定海縣志》。

呞　音市。魚食也，唼也。俗謂嘗味曰呞味，蓋嘗味時開闔上下脣如魚食也。《定海縣志》。

枲　音薾。《説文》：「小束也。」俗謂理麻曰枲，自績曰枲麻。《定海縣志》。

鞝　諸兩切。俗謂靴鞋配底曰鞝。《定海縣志》。

糔　初尤切。濾取粉也。俗制年糕時以水磨粉盛於坦筐中，上鋪以布，再用灰吸其水使燥，謂之糔年糕粉。《定海縣志》。

糳　《廣雅》：「舂也。」《説文》：「米一斛舂八斗曰糳。」〔一〕今俗音轉如拆。《定海縣志》。

滰　其兩切〔二〕。《説文》：「漬米也。」俗謂洗物曰滰。《定海縣志》。

泥　蜀人謂糊窗曰泥窗。花蕊夫人《宫詞》：「紅錦泥窗繞四廊。」浙江凡以糊或泥土、蠣灰塗抹之皆曰泥。《定海縣志》。

瀝　本謂飲後餘瀝也。今俗則謂去汁曰瀝，如言瀝乾。《定海縣志》。

滉　胡廣切，水摇動皃。又謂摇動不安曰船滉。《定海縣志》。

〔一〕八：原誤作「九」，據《説文解字》改。

〔二〕兩：原誤作「雨」。

煬〔一〕　音陽。《集韻》：「爍金也。」或作烊。俗謂金屬溶化曰烊，又謂食物煮爛曰烊。煬烊通。《定海縣志》。

熻　音洽。《集韻》：「火皃。」俗謂銀樓之金經精煉無渣滓者曰熻金。《定海縣志》。

㷉　必結切。《集韻》：「灼物焦也。」亦作𤉲。俗謂炙之使乾曰㷉，如言熱㷉火炙。《定海縣志》。

燙　音宕，與蕩同。俗火灼肌膚曰燙。又謂熨衣曰燙衣〔二〕，暖酒曰燙酒。《定海縣志》。

帶挈　以物贈人也。俗言父兄以産業帶挈。《黄巖縣志》。

戛　吉黠切。擊也。《書》：「戛擊鳴球。」又齟齬貌。韓愈文：「戛戛乎其難矣。」今俗變爲濁音，如戛胡桃及戛五戛六。《定海縣志》。

挭　音梗。《集韻》：「攪也。」俗謂腹中積食腸胃擾動曰挭。《定海縣志》。

搕　《集韻》克盍切。俗謂行路不穩曰搕搕碰碰。亦作磕，如磕頭。《定海縣志》。

㧻　音致。《説文》：「刺也。」揚雄《甘泉賦》：「洪臺崛其獨出，㧻北極之嶟嶟。」〔三〕俗謂物將傾頽，以棒支之曰㧻。《定海縣志》。

儱　音充。《篇海》：「斜儱。」俗謂人斜倒而未仆曰儱，如言七儱八跌。《定海縣志》。

〔一〕煬：原誤作「煬」，下同。

〔二〕謂：原誤作「課」。

〔三〕崛：原誤作「握」，據《甘泉賦》改。極：原脱，據《甘泉賦》補。

纏　言語重踏曰纏，如言纏過又纏。《定海縣志》。

㕹　避席也。《建德縣志》。

觰　《説文》陟加切。物大而披張也。亦作觰，俗有「觰觰開」之語〔一〕。《蕭山縣志》。

擢　讀若忽。《漢書·王莽傳》：「猾吏奸民辜而擢之。」注謂脅人罪，自取利也。今俗有「擢奪撞騙」之語。《蕭山縣志》。

𪑔　都合切，音荅。濕物黏附也。《蕭山縣志》。

甹　《説文》普丁切。以財物鬥勝竟奢也。《蕭山縣志》。

䁵　《廣韻》於建切。以兩物較其長短也〔二〕。《蕭山縣志》。

嬥换　嬥，《集韻》音窕，更易財物也。《蕭山縣志》。

㷮　皮力切。火烘物使乾也。《蕭山縣志》。

爁　《廣韻》音濫。火焱外竄也。《蕭山縣志》。

煠　《廣韻》士洽切。以食物納油及湯中一沸而出。蘇軾《十二時偈》〔三〕：「百滚油鐺裏，恣把心肝煠。」《蕭山縣志》。

〔一〕語：原脱，據文義補。

〔二〕其：原誤作「具」。

〔三〕偈：原誤作「倡」。

燂《廣韻》徒南切。以火略灼之也。《蕭山縣志》。

銲《廣韻》作釬。俗以藥固著金鐵器也。《蕭山縣志》。

剾恪侯切〔一〕。以指深剜也。《蕭山縣志》。

𣁋音豁。挹水散潑也。《蕭山縣志》。

滗音筆。去渣取汁也。俗語如滗藥滓之類。《蕭山縣志》。

派《廣韻》音拍。擘物使開也。今俗謂擘橙橘之類。《蕭山縣志》。

抓莊交切。搔癢也。《蕭山縣志》。

攋《集韻》洛駭切。手爪披毁物也。《蕭山縣志》。

趆《玉篇》實洛切。往來倏忽也。今俗有「趆來趆去」之語。《蕭山縣志》。

趣音暫。莽進也。今俗有「直趣亂趣」之語。《蕭山縣志》。

搷《集韻》音豪。較量多少也。《蕭山縣志》。

攮《字彙》音囊。推宕。俗有「推來攮去」之語。《蕭山縣志》。

攦線索糾繞也。《篇海》直善切，音躔。《蕭山縣志》。

搬《集韻》音班去聲。絆。俗謂有物礙足，如打脚搬之類。《蕭山縣志》。

〔一〕恪：原誤作「恰」。

摦　《類篇》烏瓦切。俗謂手爬物曰摦。《蕭山縣志》。

捡　握也。《景寧縣志》。

拍　讀如擘。分開也，故兄弟析産曰分拍。按，拍作分拍恐誤，當作副。《説文》：「判也。」音拍。《景寧縣志》。

鳥　《玉篇》丁了切。懸物於繩也。俗作弔。《景寧縣志》。

丢　丁由切。舍去也。《衢縣志》。

攢　古患切。按，甩，俗字，當作攢。《浦江縣志》。

挐　音擺〔一〕。分佈陳列也。《浦江縣志》。

挜　《字彙》音亞。强以物與人。《浦江縣志》。

頣　古恨切。俯首也。《浦江縣志》。

䵝　音殿。牀几不平以物支之也。《浦江縣志》。

糴　徒曆切。買穀。《瑞安縣志》。

糶　他弔切。賣穀。《瑞安縣志》。

饒　寬人一步也。《魏書》郭祚謂李彪曰：「豈能饒你？」《瑞安縣志》。

濫　音董。物墮水聲。《定海縣志》。

〔一〕音：原誤作「立」。下條同。

攙　音産平聲。俗謂以物相雜曰攙，如酒攙水。亦作羼。《定海縣志》。

落　乾没他人之物曰落，所没之物曰落頭。《定海縣志》。

旻　讀如蓄。舉目使人也。今俗作嗾，音近義同。《定海縣志》。

捱　宜佳切。延緩也。俗謂稽延晷刻曰捱時辰。《定海縣志》。

搨　音搭。《集韻》：「冒也，摹也。」俗謂面貌同曰活搨斯像。《定海縣志》。

掂　店平聲。本作战。俗謂量物輕重曰掂。《定海縣志》。

搭　音荅。附也，挂也。白居易詩：「熏籠亂搭繡衣裳。」〔一〕此挂意也，附舟曰搭船，此附義也。引申之，如私情曰搭老婆。《定海縣志》。

糾　渠尤切。《説文》：「木下曲也。」俗謂凡物灣曲皆謂之糾。《定海縣志》。

甩　謂往返動摇也。如牛馬摇尾曰甩尾巴，器物懸挂而摇動曰甩來甩去。《定海縣志》。

戤　影射曰戤，如冒商標曰戤牌，站立牆腳曰戤牆壁。《定海縣志》。

掐　音恰。《晉書·郭書傳》：「掐鼻灸眉頭。」《説文》作搯。今俗用指甲▢物曰掐。《寧海志稿》。

揩　《廣雅》：「摩也。」《廣韻》：「揩〔二〕，拭也。」俗謂拭去塵埃曰揩。《寧海志稿》。

扳　音班。俗作攀，如扳枝之類。《寧海志稿》。

〔一〕繡：原誤作「歸」，據《全唐詩》改。

〔二〕揩：原誤作「概」。

拗扼　音襖。《尉繚子》：「拗矢折矛。」《説文新附》：「拗，手拉也。」《廣韻》同，扼音厄，義同。《寧海志稿》。

図　《説文》：「下取物縮藏之。」女洽切。《集韻》女減切。俗以物壓物曰図。《寧海志稿》。

捺　《廣韻》奴葛切。手案。《説文》：「按也。」俗以手按曰捺。《寧海志稿》。

揫　《説文》：「束也。」音秋〔一〕。《禮・鄉飲酒義》注：「揫，斂也。」今俗言束帶緊曰揫帶。《寧海志稿》。

挂　俗稱掛。《説文》：「宣也。」《寧海志稿》。

揵　音犨。俗言抱曰揵。《寧海志稿》。

掏　《通俗文》搯出曰掏，如掏泥之類。《寧海志稿》。

揾　《説文》：「没也。」俗言納物於水曰揾。《寧海志稿》。

擪　音葉。俗言引取，如擪繩使落之類。《寧海志稿》。

攃　《集韻》：「摩也。七曷切。」《篇海》作擦。《寧海志稿》。

揄　《通俗文》：「捫摸曰揄。」今引伸持物爲揄，音頭。《寧海志稿》。

戽　《廣雅》：「抒也，呼古切。」以手取水也。俗言戽水。《寧海志稿》。

〔一〕音：原誤作「立」。

毅《説文》：「椎擊物。」冬毒切。讀若篤，以棒刺物。《寧海志稿》。

築 音逐[一]。《三國志·顔斐傳》：帝召市吏於斐前，杖一百，時典農私推築斐謝。《寧海志稿》。

颮 音庖。俗言如颮東瓜皮。《寧海志稿》。

敲 俗作拷。《説文》：「横擿也。」[二]苦交切。《寧海志稿》。

叉《説文》：「手指相錯也。」《寧海志稿》。

撮《説文》：「四圭。」小取也。俗言以指取物曰撮。《寧海志稿》。

擶《文選·笙賦》注：「指捻也。」亦作捻。《寧海志稿》。

攏《説文》：「理持也。」今言掠髮。《寧海志稿》。

掔《三倉》掔亦作牽，引持也。《寧海志稿》。

抲《説文》枯駕切[三]。今俗言抲樹枝。《寧海志稿》。

拕《説文》：「曳也。」託何切。今言拽物曰拕。《寧海志稿》。

拍《説文》：「拊也。」普百切。今言拍肩拍背。《寧海志稿》。

[一] 音：原誤作立。

[二] 擿：原誤作「擿」。

[三]《説文解字》「抲」字無此反切。

䶕　《説文》：「擊也。」博下切。今言䶕掌。《寧海志稿》。

掘　《説文》：「搰也。」今言掘土。《寧海志稿》。

冎　《説文》：剔肉取骨。今言千刀萬冎也。《寧海志稿》。

抯　《釋名》作攎，五指俱往也。《説文》側加切〔一〕。今言以指取物曰抯。《寧海志稿》。

擹　《説文》：「捍也。」〔二〕逋旁切。《寧海志稿》。

斟　《肯綮録》：「去水曰斟，音豁。」今讀若括。《象山縣志》。

摽〔三〕　《廣韻》：「力質切。以手理物。」〔四〕今言摽直。《象山縣志》。

抆　《集韻》：「相擊也。」讀若豁。今言豁拳或摇手皆作抆。《象山縣志》。

撬　《智燈難字》作趙〔五〕，掀起也。今言門閉撬開。《象山縣志》。

抾　《廣韻》：「以手抾物，丘犯切。」〔六〕今言手簸物，讀若贊上聲。《象山縣志》。

〔一〕加：原誤作「如」。

〔二〕《説文解字》無此訓。

〔三〕摽：原誤作「摽」。下同。

〔四〕手：原誤作「力」。

〔五〕作趙：《象山縣志》作「音轎」。

〔六〕犯：原誤作「物」。

施《五音篇海》〔一〕：「比長短也。」音偃。今言施長短。《象山縣志》。

搓《字林》：「兩手相搓也。」《象山縣志》。

拎《玉篇》：「手懸捻也。」音零。今言拎起來。《象山縣志》。

揩《廣韻》作紺切，手撼也，讀若研上聲。今言揩出去。《象山縣志》。

輥俗作滚。《韻詮》：「手轉下之令下也。」《五燈會元》：「輥繡球。」《象山縣志》。

勯《説文》：「推也。」今推圓物曰勯。《象山縣志》。

斮音作。《尚書》：「斮朝涉之脛。」今言斮。《象山縣志》。

揞《方言》：「揞，藏也。」烏感切。《廣韻》：「手覆。」〔二〕《象山縣志》。

捺《集韻》：「按物也。邱禁切。」《象山縣志》。

膂《説文》：「剥也；劃也。」今言膂開，裹佳切。《象山縣志》。

刮《説文》：「刮去惡瘡肉。」《象山縣志》。

剉《説文》：「折傷也。」今言剉平。《象山縣志》。

欱《肯綮録》：以箸取物曰欱，音羈，今讀若即，如俗稱欱菜。《象山縣志》。

笏音抽。今言笏桶，亦稱篐桶。《象山縣志》。

〔一〕篇海：原誤作「海篇」。

〔二〕手覆：原誤作「干复」。

跦　《三國志·賈逵傳》注：「一偏跦輾轉曰跦。」音摇。《象山縣志》。

趬　《説文》：「舉足也。」音超去聲。《象山縣志》。

朅　《説文》：「去也。」今讀若棄。《象山縣志》。

褪　音退。卸衣也。《象山縣志》。

黬　音巖。積垢也。《象山縣志》。

十八、釋静

調代　《敬止録》：「人閑曰調代。」俗稱調大，讀代若大。《寧海志稿》。

偷嬾　《廣韻》嬾，洛旱切，惰也〔一〕。女性多懶，故從女。《寧海志稿》。

匽工　《説文》：「匿也。」今俗言人匿而不做曰匽工，讀若掩。《寧海志稿》。

將息　《韓文公集》：「將息之道，當先理其心。」《寧海志稿》。

嬉　《説文》：「慢，惰也。」《寧海志稿》。

睏　《月令廣義》引諺云：「六月三日雨一陣，上晝芸田下晝睏。」眠也。《寧海志稿》。

晝覺　《廣韻》覺，古孝切，讀若教，午睡也。《寧海志稿》。

寣　《廣韻》：「寣，覺也。呼骨切。」《五燈會元》：「一寣起來。」俗謂少睡。《寧海志稿》。

〔一〕惰：原作「怠」，據《廣韻》改。

瞌瞳　《正字》瞌，音瞌〔一〕。《莊子·知北遊》：齧缺問道於披衣，披衣曰：「汝瞳焉如新生之犢。」言未竟，齧缺欲睡寐。《正韻》瞳音充。《寧海志稿》。

寢　《説文》：「楚人謂寐。」讀若憂去聲，小孩睡也。《寧海志稿》。

躲　隱避不出也，音多上聲。《寧海志稿》。

乜　讀如米，目閉也。亦作眲、瞇。《寧海志稿》。

賴　背信渝盟。《左傳》昭十三年：「楚子曰：今鄭人貪賴其田，而不我與。」《蕭山縣志》。

滰清　灑浄。《瑞安縣志》。

十九、釋名詞

彪氣　恃才傲物。《黄巖縣志》。

尋貌幽　小兒遊戲之一種，名善遁藏。《黄巖縣志》。

拺拳　俗作豁拳，伸指賭酒也。《黄巖縣志》。

夜不休　通宵不眠。《黄巖縣志》。

絞面　昔時婦人整容用線拔面上毛，謂之絞面，又曰仿面毛。《黄巖縣志》。

恚惡　讀若畏，羞愧而發怒也。《定海縣志》。

〔一〕正字：疑「字」下脱「通」字。音：原誤作「立」。瞌音瞌：原文如此。《集韻》作「音磕」，疑下「瞌」字爲「磕」之誤。

作梗　《毛詩傳》:「梗,病也。」俗謂鬼祟害人,今以喻小人之播弄。《定海縣志》。

轉嚥　嚥音醮。俗謂牛反芻曰轉嚥。《定海縣志》。

快　於亮切。《説文》:「不服懟也。」俗謂怨懟曰快。《定海縣志》。

打諢　諢,弄言也。《遼史·伶官傳》:「打諢得不是黄幡綽。」俗謂在旁擾亂曰打諢。《定海縣志》。

窨　音蔭。《説文》:「地室也。」今俗以物窨藏地窟使凉曰窨,以物座於冰或冷水中亦曰窨。《定海縣志》。

歊　火酷切。《説文》:「氣出貌。」班固詩:「吐金景兮歊浮雲。」讀如霍,如言歊進歊出。《定海縣志》。

慫恿　攛掇也。《建德縣志》。

敁敠　料量輕重大小。《建德縣志》。

傪僸　言語虚妄也。《建德縣志》。

嘜頭　不懂世務者。《建德縣志》。

病孤特　病中見人而怒。《越諺》。

牙齒㾓　音西,爪物有聲,聞之齒如酸癢。《越諺》。

爔　音醯。爐中起火也。俗稱火爔。《衢縣志》。

琅湯　人不斂攝也。《管子・宙合》篇：「以琅湯淩鑠人。」人之敗也常自此。《蕭山縣志》。

忐忑　《五音集韻》音毯忒，心虚也。心事不決也。《蕭山縣志》。

慆憹　心中不快。《晉・禮儀志》有《慆憹歌》。《蕭山縣志》。

落拓　不拘禮節也。《北史・楊素傳》：「少落拓有大志，不拘小節。」《蕭山縣志》。

索性　勢難中止，一意竟事曰索性。朱子《與吕伯恭書》：「騁意過當，遂熬不住，不免索性説了。」《蕭山縣志》。

發作　猝然生怒也。《三國志・孫皎傳》：「近聞卿與甘興霸飲酒發作，侵淩其人。」《蕭山縣志》。

惡勃　甚之之辭。俗語惡勃吃之類。《衢縣志》。

砉　虎伯切。亦作㘎，響聲也。《黄巖縣志》。

耐可　願辭。《黄巖縣志》。

奘　肥大也，亦作胖。《黄巖縣志》。

磊道〔一〕　重笨可厭。《黄巖縣志》。

鯽令　輕倩。《黄巖縣志》。

〔一〕 道：原誤作「諄」。

怎生　何爲也，又曰怎兒聲。《黄巖縣志》。

詇　以言托人也。俗作央。《黄巖縣志》。

䜿力　䜿音吃。勤苦也。《黄巖縣志》。

打白醭　物敗生白膜也，亦曰生白殕。《黄巖縣志》。

餿　食物微壞，即有此種氣味。《蕭山縣志》。

瀾　音探。浮於水面也。俗有「浮瀾」之語。《蕭山縣志》。

艮古頭　稱人古樸不和通者。《蕭山縣志》。

惡少　少年無賴。《荀子·修身篇》：「無廉恥而嗜乎飲食，可謂惡少者矣。」亦稱惡棍。《蕭山縣志》。

訟棍　好管訟事者。《蕭山縣志》。

賭棍　以賭爲生者。《蕭山縣志》。

子本　商人之母金也。元稹《估客樂》：「子本蕃息，貨賂兼併。」今作資本。《蕭山縣志》。

薖座〔一〕　《廣韻》苦禾切。《詩》：「碩人之薖。」俗謂居曰科座，乃薖座之誤。《蕭山縣志》。

生活　《張應祥墓志》：「直不加昂而生活易售。」俗稱做生活。《蕭山縣志》。

〔一〕　薖：原誤作「邁」。下同。

霞頭　染物標識也。染時於帛角識姓名處先爲纏結，使不漫滅。亦稱票頭。《蕭山縣志》。

⿰木⿱𠂊电〔一〕　防教切，音炮。俗稱物一件爲一⿰木⿱𠂊电。又以四十斤爲⿰木⿱𠂊电。《蕭山縣志》。

拉颯　穢雜也〔二〕。《晉書・五行志》太元末《京口謡》云：「黄雌鷄，莫作雄父啼。一旦去毛衣，衣被拉颯棲。」《夢粱録》諸河有載拉圾糞土之船。字别義同。《蕭山縣志》。

渧　水滴也。《廣韻》渧音帝，滴漉也。《蕭山縣志》。

儾　音囊去聲。物寬緩不緊帖也。《蕭山縣志》。

蕘　《廣韻》邱召切。物聳起皃。《蕭山縣志》。

奞落　奞音荅。物軟而垂之貌。《蕭山縣志》。

胮開　《廣韻》胮，匹江切。物脹大也。亦作朧開。《蕭山縣志》。

揸　《集韻》七夜切，音且去聲。斜而不直，側而不平也。俗稱不正者曰斜揸。《蕭山縣志》。

⿰盍攴　《廣韻》私盍切〔三〕。支趖不平也。《中州集》周馳詠《⿰盍攴子》云：「勿以微材棄，安危任不輕。誰憐一片小，能使四方平。」《蕭山縣志》。

靠攏　使相近也。《蕭山縣志》。

〔一〕⿰木⿱𠂊电：原作「⿰木⿱𠂉电」。下同。

〔二〕也：原誤作「切」。

〔三〕盍：原誤作「蓋」。

騴　初限切，音産。不鞍而騎也。《蕭山縣志》。

㪔　音鵲。木理不直，裂而易脱也。《蕭山縣志》。

鋊　《丹鉛録》音裕，今讀若已。物經磨而漸薄也。《宋書》孔顗《鑄錢議》曰：「五銖錢，周郭其上下，令不可鋊。」《蕭山縣志》。

𪏯　《説文》即由切：「收束也。」凡物不伸挺曰𪏯。《蕭山縣志》。

白殕　音撫。物體陳腐起白膜也。《蕭山縣志》。

黕　《集韻》陟甚切。物濕而黴也。元稹詩：「青衫經夏黕。」今俗有「發黕」之語。《蕭山縣志》。

聊蕩　稱游手無賴者。施鴻《閩雜記》：「地方惡少，游手覓食，訛索詐騙者，謂之聊蕩。」《蕭山縣志》。

矯　負强不屈。《景寧縣志》。

手下　指從者。《景寧縣志》。

帳目　記財貨之往來。《景寧縣志》。

打算　籌畫也。《景寧縣志》。

毛病　習氣。《景寧縣志》。

落魄　貧也。《景寧縣志》。

扁　稱物之闊也。《景寧縣志》。

牙郎　代客買賣也。古爲互市郎，變爲互市牙郎。今單稱牙郎。《景寧縣志》。

帄　音丁。補衣也。俗有「打補帄」之語。《景寧縣志》。

賺錢　營業盈餘。《衢縣志》。

蝕本　營業虧折。《衢縣志》。

頭錢　博場抽采也。主其事者爲頭家。《衢縣志》。

籌碼　代錢以計數之具，以竹等爲之。《衢縣志》。

豁閜　閜，呼下切。門大開也。《衢縣志》。

小家子　言器魄甚小之人。《衢縣志》。

難好　慚愧也，亦曰難爲情。《衢縣志》。

連忙　言作事不遲延，猶言趕緊也。《衢縣志》。

囉唆　語言多而不條達。《浦江縣志》。

打交　交讀如高，鬥毆也。《安吉縣志》。

屋裏　家中也。《安吉縣志》。

窟巃　孔也。《安吉縣志》。

幾遍　幾次。《寧海志稿》。

鹹水　鹹音減。鹹汁也。《寧海志稿》。

好漢　稱勇敢者。《寧海志稿》。

脿子　倡伎。《寧海志稿》。

出恭　如廁。《新昌縣志》。

合同　契約各持其一。《新昌縣志》。

花字　簽字。《新昌縣志》。

一花　五個錢合計之稱。《新昌縣志》。

花灘　浪用。《瑞安縣志》。

望節　四季送物長輩。《瑞安縣志》。

賀償　新嫁娘於廟見後，分贈戚串粧飾品。《瑞安縣志》。

丁　蝨蟎咬人也。又尾隨不去亦曰丁，如言丁住不放。《瑞安縣志》。

簜　息火後蓋以灰令火不滅曰簜。《瑞安縣志》。

發擂　打鼓也。《瑞安縣志》。

火煤　卷紙如箸，用以引火。《瑞安縣志》。

賖　記帳。《瑞安縣志》。

頂樑　梁下有複板曰頂樑，又曰替廛。《瑞安縣志》。

笑　柑橘壞爛也。《蜀方言》：「物裂曰笑。」《瑞安縣志》。

涌湯　沸水。《瑞安縣志》。

盤纏　路費。《瑞安縣志》。

窮忙　貧無閒暇。《瑞安縣志》。

式煞　太甚也。《瑞安縣志》。

家私　家産。《瑞安縣志》。

辣手〔一〕　《寧海志稿》。

黑心　心黑作事也。《寧海志稿》。

寫緣　和尚請助財帛。《寧海志稿》。

索性　任性，不顧一切。《寧海志稿》。

執㑽　固執。《寧海志稿》。

横死　天誅也。《寧海志稿》。

伯高　褒孩童。《遂昌志稿》。

𦏁　音軒。毛筍氣味。《越諺》。

〔一〕　本志第十九册「辣手」條釋爲「言作事很不講情面也」。

噺口　酒味似酸非酸之謂，味劣也。《越諺》。
趜　音勾。物屈不伸也，與跔通。《越諺》。
㔕　音巧。物不平也。如尾豎起曰㔕。《越諺》。
發行嫁　送嫁妝也。《越諺》。
陶成　所得也。少有盈餘曰無陶成。《越諺》。
回門　女嫁後與壻同回娘家。《越諺》。
俌俏　與波峭同，謂美而崚嶒。《越諺》。
倒眉　受辱於人，或作事不諧。《越諺》。
古老　陳舊也。《越諺》。
上頭　回溯以前。《越諺》。
市日　市集日期。《越諺》。
麥市　穀雨至芒種曰麥市。《越諺》。
田地　朱子《語録》：「做到那田地。」《越諺》。
小娘店　娼家也。《越諺》。
還俗　爲僧尼不終者。《越諺》。
羸瘨　音離其。不堅固也。《越諺》。

傛𠪚　音劄至。堅固也。《越諺》。

草　俗謂幼小未長成者皆曰草，如草鷄、草鴨、草馬之類。《蕭山縣志》。

擔閣　遲延也。《蕭山縣志》。

瓤子　俗稱人之家財曰瓤子，謂猶瓜心也。《蕭山縣志》。

嘾　言深也，簟聲。俗稱小兒口中含飯不下咽曰嘾。《甬諺名謂籀記》〔一〕。

瞗目　讀若雕。熟視也。今稱男女目逆曰瞗榜子。《甬諺名謂籀記》。

亯　讀若用。用也，如亯飯之類。《甬諺名謂籀記》。

杚〔二〕　古没切。平也。俗稱斗斛量米，以物平之曰杚平。《甬諺名謂籀記》。

楅　彼即切。亦作彄。俗稱木匠善於構板曰楅縫。《甬諺名謂籀記》。

㝿　都念切，音攤。屋傾下也。《甬諺名謂籀記》。

惀　欲知之皃。俗有「心上惀一惀」之語。《甬諺名謂籀記》。

涒　他昆切，讀若吞。食已而復吐之也。俗謂穀物已收復出曰涒㑊，物價已高而復低曰涒盤。《甬諺名謂籀記》。

撓　讀若競。擊中也。今俗言如敲得撓撓響。《甬諺名謂籀記》。

〔一〕謂：原誤作「稱」。以下十六條同。

〔二〕杚：原誤作「扢」。

溲　音咻。字亦作膄。俗有「汗溲氣」之語。《甬諺名謂籀記》。

胍　讀若愈，又讀若玉。微弱也。俗以植物本弱枝重被偃曰胍倒。《甬諺名謂籀記》。

膹　房吻切。熟肉也。俗以釜中食肉上下反復之曰膹。《甬諺名謂籀記》。

皮　音紫。皮不展也。今俗有「鷄皮皺」一語，鷄即皮之訛。《甬諺名謂籀記》。

蝱倀　讀若莽闖。俗稱不循道而走曰蝱倀。《甬諺名謂籀記》。

噥　多言不中，俗謂丈夫輕聽婦言曰被噥。《甬諺名謂籀記》。

倮倯　駡也。今俗有「放銅銃」語，即倮倯字。《甬諺名謂籀記》。

䀀　音鋪，讀轉爲蔀。俗稱物之端曰䀀頭。《甬諺名謂籀記》。

趹膘　馬瘦。黄巖采訪。

炭墼　《説文》：「墼，未燒，磚坏也。」今俗搏炭屑爲塊曰炭墼，亦作炭結。《定海縣志》。

滅布　《説文》：「滅，拭滅貌。」一曰塗也。《方言》：「浄巾謂之滅布。」俗作抹布。《定海縣志》。

亮　燈也。俗謂點燈曰點亮。《定海縣志》。

綳　疏布蒙物。《説文》綳，補盲切。如綳紗篩等。《蕭山縣志》。

籆　絡絲文具。揚子《方言》：「籆，榬也。」注云：「所以絡絲也。」《廣雅》榬亦謂籆〔一〕。

〔一〕雅：原誤作「韻」。

《蕭山縣志》。

火爆　即爆仗。《衢縣志》。

坌斗　坌，《說文》：「掃除也。」《廣韻》音奮。《衢縣志》。

火孃　炭也。《建德縣志》。

糨　衣洗後再加漿水潑之，乾後使硬。《黃巖縣志》。

二十、釋宮

㢋腳屋　音辣。《廣雅》〔一〕：「庵也。」俗謂小屋曰㢋腳屋。《定海縣志》。

庫頭　庫音舍。正屋與軒房交接處之室曰庫頭，亦作舍頭。《定海縣志》。

斢　俗謂屋一所曰一斢。斢，天口切。《定海縣志》。

石墈　石堪，築石如台也。《說文》：「堪，地突也。」《定海縣志》。

簷楯　楯，乳允切，音盾。簷下階除間曰簷楯，亦作簷巡、簷唇〔二〕。又横曰楯，縱曰欄，階除前木欄。《定海縣志》。

楄〔三〕　屋上短桷曰楄。何晏《景福殿賦》「爰有禁楄」是也。俗稱椽上籍瓦者曰楄磚，竹

〔一〕雅：原誤作「韻」。

〔二〕簷：原誤作「笘」，本句同。

〔三〕楄：原誤作「揙」。

曰篾磚〔一〕，亦作牑。《集韻》：「屋簀。」《定海縣志》。

撩簷　屋簷挑出於外者。《衢縣志》。

鼇頭　牆角高聳者。《衢縣志》。

水梘　亦作筧格，簷溜水者。《衢縣志》。

竹籭　音獵。貧家鋪牀之竹扇。《越諺》。

道壇　天井。縉雲采訪。

明唐　屋中院落。《越諺》。

甬道　長直通道。《越諺》。

翻軒　廳之近簷處。《越諺》。

坐憩　即便廳。《越諺》。

廊廈　寢房之外，簷窗之內。《越諺》。

側廂　正室兩旁之屋。《越諺》。

門擴　音扇平聲。俗作閂，非。《越諺》。

門檻　言嵌。閾也。《越諺》。

〔一〕磚竹曰篾磚：本志第十九册「牑」字條作「磚曰磚牑，竹曰篾牑」。

門枋　音方。閭也。《越諺》。

磝磉　音敦賞。礎也。《越諺》。

甎瓿　音專黄。在瓦下椽間。《越諺》。

歪瓦　比常瓦大，兩屋毗連處斜霤瓦也。《越諺》。

明瓦　屋上放玻璃用以透光者。《越諺》。

豎寤　大瓦。《越諺》。

天窗　屋頂開窗。《越諺》。

地閣　俗稱地板。《越諺》。

地坪　甎之大方尺以鋪地。《越諺》。

台門　即大門之僭稱。《越諺》。

誃門　音義。即二門。《越諺》。

懽門　寺僧拜懺時所懸者。《越諺》。

雨棚　搭棚遮雨者。《越諺》。

鷹架　起亭造橋，先用木料搭架。《越諺》。

庫房　藏囥雜物。《越諺》。

木馬　木匠工作時所用之櫈。《越諺》。

家堂　供祖先牌位處。《越諺》。

卯眼　即種榫處。《越諺》。

竈臺　臺音蟹去聲。坐炊處也。《越諺》。

巷牌　又名牌坊，石坊也。《越諺》。

一進　無論屋之幾間，以横計曰一進。《越諺》。

地竈　竈之長而大者。《越諺》。

祠堂　合族供祖先牌位之室。《越諺》。

旗杆　清代舉人用板斗，進士花斗，狀元台斗，角皆有旗。《越諺》。

地線石　分間作基石。《越諺》。

實疊牆　用磚平放實朓砌牆〔一〕。《越諺》。

石蕭牆　用亂石砌牆。《越諺》。

礓礤步　音薑察。石級階也。《越諺》。

地窨子　窨音陰。地下掘作窖以藏物。《越諺》。

作坊　工場也。俗酒作坊、錫箔作坊等名。《越諺》。

〔一〕朓：原作「眺」，據《越諺》改。

磉盤　《廣韻》磉音顙，柱下礎石也。《瑞安縣志》。

闑　於小切。隔也。俗稱室内分間之壁曰闑壁，庭内分堵之牆曰闑牆。《甬諺名謂籀記》〔一〕。

棟　極桴也。《説文》：「棟，極也。」《寧海志稿》。

梁　宗廇也，見《爾雅·釋宫》。《寧海志稿》。

椽　榱也，見《説文》。《寧海志稿》。

板壁　《釋名》：「摶壁。」今言板壁。《寧海志稿》。

門閬　《玉篇》：「門有閬。」《寧海志稿》。

箯　《説文》箯〔二〕，「笮，迫也。在瓦下棼上」。或作楄。今俗有篾箯、磚箯。《寧海志稿》。

道地　天井也。温處各屬呼曰壇地。《寧海志稿》。

烟囱　竈突也。《説文》：「宊，一曰竈突。」音轉爲囱。《寧海志稿》。

眠簷　《説文》：「櫋，屋櫋聯也。」椽尾釘板，以便鋪瓦。《寧海志稿》。

披水　《説文》：「霤，屋水流也。」椽頭釘板，以防水浸。《寧海志稿》。

梫頭　《通雅》：「梫，所監切。今工匠謂屋兩頭爲山，即梫字。」范成大詩：「稻堆高出屋山頭。」《寧海志稿》。

〔一〕謂：原誤作「稱」。

〔二〕箯：當爲衍文。

衖唐　《霏雪録》：俗呼屋道爲衖，本當作弄。《象山縣志》。

栅迾　《説文》：「迾，遮也。」俗稱栅欄。《象山縣志》。

茅司　朱暉《絶倒録》：「宋人《擬老饕賦》：『尋東司而上茅。』」《傳燈録》：「東司上不可説佛。」《象山縣志》。

槅子　《甕牖閑評》：「取明槅子。」多呼亮槅。《象山縣志》。

涼棚　《三倉》：棚，棧，閣也。《象山縣志》。

瓦㼦　㼦音版。《説文》：「敗瓦也。」俗稱瓦爿，當作㼦。《定海縣志》。

榫　《集韻》：「剡木入竅也。」俗謂之榫頭，亦作筍。《定海縣志》。

二十一、釋病

痎子　音艾平聲。心疾也，癲狂、癡瘋皆仝。《越諺》。

癗　音壘。皮外起小粒。《越諺》。

㾪　音寨。痢疾之洞瀉者。《越諺》。

殞　音毛上聲。嘔吐也。《越諺》。

痥　音步。傷寒症復病。《越諺》。

痞　音太平聲。病久不愈。《越諺。》

殌　與㵟同，人忽如死。《越諺》。

痳　音挑。飢也。《越諺》。

嗩　音質。口音不清。《越諺》。

嬯子〔一〕　嬯音堆。愚蠢也。《越諺》。

瘋　手足癱瘓。《越諺》。

睞　目珠不正。《越諺》。

𠂇丁　足有疾，行不穩。音拐。《越諺》。

痲　面有痘疤。《越諺》。

癩　頭生瘡無髮者，俗稱鬎鬁。《越諺》。

痘　天花。今曰牛痘、水痘。《越諺》。

鰃殠　音信湊。狐腋氣。俗名體臭。《越諺》。

痱　音廢。暑熱皮瘤。《越諺》。

瘶　音乖。俗稱痲瘶。《越諺》。

結屢　瘍痂也。《越諺》。

瀝痺　音歷串。又名痰核。《越諺》。

〔一〕　嬯：原誤作「始」，下同。

痵　音蒿。痰響胸項間。《越諺》。

刮積　痢疾之不暢者。《越諺》。

鐙食　音登。多食不化。《越諺》。

疲　音販。噁心欲吐。《越諺》。

發畚　貪去聲。臉病浮腫。《越諺》。

走陽　即夢遺。《越諺》。

疰夏　逢夏則病。《越諺》。

粉痄　痄音滓。面瘤，掐出粉。《越諺》。

凍瘃　音冬竹。凍瘡也。《越諺》。

腳蹠　音之。足趾起堅皮如眼樣。《越諺》。

手皾　音繭。手掌中堅皮。《越諺》。

剕痧　音挑沙。用鍼挑暑疾，使之出血。《越諺》。

蛀牙　音注。亦作齲牙，蟲蠹也。《越諺》。

病倪　倪讀若兒。懷妊三月也。《越諺》。

瘢　音班。滿面黑點。《越諺》。

唏啢　音希吼。喘疾也。《越諺》。

脾泄仙　即五更痢。《越諺》。

三消病　食不知飽。《越諺》。

羊癲病　時癓不知人事。《越諺》。

臌脹病　腹脹如鼓。《越諺》。

發寒噤　病寒戰慄。《越諺》。

瘑疙瘡　疥也。《越諺》。

生臌病　即黄腫病。《越諺》。

𤵛子　音由。《廣韻》：「息惡肉也。」俗謂贅肉曰𤵛子。《越諺》。

瘖風　瘖亦作皻，紅暈似瘡，起於面鼻各部。俗稱發瘖風。《越諺》。

疢　音趁。《説文》：「熱病也。」《越諺》。

瘨　讀如闐。方書：瘨，瘡名，生於手指甲内。今俗凡瘡瘍曰瘨。《定海志稿》。

䀹　當候切。目蔽垢也。今俗目疾之一種，曰偷鍼，即䀹也。《定海志稿》。

歔　許壁切，音轉爲匹。今俗罵人曰歔，其物曰歔東西。《甬諺名謂籀記》。

饕　音惇。貪食也。俗謂滯食曰饕食。按，《越諺》作饍。《甬諺名謂籀記》〔一〕。

〔一〕謂：原誤作「稱」。

瘷　《倉頡篇》：「齊郡謂瘷爲欬。」俗稱咳嗽。《寧海志稿》。

開皸　《通俗文》：「皸，手足拆裂。」《莊子》謂之不龜手。《寧海志稿》。

瘵　瘦也。《寧海志稿》。

蠱脹　《聲類》：蠱物病害人。《寧海志稿》。

里長　瘧也，俗呼里長，因受官廳壓迫心悸發悚也。《寧海志稿》。

瘡弁　《説文》：「痂，疥也。」《正字通》：「痂，瘡弁也。」《寧海志稿》。

腞　音砲，亦作皰。韓愈《食蝦蟆》詩：「雖然兩股長，其奈脊皴皰。」《寧海志稿》。

蛈　生去聲。氣逆行也。《寧海志稿》。

瘚　《説文》：「屰氣也。」欮，瘚或省疒〔一〕。俗作驟昏。《寧海志稿》。

二十二、釋飲食

麐餈　《説文》：「餈，稻餅也。」《雲仙雜記》作餎，《夢粱録》作糍。今俗以糯米粉製。《象山縣志》。

麥果　古謂之粔敉。陸遊詩自注：吴中名粔敉謂之米果〔二〕。《象山縣志》。

蜜瀐　《説文》：「瀐，漬也。」今作蜜炙。《象山縣志》。

〔一〕瘚或省疒：原誤作「或省瘡」，據《説文解字》改。
〔二〕謂：原誤作「爲」，據文義改。

⿰米曼頭《廣韻》：「⿰米曼頭，餅也。」《象山縣志》。

教頭《漢書·李陵傳》注：「孟康曰：『媒，酒教也。』」今作酵頭。《象山縣志》。

餛飩《廣雅》作⿰月昆肫〔一〕，《集韻》作⿰米昆⿰米屯。《定海縣志》。

粞糠《類篇》：「米碎曰粞。」今俗謂粰及米屑曰粞糠〔二〕。《定海志》。

盲湯《表異録》：「煎茶初滚曰蟹眼，漸大曰魚眼，將滚未滚曰盲湯。」《定海志》。

糂《説文》：「糂，粒也。」今謂飯屑曰飯糂。《定海志》。

稍瓜　即菜瓜也，亦作⿰瓜系、⿰瓜䍃。《定海志》。

倒⿰車瓜　⿰車瓜音練。《廣韻》：「瓜中瓤也。」俗謂瓜腐敗曰瓜倒⿰車瓜。《定海志》。

饡　作旦切。以物漬醬也。《蕭山志》。

給力　點心也。寧海采訪。

夜鬻　稀飯也。《爾雅》：「鬻，糜。」今作粥。《寧海志稿》。

麥花《勸誡近録》注：「麥花，俗稱油扎粿。」今稱油雜規，又曰天籮絲。《寧海志稿》。

下飯《齊民要術》過，下飯。《過庭録》：「何物可下飯？」即菜蔬也。《寧海志稿》。

〔一〕⿰月昆肫：原誤作「餛飩」，據《廣雅》改。

〔二〕粰及：原誤作「粰皮」。

漿板　《樂妙山房集》：截漿，俗名漿板。《説文》作䉾〔一〕，酒之母也。《寧海志稿》。

餕　《玉篇》：「餕，飯壞也。」今言酸氣。《寧海志稿》。

腈　《集韻》：「肉之粹者。」今稱腈肉以别肥肉。《寧海志稿》。

臑頭　《蜀語》：「豕項間肉曰臑頭，讀若曹。」《寧海志稿》。

醂　音南上聲。蒸熟爛也。《寧海志稿》。

鱫　音錯。醃魚肉也。《寧海志稿》。

嗤　嚼也。奉化采訪。

三頓　三餐飯也。江山采訪。

吃戤飯　不工作而坐食也。戤，屹害切。《越諺》。

鹵　音魯。以鹹汁侵物曰鹵。《越諺》。

水煙　吸器，銅製。煙有青條、黄條兩種，出蘭州，閩、粤出皮絲。《越諺》。

鹽乿　音乃。煎鹽時，鹵漏篾縫，遇火成乳，其味較鮮。《越諺》。

啹口　啹音忌。不食葷腥及應戒之品。《越諺》。

肉鬆　音松。今俗作鬆。《越諺》。

〔一〕䉾：原誤作「鞠」。

鯗凍　以黄魚製鯗而冷吃曰鯗凍。《越諺》。

煞口　肴味鮮美，俗稱煞口。《越諺》。

燘　《廣韻》呼罪切，音賄。熟食以火再煮也。《蕭山縣志》。

汪住　飲水過多。《浦江縣志》。

鮑魚　鰒魚也。《養新録》：古讀如愎，今讀如鰒。《瑞安縣志》。

酘　音豆。酒再釀也。俗謂以冷水攙熱湯曰酘。《瑞安縣志》。

炰　音缶。《玉篇》：「火熟也。」陸遊詩：「自愛雲堂炰粥香。」自注：「僧雜菜餌作粥名炰。」今俗讀如鄒，如鄒肉之類。又作炰。《定海縣志》。

熝　音鏖。亦作熝。《玉篇》：「温也。」今俗煮飯曰熝飯，亦作蒸飯。《定海縣志》。

胐　讀若吞。今俗以豆腐和菜同煮曰胐。《甬諺名謂籀記》。

膆　讀若纂。膗也。俗以生肉入湯作羹曰生膆。《甬諺名謂籀記》。

腏　挑取骨間肉也。《甬諺名謂籀記》。

麑　音泥。今俗有肉泥、豆泥等字，當作麑。《甬諺名謂籀記》〔一〕。

檗　博厄切，讀若括入聲。飯未熟也。俗稱檗殭。《甬諺名謂籀記》。

餴　音凝，讀轉如餅。今俗肉餅子當作餴。《甬諺名謂籀記》。

〔一〕謂：原誤作「稱」。下三條同。

糲　濾取粉也，初尤切。濾粉謂之糲粉。《甬諺名謂籀記》。

醽　音醮。俗作照杯。黄巖采訪。

二十三、釋器

水車　戽水之槹。《湯溪縣志》。

杴　《玉篇》：「鍬屬。」俗稱掘地之鍬曰睆杴，出灰之鍬曰火杴。《定海縣志》。

號頭　喇叭也，軍中吹器，見戚繼光《新書·號令》篇。《定海縣志》。

甗　盆之大而長者曰甗，亦作船，如盛全鴨之盆曰鴨甗。《定海縣志》。

甃　盛物陶器。底口同大，而外飾緑油者，謂之緑甃，亦作甃。《定海縣志》。

庎廚　俗呼食廚曰庎廚。字見《集韻》，亦作楔。《定海縣志》。

鋬　《五音集韻》：「器繫。」按，今器具之柄紐皆呼爲鋬，亦曰鋬頭，普患切。《定海縣志》。

毌　凡物之攀以便手提者曰毌，如水桶之攀曰水桶毌，或即鋬之轉音。《定海縣志》。

笣　甑盂桶等之篾束曰笣。按，即挈之俗字。《定海縣志》。

屜　《集韻》：「履中薦也。」俗謂筐篋之附於棹几者曰抽屜，亦曰抽斗。屜，他計切。《定海縣志》。

斨頭　有柄之椎〔一〕。《説文》：「斨，柯擊也。」《定海縣志》。

〔一〕椎：原誤作「推」。

脤頭　棺之前端。《廣雅》：「脤頭。」《類篇》作杸頭。《定海縣志》。

木柹　音費。木屑也。《定海縣志》。

圈　其卷切。《説文》：「養畜之閑。」今俗謂豕牢曰猪圈。《定海縣志》。

油銚　音調。藏醯醢等小甕也。《定海縣志》。

溞箕　淘米之具也。亦作溲萁。《定海縣志》。

摇呼串　江湖醫士所持之串鈴。《定海縣志》。

𣂈　於阮切。《説文》：「量物之𣂈。」按，俗稱物之時，須除盛物之器重曰𣂈。《定海縣志》。

鑊蠶　音咸。器蓋也。俗稱如鑊蓋之類。《定海縣志》。

筅帚　《集韻》：「筅，帚也。」亦作箲帚。讀若選。《定海縣志》。

箴子　《集韻》：「箴，竹笭，所以乾物。」今俗以竹篾結長方形，所以曬物用。《定海縣志》。

鐁刀　亦作鏩。《集韻》：「斷草刀也。」《定海縣志》。

鑷子鉗　攝取毛髮之鉗，亦作鉆。《定海縣志》。

珓　杯珓〔一〕，所以占吉凶也。俗以竹根二片，擲於地，皆俯爲陽茭，皆仰爲陰茭，一俯一仰爲勝茭。《定海縣志》。

〔一〕杯珓：原誤作「珓杯」。

鷂子　即紙鳶。又名風箏。《定海縣志》。

眠牀橫　《廣韻》：「橫，俎跗橫木也。」〔一〕俗謂牀前橫木曰眠牀橫，亦作橫桄。《定海縣志》。

碇　《集韻》：「錘舟石也。」亦作椗、矴、磸等字。俗謂起碇拔錨。《定海縣志》。

篼子　《正字通》：「竹輿也。」箯之別名，俗謂篼字〔二〕。《定海縣志》。

麻車　打油處也。《衢縣志》。

碓頭　舂米杵臼之合稱。《衢縣志》。

香兀桌　廳堂之設香供者。《衢縣志》。

太史椅　可坐可靠之櫈。《衢縣志》。

酒注　酒壺之有耳者，亦作酒持。《衢縣志》。

調羹　瓢匙也。《衢縣志》。

箸　筷也。《衢縣志》。

杯　鐘也。《衢縣志》。

艥　止船木樁也。《廣韻》：「色絳切。捍船木也。」用以代碇。《衢縣志》。

鉋　平木之器。《蕭山縣志》。

〔一〕跗：原誤作「附」。

〔二〕字：疑爲「子」之訛。

鑰匙　鎖之統稱。《蕭山縣志》。

煖碗　火鍋也。《蕭山縣志》。

風爐　火爐也。《蕭山縣志》。

火熜　音聰。亦作爋。冬季熨手者。《蕭山縣志》。

酢　壓物之具，如酒醡。《浦江縣志》。

甏　甕也。《浦江縣志》。

急須　大肚酒壺也。《三餘贅筆》：「吴人呼暖酒壺爲急須，以其應急而用。」《蕭山縣志》。

勃闌　盤米之器也。《蕭山縣志》。

家生　家具也。《越諺》。

絣　八鑾切。刺繡羅鍛之綳架。《越諺》。

簋　堪入聲。盛魚蝦者。俗稱簋頭。《越諺》。

甌竈　音剛。以小缸旁鑿火門，置鍋其上以作竈。《越諺》。

斗盎　音魁。粗大之碗。《越諺》。

冰盤　大盤。《越諺》。

柞刀　析薪之刀。《越諺》。

砧板　剁肉切菜之用。《越諺》。

薄刀　菜刀。《越諺》。

鏊槃　又名銚盤，其底平器淺，烙物之用。《越諺》。

挈桶　汲水用。《越諺》。

銅杓　音若。用取羹湯。《越諺》。

砝碼　天平之錘。《越諺》。

棒槌　洗衣時用之。《越諺》。

酒欲　音喝。製銅爲細管，彎如弓。凡不欲開壇之酒，先在泥頭上鑿一小孔，以細管插入，酒自欲出。《越諺》。

花車　紡具。《越諺》。

坐車　小兒坐椅，竹製也。《越諺》。

拐拄　丫腳者，杖之而行。《越諺》。

水碓　利用水力舂米。《越諺》。

風箱　以木造成，扇米糠之箱。又稱風車。《越諺》。

櫳篩　穀出櫳後，用篩分出米穀。《越諺》。

格篩　比櫳篩孔小，舂出後去糠粞之用。《越諺》。

紗篩　磨後出細粉之用。《越諺》。

曬箅　音聘。曬粉用篾具。《越諺》。

鍥子　音橘。即鐮刀，割稻用。《越諺》。

泥笤　音落。挑泥用。擔石曰石笤。《越諺》。

鍚頭　平田具。《越諺》。

苗騎　耘具，草爲之，以禦苗葉𦯧骰。古稱秧馬。《越諺》。

耜頭　如斧而薄長，削麥用[一]。《越諺》。

鐵積　積音勺。一鎗四齒，耜田用。《越諺》。

鐵鑼　音爬。有齒，鑼泥使平。《越諺》。

犂軛　耕牛所駕。《越諺》。

哮囉　和尚、道士吹器，以大螺殼爲之。《越諺》。

嗐頭　音害。俗名號筒，即戚繼光《新書》所謂喇叭也。《越諺》。

唔頭　吹聲唔唔然，上短下長，有肩，如竹筒大，開門吹之。《越諺》。

鐃鈸　銅製，形圓兩片，各中起如漚，貫以韋，相擊聲鈴鈴然。大者名鋪鈸，小者名鏾子。《越諺》。

[一] 麥：原誤作「地」，據《越諺》改。

二胡　亦胡琴之屬。《越諺》。

三絃　樂器。三根絃也。《越諺》。

揜板　樂器。佳者棗木，其聲堅越，以拍板也。《越諺》。

鎉釦　音搭寇。門藉以鎖。《越諺》。

秤錇　音佗。秤錘也。《越諺》。

頂鍼　形如戒指，多窪，用以抵鍼。亦稱抵鍼。《越諺》。

急蘇壺　祭祀及賓客用之。《越諺》。

花鼓缸　面小身長，形如花鼓。《越諺》。

生活鎊　鎊音待。婦女盛鍼線之具。《越諺》。

馬桶箱　藏便桶之箱。《越諺》。

塌地僕　粗磁之尿壺。《越諺》。

躅槳船　腳踏槳之小快船。《越諺》。

櫓繃索　維繫船櫓動摇之具。《越諺》。

鋃鐺箍　音朗蕩枯〔一〕。大門鐵環。《越諺》。

〔一〕朗：原作「郎」，據《越諺》改。

筳　紡車銓也。《説文》：「筳，維絲管也。」《瑞安縣志》。

笣　編竹以貯五穀之器，亦作囤。《瑞安縣志》。

烏羽　掃帚。《遂昌縣志》。

㮚　音鏁。抄飯匙也，俗飯㮚、鑊㮚之别。《甬諺名謂籀記》。

東西　貨物也。《南齊書·豫章王嶷傳》：「止得東西一百，於事亦濟。」《寧海志稿》。

行李　《左傳》襄八年及昭十三年《傳》：「行李之往來。」李又作理。《寧海志稿》。

什物　《三倉》：吴楚間謂資生雜具曰什物。《寧海志稿》。

挑欓　挑，徒了切，讀若條。今言長欓。《寧海志稿》。

燈㭒　《容齋五筆》：俗語挑剔燈火之杖曰㭒。《寧海志稿》。

擣齒　《説文》：舂杵杆〔一〕。俗名擣齒頭。《寧海志稿》。

桁竿　《韻英》：「桁，衣竿也。」《寧海志稿》。

鞘　刀殼也。《説文新附》：「鞘，刀室。」《寧海志稿》。

布縢　亦作袋。《説文》：「縢，囊也。」《寧海志稿》。

比筐　《倉頡篇》：麤者爲梳，靡者爲比。《説文》：「筐，取蟣比也。」《寧海志稿》。

〔一〕三字《説文解字注》未見。

簀　牀𥳑也，以竹爲之。《檀弓》：「曾子易簀。」《寧海志稿》。

牛桊　《説文》：「桊，牛鼻中環也。」居郡切。《寧海志稿》。

鎞　《埤倉》：「鎞，土犂具也。」今俗以鐵爲之。《寧海志稿》。

鉏頭　《説文》：「鉏，立薅所用也。」今俗作鋤。《寧海志稿》。

鉸刀　《廣韻》：「鉸，刀也。」今用作斷草。《寧海志稿》。

犂縢　《玉篇》縢亦作絭，音繩。今俗耕田時，以繫牛於犂也。《寧海志稿》。

坏　音配平聲。《後漢書・崔駰傳》：「坏冶一陶，羣生得理。」《寧海志稿》。

沙羅　《蓬島樵歌注》：盥盆曰沙羅，如銅沙羅之類。《象山縣志》。

𥰭籮　《廣韻》：「籮，箕也。」《字林》：「竹器。」今以盛穀。《象山縣志》。

雨繖　亦作傘。《南史》：「王縉以笠傘覆面。」〔一〕《史記・五帝紀》注：「雨繖自扞。」《象山縣志》。

包琿　亦作伏。《説文》：「車笭間皮篋。」〔二〕《象山縣志》。

繯　俗作環。《通俗文》：「繯所以懸繩。」《象山縣志》。

尉斗　《廣韻》引《風俗通》：「火斗曰尉。」今作熨。《象山縣志》。

〔一〕覆：原作「復」，據《南史》改。

〔二〕笭：原誤作「苔」，據《説文解字》改。

樬杠《廣韻》：「尖頭擔。倉紅切。」《象山縣志》。

二十四、釋衣服

褓《聲類》：「褓，小兒衣。」今言圍裙。《寧海志稿》。

袷《急就篇》：「衣裳施裏曰袷。」今言袷裏。《寧海志稿》。

䘸《玉篇》：「䘸，小袴也。」今䘸腰，昔時男女用以束腰。《寧海志稿》。

篼《札樸》〔一〕：「袜肚曰篼。」讀若搭。今小兒用以束肚。《寧海志稿》。

涎褔《廣韻》：「褔，小兒涎衣。烏侯切。」讀若多。今俗用以圈小兒頷下。《寧海志稿》。

絎《廣韻》：「絎，緣也。」今俗縫被絮曰絎被頭。《寧海志稿》。

𨓈花《廣韻》：𨓈，絣也。讀綳，布亡切。今讀若綳花。《寧海志稿》。

箴黹《説文》：「黹，縷所紩衣也。」讀若指。俗稱鍼指之細密。《寧海志稿》。

袝頭　今言布頭，又言探頭。《廣韻》謂之「帵，裁餘也」。《寧海志稿》。

掍《説文》：「同也。」今言如滚，掍衣邊也。《象山縣志》。

襇　梁簡文詩：「羅裙宜細襇。」今言裙打襇。《象山縣志》。

鞍《字林》：「鞍，刺履底也。」今言致鞋底。《象山縣志》。

〔一〕樸：原誤作「璞」。

楦頭　《通雅》：「鞋工木胎爲楥頭，亦作楦。」《象山縣志》。

襱　《説文》：「襱，絝踦也。」《急就篇》：「袴之兩股曰襱。」今俗曰袴脚。衣之兩袖曰袖子襱。《定海縣志》。

衩　亦作紁。《玉篇》：「衣衩也。」兩衽離處，俗謂之衩，亦曰開衩。《定海縣志》。

襠　《漢書·外戚傳》注：「窮袴。」即今緄襠袴，亦稱瞞襠袴。《定海縣志》。

下襬　衣之底邊曰下襬，亦作擺。《定海縣志》。

帽綖　《玉篇》：「綖，冕前後垂覆也。」〔一〕今謂冠邊曰帽綖，亦作帽沿。《定海縣志》。

鈕襻　《類篇》：「衣繫曰襻。」今謂衣繫之牡者曰鈕，牝者曰襻。亦作鈕攀。《定海縣志》。

補靪　《説文》：「靪，補履下也。」今謂衣服補處曰補靪。《定海縣志》。

彯帶　《廣韻》：「彯，長組貌。」俗謂帶之長者曰彯帶。通作飄。《定海縣志》。

襞　讀如迫，折疊也。俗謂折疊數層之布，以糊裱褙使成一片曰襞。俗作粨，呼布粨。《定海縣志》。

帽𢄍　𢄍，亦作楇，製帽之型具也。《定海縣志》。

釧臂　《説文》：「釧，臂環也。」《墨莊漫録》條脱，即今臂釧。今倒言釧臂。《定海縣志》。

〔一〕覆：原作「復」。

袥　音托。《説文》：「衣袥也。」俗謂托肩。《衢縣志》。

背搭　《敬止録》：「古謂之背子，又謂之搭護，故合爲背搭。」俗又謂之背心。《衢縣志》。

頭面　婦女首飾也。《乾淳起居注》：「太上太后幸聚景園，皇后先到宫中起居，入幕次，換頭面。」《蕭山縣志》。

褓裙　《儂雅》：「小兒被爲褓。」今俗轉抱裙被，誤。《蕭山縣志》。

手記　指環也。《景寧縣志》。

粉心　又名水粉，婦女用以搽面。《越諺》。

衲裰　音納荅。遊僧衣也。《越諺》。

海青　道士衣，紅羅大袖。《越諺》。

藍衫　生員服，色月白，領緣衩，衸鑲元色。《越諺》。

接衫　兩截接成，上下異色，儉服也。《越諺》。

蘆蓙席　蓙音廢。用蘆編如笄者。《越諺》。

套袴　脛衣也。足筒各一，穿時繫於袴帶。按，套當作韜。《瑞安縣志》。

鞈　馬被也。馬汗出披之，以防風寒。《甬諺名謂籀記》。

紕　讀若埤。飾緣邊也。今俗稱衣緣曰紕頭。頭，耑也。《甬諺名謂籀記》。

二十五、釋動物

漚　魚也。《湯溪縣志》。

花公　蝦。《湯溪縣志》。

外鵝　外，讀何加切，雁也。《湯溪縣志》。

犢　《集韻》：「烏猛切。吴人謂犢曰犢。」浙人亦同。《定海縣志》。

羯　音訐。《急就篇注》：「羖之犗者曰羯。」乃專稱雄羊之去勢也。今畜類通稱曰羯，如羯猪等。《定海縣志》。

鐓　音線。閹鷄也。《賚齋瑣筆録》：「雄鷄去勢謂之鐓。」《定海縣志》。

蛷螋　俗誤名蚰蜒曰蠼螋，今更轉音爲蛷螋。《定海縣志》。

蛰蟧　《方言》：「蟬之大者謂之蟧，小者謂麥蛰。」統言則曰蛰蟧，轉音爲知了，更變爲乍聊。《定海縣志》。

牛蟲　米中小黑蟲也。《爾雅疏》：「此蟲大如黍米，亦黑色。粤人呼爲米牛，浙人呼爲米象，皆牛蟲也。」《定海縣志》。

醬蟲　蟑螂也。住廚竈中，褐色，有臭氣。《定海縣志》。

蛆蟲　俗謂孑孓曰蛆蟲。《定海縣志》。

鸜鴒　八哥。《新昌縣志》。

鷄　讀如耶。《開化縣志》。

馬　讀如面。《開化縣志》。

猪　讀如到。《開化縣志》。

狗　讀如古。《開化縣志》。

騃馬　小馬。《開化縣志》。

草羊　雌羊。《開化縣志》。

牯牛　雄牛。《開化縣志》。

猰狗　音吉。犬將乳，孹尾也〔一〕。《越諺》。

馬熊　熊之一種。《越諺》。

十姊妹　又名鐵咀鶪鳥，其來成羣，可囮也。《越諺》。

嗶嗶　呼牛。奉化采訪。

叨叨　呼猪。奉化采訪。

喌喌　音竹。呼犬。按，《説文》：「喌喌，呼鷄重言之。」之六切。兹云呼犬，誤。奉化采訪。

啢啢　呼鵝。按，《敬止録》：「啢嘪，呼聲。」兹云呼鵝，稍異。奉化采訪。

〔一〕尾：原脱，據《越諺》改。

鷗鷗　呼鴨。奉化采訪。

闍闍　呼馬。奉化采訪。

罤罤　呼猫，音米。奉化采訪。

假假　呼鷄。奉化采訪。

丢丢　呼鳥。奉化采訪。

嘪嘪　呼羊。《敬止録》：「呼羊聲，音慢。」《寧海志稿》。

盧盧　《敬止録》：「呼犬聲。」《寧海志稿》。

攄　音慮。驅牛聲。《寧海志稿》。

嘆嘆　音鷄。鼠叫聲。黄巖采訪。

镦牛　音丁。牛之已閹者。《寧海志稿》。

山鷄　雉，漢避吕后諱，呼雉曰野鷄。《寧海志稿》。

水葫蘆　《南越志》：「鷗能隨潮上下，今呼水葫蘆。」《寧海志稿》。

水鴨　鳧也。《爾雅注》：「鳧狀似鴨而小，背文青，腳卑掌紅。」《寧海志稿》。

步姑　《六書考》：「班鳩小者，人謂勃故、步姑。」《寧海志稿》。

毛鳰　狀如鴝鵒，身略長，灰黑色，遇春作百鳥鳴。《寧海志稿》。

八鳥　鸜鵒也。《負暄録》：「南唐後主煜改鸜鵒爲八哥。」今呼八鳥。《寧海志稿》。

黄頭雀　鷦鷯也。《説文》：「鷦，桃蟲也。」一名鷦鷯。《寧海志稿》。

翡翠鳥　《前漢書·賈山傳》注：「雄曰翡，雌曰翠。」《寧海志稿》。

鮭魚　音居。性毒，方頭者尤毒。在海曰鮭，在河曰豚。《寧海志稿》。

塌篛　讀若榻虐，鰈也。比目魚之别種。《寧海志稿》。

望潮　馬鮫也，一名網鮫。無鱗，色班，能破網而出。《寧海志稿》。

黄魚　石首也。腦有雙石瑩如玉，身黄，故名。今黄魚多無石，或其别種。《寧海志稿》。

烏賊　腹有墨。俗刺貪官曰墨吏，本此。《寧海志稿》。

績姑　似墨魚而小，無墨。《寧海志稿》。

白大　形似牛，能噴水甚高，足魚形。《寧海志稿》。

章桿　似望潮而小。《寧海志稿》。

彈胡　形似鰍而有班點，生海塗中。《寧海志稿》。

烏魚　《正字通》：「鱧，今烏魚。」《寧海志稿》。

龍頭涎　形如鋃魚，頭似龍。《寧海志稿》。

泥螺　又名吐鐵。歲時含沙似鐵，至桃花放時，鐵始吐盡。《寧海志稿》。

紅鉗蟹　劉淵林《吴都賦》注：「擁劍，蟹屬，縱廣二尺許，其螯偏大。」〔一〕即紅鉗蟹。《寧海志稿》。

越蟹　《爾雅》作彭滑。《寧海志稿》。

〔一〕林：原誤作「休」。尺：原誤作「寸」，據《文選注》改。

蝤蛑　讀若尤慕。八足二螯。隨潮脱殼，一脱一長，甬滬名青蟹，以其背色青。《寧海志稿》。

蜻　有殼而薄，性寒，生塗中。《寧海志稿》。

蚶　有厚殼，性濕。《寧海志稿》。

蜊　生石中，自成殼，其殼爲石灰質，可燒以粉牆，性寒，多脂肪。《寧海志稿》。

舍吉鈴　蟬也。俗以聲取名。《寧海志稿》。

傷羊　蟬之小者，即蜩也。《寧海志稿》。

紡花鷄娘　絡緯也，形如蚱蜢，至秋而黄。《寧海志稿》。

毛辣　色灰而毛能辣人。黄者爲班螯，可入藥，愈瘋狗病。《寧海志稿》。

石撞　蟾也，似蛙而大。方書：蟾著土即遁。《寧海志稿》。

壁蝎虎　守宫也。《説文》：「在壁曰蝘蜓。」〔一〕《寧海志稿》。

桂花魚　鱖魚。黄巖采訪。

蕹頭蝮　蝮蛇。黄巖采訪。

二十六、釋植物

蘆　稷也。《通志》：稷苗似蘆，可采而食。《寧海志稿》。

〔一〕曰：原脱。

苞蘆　《玉篇》：「葦之未秀者。」按，書名玉蜀黍，北人叫老玉米。《寧海志稿》。

剥芥菜　莽菜也。一名莙達，其葉可剥，旋剥旋生。《寧海志稿》。

菜頭　萊菔也。又作蘆菔。《寧海志稿》。

大頭菜　《辭源》：「蕪青，俗名大頭菜。」《寧海志稿》。

蒿菜　《函史物性》：「茼蒿香可茹，俗呼蓬蒿。」《寧海志稿》。

空心菜　《辭源》：「蕹菜中空，俗呼空心菜。」《寧海志稿》。

油菜　《本草注》：「此菜易起苔，故曰芸苔。」今俗採苔則分枝，謂之折菜蒁。《寧海志稿》。

天蘿　陸佃云：「在木爲女蘿，在草曰兔絲。」即絲瓜也。《寧海志稿》。

南瓜　飯瓜也。《詩・豳風》：「七月食瓜。」即此瓜也。《寧海志稿》。

胡瓜　《説文》：「瓜，象形。」黄瓜種傳胡地，故俗稱胡瓜。《寧海志稿》。

蒲　《廣韻》：「蒲，葫瓜。」俗稱葫蘆。《寧海志稿》。

寒豆　豌豆也。《廣韻》豌，一丸切。李時珍：「豌豆種出西湖。」《寧海志稿》。

歐豆　蠶豆也。《寧海志稿》。

茭筍　《辭源》：「菰，生於陂澤，中心生白苔，俗呼茭白。」《寧海志稿》。

烏糯　蕨粉也。《寧海志稿》。

草子　苜蓿也。《本草》：「苜蓿一名牧蓿，其宿根自生，可飼牛馬。」今種以肥田。《寧海志稿》。

染指紅　鳳仙花也。可以染指甲使紅，故曰染指紅。《寧海志稿》。

紅百合　山丹也。《寧海志稿》。

丈丈紅　蜀葵也。《寧海志稿》。

柴百花　杜鵑也。一名躑躅，又名映山紅。《寧海志稿》。

午時花　草杜鵑也。《寧海志稿》。

月月紅　月季花也。《羣芳譜》：「一名長春，一名勝春，一名瘦春。」《寧海志稿》。

雌牡丹　野薔薇也。《羣芳譜》：「薔薇，藤身多刺。」《寧海志稿》。

木筆　辛夷也，見《格物論》。《寧海志稿》。

桂花　木樨也。《寧海志稿》。

鴨腳草　螢火草也。《寧海志稿》。

紅丁香　枸杞子也。《寧海志稿》。

墨斗草　理腸草也，葉可治瘡。《寧海志稿》。

滴水草　麥門冬也。《寧海志稿》。

藤樆　獼猴桃也。《爾雅疏》：「在山曰樆，人植曰梨。」《寧海志稿》。

烏飯　南燭也。《寧海志稿》。

金罌　石榴也。李石《續博物志》：「石榴名天漿，能解乳石毒。」《寧海志稿》。

香欒　橙也。《寧海志稿》。
正松　檜也。《爾雅》：「檜，柏葉松身。」〔一〕《寧海志稿》。
柴子《天臺山志》：「柴子即櫟樹，子實可爲粉，治痢疾。」《寧海志稿》。
辣茄　焥也。《本草》：「焥，味辛辣。」《寧海志稿》。
白菜　菘也。《寧海志稿》。
大蒜　葫也。《爾雅翼》：「大蒜爲葫。」《寧海志稿》。
女菜　莙達。《説文》：「莙，牛藻也。」《寧海志稿》。
綈蘭　石斛也。《寧海志稿》。
倒碗花　槿花也，一名舜。《寧海志稿》。
花菜　莧菜。《湯溪縣志》。
蕌頭　讀若橋上聲。《本草》：「薤，一名蕌子。」《定海縣志》。
稗草《廣韻》：「草似穀而實圓細。」俗謂之稗草，讀如罷。《定海縣志》。
寒薑　田薺。《建德縣志》。
落蘇　茄子。《建德縣志》。

〔一〕柏：原脱，據《爾雅》補。

鷄頭菱　芡實。《建德縣志》。
蝦蟆葉　車落子。《建德縣志》。
老虎刺　巴戟。《建德縣志》。
夜明菜　枸杞。《建德縣志》。
夢春花　木筆。《建德縣志》。
滿山紅　杜鵑。《建德縣志》。
竹孚俞　竹中薄膜也。《蕭山縣志》。
葓　音哄。菜心之長者。《蕭山縣志》。
洋芋　馬鈴薯。縉雲采訪。
穳　禾肥也。《廣韻》：「徂贊切。禾肥死。」〔一〕《象山縣志》。
椏杈　音鴉叉。歧枝也。《象山縣志》。

〔同治〕安吉縣志

【解題】汪榮等修，張行孚等纂。安吉縣，今浙江省湖州市安吉縣。「稱謂」「土音」見卷七《風俗》中。

〔一〕死：原誤作「皂」，據《廣韻》改。

録文據同治十三年（一八七四）刻本《安吉縣志》。

稱謂

家庭稱呼與各處略同。稱男子少年者曰小夥子，亦云後生；年高者曰老人家。女子曰姑娘，亦曰阿大。婦人曰老娘，老者則云阿媽、阿婆。謂店官曰朝奉。百工曰司務。雇工人曰生活人。貿易者曰客人。鄙人之庸賤者曰小家子。呼女子之賤者曰丫頭。謂他人曰渠。與人相厚曰投機，相角曰薄嘴。薄讀如白。鬭歐曰打交。讀如高。謂富翁曰鈔老，亦曰殷實。殷讀如恩。貧曰煩難，曰手短，亦云來弗及。讀如具。衣服華麗曰闊綽，亦曰行音杭當去聲。謂女之美者曰齊整。言人謹厚者曰老實，亦曰至誠。奸險者曰刁鑽，亦曰作乖。謂人解事曰在行。音杭。少年能事者曰筋節，亦曰溜亮。做事不便捷者曰雷堆。即累墜之訛。不了結者曰没收場。言人蘊藉不燥暴者曰眠娗。音如緬忝。稱小兒聰慧者曰乖滑。詈桀滑不循理者曰雜種。言人虚僞不檢者曰樓頭。讀如聊唐。做事無據者曰没料量。謂太過曰忒煞。以計欺人曰紮火囤。墮人術中曰上檔。言人計較細事者曰瑣碎。局外嘈雜者曰混帳。人有病曰不快活。謂健曰狠。遊玩曰嬉戲。不潔曰鏖糟。水微暖曰温暾。日間小食曰點心。謂家曰屋裏。某處曰所在。所讀如瑣。謂孔曰窟嚨。團圓曰突欒。方言甚多，且有不可解者，固不能殫述也。

土音

大讀如鍍。人讀如銀。學讀如惡。教讀如告。講讀如光上聲。打音若登兩切。争音若側羊反。這箇，這讀如結。案這字當作者，今從俗。幾許，許音若黑可切。那移，那音難乎切。覺讀如谷。下音若五寡切。生音若思央切。無讀如没平聲。萬讀如慢。錢讀如田。耕音若庚陽切。他如助語聲，南鄉曰蹇，讀如舉。西北鄉曰咍。讀如臺。皆一方土音，舊志未載，姑約撮之，以備省覽焉。

〔同治〕新塍瑣志

【解題】鄭鳳鏘纂。同治九年（一八七〇）修，稿本。新塍，今浙江省嘉興市秀洲區新塍鎮。「方言」見卷二中。録文據稿本《新塍瑣志》。

方言

吴越爲南蠻，其言鴃舌，然語皆有本。舉其大略。如：相謂曰儂，出《湘山野録》。言人不決斷曰眠娗，音如緬忝，出《列子》。詈小兒桀猾不循理曰雜種，出《晉書》。言人急躁曰不耐煩，出《庚炳之傳》。男女冠笄曰上頭，花蕊夫人《宫詞》：「新賜雲鬟使上頭。」鄙人營生曰經紀，唐高宗勅曰〔一〕：「滕叔蔣兄，自能經紀。」小食曰點心，出《唐書》。謂自誇曰賣弄，小巷曰弄，俱出《南史》。水流物去曰湹，吞梱切。出《留青日札》。呼盛酒物曰壺瓶，出《井觀瑣言》。

〔一〕高：原誤作「太」，據《資治通鑑》改。

嗔人勿慧曰笨，出《晉書》。目物多爲無萬，出《漢書》。謂多曰夥，音如遘，《文選・魏都賦》：「繁富夥夠。」又見《廣雅》。謂人喜過甚曰脱下頦，出《癸辛雜志》。應詞曰阿，《老子》：「唯之與阿。」以干求請謁爲鑽，出班固《答賓戲》。適意曰快活，出《北史》。財不期得而得曰横財，出《獨異志》。利市，出《易・説卦》。多謝，出《趙廣漢傳》。布施，出《周語》。料理，出《王徽之傳》。商量，出《易・商兑》注。致意，出《晉簡文紀》。見在，出《周禮》。有瓜葛，出《後漢・禮儀志》。新鮮，出《太玄》。生活，梁武帝謂臨川王宏曰：「阿六，汝生活大可。」流落，出《孔氏雜説》。滑汏，蘇軾《秧馬歌》：「聳踊滑汏如鳧鷖。」附古作傅近，出仲長統《昌言》。脱空，出《周史》。言寧可曰耐可，音如能可，李太白詩「耐可乘明月」「耐可乘流直上天」。言人胸次不坦夷、逞獨見以迕人者曰奊𡘍，音如列挈，《漢書》：「奊𡘍而無志節。」言人不慧曰獃，音如儓，范成大有《賣癡獃》詞。言人進退不果曰佁儗，音如熾膩，司馬相如賦：「佁以佁儗。」柳子厚《夢歸賦》：「紛若倚而佁儗兮。」言人聆言不省曰耳邊風，出杜荀鶴詩。微暖曰温暾，王建《宫詞》：「新晴草色暖温暾。」白樂天詩：「池水暖温暾。」人有病曰不快，出《華陀傳》。呼女子之賤者曰丫頭，劉賓客詩：「花面丫頭十二三。」稻花初放曰始花，音如試，《月令》「桃始華，蟬始鳴」注，皆去聲。言人戲擾不已及作事不循理者曰嬲，音如裊，嵇叔夜書：「嬲之不置。」謂絲帨之蘂爲蘇頭，摯虞云：「流蘇者，緝鳥尾，垂之若流然，以其蘂下垂，故曰蘇。」謂葺理整齊之曰修娖，娖音捉，唐中和二年，修娖部伍。謂語不明曰含胡，唐顏杲卿含胡而死。謂以醝醃物曰𪗋，去聲，《内則》：「屑桂與薑，以灑諸上而𪗋之。」謂脗合無際曰脗，美韻切，吴人謂合脣曰脗嘴，合而無間曰脗縫，縫去聲。謂葦席曰蘆蓆，宋瑯琊王敬胤遺命〔一〕，一蘆蓆藉下。謂多衆曰多許，許音若黑可切。謂所在曰場許。語後每曰那，音乃賀切，《後漢書》：「公是韓伯休那。」注：「那，語餘聲。」謂死曰過世，《秦符登傳》：「陛下雖過世爲神。」謂物之不齊曰參差，參音如倉銜切，差音如倉何切。一个、客氣、奉承、告老、行李、請安、如夫人，並出《左傳》。兩造，出《尚書》《周禮》。文書，出《周禮·小宰》注。奈何，出《尚書》。軍師、消摇，出《檀弓》。别號，出《月令》注。好人、萋菲，出《詩經》。市井，出《孟子》。受業，出《國語》。歡喜、畫蛇添足、自相矛盾，俱出《國策》。廢物，出《吴越春秋》。天下太平，出《禮記·仲尼燕居》篇。《古禾雜識》謂出《吕氏春秋》，非。見笑、大方、風波、可口、開口笑、不近人情，出《莊子》。宗師，出《莊子》《漢書》。官長，出《墨子》。放生，出《列子》。深根固柢、金玉滿堂，出《老子》。吹毛求疵，出《韓非子》。四通八達，出《子華子》。酒囊飯袋，出王充《論衡》。封君、便宜、罪過、抵罪、招摇、亡賴、負荆、草藁、居間、小鬼、不中用、數見不鮮、傍若無人、壹敗塗地、武斷鄉曲、有何面目、不值一錢、死灰復然、後來居上、多多益善，並出《史記》。偶然、權柄、受記、發覺、結髮、風聞、如意、惶恐、同學、同門、相思、底裏、輕薄、切齒、主人翁、積少成多、和氣致祥、談何容易、延年益壽、稠人廣

〔一〕胤：原誤作「徹」。命：原脱。

衆、見事風生、妄自尊大、爲善最樂、盗不入五女之家，並出《漢書》。晚生、竹頭、木屑，出《晉書》。人面獸心，出《宋書》。豈有此理、名士風流，出《齊書》。酒令、一身兩役，出《梁書》。名下無虚，出《陳書》。有始無終，出《魏書》。潤筆，出《隋書》。良辰美景，出《北齊書》。前輩、後輩，出《唐書》，又《四書注》。關節、對手、笑殺、斬草除根、垂頭喪氣，並出《唐書》。子細、脚色、十字街，出《北史》。酒有别腸，出《五代史》。過橋拆橋，出《續通鑑》。脚着實地，出《宋史》。容情，出《搜神記》。鯽溜，出郊、祁《筆記》。打草驚蛇，出《績常談》。讀書種子，出《鶴林玉露》。福至心靈，出《幕府燕閒録》。人傑地靈、老當益壯，出王勃文。相公，出王粲賦。令弟，出謝靈運集。令妹，出陶淵明集。文人、丈母，出柳子厚集。公然，出杜子美詩。夫君，出孟浩然、李義山詩。飛黄騰踏，出韓昌黎詩。處分，出《焦仲卿妻》詩。

又有土言無本者，謂虹曰鱟，嬉戲曰薄相，薄者，白也。相者，共也，哄也。城市難通而不能行者曰火弄之類是也。有反切一字以成聲者，如孔爲窟嚨，秀爲鯽溜，團爲突圞，槃爲勃闌，精爲鯽令，呼爲唔塗之類是也。又有羹音若剛，又音若異，打爲黨，解爲嫁，我爲五，儂爲槈，婦爲務，黄爲王，縣爲厭，猪爲知，鵝爲乎，鬚爲蘇，死爲洗，争爲側羊反，大抵雜出於商徵之間，而羽音絶少。參《震澤縣志》《烏青鎮志》《古禾雜識》。

〔乾隆〕烏青鎮志

【解題】董世寧纂。烏青鎮，即烏鎮、青鎮的合稱，今稱烏鎮，在今浙江省嘉興市桐鄉市。「風俗」見卷七。有乾隆二十五年(一七六〇)刻本。録文據民國七年(一九一八)翻刻鉛印本《乾隆烏青鎮志》。

風俗

吴越爲南蠻，其言鴃舌，然語皆有本。如：

相謂曰儂，應人曰我儂，對人曰你儂，指他人曰渠儂。出《湘山野録》。言人不決斷曰眠娗，音如緬忝，出《列子》。詈小兒桀猾不循理曰雜種，出《晉書》。言人急躁曰不耐煩，出《庾炳之傳》。男女冠笄曰上頭，花蕊夫人《宫詞》：「新賜雲鬟使上頭。」鄙人營生曰經紀，唐高宗勅曰〔一〕：「滕叔蔣兄，自能經紀。」小食曰點心，出《唐書》。謂自誇曰賣弄，小巷曰弄，俱出《南史》。水流物去曰湿，吞𥞊切。出《留青日札》。人不平易曰客氣，出《左傳》。呼盛酒器曰壺瓶，出《井觀瑣言》。嗔人匆慧曰笨，出《晉書》。目物多爲無萬，出《漢書》。謂多曰够，音如遘，《文選·魏都賦》：「繁富夥够。」又見《廣雅》。謂人喜過甚曰脱下頦，出《癸辛雜志》。應詞曰阿，《老子》：「唯之與阿。」以干求請謁爲鑽，出班固《答賓戲》。言適意曰快活，出《北史》。財不期得而得曰

〔一〕高：原誤作「太」，據《資治通鑑》改。

横財，出《獨異志》。利市，出《易・説卦》。多謝，出《趙廣漢傳》。布施，出《周語》。料理，出《王徽之傳》。商量，出《易・商兑》注〔一〕。致意，出《晉・簡文紀》。見在，出《周禮》。有瓜葛，出《後漢・禮儀志》。新鮮，出《太玄》。十字街，出《北史》。生活，梁武帝謂臨川王宏曰：「阿六，汝生活大可。」流落，出《孔氏雜説》。滑汰，蘇軾《秧馬歌》：「聳踊滑汰如鳧鷖。」附古作傅近，出仲長統《昌言》。子細，出《北史》。脱空，出《周史》。

又有土言無本者，謂虹曰鱟，嬉戲曰薄相，薄者，白也。相者，共也，哄也。城市難通而不能行者曰火弄之類是也。

有反切一字以成聲者，以秀爲鯽溜，團爲突圞，精爲鯽令之類是也。

又有羮音若剛，又音若異，打爲黨，解爲嫁，我爲五，儂爲耨，婦爲務，黄爲王，縣爲厭，猪爲知，鵝爲乎，鬚爲蘇，死爲洗，其音大抵雜出於商徵之間，而羽音絶少。地氣囿人，曷足怪焉。

〔民國〕烏青鎮志

【解題】盧學溥等纂修。烏青鎮，即烏鎮、青鎮的合稱，今稱烏鎮，在今浙江省嘉興市桐鄉市。「風俗」見卷十九。録文據民國二十五年（一九三六）刻本《烏青鎮志》。

〔一〕注：原誤作「志」。

風俗

吴越爲南蠻，其言缺舌，然語皆有本。如相謂曰儂，應人曰我儂。對人曰你儂。指他人曰渠儂。出《湘山野録》。言人不決斷曰眠娗，音如緬忝，出《列子》。詈小兒桀猾不循理曰雜種，出《晉書》。言人急躁曰不耐煩，出《庾炳之傳》。男女冠笄曰上頭，花蕊夫人《宫詞》：「新賜雲鬟使上頭。」鄙人營生曰經紀，唐高宗勅曰〔一〕：「滕叔蔣兄，自能經紀。」小食曰點心，出《唐書》。謂自誇曰賣弄，小巷曰弄，俱出《南史》。水流物去曰⿰氵艮，吞稛切。出《留青日札》。人不平易曰客氣，出《左傳》。呼盛酒器曰壺瓶，出《井觀瑣言》。嗔人匆慧曰笨，出《晉書》。目物多爲無萬，出《漢書》。謂多曰够，音如遘，《文選・魏都賦》：「繁富夥够。」又見《廣雅》。謂人喜過甚曰脱下頦，出《癸辛雜志》。應詞曰阿，《老子》：「唯之與阿。」以干求請謁爲鑽，出班固《答賓戲》。言適意曰快活，出《北史》。財不期得而得曰横財，出《獨異志》。利市，出《易・説卦》。多謝，出《趙廣漢傳》。布施，出《周語》。料理，出《王徽之傳》。商量，出《易・商兑》注〔二〕。致意，出《晉・簡文紀》。見在，出《周禮》。有瓜葛，出《後漢・禮儀志》。新鮮，出《太玄》。十字街，出《北史》。生活，梁武帝謂臨川王宏曰：「阿六，汝生活大可。」流落，出《孔氏雜説》。滑汏，蘇軾

〔一〕高：原誤作「太」，據《資治通鑑》改。

〔二〕注：原誤作「志」。

《秧馬歌》：「聲踊滑汰如凫鷖。」附古作傅近，出仲長統《昌言》。子細，出《北史》。脱空，出《周史》。

又有土言無本者，謂虹曰鱟，嬉戲曰薄相，薄者，白也。相者，共也，哄也。城市難通而不能行者曰火弄之類是也。

有反切一字以成聲音，以秀爲鯽溜，團爲突圞，精爲鯽令之類是也。又有羹音若剛，又音若異，打爲黨，解爲嫁，我爲五，儂爲耨，婦爲務，黄爲王，縣爲厭，猪爲知，鵝爲乎，鬚爲蘇，死爲洗，其音大抵雜出于商徵之間，而羽音絶少。地气囿人，曷足怪焉。董志。

按，江浙爲文物之邦，言皆儒雅，即俗語亦有所本。董志謂「吴越爲南蠻，其言鴃舌」，以數千年前之論，施於近世，雖能稽古，未可通今用。特著之。新纂。

〔光緒〕杭州府志

【解題】陳璚修，王棻纂；屈映光續修，陸懋勳續纂；齊耀珊重修，吴慶坻重纂。光緒二十四年（一八九八）修，民國五年（一九一六）續修。杭州府，轄境包括錢塘、仁和、富陽、餘杭、臨安、於潛、新城、昌化共八縣和海寧州，府治在今浙江省杭州市區。「風俗」見卷七五。録文據民國十一年（一九二二）鉛印本《光緒杭州府志》。

風俗

《輟耕録》言杭州人好爲隱語以欺外方。如物不堅緻曰憨大，暗换易物曰搠包兒，麤蠢人曰杓子，樸實曰艮頭。《白獺髓》言杭俗澆薄，語年甲則曰年末，語居止則曰只在前面，語家口則曰一差牙齒，語仕禄則曰小差遣，此皆宋時事耳。今三百六十行，各有市語，不相通用，倉猝聆之，竟不知爲何等語也。《圖書集成·風俗考》，下同。

杭州有以二字反切一字以成聲者。如以秀爲鯽溜，以團爲特欒，以精爲鯽令，以俏爲鯽跳，以孔爲窟籠，以盤爲勃蘭，以鐸爲突落，以窠爲窟陀，以圈爲窟欒，以蒲爲鵓盧。有以雙聲而包一字易爲隱語以欺人者。如以好爲現薩，以醜爲懷五，以罵爲雜嗽，以笑爲喜黎，以肉爲直綫，以魚爲河戲，以茶爲汕老，以酒爲海老，以没有爲埋夢，以莫言爲稀調。又有諱本語而巧爲俏語者。如訴人嘲我曰淄牙，有謀未成曰掃興。則皆出自宋時梨園市語。

宋時杭俗有《舞十般癩》云「一般癩，渾身爛了肚皮在」也，不礙如是，凡十首。《西湖遊覽志餘》。

杭諺有之：杭人一日吃三十丈木頭。以三十萬家爲率，大約每十家吃擂槌木一分，合而計之，則三十丈矣。《武林舊事》。

宋時杭諺云：南柴北米，東菜西水。今改爲西魚者，蓋城中之水，不專藉西湖，而魚産之富，歲歲不減也。《西湖遊覽志餘》，下同。

杭諺云：杭州風，一把葱，花簇簇，裹頭空。又諺云：杭州風，會撮空，好和歹，立一宗。

杭人有曰四平市語者，以一爲憶多嬌，二爲耳邊風，三爲散秋香，四爲思鄉馬，五爲誤佳期，六爲柳摇金，七爲砌花臺，八爲霸陵橋，九爲救情郎，十爲舍利子，小爲消黎花，大爲朵朵雲。《白獺髓》。

杭人言寧可曰耐可，音如能可。《漢書》「楊越之人耐暑」注：「與能同。」李太白詩：「耐可乘明月。」又：「耐可乘流直上天。」皆讀能。言人胸次不坦夷，逞獨見以忤人者曰臬㚒，音如列挈。《漢書》：「臬㚒而無志節。」按，《説文》：「臬，頭衺骫臬態也。」胡結切。「㚒，頭傾也。」讀若孑，古屑切。是臬㚒當音頡孑。《漢書・賈誼傳》：「臬詬亡節。」師古曰：「臬詬謂無志分也。」此亦誤引。

言人愚不省事者曰儓癡。魏萬詩：「五方造我語，知我非儓癡。」

言人進退不果曰儓癡，音如熾膩。司馬相如賦：「佁以佁儗。」柳子厚《夢歸賦》：「紛若倚而佁儗兮。」

言事頻煩不易作者曰鄭重。《王莽傳》：「非天所以鄭重，符命之意。」

言人無用曰不中用。《史記》：始皇聞盧生竊議亡去，怒曰：「吾將收天下書不中用者盡去之。」

言紛紜不靖曰海紅花。海紅花乃山茶之小者，開時最繁，故藉以爲喻。

詈人桀猾不循理者曰雜種。《晉書・前燕載記》贊曰：「蠢兹雜種，弈世彌昌。」

言人聆不省曰耳邊風。杜荀鶴詩：「百歲有涯頭上雪，萬般無染耳邊風。」

作事助力曰阿癐癐。武后時，南皮縣丞郭勝静每巡鄉，唤民婦，託衣縫補而姦之。其夫至，縛勝静，鞭數十。主簿李懋往救解之，勝静羞諱其事，但忍痛不禁，低聲唱云：「勝静不被打，阿癐癐。」

言日光微暖曰温暾。王建《宫詞》：「新晴草色暖温暾。」白樂天詩：「池水暖温暾。」

言已是如此曰隔是。元微之詩：「隔是身如夢，頻來不爲名。」

言人有病曰不快。《華陀傳》：「體有不快，起作一禽之戲。」又曰不耐煩。《庾炳之傳》：「爲人强急而不耐煩。」俚語又言要不得，蓋人有病則嗜慾不遂，要喫喫不得，要行行不得。義意雖粗，亦有可解。

言不潔曰鏖糟。霍去病「鏖皋蘭下」注云：「盡死殺人爲鏖糟。」蓋血汙狼籍之意也。

賤丈夫曰漢子。《北齊書》：「何物漢子，與官不就。」

呼女子之賤者曰丫頭。劉賓客詩：「花面丫頭十二三。」

言戲擾不已曰嬲，音如裹。嵇叔夜書：「嬲之不置。」

稱善能營生者曰經紀。唐滕王、蔣王皆好聚斂，高宗嘗賜諸王帛〔二〕，敕曰：「滕叔蔣兄，自能經紀，不須賜物。」

〔二〕高：原誤作「太」，據《資治通鑑》改。

鄙人之庸賤微薄者曰小家子。《霍光傳》：「任宣謂霍禹曰：使樂成小家子得幸大將軍。」

言日間小食曰點心。《唐史》：「鄭傪夫人云：我未及餐，爾且可點心。」

言人舉止倉皇曰麞麠馬鹿。蓋四物善駭，見人則跳躍自竄，故以爲喻。

言人儀矩可喜者曰庯峭，音如波峭。庯峭，本梁上小柱名，取其有曲折，俊俏之意也。《西湖遊覽志餘》，下同。

按，以上諺語今多仍之。

杭人言人猶豫不前者曰墨杘，音如眉癡。

蘊藉不躁暴曰眠娗，音如緬忝〔一〕。

見人有不當意者曰嘴鼻。

言人作事無據者曰没雕當，又曰没把鼻。

言人不通時宜者曰方頭。陸魯望詩：「頭方不會王門事。」

事多褒貶曰包彈。蓋宋人以包孝肅多所彈劾，故云包彈，畏憚之詞也。

言人虚僞不檢曰樓頭。蓋宋何家樓下多亡賴，以濫惡物欺人，其時有何樓之號。樓頭，蓋何樓之惡魁也。

〔一〕忝：原誤作「泰」。

按，以上諺語，昔有今無。惟今俗謂疏嬾無力曰眉癡癡，其即眉癡之意乎？又按墨㞙、眠娗，皆見《列子》，本古語也。

城中語言好於他郡，蓋初皆汴人，扈宋南渡遂家焉，故至今與汴音相似。惟江干人言語躁動，爲杭人之舊音。《七修類稿》，下同。

杭諺謂臨産曰坐草，起自陳仲弓爲太邱長，出捕盜，聞民有在草不起身者，回車治之。又曰打草驚蛇，乃南唐王魯爲當塗令，日營資産，部人訴主簿貪汙，魯曰：「汝雖打草，吾已驚蛇。」

謂人之難理會者曰掜踏。音兜踏。取桔槔之義，上以手掜而入，下以腳踏而出，謂其輾轉不可亂也。

謂人之鄙猥糊塗曰邋音臘遢音塔，《海篇》云行歪貌。

按，以上俗諺，今尚仍之。

又按杭州俗語，各有所本，田叔禾已列舉之，而猶未盡也。今舉近日所通行口常及之者，仿其意以續之。

杭州人言婦人美曰齊整、曰俏。《急就章注》云：「鬄拔眉髮，去其不齊整者。」又《集韻》云：「嬐，婦人齊整貌。」《集韻》：「俏，好貌。」《武林舊事》云：「供奉雜扮，有胡小俏、鄭小俏，又有曰自來俏者。」

言鄙穢者曰齷齪，曰邋遢。鮑照詩：「小人自齷齪。」《廣韻》：「邋遢，不謹事也。」《明史》有張邋遢。

言事之不分别者曰儱侗。孔安國《論語注》皇侃疏曰：「謂儱侗，未成器也。」《朱子集·答張敬夫》曰：「陳書所陳，只是儱侗見箇影象。」《通雅》：「直行云儱侗，身不端正曰軃躹，衣寬曰襱裥，其音皆同。」又曰鶻崙，方岳詩：「寵辱易生分别想，是非正好鶻崙吞。」或又作囫圇，見朱子《語録》，云「不是囫圇一物」是也，其實則渾淪之轉。

言不浄曰垃圾。《夢粱録》云諸河有載垃圾、糞土之船，又每日掃街盤垃圾者。

支錢犒之謂煖，曰煖烔烔。《博雅》：「烔，熱也。」《廣韻》：「烔，煖也。」音如同。

謂人之獃曰獃鄧鄧。《元曲選·玉鏡臺》言灌墨水事云：「眼灌的白鄧鄧。」按，獃俗作呆，非，呆乃古梅字。

謂物之硬者曰硬繃繃。黄溥言《閒中古今録》載應履平題部門詩：「衣裳糨得硬繃繃。」

謂神減而面瘠曰白醿醿。《玉篇》曰：「力小切，面白醿醿也。」

與人論事而自謙曰亂道。歐陽修《與梅聖俞簡》云：「亂道一兩首在謝丈處，可略與臧否之。」

與人作事及言語被人嗤笑曰話靶。《鶴林玉露》載安子文自贊曰：「今日到湖南，又成閒話靶。」

無心之言曰衝口出。《東坡文集・跋歐陽公書》云：「此數十紙，皆文忠公衝口而出，縱手而成，初不加意者也。」

詈人不應言而言曰插嘴。《五燈會元》云慧林深有「插嘴厮罵」語。

指天立誓曰發呪。朱子《語録》説《論語》「子見南子」章云：「夫子似乎發呪模様。」

謂人性煩躁曰齏糟。沈周《客座新聞》載顧成章俚語詩，有「姑姑嫂嫂會齏糟」句。

謂人之老者，男曰阿爹，女曰阿嬭。王明清《摭清雜説》載徐七娘事女常呼項四郎爲阿爹〔一〕，因謂項曰：「兒受阿爹厚恩，死無以報。」《博雅》：「嬭，母也。奴解反。楚人呼母曰嬭。」

人子呼父曰阿八、曰巴巴。《韓昌黎集・祭女拏文》有阿爹阿八之語。《正字通》：「夷語稱老者爲八八，或爲巴巴。」《玉篇》有爸字，訓父也，蒲可切。《集韻》：「吴人呼父曰爸。必駕切。」

呼質庫中人曰朝奉。吕種玉《言鯖》：「徽俗稱富翁爲朝奉。」方回《桐江集》：村路有呼予老朝奉者，作詩云：「誰忽呼予老朝奉，須知不是贋稱呼。」

對人稱兄曰家況。《白虎通》：「況，兄也。」古書況多通作兄。《管子・大荒》篇：「召忽

〔一〕摭清雜説：原作「摭青雜記」。

曰：雖得天下，吾不生也。兄與我同，齊之政也。」《漢華嶽碑》：「君善必書，兄乃盛德。」況皆作兄。《詩經》：「倉兄填兮，職兄斯引。」注云：「兄與況同。」

呼兄曰哥。《廣韻》：「今呼兄爲哥。」

謂小兒曰鵶兒。《五代史·唐本紀》：「李克用少驍勇，軍中號曰李鵶兒。」因其年少故云。又謂曰𥑮砑，《集韻》：「吴人謂赤子曰𥑮砑。」音若鴉牙。

奴子賤者自稱曰小底。《宋會要》：至道二年九月，帝閲試所擇兵士，驍騎試射，中者六十人，以殿前小底爲軍額。《玉篇》：「凡供役使者曰小底。」

對平等人言呼曰你，字本作伱，又或作伲。《廣韻》：「秦人呼旁人之稱。」《北史·李密傳》：「宇文化及瞋目大言曰：與你論相殺事，何須作書傳雅語？」

飲食於人而不答禮者謂之白日鬼。《西湖遊覽志餘》云：「岳珂謂劉改之曰：『詞語固佳，恨無刀圭藥，療君白日鬼證耳。』一座爲之軒渠。」

謂物多曰够，少曰不够。《廣韻》：「够，多也。」音遘。又見《升庵外集》。

謂人之不圓通者曰板板六十四。蓋鼓鑄製錢，每板六十四文，乃定例也，不能增減。

謂事有不能者曰不能彀。《漢書·匈奴傳》：「平城之下亦誠苦，七日不食，不能彀弩。」

謂人曰他們。朱子《語録》：「他們都不去考那贖刑。」

謂事不盡善者曰三腳猫。《七修類稿》：「俗以事不盡善者，謂之三腳猫。」

與人謙曰客氣、曰不敢當。《左傳》定八年：「虎曰：盡客氣也。」《儀禮·士相見禮》「非敢求見」注曰：「嫌褻主人，不敢當也。」

謂人之無成業者曰不郎不秀。《留青日札》：「元時稱人以郎官，秀爲等第。不郎不秀，是言其不高不下也。」《詩》「不稂不莠」，似當作稂莠爲是。

詈人者曰雜種。《漢書·馬融傳》：「雜種諸羌，轉相鈔盗。」已見上引《前燕載記》贊，而此爲尤古。又曰王八。《七修類稿》：「今詈人曰王八，或云忘八之訛，言忘孝弟忠信禮義廉恥，不然也。」

稱人曰能幹。《後漢書·循吏傳》：「孟嘗清行出俗，能幹絶羣。」《金史·定奴傳》：「請內外五品以上舉能幹之士，充河北州縣官。」

謂力倦不支曰喫力。邵子《擊壤集》：「未喫力時猶有説，到收功處更何言。」《廣韻》毄音同喫，勤苦用力曰毄，則喫力字當以毄爲正。

逢人自謙曰窮忙。《老學庵筆記》：「元豐時，評尚書省曹語云：户度金倉，日夜窮忙。」

謂人之不勤力者曰嬾惰。陶潛詩：「阿舒已二八，嬾惰故無匹。」

促人作事曰僻脱。《文選·景福殿賦》：「僻脱承便，蓋象戎兵。」注云：「蹩躅之徒，便僻輕脱。」

謂煩擾人曰驚動。《晉書·劉聰載記》：「不勞驚動將士也。」

謂處事曰調度。《吴志·陸遜傳》：「今日乃知調度自有方耳。」又曰打算。《錢唐遺事》：

「賈似道忌害一時任事閫臣，行打算法以汙之。」

準物之輕重曰敁敠，音如顛掇。《集韻》敁，丁廉切。敠，音與掇同。度知輕重曰敁敠。

謂略有利益曰撈摸。《朱子文集·答萬正淳》曰：「若只如此空蕩蕩，恐無撈摸也。」

謂事之不得當與人之無用曰不相干。《淮南子·原道訓》：「聖人使人各處其位，守其職，而不相干也。」今俗語仍其説，而義不可通。

領小兒曰將將朵朵。莊綽《鷄肋編》：「世俗以手引小兒學行謂之將朵。」有將將朵朵之謡。

謂人有所得曰造化。元人雜劇有好造化、没造化等語。

作事無所乖迕曰順流。蓋借用順流而下之意。

謂愛惜人曰可憐。見《元史·泰定帝紀》，即位詔有「薛特皇帝可憐見嫡孫」等語。

謂怒曰生氣。《晉語》：「子犯曰：我曲楚直，其衆莫不生氣。」

謂洩怒曰出氣。《五代史·伶人傳》：「諸伶每侮弄縉紳，羣臣憤嫉，莫敢出氣。」

謂心不悦意曰不耐煩。《宋書·庾登之傳》：「弟炳之爲人强急而不耐煩。」劉希夷詩：「幽人不耐煩，振衣步閒寂。」

謂臨時急就曰抱佛脚。張世南《宦遊紀聞》：「雲南之南有一國，專尚釋教，有犯罪應誅者，捕之急趨往寺中抱佛脚，悔過便貰其罪。」

謂婦女妝飾曰打扮。黄公紹詩：「十分打扮是杭州。」呼婦女首飾曰頭面。《乾淳起居注》：「太上太后幸聚景園，皇后先到宮中起居，入幕次，换頭面。」

謂子能勝父曰跨竈。《海客日談》：「竈上有釜，釜與父音同，故子能勝父曰跨竈。」

泛指一切物件曰東西。《齊書·豫章王嶷傳》：「上謂嶷曰：百年亦何可得，止得東西一百，於事亦濟矣。」

臨安有諺語，凡見人不下禮，呼曰强團練，余不知其自來。得之長老云：錢氏有國時，攻常州，執其團練使趙仁澤以歸。見王不拜，王怒命以刀抉其口至耳。丞相元德昭救解，云：「此强團練，宥之足以勸忠也。」遂以藥傅其創，送歸於唐。至今以爲美談。《楓窻小録》。

〔康熙〕餘杭縣新志

【解題】龔嶸纂修。餘杭縣，在今浙江省杭州市餘杭區。「方言」見卷二《版籍志》中。録文據康熙二十四年（一六八五）刻本《餘杭縣新志》。

方言

車書一統，同軌同文。然土俗異宜，《周官》有職方氏，即有訓方氏。各隨俗土音設像胥，布之重譯。凡方言皆能通，太師以合樂語。余邑錯近武林都市，及接壤吴興諸邑，而音多燥急。間考其詼諧雜出之語，其有合于典籍書史者，因備録之，應風謡之采，以補舊纂之缺略焉。

渠　俗呼人曰渠。宋陳無己曰：「汝豈不知我不着渠家衣耶！」

那　乃可切，俗于語後必綴一那字，如你那、渠那之稱。《後漢書》：「公是韓伯休那？」

跢　俗呼小兒將將跢跢。《吳都賦》跢，又作去聲。

弄　俗呼小巷爲弄。《南史》：蕭諶接鬱林王出至延德殿西弄。

畔　隱迹曰畔。陳後主時謡云：「齊雲觀，寇來無際畔。」〔一〕

扁　物之闊者曰扁。《後漢書》：辰韓人生子，以石押其頭令扁。劉禹錫詩：「壓扁佳人纏臂金。」

閂　閉門者曰閂。《桂海虞衡志》：「門閂，横關也。」

賴　負而不償曰賴。《晉語》曰：「已賴其地，而又愛其實。」

鉋　斲木光平曰鉋。元微之詩：「方椽郢匠鉋。」

爛　濕飯及物朽皆曰爛。《爾雅》云可「摶者謂之糷」。

奊𡗗　音如列挈。《漢書》：「奊𡗗而無志節。」

眠娗　音如緬腆。出《列子》。

〔一〕際：原作「處」，據《南史》改。

寧可　即耐可，耐音如能。《漢書》：「楊越之人耐暑。」

麈糟　《霍去病傳》〔一〕：「麈糟闌下。」注云：「盡死殺人爲麈糟。」

佁儗　音如熾膩。司馬相如賦：「仡以佁儗。」柳子厚賦：「紛若倚而佁儗兮。」

嬲帳　嵇叔夜書：「嬲之不置。」

鈔暴　《漢書》：「鈔暴日增。」

縮朒　《五行志》「王侯縮朒」，粃政日亂。

含胡　《唐史》：「顔杲卿含胡而絶。」

活計　白樂天詩：「莫厭家貧活計微。」〔二〕

冤家　梁簡文始生，志公曰：「冤家亦生矣。」蓋侯景亦以是年生。

分付　《漢·原涉傳》。

什物　《後漢·宣秉傳》。

囊家　《塵史》〔三〕：「世之糾率蒱博者，謂之囊家。」

骰盆　劉中山詩：「欲把骰盆打少年。」又云：「調笑擲骰盆。」

〔一〕霍去病：原誤作「王霸」。

〔二〕莫：原作「休」；微：原作「貧」，均據《全唐詩》改。

〔三〕塵史：原作「唐王史之」。

骰子　《唐書》：選官如骰子選耳。

一路　俗語做一路。韓翃詩：「一路寒山細雨中。」

經紀　俗呼營生者曰經紀。唐高宗勅滕王、蔣王曰〔一〕：「滕叔蔣兄，自能經紀，不須賜物。」

猾賊　《史記》：「項羽爲人，慓悍猾賊。」

亡賴　《漢・高帝紀》：「始大人常以臣亡賴。」

癡種　《越絶書》：「慧種生聖，癡種生狂。」

温暾　王建《宫詞》：「新晴草色暖温暾。」白樂天詩：「池水暖温暾。」

不快　《華陀傳》：「體有不快，起作一禽之戲。」

多謝　《趙廣漢傳》。

行頭　出《吴語》。

一頓　《世説》羅友曰：「欲乞一頓食。」俗呼飯次曰一頓，及駡詈亦皆曰一頓。

中飯　權德輿詩：「山僧相勸期中飯。」

點心　《唐史》：「鄭傪夫人顧其弟曰：治妝未畢，我未及餐，爾且點心。」

〔一〕高：原誤作「太」，據《資治通鑑》改。

麩炭　《老學庵筆記》桴炭曰麩炭。

蘆蔢　琅玡王敬胤遺命，一蘆蔢藉下。

綿絮　俗呼裝被者曰綿絮胎。晉徐則，雖隆冬，吾不服綿絮。

抽替　《南史》：殷貴妃死，孝武思見之，爲抽替棺〔一〕。

料理　《晉書·王徽之傳》。

彭亨　韓文公詩：「豕腹脹彭亨。」

有身　俗呼懷孕者爲有身。《漢·高帝紀》：「已而有娠。」娠音身。

㒖𡢁　俗呼小兒之頑者。劉夢得詩：「盃前膽不豩。」豩，㒖字。《漢皋詩話》載㒖𡢁字。豩，呼關切。

雜種　《晉書·前燕載記》：「蠢茲雜種，奕世彌昌。」

䙰襶　俗呼派籟。《古樂府》：「今世䙰襶子，觸熱向人家。」

安排　出《莊子》。

數説　《左傳》：「執子南而數説之。」

財主　《世説》陳仲弓曰：「盜殺財主。」

惡心　師古曰：渣滓下而爲惡心。不速化則上逆致惡心也。

〔一〕抽：《南史》作「通」。

郎當　呼人衰憊曰郎當。古詩有：「鮑老郎當舞袖長。」

上頭　俗呼男女冠笄曰上頭。花蕊夫人詞：「新賜雲鬟使上頭。」

本分　《荀子》：「見端不如見本分。」

長進　《和嶠傳》。

忒煞　俗語太甚曰忒煞。白樂天詩：「西日憑輕照，東風忒煞吹。」

利市　《易·説卦》：「爲近利市三倍。」

子細　《北史·源思禮傳》：「爲政當舉綱維，何必太子細也。」

收拾　《光武本紀》。

飛風　唐制尚乘局，馬右膊印飛字，左膊印風字。

罷休　吴王謂孫武子曰：「將軍罷休。」

對岸　竇公樂志書。

見錢　《漢書·王嘉傳》。

月半　俗呼望日爲月半，出《禮記》。

日子　《魏書》：逐日子，計數也〔一〕。

蘇頭　俗呼絛帨之蘂爲蕛頭。古詩：「上設流蕛帳。」

〔一〕《三國志》及《魏書》中均未見。

孲𡥅　音牙牙。俗以兒啼，作孲𡥅之聲以慰之。司空圖文：「女則牙牙。」

寒毛　《晉史》載：「聞君之談，不覺寒毛盡戴。」〔一〕

一點　俗稱物之少曰一點。《赤驃馬歌》：「馬頭一點疾如飛。」

熟脱　《法華文句》云：「但成佛時而熟脱之。」

妥帖　杜詩：「千里初妥帖。」

田頭　《後漢·王丹傳》：「載酒肴于田頭大樹下。」

差路　差，去聲。不正者曰差路。唐詩：「枯木巖前差路多。」

擡舉　白樂天詩：「亭亭自擡舉。」

空頭　黄山谷《刀筆》〔二〕：「此荆南人毛病。」

彈子　彈，平聲。牽船索曰彈子。《癸辛雜識》云：「鐘會呼捉索爲彈子。」

滑撻　蘇東坡《秧馬歌》：「聳踊滑撻如凫鷖。」

耳邊風　杜荀鶴詩：「百歲有涯頭上雪，萬般無染耳邊風。」〔三〕

難爲人　出《表記》。

〔一〕戴：原作「豎」，據《晉書》改。
〔二〕「筆」后原衍「記」字。
〔三〕雪：原誤作「露」。二句順序原誤，今正。

不中用　《史記》秦始皇曰：「吾前收天下書不中用者盡去之。」〔一〕

不耐煩　《庾炳之傳》：「爲人强急而不耐煩。」

小家子　《霍光傳》：「使樂成小家子得幸大將軍。」

没巴鼻　蘇東坡詩：「有甚意頭求富貴，没些巴鼻使奸邪。」

瓦剌貨　《晉史》載瓦剌國人最醜惡，故俗詆婦女不正者稱之。

看嘴鼻　《金史》：宋兵入盱眙，守將北望拜哭。泗州守資倫駡曰：「何處求死不可，乃作此嘴鼻也。」

剥面皮　賈充謂孫皓曰：「何以好剥人面皮。」〔二〕

天花板　《山房隨筆》：元好問妹手自補天花板。

十字街　《北史·李庶傳》。

作人情　杜詩：「粔籹作人情。」

合少成多　《中庸》注疏。

不知蒒董　《爾雅·釋草》云：「藾，蒒董，俱似蒲而細。」不知蒒董，猶不辨菽麥意。

〔一〕前：原脱，據《史記》補。
〔二〕好：原脱，據《晉書》補。

〔民國二十四年〕蕭山縣志稿

【解題】 彭延慶修，姚瑩俊纂；張宗海續修，楊士龍續纂。蕭山縣，今浙江省杭州市蕭山區。「方言」見卷二九《瑣聞》中。録文據民國二十四年（一九三五）鉛印本《蕭山縣志稿》。

方言

蕭俗呼竈突曰煙囱。讀作匆。

壥曰塳壥。讀作篷。又埄同。

煖之至曰煖烘烘。

以對扯物裂曰斯。初不知其字，今知即斯字也。《説文》注斯爲析。《爾雅》注斯爲離。故《詩》「斧以斯之」，即析薪之義。

婦人喪服首加麻布一條名曰頭繂。讀作蘇音。《朱子家禮》：「婦人成服布頭繂，用略細麻布一條，長八寸，以束髮根，而垂其餘於後。」

以湯去鷄鶩羽曰煺。他灰切。

呆坐而候人曰雖。都灰切。雖有重音，如曰雖雖坐、雖雖望之類。

彜字讀羶、軒。今俗稱食物有軒氣是也。

薦字注物不鮮貌。俗以物色稍陳即謂之薦。

以飯壞爲餿。

以匍匐爲𨖿。以不能行者爲𨁝𨖿。蒲銜切。𨁝，他銜切。所謂𨖿𨁝，不動是也。

以火熸物曰燂。

以火焱物曰熛。

以目微白曰瞟。匹了切。

目略一過曰覫。闢了切。

以身長曰㪇㪇。面瘠白曰醿醿。俱離了切。篠韻俱有之。今謂神滅而白曰白醿醿，謂身莽長者曰長㪇篠。

扯物令長爲抻。申去聲。故莊子「鳥申」亦讀抻，謂延頸令長耳。

体，音蒲本切。即粗疏庸劣之稱。今方言粗体、呆体是也。

縛物爲絞帩。音峭。

餅鏊，炊餅之鏊，今俗以熬餅者爲鏊槃是也。

伉，藏物也。今俗呼藏爲伉。

杜甫詩：「塹抵公畦稜。」稜去聲。注：「京師農人指田遠近，多曰幾稜。」今稱一稜、兩稜是也。

以油塗器曰油。音誘。

以身踊擲曰超。音透。

桥，音他念切。火杖也。今俗稱火桥，即燈杖，亦曰燈桥。

㙊，音他念切。支也。今俗稱支牀、支几。凡擡楔不平皆曰㙊。音殿。

㓻㓻，即差蹔，言割翦出也。今人稱誤觸亦曰㓻㓻，南方均有之。

以浮水曰灟，有云浮灟灟者。音探。

沈水曰潭，有云没頭潭者。音濟。

凍瘡曰凍瘃，即《漢書·趙充國傳》所稱「手足皸瘃」者。皸音軍，瘃音竹。

酒略上口曰欶，以口吮去汙瀆亦曰欶。音卒。今俗稱欶欶。

吹氣曰哱。普没切。

舟行不安曰刖。音兀。《唐文粹》：「舟之行也，匪仡不進。」言動而後進也。亦音兀。

暫睡而覺曰寣。音忽。今俗稱寣寣、又一寣。

牛羊以角觸人與以角發物皆曰觸。音掘。

入水曰頞。烏勿切。俗誤書沃字。皮日休詩：「學海正狂波，予頭向水頞。」以皮、陸詩多用吴音，故云。則此本吴越間均有之字。

緩步曰踱。信口出語曰喥。皆音鐸。

以上毛奇齡《越語肯綮録》。

予鄉俗言物小未成者皆曰草，如草鷄、草鴨、草馬之類，其言亦有所本。《淮南子·修務訓》曰：「馬之爲草駒之時，跳躍揚蹏，翹尾而走，人不能制。」草駒即草馬也。《爾雅》：「雉之暮子爲鷚。」注：「晚生者。」今呼少鷄爲鷚暮子，字甚奇。少與草，音之轉耳。乾隆志引《槎庵小乘》。

蕭俗呼電曰霍閃。《大人賦》：「貫列缺之倒景。」服虔曰：「天閃也。」顧雲詩：「金蛇飛狀霍閃過，白日倒挂金繩長。」又《文選·海賦》：「矆睒無度。」注引《説文》：「矆，大視也。」「睒，疾視也。」所以狀電光之疾。按霍閃亦可作矆睒。

不冷不熱曰温暾。讀若温吞。《輟耕録》：「南人方言曰温暾者，言懷煖也。王建《宫詞》：『新晴草色煖温暾。』白居易詩：『池水暖温暾。』」又按温暾與温黁、温馨義同，音亦相近。

人不斂攝曰琅湯。《管子·宙合》篇：「以琅湯淩鑠人，人之敗也常自此。」

遇事首先當之者曰盪頭陣。《宋書·顔師伯傳》：「單騎出盪。」《孔覬傳》：「每戰以刀楯直盪。」盪，皆音湯。

凡事立異曰作梗。《北史·魏收傳》：「羣氏作梗，遂爲邊患。」〔一〕

强出任事曰出尖。《宋史·兵志》：「熙寧間造箭四種，一曰出尖。」俗語蓋本於此，猶《史記》「脱穎而出」之意。

人多儀文曰客氣。《左傳》定八年：「陽虎僞不見冉猛者，猛逐之，僞顛，虎曰：『盡客氣也。』」按今以燕居里處多其文，貌爲客氣，或謂即本諸此，以近僞飾也。又按《論語》「居不容」，唐石經與《經典釋文》皆作「居不客」〔二〕，與今客氣言尤合。

〔一〕氏：原誤作「氐」。

〔二〕與：原作「亦」。

行事無所乖戾曰順流。《史記·留侯世家》：「順流而下，足以委輸。」語蓋本此。

聲名四達曰出名。《鶡冠子·世賢》篇：「扁鵲之長兄名不出於家，中兄名不出於閭，扁鵲名出，聞於諸侯。」

稱人古樸不和通者曰艮古頭。《輟耕録》：「杭人好爲隱語，如麤蠢人曰杓，樸實人曰艮頭。」今增一古字。

少年無賴曰惡少。《荀子·修身篇》：「無廉恥，而嗜乎飲食，可謂惡少者矣。」

無恒業而狡獪者曰無賴。《史記·高祖紀》：「大人常以臣無賴。」注云：「江湖間謂小兒多詐狡獪爲無賴。」

健訟者曰訟棍。

好賭者曰賭棍。

惡少、無賴皆曰惡棍，亦曰棍徒。李紳《拜三川守詩序》：「閭巷惡少年，免帽散衣，聚爲羣鬭，或差肩追繞，擊大毬，里言謂之打棍，士庶苦之。」此棍字所起。

稱墮民曰惰貧。《紹興府志》：「丐自言宋將焦光瓚部落，以叛宋降金，故擯之曰墮民。」祝允明《猥談》：「奉化有丐户，俗謂之惰貧，自爲匹偶，良人不與接婚。」按墮民爲惰貧音之訛轉也。

貨物低劣曰鞁。《西湖游覽志》：「杭州市人謂低物爲鞁，以其足下物也。」

難與言語者曰聰察。《漢書·宣元六王傳》贊：「淮陽憲王於時諸侯爲聰察。」

作事不簡潔曰拉答。《晉書·王沈傳》：「拉答者，有沈重之譽。」

勤苦用力曰喫力。邵子《擊壤集》：「未喫力時猶有説，到收功處更何言。」《廣韻》毄音同喫，勤苦用力曰毄，喫力字當以此爲正。

作事便捷曰僻脱。《文選·景福殿賦》：「僻脱承便，蓋象戎兵。」注云：「蹴踘之徒，便僻輕脱。」

以手稱物曰敁掇。《博雅》掇，都果反，量也。《集韻》敁，丁廉切。敁掇，以手稱物也。

作事延滯曰擔閣。林逋詩：「聊爲夫君一擔閣。」

稱客曰人客。杜甫《感懷詩》：「問知人客姓，誦得老夫詩。」白居易《酬周從事》詩：「腰痛拜迎人客倦。」

事不得當曰不相干。《淮南子·原道訓》：「聖人使人各處其位，守其職，而不得相干也。」按今北方人謂無妨礙曰不相干，即此義也，若不得當，於義未通。

謝人代勞謂之曰得罪。《韓詩外傳》：「麥邱叟爲齊桓公壽，無使羣臣百姓得罪於吾君，無使吾君得罪於羣臣百姓。」《晏子春秋》作景公事。按俗語於義未合。

熟習曰熟脱。音託。《吹景録》：「《法華文句》第一云：但成佛時而熟脱之。」

誘人爲非曰攛掇。朱子《答陳同甫書》：「告老兄且莫相攛掇。」

鄙棄人曰厭賤。《廣古今五行志》〔一〕：「侯景時，定州阿專師曰：汝等何厭賤我，我捨汝去。」

背信渝盟曰賴。《左傳》昭十二年：「楚子曰：今鄭人貪賴其田而不我與。」

不豐腆曰連去聲蹇。《易》：「往蹇來連。」王弼注：「連音璉，難也。」揚雄《解嘲》：「孟子雖連蹇，猶爲萬乘師。」《通俗編》：「蘇人以作事不揚爲連蹇。連讀去聲，與王氏《易》注正合。」

怠不理事曰答颯，亦作踏趿。《南史·鄭鮮之傳》：「范秦謂曰：鄉居僚首，今答颯，去人遼遠，何不肖之甚。」《能改齋漫録》：「俗謂事之不振者曰踏趿。」答颯字異義同。

〔一〕 古：原誤作「告」。

爲所可爲復有利益者曰樂得。《禮·樂記》：「君子樂得其道，小人樂得其欲。」

心事不決曰忐忑。《五音集韻》音毯忒，心虛也。

心中不快曰懊憹。《鼠璞》：「《晉·禮儀志》有懊憹歌，上烏浩反，下奴浩反。即今之懊惱字。」

不拘禮節曰落拓。《北史·楊素傳》：「少落拓，有大志，不拘小節。」

勢難中止，一意竟事曰索性。《朱子文集·與吕伯恭書》：「騁意過當，遂煞不住，不免索性説了。」

凡物渣滓曰藞苴。《五燈會元》：「真淨詬文準曰：乃敢爾藞苴耶？」《通俗編》云：「按藞磋，泥不熟也。苴，查滓也。蓋謂其未經鑪韛，所謂糟粕也。」

狡獪險惡者曰潑賴。《餘冬序録》：「蘇州以醜惡曰潑賴，潑音如派。」

舉事而言曰話頭。《鶴林玉露》：「陳了翁日與家人會食，食已，必舉一話頭令家人答。」

話柄曰話欛。《羅湖野録》：「寄寂音頌曰：翻身跳擲百千般，冷地看他成話欛。」亦作話靶。《鶴林玉露》載安子文自贊曰：「今日到湖南，又成閑話靶。」按欛、靶字通。

囑告曰分付。《漢書·原涉傳》：「具記衣被、棺木，下至飯含之物，分付諸客奔走市買。」按此言分别委付也。俗以爲囑告之義，非。

請託人曰詇。《通雅》：「以言託人曰詇。一作呹。」

忿人謬己曰⿱暑言怨。焦竑《字學》：「俗以恨人陷害曰⿱暑言怨。」

猝然生怒曰發作。《三國志·孫皎傳》：「權讓之曰：近聞卿與甘興霸飲，因酒發作，侵淩其人。」

人聲雜亂曰嘈雜。《抱朴子》：「曲宴密集，管絃嘈雜。」

厭其陳久曰厭瓚。《中山詩話》：「世謂事之陳久爲瓚，蓋五代時有馮瓚，其人魯戇，有所聞見，他人已厭熟，而乃甫爲新奇道之，故今多稱瓚爲厭熟。」按今俗語下加「乎也」二字，蓋以《千字文》有「焉哉乎也」句而訛傳之也。

不識事理曰嗄頭。《廣韻》嗄，徒落切，口嗄嗄無度。俗語正謂出言無度人也。

呼童男曰小官人。《澠水燕談録》：「李文定以女妻孫明復，孫固辭，文定曰：吾女不妻先生，不過爲一小官人妻。」按俗稱義，非。

嬰兒曰嘔鴉。音窩。陳造傳〔一〕：「寧堪歲攬減，又抱兩嘔鴉。」自注：「淮人以歲饑爲年歲攬減，越人以嬰兒爲嘔鴉。」

親戚概稱曰親眷。鮑照《别庾郎中》詩：「已經江海别，復與親眷違。」

呼小兒女曰寶寶。《留青日札》：「今人愛惜其子，每呼曰寶寶。蓋言如珍寶也。亦作保保，人以爲保抱護持之義。」

呼廚子曰師公。《夢粱録》：「凡分茶酒肆賣下酒食品廚子，謂之量酒博士、師公。」

泛稱婦女曰女客。《文選》宋玉賦：「妾巫山之女也，爲高唐之客。」《玄怪録》：「蜀帥章仇謂其妻曰：何不盛設盤筵，邀召女客。」按此皆稱女賓。今泛稱婦女，未通也。

佃户稱業户曰財主。《周禮・朝士》「凡民同貨財者」注云：「同貨財，謂財主出債與生利，還生，則同有貨財。」按此對債者而言，今泛稱業主，非。

〔一〕傳：似爲「詩」之訛。

凡商鋪稱常相交易者曰主故。《日知録》：「市井人謂頻相交易者爲主顧。《後漢書》有主故字，顧當是故之譌。」

商賈母金稱曰子本。見《周禮·朝士》疏。《韓昌黎集·柳子厚墓志》：「男女質錢約不時贖，子本侔，没爲奴婢。」元稹《估客樂》：「子本頻蕃息，貨賂日兼并。」按子音孳，孳，息也，今訛作資本。

室之裏隅曰壁角落頭。見《東坡集·大慧真贊》。

居處曰薖座。《詩》：「碩人之薖。」《廣韻》《集韻》薖並苦禾切，讀若科。李詡《俗呼小録》：「俗謂所居曰科座，實當爲薖座也。」

階級曰礓𥗽埠。《武林舊事·諸小經紀》有賣礓𥗽子。《字彙補》𥗽音擦。姜𥗽石，出《大内規制記》。按此是階磴之稱。

整理什物曰修婬。《唐書》：「中和二年，修婬部伍。」按婬音捉。俗謂整葺爲修婬。

婦女首飾曰頭面。《東京夢華録》：「相國寺兩廓，賣繡作領抹花朵、珠翠頭面之類。」《乾淳起居注》：「太上太后幸聚景園，皇后先到宫中起居，入幕次，换頭面。」

泛稱手製各物曰生活。《元典章·工部》段疋條：「本年合造生活，比及年終，須要齊足。」田藝衡《張應祥墓志》：「命匠造冰絲，不得作僞，直不加昂，而生活易售。」

染物標識曰霞音牙頭。《苕溪漁隱叢話》：「世傳有霞頭隱語，是半山老人作，云：生在色界中，不染色界塵。一朝解纏縛，見性自分明。」按霞頭者，帛角識物主姓氏處，染時，先以草纏結之，使不漫滅。

小兒裹裙曰裸裙。《儂雅》：「小兒被爲裸。如俗呼裸裙、裸被是也。」今轉爲抱，誤。

泛稱器具曰家生。《夢粱録》載家生動事，如桌凳、涼牀、交椅、兀子之類。

泛稱憑據曰欛柄。《藝林伐山》：張無垢言欛柄入手，則開道之際，改頭換面。今講學者悉用此語，而不知所自出也。

謂精明强幹者曰淋尖踢斛。《律例》：「倉官斗級，不令納户行概，踢斛淋尖、多收斛面者杖。」

呼大肚酒壺曰急須壺。《三餘贅筆》：「吴人呼煖酒壺爲急須，以其應急而用。吴誤須爲蘇，故亦曰急蘇。」

呼盤米器曰勃蘭。《容齋三筆》：「世人語有以切腳稱者，如以蓬爲勃羅、槃爲勃蘭之類。」按元人《陳州糶米》曲：「收了蒲籃罷了斗。」用字不同。而此器無製以蒲者，可見容齋説是。

泛稱菜蔬曰下飯。《過庭録》：「王子野羅列珍品，謂水生曰：『何物可下飯乎？』生曰：『惟饑可下飯乎。』」

市物不稱意者曰貑猪頭。《爾雅·獸》：「豕，奏者貑。」注曰：「今貑猪短頭，皮理腠蹙。」〔一〕按此猪之頭短小而醜，非人意所喜，故俗有是稱。

作事不盡善者曰三腳猫。《輟耕録》：「張明善作樂府譏時云：説英雄，誰英雄。兩頭蛇，南陽臥龍。三腳猫，渭水飛熊。」

果木初花曰始花。《游覽志餘》：「杭人以草木穉而初萼者曰始花，音如試。《禮·月令》：『桃始華，蟬始鳴。』注：『皆讀始去聲。』」

竹中薄膜曰竹孚俞。《吴都賦》：「鮫人賣綃。」注云：「綃者，竹孚俞也。」按世或書作膚衣，似誤。

〔一〕蹙：原作「縮」，據《爾雅注》改。

事物甚多曰摩訶。《翻譯名義》：「梵音摩訶，此云大多勝也。」按今語當原於此。

多至不可數者曰無萬。《漢書·成帝紀》：「建始元年六月，有青蠅無萬數，集未央殿中。」注云：「言其極多。雖欲以萬數計之而不可得，故云無萬數。」

多曰够。音遘。《廣韻》：「够，多也。」《文選·魏都賦》：「繁富夥够，不可殫究。」《升庵外集》「今人謂多曰够，少曰不够」是也。

不知其詳曰無數。《周禮》序官：「男巫無數，女巫無數。」蓋謂其或多或寡，未有定數，與此義合。

事之一定不易者曰板板六十四。見《豹隱叢談》。按凡鼓鑄造錢，每一板六十四文，乃定例也。或私增其一，即屬偷鑄，故俗又謂偷兒曰六十五。

呼偷兒隱語曰六十五。見上。

泛稱物一件曰一橇。《篇海》橇，防教切，音匏。出《免疑韻》，俗謂四十斤爲橇。

勉爲所願曰寧可。見《世説新語》：「劉尹曰：寧可鬥戰求勝。」今又轉爲耐可。耐，略讀如能。李白詩：「耐可乘明月。」

不能勝任曰不能轂。《唐·張巡傳》：「士才千餘人，皆癯劣不能轂。」今俗語蓋借此爲辭。

問人何爲曰咋。《廣韻》咋音詐，訓曰語辭。《通俗編》云：「蓋以甚讀如舍，而又以做舍二字反切爲咋也。」按蕭音則以作何二字反切成音者。

聞呼而譍則曰唉。讀去聲。《説文》：「唉，譍也。」烏開切。又：「欸，譍也。」亞改切。《方言》：「欸、毉，然也。南楚凡言然曰欸，或曰毉。」

事有疑怪者則應曰嗄。上聲。《龐居士傳》：「龐婆走田中告其子龐大曰：『汝父死矣。』龐大曰：『嘎？』停鉏脱去。」《五燈會元》：「臨濟謁龍光曰：大善知識，豈無方便？光瞪目曰：嗄？濟曰：這老漢今日敗缺也。」按二嗄字有疑悟之别。疑讀上聲，悟讀平聲，當以緩急分也。

語事而應承則曰阿。音倭。《老子》：「唯之與阿，相去幾何？」按應之速曰唯，緩曰阿。

凡指物示奇則曰䰰。《説文》：「䰰，見鬼驚詞。」諸何切。按《樂府雜録》：「驅儺用方相四人，執戈揚盾，口作儺儺之聲，以除逐也。」又《集韻》哪音儺。哪哪，儺人之聲。䰰、儺、哪三字蓋通。

驅物作聲曰庶庶。《周禮·秋官》有「庶氏」〔一〕，注曰：「驅除毒蟲之言。」字從聲。疏曰：「庶是去之意，蓋取聲也。」

凡呼犬曰阿六六。《演繁露》：「紹興中秦檜專國，獻佞者謂之聖相，無名子爲詩有云：呼鷄作朱朱，呼犬作盧盧。世人呼犬，不問何地，其聲皆然，是借韓盧之名，以犬爲高美耶？」〔二〕按今六六，即盧盧之轉音。

呼鷄曰㗁㗁。音祝。《説文》：「㗁，呼鷄重言之。」施肩吾詩：「遺卻白鷄呼㗁㗁。」按《伽籃記》：「沙門寶公曰：把粟與鷄呼朱朱。」爲㗁之轉音。今俗或借作祝祝，亦作咮咮，又作粥粥。韓退之《琴操》〔三〕：「隨飛隨啄，羣雌粥粥。」

鄉人小名多以阿字挈之。《三國志·吕蒙傳》注：「魯肅撫蒙背曰：非復吴下阿蒙。」《世説注》：「阮籍謂王渾曰：與卿語，不如與阿戎語。」按此凡人名皆可挈以阿字，不特小名爲然。蓋阿者發語辭，古人以誰爲阿誰，亦猶此也。

〔一〕氏：原誤作「民」，據《周禮注》改。

〔二〕犬：原誤作「尢」，據《演繁露》改。

〔三〕操：原誤作「摻」。

似之至者曰活脱。楊萬里詩：「小春活脱似春時。」史彌寧詩：「楚山活脱青屏樣。」

稱婦人貌美及物之美麗者曰齊整。《三國志・鄭渾傳》：「村落齊整。」《晉書・符堅載紀》：「部陣齊整。」《顔氏家訓》：「車乘衣服，必貴齊整。」按凡物整頓者，古均謂之齊整。又《急就章注》云：「鬄撥眉髮，去其不齊整者，以爲妍滯。」《集韻》云：「嬐，婦人齊整貌。」〔一〕今説當原於此。

人之肥大者曰奘。《方言》：「秦晉之間凡人之大謂之奘，或謂之壯。」

婦人之輕倩者曰波俏。《五燈會元》：「眉毛本無渠低波俏。」又《北史》温子升曰：「詩章易作，逋峭難爲。」宋景文《筆記》曰：「齊魏人以有儀矩可喜者，謂之庯峭。」《廣韻》曰：「峬峭，好形貌。」音義俱同。

婦人身材嬝娜者曰媌條。《列子・周穆王篇》：「鄭衛處子，娥媌靡曼。」《方言》：「凡好而輕者，自關而東、河濟之間謂之媌。」《客座贅語》：「南都言人物之長曰媌條。」

不潔曰邋遢。《廣韻》：「邋遢，不謹事也。」《七修類稿》：「鄙猥糊塗之意。」按此與今語義異。

事至不上不下曰尷尬。《説文》：「不正也。」古咸、古拜二切。焦竑《俗書刊誤》：「行不恰好曰尷尬。今反云不尷尬〔二〕，誤。」

性情剛愎或事物難容俱曰狼抗。《晉書・周顗傳》：「顗言王敦剛愎强忍，狼抗無上，其意寧有限耶？」《世説新語》：「周嵩泣對母曰：嵩性狼抗，恐亦不容於世。」又《玉篇》有云：「躴躿，身長貌。讀若郎康。」音義亦合。

事物累墜難理者曰磊𦎫，一作累堆。《説文》𦎫，丁罪切。磊𦎫，重聚也。趙宧光《長箋》：「今吴中方言有

〔一〕《集韻》無此釋義，《五音集韻》作「齊貌」。

〔二〕尷尬：原作「尬尷」，據《俗書刊誤》改。

之。凡事物煩積而無條理曰磊竴。」《通雅》：「今方言皆作累堆，累字讀平聲。」

肚腹脹大曰彭亨。讀虛郎切。《詩・大雅》：「女炰烋於中國。」毛傳云：「炰烋，猶彭亨也。」《彌明石鼎聯句》：「家腹脹彭亨。」《廣韻》作膨脝。

物直而胖大者曰儱侗。《五燈會元》曉舜、圓璣等俱有冬瓜直儱侗語。

凡物渾圓未開者曰鶻淪。朱子《語録》：「乾是鶻淪一箇大底物事。」又《文集・答楊至之》曰：「聖人之言，自有條理，非如今人鶻圇儱侗無分别也。」《傳燈録》：「僧問法真：如何是無縫塔？真曰：鶻崙磚。」《通俗編》云：「按淪、圇、崙三字，體别義同。或又作囫圇。朱子《語録》『道是箇有條理底，不是囫圇一物』是也，其實皆渾淪之轉。《列子・天瑞篇》云：『渾淪者，萬物未相離也。』」

往來疾忽曰潚，亦曰逯。《文選・思玄賦》：「迅猋潚其媵我。」注：「潚，疾貌，音肅。」《淮南子・精神訓》：「渾然而往，逯然而來。」注：「謂無所爲忽然往來也。」按俗狀疾忽之辭有云潚地裏、逯地裏，作此二字爲典則。

物之臭惡者曰⿰多邕⿰多農。音讀若蓊桶。《方言》：「南楚凡大而多謂之⿰多農。」烏孔、奴動二切。《博雅》：「⿰多邕⿰多農，多也。」《通俗編》云：「按物之陳久而臭惡者曰⿰多邕⿰多農，古無此訓，豈以二字有過度之義而牽合歟？」〔一〕

圓物旋轉迅捷曰骨鹿。《樂府雜録》有骨鹿舞於小毬子上，縱横騰踏，其旋轉之捷，因以名之也。一作骨碌。

謂穢雜曰拉颯。《晉書・五行志》：「太元末京口謡云：黄雌鷄，莫作雄父啼。一旦去毛衣，衣被拉颯棲。」元好問詩「惡木拉颯棲，直幹比指稠」用此。又《廣韻》：「剌㓤，不净也。」《集韻》：「⿰月立臃，肉雜也。」「攋揰，和攪也。」《黄山谷集》：「傝倕，物不觸也。」《五燈會元》：「大容諲曰：大海不容塵，小溪多搕揰。」《夢粱録》：「諸河有載垃圾糞土之船。」字體各異，

〔一〕牽：原誤作「章」。

而音義俱同。

堅實難動曰實辟辟。《素問》：「脉摶而實，如指彈石辟辟然。」

服物寬廓不稱者曰寬定宕。《癸辛雜志》：「胡衛道三子，孟曰寬，仲曰定，季曰宕，蓋悉從宀。其後悼亡妻，俾友人作志，書曰：夫人生三子，寬定宕。讀者爲之掩鼻。」蓋當時已有此俚言也。

稱文弱人曰文偒偒。見《元曲選》關漢卿《謝天香》曲。

涴紗曰汏。《説文》徒蓋切：「淅瀾也。」徐鉉曰：「水激過也。」音大。

水滴曰渧。《廣韻》音帝，「[illegible]漉也」。《集韻》：「一曰滴水。」〔一〕

暫没入水曰搵。《説文》：「搵，没也。」按抐也。讀温去聲。

水浮物曰氽。《桂海虞衡志》載粵中俗字有氽，云「人在水上」也。《字彙》氽，去墾切。

深目曰眗。音摳。《埤蒼》：「目深貌。」《廣韻》：「曉，深月貌。」謳、摳二音。亦作嘔。

目大曰䀰䀰。《廣韻》古録切，大目也。

目短視曰近䀿。音砌。《説文》：「察也。」《博雅》：「視也。」《集韻》：「衺視也。」或作[illegible]。

露齒曰齙牙。《集韻》步化切，齒出貌。又邦洼切，齙齖，亦齒出貌。

腋下曰肋胳肢下。《説文》：「胳，腋下也。」釋文曰胳音格。

呼乳曰㚷。《直語類録》：「鐘鼎文有㚷字，謂乳也。世作奶，實當爲㚷。」

〔一〕曰：原誤作「旦」。

膺肉曰胸脯。《類篇》：「脯，蓬蒲切，雉膺肉。」《暖姝由筆》：「脯，謂鷄胸下白肉也。」

和衣暫臥曰踼〔一〕。《集韻》音儻，「申足伏臥也」。

默不聲張曰悗。《莊子·大宗師》：「悗乎忘其言。」按悗，母本切，今方言音轉作平聲，有「悗聲大發財」之諺。

處事迅疾曰快慅。音燥。《玉篇》：「快性也。」按俗有快性之語。又催人速辦事曰快些。

稱小兒黠慧曰豩。《唐韻》呼關切。《漢皋詩話》：「豩，頑也。」劉禹錫詩：「盃前膽不豩。」趙嘏詩：「吞鯱酒膽豩。」按今以爲黠慧，蓋黠慧者，正古所謂頑童耳。

腹饑曰痳。《博雅》痳音曹，痛也。今謂痟疾者腹常如饑曰痳。

小兒逢夏多病曰疰夏。《博雅》疰音注，病也。

噁心欲吐曰㖹。《博雅》孚萬切，吐也。《集韻》通作疲。

瘡潰曰虹。去聲。《詩》：「實虹小子。」箋云：「潰也。」今語義合。

凡物之聳起者曰𩫕，一作䯋。《廣韻》𩫕，邱召切，高𩫕。《集韻》䯋，苦弔切，高也。

物之軟而垂者曰耷落。音答。《集韻》耷，德合切，大耳曰耷。通作䁯，大垂耳貌。

物脹大曰胮開，亦曰朧開。《廣韻》胮，匹江切，脹大也。又音龐。《集韻》朧，薄紅切，身大也。

物寬緩不緊帖者曰儾。音囊去聲，見顧鄰初《客座贅語》。

〔一〕踼：原誤作「踢」。

斜而不直、側而不平，皆曰揸。《集韻》七夜切，音且去聲，衺捂也。按今凡由徑者每曰斜揸過去。

支𢿱不平曰𢿱。《廣韻》私盍切。《中州集》周馳詠𢿱子云：「勿以微材棄，安危任不輕。誰憐一片小，能使四方平。」

木相入處曰榫。《集韻》榫音筍，剡木入竅也。程子《語録》：「枘鑿者，榫卯也。榫卯圓則圓，榫卯方則方。」

止船木樁曰戧。《廣韻》色絳切，捍船木也。用以代碇，住則下，行則起者是也。

鞋工木胎曰楦頭。《説文》：「楥，履法也。」所券切。

置物近裹曰攏。《文選·江賦》：「攏萬川乎巴梁。」攏猶括束也。又今謂泊船亦曰攏。丁仙芝詩：「知郎舊時意，且請攏船頭。」

疏布蒙物曰綳。《説文》綳，補盲切。今有綳鼓、綳紗篩之語。

絡絲之具曰篗子。楊子《方言》：「篗，榬也。」注云：「所以絡絲者也。」《廣韻》榬亦謂之篗。

設穽以取鳥獸曰弶。《廣韻》巨亮切，張獸也。《玉篇》：「施罟於道也。」

平木之器曰鉋。讀若暴音。《釋名》：「鉋㔉，言㔉彌之使平也。」

衣扣之系曰襻。《漢書·賈誼傳》注：「偏諸若今之織成，以爲腰襻者也。」《集韻》：「衣系曰襻。普患切。」

器之所系曰鋬。《集韻》：「器系曰鋬。普患切。」

衣縫脱綻略綴治之曰敹。《書·費誓》：「善敹乃甲胄。」疏引鄭氏云：「敹，穿徹之也。謂甲繩有斷絶，當使敹理穿治之。」釋文：「敹，了彫反。」按今俗有敹兩針之語。

衣之緣邊曰捉。音衮。王褒《洞簫賦》：「帶以象牙，捉其會合。」注云：「飾象牙同其會合之處。」

物未經檢者曰一揇貨。《集韻》乃感切，搦也。今語蓋謂不别美惡，隨手搦之也。

菜心之長者曰蕻。音閧。《唐韻》：「草菜心長也。」《野菜譜》：「四明有菜名雪裏蕻。」

不鞍而騎曰騸。初限切，音産。《正字通》：「馬不施鞍轡爲騸。」令狐楚《少年行》：「騸騎蕃馬射黄羊。」按今以徒手爲騸手，當本此。

螌人毛蟲曰楊蛓。《説文》：「蛓，毛蟲也。」音刺。

木理不直裂而易脱者曰皵。音鵲。《説文》：「木皮甲錯也。」《爾雅·釋木》：「大而皵楸，小而皵檟。」

金屬消鑠曰煬，或作烊。《集韻》：「煬，爍金也。」《法苑珠林》：「鐵鉗開口，灌以烊銅。」

物經磨而漸薄曰鋊。《五音譜》：「磨礱漸消曰鋊。」《宋書》孔顗《鑄錢議》曰：「五銖錢，周郭其上下，令不可磨取鋊。」《丹鉛録》鋊音裕。按今讀若巳音，蓋鋊之轉耳。

物不伸挺曰䪌攏。《説文》：「收束也。」即由切。《漢書·律曆志》：「秋，䪌也。物䪌斂，乃成熟。」

顔色不鮮曰蔫。於乾切。《楚詞》：「蔫而無色兮。」杜牧詩：「蔫紅半落平地晚。」

物乾枯内陷曰癟。蒲結切，音鱉。《玉篇》：「枯病也。」《七修類稿》：「張士信有用姑蘇[一]，專用黄敬夫、蔡彦夫、葉得新三人。民間作十七字詩曰：丞相做事業，專用黄菜葉。一夜西風起，乾癟。」

呼虹霓曰雩。讀若吼音。《爾雅·釋天》注：「江東呼螮蝀爲雩。」音義云：「雩，於句切。」今俗呼螮蝀若吼。《丹鉛録》《田家雜占》俱因吼音作鱟，蓋本於句之切，而讀句爲彀，若《大雅》「敦弓既句」之句耳。

〔一〕有用：《通俗編》引作「在」。

物堅柔難斷者曰韌。《詩》傳：「檀，堅韌之木也。」《說文》：「韌，柔而固也。」而進切。

物大而披張者曰觰。《說文》：「下大者也。」陟加切。《集韻》或作觰䟦，俗有觰䟦開之語。

濕物黏附曰䵬。都合切，音答。《集韻》：「物濕附著也。」

物濕而黴曰黕。《集韻》陟甚切。《楚詞·九辨》：「或黕點而汙之。」元稹詩：「青衫經夏黕。」今或作黰。

物陳腐起白膜曰殕。音撫。《集韻》：「物敗生白膜也。」

勉力支持曰撐。《集韻》〔一〕：「恥孟切，支拄也。」

以財物鬥勝及競氣拼命皆曰甹。《說文》普丁切：「俠也。三輔謂輕財曰甹。」徐注曰：「任俠用氣也。」

以兩物較其長短曰賬。《廣韻》：「於建切，物相當也。」

用力挽引曰扳。《集韻》音班，挽也，引也。《公羊傳》隱元年：「諸大夫扳隱而立之。」又俗有扳罾、扳價之語，本此。

更易財物曰嬥換。《集韻》音宛，嬥嬥，往來貌。蓋更易有往來之義。或作掉，掉有轉義，亦通。

蓄積財物曰儹。即産切。《廣韻》：「積，儹也。」《俗書刊誤》：「聚錢穀。由少至多曰儹。」

以財物互易曰對。《說文》：「市也。」或曰互市必與人對，故從對人。按此字本音對，俗讀若兑，遂借用兑字。

脅取財物曰擢。讀若忽音。《漢書·王莽傳》：「猾吏奸民，辜而擢之。」注：「謂脅人罪自取利也。」今有擢奪撞騙之語。

〔一〕集：原誤作「廣」。

以舌試探食味曰丙。《説文》：「舌貌。」象形。他念切。《六書精藴》：「舌在口，露其端以抵物也。」《廣韻》通作舔。今讀作上聲。

凡食物漬醬曰鑽。作旦切。《説文》：「鑽，以羹澆食也。」

兩物相和曰拌。《集韻》部滿切，音盤上聲，物之相和。通作伴。今俗作拌。按拌訓捐棄，無相和義。

以湯沃物曰湌。《清波雜志》：「高宗自相州渡河，荒野中，借半破瓮盂温湯湌飯，茅檐下與汪伯彦同食。」《集韻》：「湌，披教切，漬也。」

寒則偎之使暖，濕則偎之使乾曰焙。讀若塢音。元雜劇《青衫淚》有焙腳硃砂擔，有濕衣焙乾之語。

以火烘物使乾曰㷶。音愎，又作煏。《方言》：「以火乾五穀之類，關西隴冀以往謂之㷶。」注：「㷶，皮力切。」《説文》：「煏，以火乾物也。」符逼切。今蕭邑有火㷶鷄，頗著名。

火焰外竄曰爁。《廣韻》音濫，火焱行也。《淮南子·覽冥訓》：「火爁焱而不滅。」《集韻》音覽，又音濫，今二音並用。

以食物納油及湯中一沸而出曰煠。《廣韻》士洽切，《博雅》：「瀹也。」或作渫。蘇軾《十二時偈》：「百滚油鐺裏，恣把心肝煠。」

以火略灼曰燂。徒南切。《廣韻》：「以火爓物也。」

熟食以火再煮曰燘。《廣韻》呼罪切，音賄。《集韻》：「熟謂之燘。」如今燘羊肉、燘肝之類。

以刀切薄片曰剕。《玉篇》：「削也。」音批。《集韻》有剫字，刀析也，亦音批。

以藥固著金鐵器曰銲。《廣韻》作釬，《玉篇》：「固金鐵器令相著也。」

以指深剜曰剾。恪侯切。《博雅》：「剜也。」

破瓜成塊曰華。《曲禮》：「爲國君削瓜者華之。」華音花〔一〕，謂半破也。

兜物之網曰㨟兜。《集韻》㨟，柯開切，觸也。呂種玉《言鯖》：「俗以網兜物曰㨟兜。」即此。

挹彼注此曰舀。以招切。《傳燈録》：「高沙彌就桶舀一勺飯。」

挹水散潑曰𣂆，音豁。《博雅》呼适切，抒也。《類篇》作㪿。亦曰戽。音虎。《廣韻》抒也。本作𣵀，戽斗，舟中渫水器也。

以刀錐刺之曰戳。《廣韻》敕角切，刺也。《行營雜録》宋太宗事有「引斧戳雪」語。《五燈會元》遇賢偈有「曾把虛空一戳破」句。按今有戳一刀、戳通等語。

以手批面曰搧。《集韻》搧音羶，批也。按《六書故》謂掌擊曰挺，與搧同音。今蕭俗讀若萱音，有搧巴掌、搧拳頭之語。

以手振物使展曰敨。《集韻》他口切，展也。按即抖擻二字切，讀若偷上聲。

手舁物他徙曰扱。音綽。《唐韻》楚洽切。《廣韻》：「舉也，引也。」今俗有八擡八扱之語。

手摩痛處曰捼，亦作挼。俱音儺。《説文》：「兩手相切摩也。」

以手逼物出汁曰𪗋。《博雅》籍禮反，漉也。《集韻》子禮切，音濟，手搦酒。《玉篇》：「手出其汁也。」通作泲。

去渣取汁曰潷。音筆。《博雅》：「漉也。」《集韻》訓「去滓」。今云潷藥是也。

〔一〕花：原作「華」，據民國三十七年《蕭山縣志稿》改。

擘物使開曰烁。《廣韻》音拍，破物也。《集韻》：「分也。」今俗謂擘橙橘之屬曰烁。

搔癢曰抓。莊交切。《博雅》：「搔也。」

手爪披毁物曰攋。《集韻》洛駭切，讀若賴上聲。《方言》：「壞也。」《廣韻》：「手披也。」

以手斯物曰撦。音車上聲。《集韻》：「裂開也。」《博雅》：「開也。」皮日休詩：「風撦紅蕉仍换葉。」今俗作扯，當以撦爲正。

用力牽引曰劯。音堆上聲。《篇海》：「著力牽也。」

手按物曰捻。《集韻》邱禁切，按物也。

手懸提物曰拎。《玉篇》音零，手懸捻物也。今方音小變。

發土使開曰坌。蒲悶切，音盆去聲。《廣異記》載鷙獸搏狂牛事云：「牛自埋身於土，獸坌成潭。」

匿迹潛進曰軀。音偃。《廣韻》：「身向前也。」《類篇》：「曲身也。」今俗有軀壁賊之語。

謂人潛逃曰瀏。去聲，風疾貌。《楚詞·九歎》：「秋風瀏以蕭蕭。」按俗語蓋以潛去者若風之無迹爲喻耳。

忽然突出曰宊。《廣韻》他骨切，吞入聲，出貌〔一〕。

往來倏忽曰趀，亦作趚。《玉篇》實洽切，行疾也。又《集韻》趚，疾盍切，疾走貌。按今有趀來趀去之語。

莽進曰趣。音暫。《説文》：「進也。」《玉篇》：「超急而騰疾也。」今有直趣、亂趣之語。

〔一〕「出」下原衍「見」字，據《廣韻》删。

檐牙冰箸曰澤。《楚詞·九思》：「霜雪兮漼溰，冰凍兮洛澤。」澤音鐸。

捕捉曰骼。枯駕切。《五燈會元》金山穎偈有「勸人放開骼蛇手」句。按《玉篇》訓骼爲腰骨，與捕捉無關，惟《集韻》有挌字，訓持也，本作抲，音骼平聲，捉也。《六書故》捉之力也，訓捕捉。當以挌、抲爲正。

以上參翟灝《通俗編》。

手揭取物曰掣。《集韻》尺列切，音滯入聲，挽也，揭也，取也。《晉書·王獻之傳》：「七八歲時學書，羲之從後掣其手，不得。」

捻去鼻膿曰擤。《篇海》亨上聲，手捻鼻膿曰擤。又音省，義同。

躍跳曰投。音透。《廣韻》：「自投下也。」亦作投。

跳舞曰趒。音迢。《説文》：「雀行也。」按俗謂舞爲趒，以有跳躍之義耳。

事之糾葛難了及人之難以理喻者皆曰倭。於禾切，讀若阿。自明朝屢遭倭寇之難始有此語。

邊際曰埏。《集韻》時連切，音延，地際也。八埏，地之八際。

較量物之多少曰掿。《集韻》胡刀切，音豪，較多少曰掿。

推宕曰攮。《字彙》音囊，推攮也。俗有推來攮去之語。

謂日午曰旰。讀若愛音。《集韻》音骭。《説文》：「晚也。」《左傳》襄十四年：「日旰不召。」《前漢書·張湯傳》：「日旰，天子忘食。」俗讀愛，音之轉耳。有旰晝、旰飯之語。

拄屋使正曰牮。《字彙》音薦，屋斜用牮。又以土石遮水亦曰牮。

呼犢曰犪。《集韻》烏猛切，並《類篇》於杏切。吴人謂犢曰犪。

不忍廢棄曰勿割捨。《詩譜》：「陸士衡才思有餘，但書太多爲礙，能痛割捨乃佳耳。」

立秋後仍酷熱不可耐曰秋老虎。《吴趨風土録》。

秋雨倏忽一陣曰秋霅霫。惲敬《大雲山房雜記》：「吴以秋雨爲秋霅霫。」

游手無賴者曰聊蕩，甚者曰濫聊。施鴻保《閩雜記》〔一〕：「地方惡少，游手覓食，訛索詐騙者，謂之聊蕩。言無聊賴好游蕩也，亦曰濫聊，則尤甚之詞。」

作事迂執者曰丁相公畫一字。《山堂肆考》：「元丁濟爲奉化令，凡公論所在，一判不復移，民稱之曰丁相公一字判。」今俗語當本此。

器物薄弱者曰嬌痃。《集韻》痃音怯，病弱也。

物嫩而軟者曰蕈偄。《玉篇》：「蕈，地菌也。」《唐韻》《正韻》偄，奴亂切。《説文》：「弱也。」

物至微小者曰一麧。《廣韻》音窣，麥屑也。

碾物使薄曰擀。《集韻》干上聲，以手伸物也。或省作扞。

線索糾繞曰擅。《篇海》直善切，音躔上聲，手擅轉也。

手爬物曰摦。《類篇》烏瓦切，吴俗謂手爬物曰摦。

有物礙足曰掷。《集韻》音班去聲，絆也。又引擊也。

水中撈物曰撩。《正韻》音聊。《説文》：「理也。」一曰取物也，攏取物爲撩。

〔一〕保：原脱。

權勢嚇人曰僻儚。《集韻》：「豪强貌。」後魏時語莫僻儚。

蕭語有以入聲字作平聲讀者，如鯽魚呼爲精魚，嶽蕭音同鄂廟呼爲杭廟之類。有以入聲字作去聲讀者，如後日呼爲後昵，一擊呼爲一季之類。亦有以入作平，全是北音者，如黑魚呼爲海平聲魚，白魚呼爲排魚，白馬湖呼爲排馬湖之類。張文萟《螺江日記》。

今按，尚有全是北音者，如來弗及呼爲來弗忌，文書票約呼爲文書票摇，三合六湊呼爲三合溜湊，鯽魚呼爲濟魚，蛋黄呼爲蛋詸，弗行呼爲弗興，瓜瀝呼爲瓜離，時候呼爲時吼，薄荷呼爲薄去聲荷去聲，螞蟻呼爲螞夷，便宜呼爲便怡之類。

蕭俗問何人曰苛箇，問人作何事曰作苛，苛讀上聲，與何通用。《賈誼傳》「大譴大何」，《新書》作「大譴大苛」。《漢書·衛綰傳》「誰何」，《史記》作「譙呵」。俱可證。張文萟《螺江日記》。

俗稱人美好曰脊零，稱左右旋轉曰奪欒，初莫得其説，既知，乃反切法，脊零即精字，奪欒即團字，合兩聲爲一聲，如稱弗會、弗要亦似此。以是知反切之法，信口有之，乃天籟，非人巧也。

俗呼歸如居，鬼如舉，跪如巨，貴如據，緯如喻，虧如區，椅如飫，小兒毁齒之毁如廢，呵欠之欠如漢，猢猻之猢如活，餧如飫，虹如黌，玉粟之玉如義，二如膩，鼻如闢，死如洗，屎如汙，去聲。溺如施，又如西。去如氣，晾如浪，芋艿之芋如怒，黄鱶之黄如盎，平聲。櫃如鉅，洗如貨，赤如察，可惜之惜如心，相宜之宜如行，盱如愛，鉛如已，自如徐，去聲。誰氏如海平聲儒，人如寧，認如濘，蠶蛹之蛹如愚，只有之只如結，花絮之絮如西，日如逆，昨日如曹擬。又如牀擬。

王小穀曰：越讀過如孤，一更盡謂之一更過，推之五更皆然，半夜盡謂之半夜過。蕭俗亦然。

蕭諺小兒養至五六歲曰養出火，蓋蠶家語也。蠶至三眠後撤去火具，名曰出火。從來新婦曰新媳婦，越俗訛爲新新婦，故娶婦者曰娶新新婦，看婦者亦曰看新新婦。陶元藻《鳧亭詩話》。

〔民國三十七年〕蕭山縣志稿

【解題】來裕恂纂。民國三十七年（一九四八）修，稿本。蕭山縣，今浙江省杭州市蕭山區。「方言」見卷十《文化》中。録文據天津古籍出版社一九九一年版整理本《蕭山縣志稿》。

方言

方言者，一方之言語也。中國話不統一，故文化之推進極感困難。中國方言，幾乎縣縣不同，即同縣中人，亦有大同而小異者。昔揚子雲作《方言》，盡舉其大者言之，而未及於巖疆小邑也。厥後《續方言》《通俗編》等書，接踵而起，於是有可以採摘者。

蕭俗呼竈突曰煙囪。讀作匆。

壟曰塳壟。讀作蓬，又埄同〔一〕。

甚煖曰煖烘烘。

以手指扯物裂之曰斯。《説文注》：「斯，析也。」《詩》：「斧以斯之。」

喪服首加麻布一條曰頭繆。讀作蘇。

以湯去鷄鶩羽曰𤈦。音推。

呆坐而候人曰𨁈，音堆〔二〕。𨁈讀重音如對，如𨁈𨁈坐、𨁈𨁈望之類。

彝讀羶、軒二音，今俗稱食物有軒氣是也。

蔫，物不鮮貌，俗以物色稍陳，即謂之蔫。

飯壞爲餿。

以匍匐爲𨓝。音爬。以不能行者爲暜𨓝，𨓝音溯〔三〕，聲如爬。暜音横。所謂暜𨓝，不動是也。

以火爦物曰燂。以火焱物曰熛。以目微白曰瞟。匹了切。目略一過曰覭。與瞟同。

身長曰敿。音了。面瘠白曰醪醪。音了。

扯物令長曰抻。音勝。

〔一〕埄：原作「垶」，據民國二十四年《蕭山縣志稿》改。

〔二〕音：原誤作「台」。

〔三〕𨓝：原作「暜」，據文意改。

体，音蒲本切。粗体、呆体是也。作笨謬。

縛物爲絞峭。

餅鏊，炊餅之盤。

伉，藏物也。

棱，杜甫詩：「塹抵公畦棱。」注：「京師農人指田遠近，多曰幾棱。」今稱一棱、兩棱是也。

以油塗器曰油。音誘。

以身踊擲曰趖。音透。

㮇，音他念切。今俗稱火㮇、燈㮇。

㩟，支也，俗稱支牀支几皆曰㩟。音殿。

㓤劉，音差暫。言割剪，今俗謂誤觸亦曰㓤劉。

浮水曰灟。音探。俗謂浮灟灟。

沈水曰潭，有没頭潭。音澹，今讀如潭。

凍瘡曰凍瘃。音竹。酒略上口曰欸，以口吮去汙洟亦曰欸。音卒。吹氣曰哱。普没切，音潑。

舟行不安曰刖。音兀。暫睡而覺曰痦。牛羊以角觸人與以角發物皆曰觚。音掘。

入水曰頞。烏匇切。俗誤以沃當之。緩步曰踱。音鐸。信口出語曰喥。音鐸。

鄉間言物未成者皆曰草。如草鷄、草馬之類，其言亦有所本。《淮南子·修務訓》：「馬爲草駒之時。」草駒即草馬也。《爾雅》：「雉之暮子爲鷚。」注：「晚生者。」今呼少鷄爲鷚暮子。少與草，一音之轉。

蕭俗呼電曰霍閃。顧雲詩：「金蛇飛狀霍閃過。」《文選・海賦》：「矆睒無度。」按霍閃亦可作矆睒。

不冷不熱曰温暾。《輟耕録》：「南人曰温暾者，言懷暖也。王建《宫詞》：『新晴草色暖温暾。』」

人不斂攝曰琅湯〔一〕。《管子・宙合》篇：「以琅湯淩鑠人〔二〕，人之敗也常自此。」

遇事首先當之者曰盪頭陣。《宋書・顔師伯傳》：「單騎出盪。」《孔覬傳》：「每戰以刀楯直盪。」音徜。

凡事立異曰作梗。《北史・魏收傳》：「羣氏作梗，遂爲邊患。」

强出任事曰出尖。《宋史・兵志》：「熙寧間造箭四種，一曰出尖。」人多儀文曰客氣。《左傳》定八年：「陽虎僞不見冉猛者，猛逐之，僞顛，虎曰：『盡客氣也。』」行事無所乖戾曰順流。《史記・留侯世家》：「順流而下。」聲名四達曰出名。《鶡冠子》：「扁鵲之兄，名不出於閭，扁鵲名出於諸侯。」

稱人古樸不和通者曰艮古頭。《輟耕録》：「杭人好爲隱語，如癡蠢人曰杓〔三〕，樸實人曰艮頭。」按蕭俗增一古字。

少年無賴曰惡少。《荀子・修身篇》：「無廉恥而嗜乎飲食者，可謂惡少者矣。」

〔一〕人不斂攝：原作「人人不會斂鑷」，據民國二十四年《蕭山縣志稿》改。

〔二〕鑠：原作「鑠」，據民國二十四年《蕭山縣志稿》改。

〔三〕人：據民國二十四年《蕭山縣志稿》補。

無恒業而狡獪者曰無賴。《史記·高祖紀》〔一〕：「大人常以臣無賴。」〔二〕健訟曰訟棍。

好賭曰賭棍。

惡少、無賴曰惡棍，亦曰棍徒。李紳《拜三川太守詩序》：「閭巷惡少年，免帽散衣，聚爲羣鬬，或差肩追繞，擊大毬，里言謂之打棍，士庶苦之。」此棍字所起。

稱墮民曰惰貧。祝允明《猥談》：「奉化有丐户，俗謂之惰貧。」

貨物低劣曰鞁。《西胡游覽志》：「杭州市人謂低物爲鞁，以其爲足下物也。」

難與言語者曰聰察。《漢書·宣元六王傳》贊：「淮陽憲王，於時諸侯爲聰察。」

作事不簡潔曰拉答。《晉書·王沈傳》：「拉答者，有沈重之譽。」

勤苦用力曰喫力。邵子《擊壤集》：「未喫力時猶有説，到收功處更何言。」〔三〕作事便捷曰僻脱。《文選·景福殿賦》：「僻脱承便，蓋象戎兵。」注：「蹴踘之徒，便僻輕脱。」

以手稱物曰掂垛。《博雅》垛，都果反，量也。《集韻》掂，丁廉切。掂垛，以手稱物也。

作事延滯曰擔閣。林逋詩：「聊爲夫君一擔閣。」

稱客曰人客。杜甫《感懷詩》：「問知人客姓，誦得老夫詩。」白居易《酬周從事》詩：「腰痛拜迎人客倦。」

〔一〕紀：原誤作「記」。

〔二〕常：原誤作「當」。

〔三〕「到」字上原衍「找」字。

事不得當曰不相干。《淮南子·原道訓》：「聖人使人各處其位，守其職，而不得相干也。」謝人代勞謂之曰得罪。《韓詩外傳》：「麥邱叟爲齊桓公壽，無使羣臣百姓得罪於吾君，無使吾君罪於羣臣百姓。」

誘人爲非曰攛掇。朱子《答陳同甫書》：「告老兄且莫相攛掇。」

鄙棄人曰厭賤。《廣古今五行志》〔一〕：「漢景時，定州阿專師曰：汝等何厭賤我，我捨汝去。」

背信渝盟曰賴。《左傳》昭十二年：「楚子曰：今鄭人貪賴其田而不我與。」

不豐腆曰連讀去聲蹇。《易》：「往蹇來連。」王弼注：「連音璉，難也。」揚雄《解嘲》：「孟子雖連蹇，猶爲萬乘師。」《通俗編》：「蘇人以作事不揚爲連蹇。連讀去聲，與王氏《易》注正合。」

怠不理事曰答颯，亦作踏趿。《南史·鄭鮮之傳》：「范泰誚曰：鄉居僚首，今答颯，去人遼遠，何不肖之甚。」《能改齋漫録》：「俗謂事之不振者曰踏趿。」案答颯、踏趿，字異義同。

爲所可爲復有利益者曰樂得。《禮·樂記》：「君子樂得其道，小人樂得其欲。」

心事不決曰忐忑。《五音集韻》音毯忒，心不應也。

心中不快曰懊惱。《鼠璞》：「《晉·禮儀志》有懊憹歌，上烏浩反，下奴浩反。即今之懊惱字。」

不拘禮節曰落拓。《北史·楊素傳》：「少落拓，有大志，不拘小節。」

勢難中止，一意竟事曰索性。《朱子文集·與吕伯恭書》：「騁意過當，遂煞不住，不免索性説了。」

凡物渣滓曰藞苴。《五燈會元》：「真浄詬文準曰：乃敢爾藞苴耶？」《通俗編》曰：「按藞苴，泥不熟也。苴，查滓

〔一〕古：原誤作「告」。

也。蓋謂其未經鑪鞴，所謂糟粕也。」

狡獪險惡者曰潑賴。《餘冬序録》：「蘇州以醜惡曰潑賴，潑音爲派。」

舉事而言曰話頭。《鶴林玉露》：「陳了翁日與家人食，食已，必舉一話頭，令家人答。」

話柄曰話把。《羅湖野録》：「翻身跳擲百千般，冷地看他成話靶。」亦作話把。《鶴林玉露》載安子文自贊曰：「今日到湖南，又成閑話靶。」按把、靶字通。

囑告曰分付。《漢書·原涉傳》：「具記衣被、棺木，下至飯含之物，分付諸客奔走市買。」按此言分別委付也。俗以爲囑告之義，非也。

請託人曰訣。《通雅》：「以言託人曰訣。一作咉。」

忿人謬己曰暴怨。焦竑《字學》：「俗以恨人陷害曰暴怨。」

猝然生怒曰發作。《三國志·孫皎傳》：「權讓之曰：近聞卿與甘興霸飲，因酒發作，侵淩其人。」

人聲雜亂曰嘈雜。《抱朴子》：「曲宴密集，管絃嘈雜。」

厭其陳久曰厭瓚。《中山詩話》：「世謂事之陳久爲瓚，蓋五代時有馮瓚〔一〕，其人愚戇，有所聞見，他人已厭熟，而乃甫爲新奇道之，故今稱瓚爲厭熟。」今俗語下加「乎也」二字，以《千字文》有「焉哉乎也」而訛傳之也。

不識事理曰喥頭。《廣韻》喥，徒落切，口喥喥無度。俗語正謂出言無度人也。

呼童男曰小官人。《澠水燕談録》：「李文定以女妻孫明復，孫固辭。文定曰：吾女不妻先生，不過爲一小官人

〔一〕五：原誤作「古」。

妻。」按俗稱義，非也。

嬰兒曰嘔鴉。音窩。陳造傳〔一〕：「寧堪歲攬減，又抱兩嘔鴉。」自注：「淮人以歲饑爲年歲攬減，越人以嬰兒爲嘔鴉。」

親戚概稱曰親眷。鮑照《别庾郎中》詩：「已經江海别，復與親眷違。」

呼小兒女曰寶寶。《留青日札》：「今人愛惜其子，而呼曰寶寶，蓋言如珍寶也。亦作保保，人以爲保抱護持之義。」

呼廚師爲師公。《夢粱録》：「凡分茶酒肆賣下酒食品廚子，謂之量酒博士、師公。」

泛稱婦女曰女客。《文選》宋玉賦：「妾巫山之女也，爲高唐之客。」《玄怪録》：「蜀帥章仇謂其妻曰：何不盛設盤筵，邀召女客。」按此皆稱女賓。今泛稱婦女，未通也。

佃户稱業户曰財主。《周禮·朝士》「凡民同貨財者」注云：「同貨財。相交易者謂財主出債與生利，還生〔二〕，則同有貨財。」按此對債者而言，今泛稱業主，非。

凡商鋪稱常相交易者曰主故。《日知録》：「市井人謂頻相交易者爲主顧〔三〕。《後漢書》有主故字，故當是顧字之訛。」

商賈母金稱曰子本。見《周禮·朝士》疏。《韓昌黎集·柳子厚墓志銘》：「男女質錢約不時贖，子本侔，没爲奴

〔一〕傳：似當作「詩」。
〔二〕還：據《周禮注疏》補。
〔三〕顧：原作「故」，據《日知録》改。

婢。」元稹《估客樂》：「子本頻蕃息，貨賂日兼并。」按子音孳，息也，今訛作資本。

室之裏隅曰壁角落頭。見《東坡集・大慧真贊》。

居處曰薖座。《詩》：「碩人之薖。」《廣韻》《集韻》薖並苦禾切，讀若科。李詡《俗呼小録》：「俗謂所居曰科座，實當爲薖座也。」

階級曰礓礤埠。《武林舊事・諸小經紀》有賣礓礤子。《字彙補》曰：礤，音擦。姜礤石，出《大内規制記》。此是階磴之稱。

整理什物曰修娖。《唐書》：「中和二年，修娖部伍。」按娖音捉。俗謂整葺爲修娖。

婦女首飾曰頭面。《東京夢華録》：「相國寺兩廊，賣繡作領抹花朵、珠翠頭面之類。」《乾淳起居注》：「太上太后幸聚景園，皇后先到宫中起居，入幕次，換頭面。」

泛稱手製各物曰生活。《元典章・工部》段疋條：「本年合造生活，比及年終，須要齊足。」田藝衡《張應祥墓志》：「命匠造冰絲，不得作僞，直不加昂，而生活易售。」

染物標識曰霞頭。霞，音牙。《苕溪漁隱叢話》：「世傳有霞頭隱語，是半山老人作，云：生在色界中，不染色界塵。一朝解纏縛，見性自分明。」按霞頭者，帛角識物主姓氏處，染時，先以草纏結之，使不漫滅。

小兒裹裙曰褓裙。《儂雅》：「小兒被爲褓。如俗呼褓裙、褓被是也。」今轉爲抱，誤。

泛稱器具曰家生。《夢粱録》載家生動事如桌凳、涼牀、交椅、兀子之類。

泛稱憑據曰把柄。《藝林伐山》：張無垢言靶柄入手，則開道之際，改頭換面。

謂精明强幹者曰淋尖踢斛。《律例》：「倉官斗級，不令納户行概，聚踢斛淋尖、多收斛面者杖。」

呼大肚酒壺曰急須壺。《三餘贅筆》：「吴人呼暖酒壺爲急須，以其應急而用。吴人謂須爲蘇，故亦曰急蘇。」

呼盤米器曰勃蘭。《容齋三筆》：「世人語有以切腳稱者，如以蓬爲勃蘿、槃爲勃蘭之類。」按元人《陳州糶米》曲：「收了蒲籃罷了斗。」用字不同。而此器無製以蒲者，可見容齋説是也。

泛稱菜蔬曰下飯。《過庭録》：「王子野羅列珍品，謂水生曰：『何物可下乎？』水生曰：『惟饑可下飯乎。』」

市物不稱意曰豱猪頭。《爾雅・釋獸》：「豕，奏者豱。」注曰：「今豱猪短頭，皮理腠蹙。」〔一〕按此猪之頭短小而醜，非人意所喜，故俗有是稱。

作事不盡善曰三腳猫。《輟耕録》：「張明善作《樂府》譏時云：『説英雄，説英雄。兩頭蛇，南陽卧龍。三腳猫，渭水飛熊。』」

果木初花曰始花。《游覽志餘》：「杭人以草木稱而初萼者曰始花，音如試。《禮・月令》：『桃始華，蟬始鳴。』注：『皆讀始去聲。』」

竹中薄膜曰竹孚俞。《吴都賦》：「鮫人賣綃。」注云：「綃者，竹孚俞也。」按世或書作肤衣，似誤。

事物甚多曰摩訶。《翻譯名義》：「梵音摩訶，此云大多勝也。」按今語當原於此。

多至不可數曰無萬。《漢書・成帝紀》：「建始元年六月，有青蠅無萬數，集未央殿中。」注云：「言其極多。雖欲以萬數計之而不可得，故云無萬數。」

多曰够。音遺。《廣韻》：「够，多也。」《文選・魏都賦》：「繁富夥够，不可殫究。」《升庵外集》「今人謂多曰够，少曰不

〔一〕蹙：原作「縮」，據《爾雅》改。

够」是也。

不知其詳曰無數。《周禮》序官〔一〕：「男巫無數，女巫無數。」蓋謂其或多或寡，未有定數，與此義合。

事之一定不易者曰板板六十四。見《豹隱叢談》。按凡鼓鑄，每一板六十四文，乃定例也。或私增其一，即屬偷鑄，故俗又謂偷兒曰六十五。

呼偷兒隱語曰六十五。見上。

泛稱物一件曰一㮣。《篇海》㮣，防教切，音炮。出《免疑韻》，俗謂四十斤爲一㮣。

勉爲所願曰寧可。見《世説新語》：「劉尹曰：寧可鬥戰求勝。」今又轉爲耐可，讀如能。李白詩：「耐可乘明月。」

不能勝任曰不能彀。《唐書·張巡傳》：「士才千餘人，皆癯劣不能彀。」今俗語蓋借此爲辭。

問人何爲曰咋。《廣韻》咋音詐。《通俗編》云：「蓋以甚讀如舍，而又以做舍二字反切爲咋也。」按蕭音則以作何二字反切成音者〔二〕。

聞呼而譍則曰唉。讀去聲。《説文》：「唉，應也。」烏開切。又：「欸，譍也。」亞改切。《方言》：「欸、䜡，然也。南楚凡言然曰欸，或曰䜡。」

事有疑怪者則應曰嗄。上聲。《龐居士傳》：「龐婆走田中告其子龐大曰：『汝父死矣。』龐大曰：『嗄？』停鉏脱去。」《五燈會元》：「臨濟謁龍光曰：大善知識，豈無方便？光瞪目曰：嗄？濟曰：這老漢今日敗缺也。」按二嗄字有疑悟

〔一〕周禮序官：原作「周官」，下條「事之一定」的「事」字下有「禮序」二字，顯係錯亂，今改正。

〔二〕蕭：原誤作「蕃」。

之別。疑讀上聲，悟讀平聲，當以緩急分。

語事而應承則曰阿。音倭。《老子》：「唯之與阿，相去幾何？」按應之速曰唯，緩曰阿。

凡指物示奇則曰魌。《説文》：「魌，見鬼驚詞。」諸何切。按《樂府雜録》：「驅儺用方相四人，執戈揚盾，口作儺儺之聲，以驅逐也。」又《集韻》哪音儺。哪即儺人之聲。魌、儺、哪三字蓋通。

驅物作聲曰庶庶。《周禮・秋官》有「庶氏」注曰〔一〕：「驅除毒蠱之言。」字從聲。疏曰：「庶是去之意，蓋取聲也。」

凡呼犬曰阿六六。《演繁露》：「紹興中秦檜專國，獻佞者謂之聖相，無名子爲詩有云：呼鷄作朱朱，呼犬作盧盧。世人呼犬，不問何地，其聲皆然，是借韓盧之名，以犬爲高美耶？」〔二〕按今六六，即盧盧之轉音。

呼鷄曰喌喌。音祝。《説文》：「喌，呼鷄重言之。」施肩吾詩：「遺卻白鷄呼喌喌。」按《伽籃記》：「沙門寶公曰：把粟與鷄呼朱朱。」爲喌之轉音。今俗或借作祝祝，亦作咮咮，又作粥粥。韓退之《琴操》：「隨飛隨啄，羣雌粥粥。」

鄉人小名多以阿字。《三國志・吕蒙傳》注：「魯肅撫蒙背曰〔三〕：非復吴下阿蒙。」《世説注》：「阮籍謂王渾曰：與卿語，不如與阿戎語。」按此凡人名皆可挈以阿字，不特小名爲然。蓋阿者發語辭，古人以誰爲阿誰，亦猶此也。

似之至者曰活脱。楊萬里詩：「小春活脱似春時。」史彌寧詩：「楚山活脱青屏様。」

稱婦人貌美及物之美麗者曰齊整。《三國志・鄭渾傳》：「村落齊整。」《晉書・符堅載記》：「部陣齊整。」

〔一〕氏：原作「民」，據《周禮》注改。

〔二〕以犬爲高美耶：原作「尤爲高美」，據《演繁露》改。

〔三〕蒙：原誤作「掌」。

《顏氏家訓》：「車乘衣服，必貴齊整。」按凡物修正者，古均謂之齊整。又《急就章注》云：「鬋撥眉髮〔一〕，去其不齊整者，以爲姸澣。」《集韻》云：「嬐〔二〕，婦人齊整貌。」今説當原於此。

人之肥大者曰奘。《方言》：「秦晉之間凡人之大謂之奘，又謂之壯。」

婦人之輕倩者曰波俏。《五燈會元》：「眉毛本無渠低波俏。」又《北史》溫子升曰：「詩章易作，逋峭難爲。」〔三〕《宋景文筆記》：「齊魏人以有儀矩可喜者，謂之庯峭。」《廣韻》曰：「峬峭，好形貌。」音義俱同。

婦人身材嬝娜者曰媌條。《列子·周穆王篇》：「鄭衛處子，娥媌靡曼。」《方言》：「凡好而輕者，自關而東、河濟之間謂之媌。」《客座贅語》：「南郡言人物之長曰媌條。」

不潔曰邋遢。《廣韻》：「邋遢，不謹事也。」《七修類稿》：「鄙猥糊塗之意。」按此與今語義異。

事至不上不下曰尷尬。《説文》：「不正也。」古咸、古拜二切。焦竑《俗書刊誤》：「行不恰好曰尷尬。」

性情剛愎或事物難容俱曰狼抗。《晉書》：「周顗言王敦剛愎强忍，狼抗無上，其意寧有限耶？」《世説新語》：「周嵩泣對母曰：嵩性狼抗，恐亦不容於世。」又《玉篇》：「躴躿，身長貌。讀若郎康。」音義亦合。

事物累墜難理曰磊𥪖，一作累堆。《説文》𥪖，丁罪切。磊𥪖，重聚也。趙宧光《長箋》：「今吴中方言有之。凡事物煩積而無條理曰磊𥪖。」《通雅》：「今方言皆作累堆〔四〕，累讀平聲。」

〔一〕撥：原誤作「拔」。

〔二〕嬐：據民國二十四年《蕭山縣志稿》補。

〔三〕逋峭：原作「波俏」，據《北史》改。

〔四〕皆：原誤作「暫」。

肚腹脹大曰彭亨。《詩・大雅》：「女咆哮於中國。」毛傳云：「咆哮，猶彭亨也。」彌明《石鼎聯句》：「豕腹脹彭亨。」《廣韻》作膨脝。

物直而胖大者曰儱侗〔一〕。《五燈會元》曉舜、圓璣等俱有冬瓜直儱侗語〔二〕。

凡物渾圓未開者曰鶻淪。朱子《語録》：「乾是鶻淪一箇大底物事。」〔三〕又《文集・答楊至之》曰〔四〕：「聖人之言，自有條理，非如今人鶻圇儱侗無分别也。」〔五〕《傳燈録》：「僧問法真：如何是無縫塔？真曰：鶻侖磚。」《通俗編》云：「按淪、圇、侖三字，體别義同。或又作囫圇。朱子《語録》『道是箇有條理底，不是囫圇一物』是也，其實皆渾淪之轉。《列子・天瑞篇》：『渾淪者，萬物未相離也。』」

往來疾忽曰潚，亦曰逯。《文選・思玄賦》：「迅猋潚其媵我。」注：「潚，疾貌，音肅。」《淮南子・精神訓》：「渾然而往，逯然而來。」注：「謂無所爲忽然往來也。」按俗狀疾忽之辭有云潚地裏、逯地裏，作此二字爲典則。

物之臭惡者曰䶕齈。音讀若蓊桶。《方言》：「南楚凡大而多謂之齈。凡言過度及妄施行者齈。」烏孔、奴動二切。《博雅》：「䶕齈，多也。」《通俗編》云：「按物之陳久而臭惡者曰䶕齈，古無此訓，豈以二字有過度之義而牽合歟？」

圓物旋轉迅捷曰骨鹿。《樂府雜録》有骨鹿舞於小毬子上，縱横騰踏，甚於旋轉之疾，因以名之也。一作骨碌。

〔一〕儱：原誤作「欸」，據民國二十四年《蕭山縣志稿》改。

〔二〕此句原作「曉舜鶻淪圓璣等俱有冬瓜欸直侊侗語」，錯亂甚多，據民國二十四年《蕭山縣志稿》改。

〔三〕鶻淪：原脱，據朱子《語録》補。

〔四〕之：原誤作「云」。

〔五〕儱：原誤作「侊」。

謂穢雜曰拉圾。《晉書·五行志》:「太元末京口謡云:黄雌鷄,莫作雄父啼。一旦去毛衣,衣被拉颯棲。」〔一〕元好問詩「惡木拉颯棲,直幹比指稠」用此。又《廣韻》:「刺㓷,不浄也。」《集韻》:「𦙶腄,肉雜也。」「攋捶,和攪也。」《黄山谷集》:「傝倕,物不觸也。」《五燈會元》:「大容謳曰:大海不容塵,小溪多搕捶。」《夢粱録》:「諸河有載垃圾糞土之船。」字體各異,而音義俱同。

堅實難動曰實辟辟。《素問》:「脉搏而實,如指彈石,辟辟然。」

服物寬廓不稱者曰寬定宕。《癸辛雜志》:「胡衛道三子〔二〕,孟曰寬,仲曰定,季曰宕,蓋悉從宀。其後悼亡妻,俾友人作志〔三〕,書曰:夫人生三子,寬定宕。讀者爲之掩鼻。」蓋當時已有此俚言也。

稱文弱人曰文偒偒。見《元曲選》關漢卿《謝天香》曲。

浣紗曰汏。《説文》徒蓋切,「淅𤄷也」。徐鉉曰:「水激過也。」音大。

水滴曰渧。《廣韻》音帝,「瀻漉也」。《集韻》:「一曰滴水。」〔四〕

暫没入水曰揾〔五〕。《説文》:「揾,没也。」按抐也。讀温去聲。

〔一〕下「衣」字原脱,據《晉書》補。
〔二〕衛:原作「偉」。
〔三〕友:原誤作「後」。
〔四〕曰:原誤作「旦」。
〔五〕没:原誤作「汲」,據民國二十四年《蕭山縣志稿》改。

水浮物曰氽。《桂海虞衡志》載粵中俗字有氽，云「人在水上」也〔一〕。《字彙》氽，去墾切。

深目曰眗。音摳。《埤蒼》：「目深貌。」《廣韻》：「曉，深目貌。」〔二〕瞘、摳二音。亦作瞘。

目大曰䀰䀰。《廣韻》古録切，大目也。

目短視曰近䁥。音砌。《説文》：「察也。」《博雅》：「視也。」《集韻》：「衺視也。」或作眴。

露齒曰𪘀牙。《集韻》步化切，齒出貌。又邦洼切，𪘀齖〔三〕，亦齒出貌。

腋下曰肋胳肢下。《説文》：「胳，腋下也。」釋文胳音格。

呼乳曰𠄎。《直語類録》：「鐘鼎文有𠄎字〔四〕，謂乳也。世作奶，實當爲𠄎。」

膺肉曰胸脯。《類篇》：「脯，蓬蒲切，雉膺肉。」〔五〕《暖姝由筆》：「脯，謂鷄胸下白肉也。」

和衣暫臥曰踼。《集韻》音儻，「申足伏臥也」。

默不聲張曰悗。《莊子·大宗師》：「悗乎忘其言。」按悗，母本切，今方言音轉作平聲，有「悗聲大發財」之諺。

處事迅疾曰快悛。音燥。《玉篇》：「快性也。」按俗有快性之語。又催人速辦事曰快些。

〔一〕人：原脱，據《桂海虞衡志》補。

〔二〕曉：原誤作「曉」。

〔三〕齖：原作「牙」，據民國二十四年《蕭山縣志稿》改。

〔四〕𠄎：原作「韻」，據民國二十四年《蕭山縣志稿》改。

〔五〕雉：原作「鷄」，據《類篇》改。

稱小兒黠慧曰豩。《唐韻》呼關切。《漢皋詩話》：「豩，頑也。」劉禹錫詩：「盃前膽不豩。」趙緦詩：「呑航酒膽豩。」按今以爲黠慧，蓋黠慧者，正古所謂頑童耳。

腹饑曰⿸疒朿。《博雅》⿸疒朿，音曹，痛也。今謂痟疾者腹常如饑曰⿸疒朿。

小兒逢夏多病曰疰夏。《博雅》疰音注，疰，病也。

惡心欲吐曰⿰口幷。《博雅》孚萬切，吐也。《集韻》通作疲。

瘡潰曰虹。去聲。《詩》：「實虹小子。」箋云：「潰也。」今語義合。

凡物之聳起者曰⿰麦堯，一作⿰高九。《廣韻》⿰麦堯，邱召切，高⿰麦堯。《集韻》⿰高九，苦弔切，高也。

物之軟而垂者曰耷落。音答。《集韻》耷，德合切，大耳曰耷。通作聕，大垂耳貌。

物脹大曰膖開，亦曰胧開〔一〕。《廣韻》膖，匹江切，脹大也〔二〕。又音龐。《集韻》胧，薄紅切，身大也。

物寬緩不緊帖者曰儾。音郎去聲，見顧起元《客座贅語》。

斜而不直、側而不平，皆曰⿰扌苴〔三〕。《集韻》七夜切，音且去聲，衺掊也。按今凡由徑者曰斜⿰扌苴過去〔四〕。

支⿱山比不平曰⿰盍攴。《廣韻》私盍切。《中州集》周馳詠⿰盍攴子云：「勿以微材棄，安危任不輕。誰憐一片小，能使四

〔一〕胧：原誤作「朧」。

〔二〕大：原作「長」，據《廣韻》改。

〔三〕⿰扌苴：原誤作「揸」。

〔四〕曰斜⿰扌苴過去：原作「斜⿰扌苴過支去」，據民國二十四年《蕭山縣志稿》改。

方平。」

木相入處曰榫。《集韻》榫音筍，剡木入竅也。程子《語録》：「枘鑿者，榫卯也。榫卯圓則圓，榫卯方則方。」

止船木樁曰戧。《廣韻》色絳切，捍船木也。用以代碇，住則下，行則起者是也。

鞋工木胎曰楥頭。《説文》：「楥，履法也。」所券切。

置物近裏曰攏。《文選・江賦》：「攏萬川乎巴梁。」攏猶括束也。又今謂泊船亦曰攏。丁仙芝詩：「知郎舊時意，且請攏船頭。」

疏布蒙物曰絣。《説文》絣，補盲切。今有絣鼓、絣紗篩之語。

絡絲之具曰篗子。揚子《方言》：「篗，榬也。」注云：「所以絡絲者。」《廣韻》榬，亦謂之篗〔一〕。

設穽以取鳥獸曰弶。《廣韻》巨亮切，張獸也。《玉篇》：「施罟於道也。」

平木之器曰鉋。讀若暴。《釋名》：「鉋鏩，言鏩彌之使平也。」

衣扣之系曰襻。《漢書・賈誼傳》注：「偏諸若今之織成，以爲腰襻者也。」〔二〕《集韻》：「衣系曰襻。普患切。」

器之所系曰鋬。《集韻》：「器系曰鋬。普患切。」

衣縫脱綻略綴治之曰敹〔三〕。《書・費誓》：「善敹乃甲胄。」疏引鄭氏云：「敹，穿徹之也。謂甲繩有斷絶，使敹

〔一〕篗：原作「□」，據民國二十四年《蕭山縣志稿》補。

〔二〕襻：原誤作「襟」。

〔三〕治：原誤作「沿」，據民國二十四年《蕭山縣志稿》改。

理穿治之。」釋文：敹，了雕反。今俗有敹兩針之語。

衣之緣邊曰掍。音衮。王褒《洞簫賦》：「帶以象牙，掍其會合。」注云：「飾象牙同其會合之處。」

物未經檢曰一揇貨。《集韻》乃感切，搦也。今語蓋謂不別美惡，隨手搦之也。

菜心之長者曰蕻。音閧。《唐韻》：「草菜心長也。」《野菜譜》：「四明有菜名雪裏蕻。」

不鞍而騎曰驏。音産。《正字通》：「馬不施鞍轡爲驏。」令狐楚《少年行》：「驏騎蕃馬射黄羊。」按今以徒手爲驏手〔一〕，當本此。

螌人毛蟲曰揚蛓。《説文》：「蛓，毛蟲也。」音剌〔二〕。

木理不直裂而易脱者曰皵〔三〕。音鵲。《説文》：「木皮甲錯也。」《爾雅·釋木》：「大而皵楸，小而皵榎。」〔四〕

金屬消鑠曰煬，或作烊。《集韻》：「煬，鑠金也。」《法苑珠林》：「鐵鉗開口，灌以烊銅。」

物經磨而漸薄曰鋊。《五音譜》：「磨礱漸消曰鋊。」《宋書》孔顗《鑄錢議》曰：「五銖錢，周郭其上下，不可磨取鋊。」《丹鉛録》鋊音裕。按今讀若以，蓋鋊之轉音。

物不伸挺曰𩏂攏。《説文》：「收束也。」即由切。《漢書·律曆志》：「秋。𩏂也。物𩏂斂，乃成熟。」

顔色不鮮曰蔫。於乾切。《楚詞》：「蔫而無色兮。」杜牧詩：「蔫紅半落平地晚。」

〔一〕爲驏：原誤作「驏爲」。

〔二〕音：原誤作「有」，據民國二十四年《蕭山縣志稿》改。

〔三〕木：原誤作「不」，據民國二十四年《蕭山縣志稿》改。

〔四〕楸：原誤作「揪」。榎：原誤作「揪」，據《爾雅》改。

物乾枯内陷曰癟。蒲結切，音虌。《玉篇》：「枯病也。」《七修類稿》：「張士信在姑蘇，專用黄敬夫、蔡彦夫、葉得新三人。民間作十七字詩曰：丞相做事業，專用黄菜葉。一夜西風起，乾癟。」

呼虹霓曰雩。讀若吼。《爾雅·釋天》注：「江東呼蝃蝀爲雩。」音義云：「雩，於句切。」今俗呼蝃蝀若吼。《丹鉛録》《田家雜占》俱因吼音作鱟，蓋本於句之切，而讀句爲彀，若《大雅》「敦弓既句」之句耳。

物堅柔難斷者曰韌。《詩傳》：「檀，堅韌之木也。」《説文》：「韌，柔而固也。」而進切。

物大而披張者曰䐶。《説文》：「下大者也。」陟加切〔一〕。《集韻》或作䏧䐶，俗有䏧䐶開之語。

物濕而黴曰黕。《集韻》陟甚切〔二〕。《楚詞·九辨》：「或黕點而汙之。」元稹詩：「青衫經夏黕。」今或作黰。

濕物黏附曰䵷。都合切，音答。《集韻》：「物濕附著也。」

物陳腐起白膜曰殕。音撫。《集韻》：「物敗生白膜也。」

勉力支持曰撐。《集韻》：「恥孟切，支柱也。」〔三〕

以財物鬥勝及競氣拼命皆曰甹。《説文》普丁切。「俠也。三輔謂輕財曰甹。」徐注曰：「任俠用氣也。」

以兩物較其長短曰䁓。《廣韻》：「於建切，物相當也。」

用力挽引曰扳。《集韻》音班，挽也，引也。《公羊傳》隱元年：「諸大夫扳隱而立之。」又俗有扳罾、扳價之語，本此。

〔一〕陟：原作「涉」，據《説文解字注》改。

〔二〕陟：原作「涉」，據《集韻》改。

〔三〕集：原誤作「廣」。支：原誤作「束」。據《集韻》改。

更易財物曰嬥換。《集韻》音窕，嬥嬥，往來貌。蓋更易有往來之義。或作掉，掉有轉義，亦通。

蓄積財物曰儹。即産切。《廣韻》：「積，儹也。」《俗書刊誤》：「聚錢穀。由少至多曰儹。」

以財物互易曰㒓。《説文》：「市也。」或曰互市必與人對，故從對人。按此字本音對，俗讀若兑，遂借用兑。

脅取財物曰擢。讀若忽。《漢書·王莽傳》：「猾吏奸民，辜而擢之。」注：「謂脅人罪自取利也。」今有擢奪擅騙之語。

以舌試探食味曰㐁。《説文》：「舌貌。」象形，他念切。《六書精蘊》：「舌在口，露其端以抵物也。」《廣韻》通作舔。今讀作上聲。

凡食物漬醬曰饡。作旦切。《説文》：「饡，以羹澆食也。」

兩物相和曰拌。《集韻》部滿切，音盤上聲，物之相和。通作伴。今俗作拌。按拌訓棄，無相和義。

以湯沃物曰浠。《清波雜志》：「高宗自相州渡河，荒野中，借半破甆盂温湯浠飯，茅檐下與汪伯彦同食。」[一]《集韻》：「浠，披教切，漬也。」

寒則偎之使暖、濕則偎之使乾，曰焙。讀若塢。元雜劇《青衫淚》有焙腳硃砂擔，有濕衣焙之乾之語。

以火烘物使乾曰煏。音愎，又作稫。《方言》：「以火乾五穀之類，關西隴冀以往謂之煏。」注：「煏，皮力反。」《説文》：「稫，以火乾物也。」符逼切。今蕭邑有火煏鷄，頗著名。

火焰外竄曰爁。《廣韻》音濫，火焱行也。《淮南子·覽冥訓》：「火爁焱而不滅。」《集韻》音覽，又音瀲，今二音並用。

〔一〕茅檐：原作「擔」，據民國二十四年《蕭山縣志稿》改。

以食物納油及湯中一沸而出曰煠。《廣韻》士洽切〔一〕，《博雅》：「瀹也。」或作渫。蘇軾《十二時偈》：「百滚油鐺裏，恣把心肝煠。」

以火略灼曰燂。徒南切。《廣韻》：「以火爓物也。」

熟食以火再煮曰燗。《廣韻》呼罪切，音賄。《集韻》：「熟謂之燗。」如今燗羊肉、燗肝之類。

以刀切薄片曰剕。《玉篇》：「削也。」音批。《集韻》有刐字，刀析也，音批。

以藥固著金鐵器曰焊。《廣韻》作釬。《玉篇》：「固金鐵器令相著也。」

以指深剜曰剾。恪侯切。《博雅》：「剜也。」

破瓜成塊曰華。《曲禮》：「爲國君削瓜者華之。」華音花，謂半破也。

兜物之網曰㨟兜。《集韻》㨟，柯開切，觸也。吕種玉《言鯖》：「俗以網兜物曰㨟兜。」即此。

挹彼注此曰舀。以招切。《傳燈録》：「高沙彌就桶舀一勺飯。」

挹水散潑曰𣁽，音豁。《博雅》呼适切，抒也。《類篇》作𣂏。亦曰戽。音虎。《廣韻》抒也。本作氵戽，戽斗，舟中渫水之器也。

以刀錐刺之曰戳〔二〕。《廣韻》敕角切，刺也。《行營雜録》宋太宗事有「引斧戳雪」語。《五燈會元》遇賢偈有「曾把虛空一戳破」句。按今有戳一刀、戳通等語。

〔一〕士：原誤作「土」，據《廣韻》改。

〔二〕戳：原誤作「戮」，下同。

以手批面曰搧〔一〕。《集韻》搧音羶，披也。按《六書故》謂掌擊曰挻〔二〕，與搧同音。今蕭俗讀若萓，有搧巴掌、搧拳頭之語。

以手振物使展曰敨。《集韻》他口切，展也。按即抖擻二字切，讀若偷上聲。

手舁物他徙曰扱。音綽。《唐韻》楚洽切。《廣韻》：「舉也，引也。」今俗有八擡八扱之語。

手摩痛處曰挼，亦作挼。俱音儺。《說文》：「兩手相切摩也。」

以手逼物出汁曰䍃。《博雅》籍禮反，𣹢也。《集韻》子禮切，音濟，手搦酒。《玉篇》：「手出其汁也。」通作泲〔三〕。

去渣取汁曰滗。音筆。《博雅》：「𣹢也。」《集韻》訓「去滓」。今云滗藥是也。

擘物使開曰䧟。《廣韻》音拍，破物也。《集韻》：「分也。」今俗謂擘橙橘之屬曰䧟。

搔癢曰抓。莊交切。《博雅》：「搔也。」

手爪披毁物曰攋。《集韻》洛駭切，讀若賴上聲。《方言》：「壞也。」《廣韻》：「手披也。」

以手斯物曰撦。音車上聲。《集韻》：「裂開也。」皮日休詩：「風撦紅蕉仍换葉。」今俗作扯，當以撦爲正。

用力牽引曰㔻。音堆上聲。《篇海》：「著力牽也。」

手按物曰捦。《集韻》邱禁切，按物也。

〔一〕搧：本條均作「扇」，據民國二十四年《蕭山縣志稿》改。

〔二〕挻：原誤作「挺」，據民國二十四年《蕭山縣志稿》改。

〔三〕泲：原誤作「涕」，據民國二十四年《蕭山縣志稿》改。

手懸提物曰拎。《玉篇》音零，手懸捻物也。今方音小變。

發土使開曰坌。蒲悶切，音盆去聲。《廣異記》載鷲獸搏狂牛事云：「牛自埋身於土，獸坌成潭。」〔一〕

匿迹潛進曰躽。音偃。《廣韻》：「身向前也。」《類篇》：「曲身也。」今俗有躽壁賊之語。

謂人潛逃曰瀏。去聲，風疾貌。《楚詞・九歎》：「秋風瀏瀏以蕭蕭。」按俗語蓋以潛去者若風之無迹以爲喻耳。

忽然突出曰宊。《廣韻》他骨切，呑入聲，出貌〔二〕。

往來倏忽曰趏，亦作𧼒。《玉篇》實洽切，行疾也。又《集韻》𧼒，疾盍切，疾走貌。按今有趏來趏去之語。

莽進曰𧽩。音暫。《說文》：「進也。」《玉篇》：「超急而騰疾也。」今有直𧽩亂𧽩之語。

檐牙冰箸曰澤〔三〕。《楚詞・九思》：「霜雪兮漼溰，冰凍兮洛澤。」音鐸。

捕捉曰骼。枯駕切。《五燈會元》金山穎偈有「勸人放開骼蛇手」句。按《玉篇》訓骼爲腰骨，與捕捉無關，惟《集韻》有挌字，本作抲，音胳平聲，扼也。《六書故》扼之力也，訓捕捉。當以挌、抲爲正。

手揭取物曰掣。《集韻》尺列切，音滯〔四〕，挽也，揭也，取也。《晉書・王獻之傳》：「七八歲時學書，羲之從後掣其手，不得。」

捻去鼻膿曰擤。《篇海》亨上聲，手捻鼻膿曰擤。又音省，義同。

〔一〕獸：原誤作「戰」，據《廣異記》改。

〔二〕「出」下原衍「息」字，據《廣韻》刪。

〔三〕箸：原誤作「筯」。澤：原誤作「澤」，下同。

〔四〕滯：原作「出」，據民國二十四年《蕭山縣志稿》改。

跳舞曰趒。音迢。《説文》：「雀行也。」按俗謂舞爲趒，以有跳躍之義耳。

事之糾葛難了及人之難以理喻者皆曰倭。於禾切，讀若阿。自明朝屢遭倭寇之難始有此語。

邊際曰埏。《集韻》時連切，音延，地際也。八埏，謂地之八際。

較量物之多少曰㩝。《集韻》胡刀切，音豪，較多少曰㩝。

推宕曰攮。《字彙》音囊，推攮也。俗有推來攮去之語。

謂日午曰旰。讀若愛。《集韻》音旰。《説文》：「晚也。」《左傳》襄十四年：「日旰不召。」《前漢書・張湯傳》：「日旰，天子忘食。」俗讀愛，音之轉耳。有旰晝、旰飯之語。

柱屋使正曰牮。《字彙》音薦，屋斜用牮。又以土石遮水亦曰牮。

呼犢曰⿰牜替。《集韻》烏猛切。《類篇》於杏切。吴人謂犢曰⿰牜替。

不忍廢棄曰勿割捨。《詩譜》：「陸士衡才思有餘，但書太多爲礙，能痛割捨乃佳耳。」

立秋後仍酷熱不可耐曰秋老虎。《吴趨風土録》。

秋雨倏忽一陣曰秋霕霫。惲敬《大雲山房雜記》：「吴以秋雨爲秋霕霫。」

游手無賴者曰聊蕩，甚者曰濫聊。施鴻保《閩雜記》：「地方惡少，游手覓食，訛索詐騙者，謂之聊蕩。言無聊賴好游蕩也，亦曰濫聊，則尤甚之詞。」

作事迂執者曰丁相公畫一字。《山堂肆考》：「元丁濟爲奉化令〔一〕，凡公論所在，一判不復移，民稱之曰丁相

〔一〕化：原誤作「使」，據《通俗編》改。

公一字判。」今俗語當本此。

器物薄弱者曰嬌痃。《集韻》痃音怯，病弱也。

物嫩而軟者曰蕈偄。《玉篇》：「蕈，地菌也。」《唐韻》《正韻》偄，奴亂切。《説文》：「弱也。」

物至微小者曰一夠。《廣韻》音窣，麥屑也。

碾物使薄曰擀。《集韻》干上聲，以手伸物也。或省作扞。

線索糾繞曰攮。《篇海》直善切，音廛上聲，手攮轉也。

手爬物曰搲。《類篇》：「烏瓦切，吴俗謂手爬物曰搲。」

有物礙足曰掰。《集韻》音班去聲，絆也。又引擊也。

水中撈物曰撩。《正韻》音聊。《説文》：「理也。」一曰取物也，攏取物爲撩。

權勢嚇人曰僻儚。《集韻》：「豪强貌。」後魏時語莫僻儚。

蕭語有以入聲字作平聲讀者，如鯽魚呼爲精魚，岳蕭音同鄂廟呼爲杭廟之類。有以入聲字作去聲讀者，如後日呼爲後昵，一擊呼爲一記之類。亦有以入作平，全是北音者，如黑魚呼爲海平聲魚，白魚呼爲排魚，白馬湖呼爲排馬湖之類。

今按，尚有全是北音者，如來弗及呼爲來弗忌，文書票約呼爲文書票摇，三合六湊呼爲三合溜湊，鯽魚呼爲濟魚，蛋黄呼爲蛋謊，弗行呼爲弗興，瓜瀝呼爲瓜離，時候呼爲時吼，薄荷呼爲薄去聲荷去聲，螞蟻呼爲螞夷，便宜呼爲便怡之類。

蕭俗問何人曰苛箇，問人作何事曰作苛，苛讀上聲，與何通用。《賈誼傳》「大譴大何」，《新書》作「大譴大苛」。《漢書・衛綰傳》「誰何」，《史記》作「譙呵」。俱可證。

從來新婦曰新媳婦，越俗訛爲新新婦，故娶婦及看婦者，皆曰新新婦。俗稱人美好曰脊零，稱左右旋轉曰奪欒，初莫得其説，既知，乃反切法，脊零即精字，奪欒即團字，合兩聲爲一聲，如稱弗會、弗要亦似此。以是知反切之法，信口有之，乃天籟，非人巧也。

俗呼歸如居，鬼如舉，跪如巨，貴如據，緯如渝，虧如區，椅如飫，小兒毀齒之毀如廢，呵欠之欠如漢，猢猻之猢如活，餧如飫，虹如黨，玉粟之玉如義，二如膩，鼻如辟，死如洗，屎如汗，去聲。溺如施，又如西，去如氣，晾如朗，芋艿之芋如怒，黄鱶之黄如盎，平聲。櫃如鉅，洗如貨，赤如察，可惜之惜如心，相宜之宜如因〔一〕，吁如愛，自如徐，去聲。誰氏如海平聲儒，人如寧，認如濘，蠶蛹之蛹如愚，只有之只如結，花絮之絮如西，日如逆，昨日如上擬〔二〕。

小兒養至五六歲曰養出火，蓋蠶家語也。蠶至三眠後撤去火具，名曰出火。俗讀過如孤，一更盡謂之一更過，推之五更皆然，半夜盡謂之半夜過。

〔一〕因：民國二十四年《蕭山縣志稿》作「行」。

〔二〕上：民國二十四年《蕭山縣志稿》作「曹」。

〔民國〕建德縣志

【解題】夏日璈修，王韌纂。建德縣，今浙江省杭州市建德市。「方言」見卷三《風俗志》中。録文據民國八年（一九一九）鉛印本《建德縣志》。

方言　方言有字別音別，毛氏奇齡《越語肯綮》、翟氏灝《通俗編》、梁氏同書《直語補證》皆及之。縣屬方言如「走盡天下路，難過小里渡」，及「千年河路通，一夜大郎功」，皆分載各家地志。兼有漁户畲客屬居於縣，方言或在所必志也。

炭別曰火孃。冰別曰水骨。田薺別曰寒薹。茄子別曰落蘇。萊菔別曰蘿蔔。蕓薹別曰油菜。鷄頭菱別曰芡實。玉蜀黍別曰苞蘆。車前別曰蝦蟆。葉巴戟別曰老虎刺。枸杞別曰夜明菜。木筆別曰夢春花。杜鵑別曰滿山紅。鳳仙別曰滿堂紅。以上一物而俗異名者。

稱我曰𡢃。駡人曰伓。小寢曰寣。急性曰悏。吻飲曰嗗。鼻擁曰擤。身肥曰奤。視短曰瞀。倚物曰戤。煖物曰焐。篩茶曰渿。造飯曰烐。避席曰㔶。試錐曰豛。一把曰一弝。勿必曰勿㽞。什麽曰厙俚。呵呀曰嚄咦。無用曰孬頭。太滑曰傜陂。不清楚曰懶里懶㦒。好閒蕩曰去來去去。怕坍臺曰怕倒楣。嘸結果曰嘸偈僁。以足踏地曰跐。以手浸水曰頝。糾纏曰累諄。慫恿曰攛掇。料量輕重曰戥𢾅。言語虛妄曰傪㦨。性不馴順曰七𠁹八敧。話太煩瑣曰牽枝帶菻。以上一義而俗異稱者。

半道𧙕之𧙕。仙人灢之灢。洋瀆埠之瀆。傴石巷之傴。以上爲他縣鮮用之字。

水戽門之戽，音原讀户，而俗讀作斗。七里瀧之瀧，義應讀雙，而通讀作龍。以上爲吾縣别讀之音。股分之股，假作殳。雨雪之雪，假作ヨ。水澳之澳，假作沃。田畝之畝，假作么。以上有字有音爲縣屬所誤用者。

畲客之畲。音蛇。奃衖之奃。音蓋。厼猪之厼。音紹，半大不小之謂。毥鷄之毥。音綫，半雄不雌之謂。抨田之抨。音呼，芟薙之謂。冇穀之冇。音以，乾癟之謂。樹乍之乍。音追。籃甩之甩。音擐。以上有音無字爲縣屬所沿用者。

小兒曰賤哥。小女曰賤囡。男伴相怨之稱曰前世爺。女伴相怨之稱曰同年妹。以上爲漁户特異之稱。

屋則曰撈。牀則曰蒼。酒則曰老周。肉則曰居屄。雨則曰虚。錢則曰鏟。小兒則曰錐。房間則曰章。面盆則曰免判。地帚則曰幹掃。鍋蓋則曰痛寬。面巾則曰免泒。烘火則曰着呼。何去則曰乃虚。今日則曰今補。昨日則曰大普。取親則曰魯青。好看則曰好台。雄鷄則曰借汞。母鷄則曰借濃。買何物則曰混汁乃。看不見則曰台毋蜀。你何處則曰你那札。何處來則曰那托雷。以上爲畲客特異之稱。

〔民國〕定海縣志

【解題】陳訓正、馬瀛等纂修。定海縣，今浙江省舟山市定海區。「方言」見第五册《方俗志第十六》中。録文據民國十三年（一九二四）鉛印本《定海縣志》。

方言

目録〔一〕

〔一〕目録爲編者所加。

韻母˘ㄝ第九部

韻母ㄟ第十部　附複韻母ㄨㄟ

韻母ㄠ第十一部　附複韻母ㄧㄠ

韻母ㄫ第十二部　附複韻母ㄧㄫ

韻母ㄢ第十三部　附複韻母ㄨㄢ

韻母彡第十四部

韻母千第十五部　附複韻母ㄩ千及ㄨ千

韻母宀第十六部

韻母ㄤ第十七部　附複韻母ㄧㄤ

韻母丄第十八部　附複韻母ㄨ丄

韻母廾第十九部　附複韻母ㄩ廾

韻母ㄥ第二十部　附複韻母ㄧㄥ及ㄚㄥ及ㄨㄚㄥ〔二〕

入聲韻母ㄧ˙第二十一部

入聲韻母ㄩ˙第二十二部

〔二〕ㄥ˙：原誤作「ㄑ」。下字母屬於明顯誤排者徑改，不出校。

入聲韻母ㄚ第二十三部　附複韻母ㄧㄚ及ㄨㄚ
入聲韻母ㄛ第二十四部　附複韻母ㄨㄛ及ㄩㄛ

變音表

俗字考

表一　名物字類　凡名、代等詞屬焉
表二　形狀字類　凡形容詞、副詞屬焉，感歎詞亦附於是
表三　動作字類　凡動詞屬焉

舊志不列方言一門，他邑志乘雖間有列者，然或廣搜僻字以衒博該，或略採謡歌以充門類，絶無系統足言。比年以來，感國内方言歧出，有室文化統一，國語之研究頗頗風行矣。顧欲國語統一，當先整飭方言，此本篇之所以述也。

注音字母表

注音字母凡三十有九，民國二年由讀音統一會製成，經教育部公布者也。國音之標準雖定，而各地之方音未具焉。七年之春，舊寧波府屬七邑教育聯合會審定句東土音爲國音所未有者，計聲母十有四，就原有字母加之標識以爲區別。左拂者謂之濁音，右曳者謂之反濁音。而韻母所補者八，其七别製新母，其一則加標識以爲區别焉。總之，吾甬方音應有聲母三十有

五，韻母十有九，由此五十有四音，綜錯參伍，始能將鄉人之口吻一一描摹而出。爰先列此表，以定俗音之原；下列之漢字，則以定邑之讀音爲準云。

聲母													
ㄅ	伯	ㄆ	潑	ㄅ́	白	ㄇ	末	ㄇ̀	末之反濁音	ㄈ	弗	万	佛
ㄉ	得	ㄊ	脱	ㄉ́	特	ㄋ	納	ㄋ̀	納之反濁音	ㄌ	勒	ㄌ̀	勒之反濁音
ㄍ	格	ㄎ	克	ㄍ́	搿	ㄫ	額	ㄫ̀	額之反濁音	ㄏ	黑	ㄏ́	合
ㄐ	基	ㄑ	欺	ㄐ́	其	ㄬ	尼	ㄬ̀	尼之反濁音	ㄒ	希	ㄒ́	徐
ㄗ	兹	ㄘ	雌	ㄗ́	慈	ㄙ	私	ㄙ̀	是	ㄦ	而	ㄦ̀	而之反濁音
韻母													
一	衣	ㄨ	烏	ㄩ	迂	ㄚ	挨	ㄛ	啞	禾	嬰		
ㄝ	哀	ㄝ̆	謁者連讀	ㄟ	謁追連讀	ㄠ	奥	ㄌ	歐	ㄢ	唵		
彡	安	千	謁穿連讀	宀	煙	ㄤ	謁杏連讀	丄[一]	盎	廾	翁	ㄥ	謁因連讀

〔一〕 丄：原作「亠」。本志正文中均作「亠」。據「注音字母表」説明及民國《鄞縣通志》説明，鄞、定諸邑無「亠」母，故别立「丄」母。下正文中「亠」徑改爲「丄」，不出校。

轉韻表

定海讀音略與鎮海近似，然一邑之中，又各微殊。邑之西北金塘、大榭等島，與鎮之城市及穿山近似。邑之東北岱衢、長塗等島，與鎮之北鄉近似。邑之西南桃花、六橫等島，又與鎮之西南鄉近似。蓋海禁開放以後，大陸居民各就鄰地而徙殖，隨帶土俗之音以入新疆，而自成音系焉。至若舟山本島，於真文二韻之字多轉成東韻，此又明明雜有奉化之土音矣。總之，寧屬七邑，鄞慈鎮自成一音系，奉象南又自成一音系，定海則得鄞系十之八九，而得奉系十之一二也。兹以城廂學子之讀音爲主列成一表，與《廣韻》分韻全合者，則書某韻全部；其轉入他韻母者，則注某韻某某數字轉入；其一韻之中，有轉入甲韻者，或有轉入乙韻、丙韻者，則書某韻一部分並舉數字以爲例，俾考方俗讀音者得依據焉。

韻母ㄧ第一部

支韻（一部分。移糜皮羆宜奇離麗脾漪等字。）	紙韻（一部分。抵靡彼妓髓倚蟻徙璽婢等字。）	寘韻（一部分。避詈荔寄臂芰易誼戲義等字。）
脂韻（一部分。夷彝比齎飢尼伊梨惟遺等字。）	旨韻（一部分。鄙几姊比履圮否等字。）	至韻（一部分。祕費利膩棄冀悸器地遺等字。）
之韻（一部分。怡頤姬其釐貍嬉醫欺旗等字。）	止韻（一部分。時喜己擬以里李枲矣你等字。）	志韻（一部分。吏餌異蒔忌意記等字。）

微韻(一部分。微非妃飛肥祈幾希衣沂等字。)	尾韻(一部分。尾娓扆豈蟣斐菲匪篚等字。)	未韻(一部分。未味沸既氣毅黴衣等字。)
齊韻(全部。除圭閨奎數字。)	薺韻(全部。除陛字。)	霽韻(全部。除惠蕙慧桂嘒㖒捩數字。)
		祭韻(一部分。祭敝曳裔藝例厲憩罽偈等字。)
		廢韻(一部分。肺吠刈等字。)
魚韻(攄徐閭櫚數字轉入。)	語韻(吕侣旅膂數字轉入。)	御韻(慮覷數字轉入。)
	麌韻(縷褸數字轉入。)	
	獮韻(遣字轉入。)	線韻(彥諺譴卞忭數字轉入。)

獨用聲母ㄗㄘㄗˊㄙㄙˊㄦㄦˋㄫㄫˋㄇㄇˋ第二部

支韻(一部分。支巵兒貲頿雌梔施斯差等字。)	紙韻(一部分。紙只是氏此弛豕爾紫咫等字。)	寘韻(一部分。觶刺寘漬翅等字。)
脂韻(一部分。脂師咨私尸蓍資姿瓷茨等字。)	旨韻(一部分。旨視兕失死嵩指厎等字。)	至韻(一部分。至摯嗜二貳次四肆示自等字。)
之韻(一部分。之芝思司絲輜詩而慈辭等字。)	止韻(一部分。止市恃徵似祀史耜士齒等字。)	志韻(一部分。志字廁寺食熾駛伺試事等字。)

續表

魚韻（梳字轉入。）		祭韻（逝誓筮噬數字轉入。）

韻母ㄨ第三部

魚韻（初疏蔬狙鋤蘆廬臚驢屠數字轉入。）	語韻（齟齬楚礎阻俎數字轉入。）	御韻（助疏數字轉入。）
虞韻（一部分。芻無毋巫夫符孚鋪鳧敷等字。）	麌韻（一部分。甫斧府父武數侮舞輔撫等字。）	遇韻（一部分。附賻赴訃仆務婺霧騖等字。）
模韻（全部。除模謨數字。）	姥韻（全部。除擄牡母畝否數字。）	暮韻（全部。除暮慕募墓負數字。）
		過韻（臥字轉入。）
	有韻（婦字轉入。）	

韻母ㄩ第四部

支韻（知馳池篪褫摛數字轉入。）	紙韻（觜字轉入。）	寘韻（智字轉入。）
脂韻（鴟坻墀遲絺郗瓻數字轉入。）	旨韻（雉字轉入。）	至韻（致緻稚數字轉入。）
之韻（癡治持嗤數字轉入。）	止韻（恥祉數字轉入。）	志韻（置字轉入。）
		祭韻（制製滯彘世貰勢數字轉入。）

續表

魚韻（全部。除攄徐閭櫚梳初疏蔬狙鋤蘆廬臚驢居數字。）〔一〕	語韻（全部。除吕侶旅膂齟齬楚礎阻俎所數字。）	御韻（全部。除慮覷助疏數字。）
虞韻（一部分。虞愚于瞿朱俞需須劬臾等字。）	麌韻（一部分。麌羽禹雨宇聚矩主樹取等字。）	遇韻（一部分。遇嫗句戍住屨裕具趣喻等字。）
戈韻（鞾字轉入。）		

韻母丫第五部（附複韻母一丫及乂丫）

		泰韻（大蔡數字轉入。）
佳韻（一部分。街鞵牌柴釵等字。）	蟹韻（一部分。買廌奶矮擺等字。）	卦韻（一部分。賣稗派債曬等字。）
皆韻（排揩數字轉入。）	駭韻（楷字轉入。）	怪韻（瘵字轉入。）
		夬韻（一部分。蠆寨砦等字。）
麻韻（一部分。邪斜嘉家加遐鴉涯他茄霞等字。）	馬韻（一部分。雅賈假下夏寫斝嘏廈瀉等字。）	禡韻（一部分。駕稼架價亞迓卸借謝暇等字。）

〔一〕 廬：原誤作「蘆」。

韻母ㄛ第六部（附複韻母ㄨㄛ及ㄩㄛ）

佳韻（一部分。查娃哇等字。）	蟹韻（一部分。罷字。）	卦韻（一部分。挂畫衩等字。）
		夬韻（一部分。話字。）
麻韻（一部分。麻奢賒遮蛇瓜花茶誇拏等字。）	馬韻（一部分。馬罵把寡剮瓦惹捨鮓等字。）	禡韻（一部分。禡啞柘舍赦麝霸怕化跨等字。）

韻母禾第七部

模韻（模謨數字轉入。）	姥韻（擄字轉入。）	暮韻（暮募慕墓數字轉入。）
歌韻（全部。）	哿韻（全部。）	箇韻（全部。）
戈韻（全部。除韡字。）	果韻（全部。）	過韻〔一〕（全部。除臥字。）
麻韻（蟆媧數字轉入。）		
	厚韻（某字轉入。）	

韻母ㄝ第八部（附複韻母ㄧㄝ及ㄨㄝ）

		泰韻（一部分。太汰蓋丐艾藹奈害帶外等字。）

〔一〕韻：原脱。

續表

佳韻（一部分。厓涯崖等字。）	蟹韻（一部分。解蟹等字。）	卦韻（一部分。懈隘等字。）
皆韻（全部。除排埋揩數字。）	駭韻（全部。除楷字。）	怪韻（全部。除壞瘵憊數字。）
灰韻（徊字轉入。）		
		夬韻（一部分。快敗等字。）
咍韻（全部。除纔字。）	海韻（全部。除愷凱塏鎧數字。）	代韻（全部。）
	馬韻（野也冶且數字轉入。）	禡韻（藉夜射數字轉入。）

韻母ㄝ第九部

麻韻（嗟蛇數字轉入。）	馬韻（者赭社舍捨數字轉入。）	

韻母ㄟ第十部（附複韻母ㄨㄟ）

支韻（一部分。爲麾萎隨垂吹虧窺碑危等字。）	紙韻（一部分。被毀委詭累蕊箠揣等字。）	寘韻（一部分。帔累爲縋僞恚睡瑞吹被等字。）
脂韻（一部分。葵追龜綏纍夔眉悲誰推等字。）	旨韻（一部分。軌簋晷洧水唯耒癸揆壘等字。）	至韻（一部分。位媚遂醉祟類淚匱備喟寐等字。）
微韻（一部分。揮違歸巍翬威徽輝闈圍等字。）	尾韻（一部分。偉鬼卉等字。）	未韻（一部分。貴胃謂緯彙尉畏蔚諱魏等字。）

續表

齊韻（圭閨奎數字轉入。）	薺韻（陛字轉入。）	霽韻（惠蕙慧桂嘒唳捩數字轉入。）
		祭韻（一部分。歲衛贅脆帨鋭税綴蜕蚋彗鱖袂等字。）
		泰韻（一部分。貝沛會兑最噦酹旆繪儈等字。）
灰韻（全部。除徊字。）	賄韻（全部。）	隊韻（全部。除内字。）
		廢韻（一部分。穢喙等字。）

韻母幺第十一部（附複韻母一幺）

蕭韻（全部。）	篠韻（全部。）	嘯韻（全部。）
宵韻（全部。）	小韻（全部。）	笑韻（全部。）
肴韻（全部。）	巧韻（全部。）	效韻（全部。）
豪韻（全部。）	皓韻（全部。）	號韻（全部。）
		幼韻（謬繆數字轉入。）

韻母ㄡ第十二部（附複韻母一ㄡ）

尤韻（全部。）	有韻（全部。除婦字。）	宥韻（全部。）

續表

侯韻(全部。)	厚韻(全部。)	候韻(全部。)
幽韻(全韻。)	黝韻(全部。)	幼韻(全部。除謬繆數字。)

韻母ㄢ第十三部(附複韻母ㄨㄢ)

		泰韻(賴籟瀨數字轉入。)
皆韻(埋字轉入。)		怪韻(壞字轉入。)
		夬韻(邁字轉入。)
咍韻(纔字轉入。)	海韻(愷凱塏鎧數字轉入。)	
元韻(一部分。煩番蕃繁樊礬旛翻繙反等字。)	阮韻(一部分。晚挽反阪飯返等字。)	願韻(一部分。萬曼蔓販等字。)
寒韻(一部分。單丹難嘆餐珊壇殘彈闌等字。)	旱韻(一部分。坦但散繖誕瓚嬾侃衎等字。)	翰韻(一部分。炭憚爛粲贊難散等字。)
桓韻(謾墁數字轉入。)		換韻(慢漫數字轉入。)
删韻(全部。)	潸韻(全部。除撰饌數字。)	諫韻(全部。除諫澗鴈贋數字。)
山韻(全部。)	産韻(全部。除簡揀眼數字。)	襉韻(全部。除閒字。)
仙韻(鉛字轉入。)		

續表

覃韻（嵐耽龕堪數字轉入。）	感韻（坎頷撼壈數字轉入。）	勘韻（勘憾數字轉入。）
談韻（全部。）	敢韻（全部。除敢揜數字。）	闞韻（全部。）
		艷韻（塹字轉入。）
咸韻（一部分。鹹讒等字。）		
銜韻（全部。）	豏韻（全部。）	陷韻（全部。除陷字。）
	檻韻（一部分。檻艦等字。）	鑑韻（一部分。懺字。）
凡韻（全部。）	范韻（全部。）	梵韻（全部。）

韻母彡第十四部

		隊韻（内字轉入。）
寒韻（一部分。寒韓安鞍等字。）	旱韻（一部分。旱罕等字。）	翰韻（一部分。翰汗悍按漢等字。）
覃韻（全部。除函涵嵐耽龕堪數字。）	感韻（全部。除感贑坎頷撼壈數字。）	勘韻（全部。除勘憾紺數字。）
談韻（酣憨數字轉入。）		

韻母千第十五部（附複韻母ㄩ千及ㄨ千）

元韻（一部分。元原袁垣援萱宛怨眢園等字。）	阮韻（一部分。阮遠圈婉卷宛苑綣畹等字。）	願韻（一部分。願愿券勸怨遠等字。）

續表

桓韻(全部。除謾墁數字。)	緩韻(全部。)	換韻(全部。除幔漫數字。)
	潸韻(撰饌數字轉入。)	
先韻(淵涓鵑圓蠲懸數字轉入。)	銑韻(泫鉉犬畎數字轉入。)	霰韻(絢縣衒罥數字轉入。)
仙韻(一部分。然全泉宣穿川專遄權拳椽等字。)	獮韻(一部分。闡善墠轉捲輭舛喘篆選等字。)	線韻(一部分。戰擅膳絹媛扇羨倦囀等字。)
鹽韻(髯字轉入。)	琰韻(苒染數字轉入。)	豔韻(贍字轉入。)

韻母宀第十六部

元韻(一部分。言軒掀騫犍等字。)	阮韻(一部分。偃蹇楗巘等字。)	願韻(一部分。建堰獻憲健等字。)
寒韻(干竿玕乾數字轉入。)		翰韻(晏幹岸看數字轉入。)
先韻(全部。除淵涓鵑圓蠲懸數字。)	銑韻(全部。除泫鉉犬畎數字。)	霰韻(全部。除絢縣衒罥數字。)
仙韻(一部分。仙鮮錢遷煎延氈連篇沿等字。)	獮韻(一部分。演衍踐展淺免燹蘚蕆辨等字。)	線韻(一部分。線唁面箭賤便徧等字。)
覃韻(函涵數字轉入。)	感韻(感贛數字轉入。)	勘韻(紺字轉入。)
談韻(甘柑數字轉入。)	敢韻(敢揜數字轉入。)	
鹽韻(全部。除髯字。)	琰韻(全部。除苒染數字。)	豔韻(全部。除塹贍數字。)

續表

添韻(全部。)	忝韻(全部。)	㮇韻(全部。)
咸韻(一部分。咸諴緘等字。)	儼韻(一部分。儼字。)	釅韻(一部分。釅字。)
		陷韻(陷字轉入。)
嚴韻(一部分。嚴杴醃等字。)		鑑韻(一部分。監鑑等字。)

韻母尢第十七部(附複韻母一尢)

江韻(一部分。江腔等字。)	講韻(一部分。講港蚌等字。)	絳韻(一部分。絳降等字。)
陽韻(一部分。陽羊良涼香羌牆槍央强等字。)	養韻(一部分。養象獎兩仰想響丈壤長等字。)	漾韻(一部分。漾亮讓餉帳匠將相兩恙等字。)
庚韻(横字轉入。)	梗韻(打杏猛艋等字轉入。)	映韻(孟字轉入。)
		諍韻(硬字轉入。)

韻母丄第十八部(附複韻母ㄨ丄)

江韻(一部分。扛龐窗邦降雙撞樁缸龙等字。)	講韻(一部分。項字。)	絳韻(一部分。巷戇等字。)
陽韻(一部分。傷商方章昌亡牀莊常霜等字。)	養韻(一部分。掌爽上賞紡網倣枉往惘等字。)	樣韻(一部分。狀暢障尚壯唱創訪妄況等字。)

續表

唐韻（全部。）	蕩韻（全部。）	宕韻（全部。）
庚韻（傖字轉入。）	梗韻（礦字轉入。）	

韻母廾第十九部（附複韻母ㄩ廾）

東韻（全部。）	董韻（全部。）	送韻（全部。）
冬韻（全部。）		宋韻（全部。）
鍾韻（全部。）	腫韻（全部。）	用韻（全部。）
真韻（一部分。真辰人申身珍筠麕紉神等字。）	軫韻（一部分。軫腎蜃忍窘菌殞縝畛隕等字。）	震韻（一部分。震振賑刃認韌慎晉鎮仞等字。）
諄韻（一部分。諄春旬巡均脣純肫蓴循等字。）	準韻（一部分。準允尹筍隼蠢等字。）	稕韻（一部分。稕峻儁濬舜瞬閏潤順等字。）
文韻（云芸雲耘紜氳君羣裙薰勳曛軍數字轉入。）	吻韻（韞醞數字轉入。）	問韻（運暈韻訓慍郡數字轉入。）
庚韻（榮嶸兄數字轉入。）	梗韻（永字轉入。）	映韻（泳詠數字轉入。）
耕韻（轟字轉入。）		
清韻（瓊煢數字轉入。）		

續表

青韻(熒螢扃坰數字轉入。)	迥韻(迥炯數字轉入。)	徑韻(瑩字轉入。)
	寑韻(衽字轉入。)	沁韻(任紝妊賃數字轉入。)

韻母ㄥ第二十部(複韻母ㄧㄥ及ㄚㄥ及ㄨㄚㄥ)

真韻(一部分。因新辛賓鄰陳塵津民貧等字。)	軫韻(一部分。哂緊盡牝黽引閔敏泯矧等字。)	震韻(一部分。信訊韌吝擯進覲印趁櫬等字。)
諄韻(一部分。倫輪淪遵等字。)	準韻(一部分。盾字。)	稕韻(一部分。迅字。)
臻韻(全部。)		
文韻(全部。除云芸雲耕紜君羣裙薰勳醺軍數字。)	吻韻(全部。)	問韻(全部。除運暈韻訓慍郡數字。)
欣韻(全部。)	隱韻(全部。)	焮韻(全部。)
魂韻(全部。)	混韻(全部。)	慁韻(全部。)
痕韻(全部。)	很韻(全部。)	恨韻(全部。)
庚韻(全部。除橫傖榮嶸兄數字。)	梗韻(全部。除打杏猛艋礦永數字。)	映韻(全部。)
耕韻(全部。除轟字。)	耿韻(全部。)	諍韻(全部。)
清韻(全部。除瓊煢數字。)	靜韻(全部。)	勁韻(全部。)

續表

青韻(全部。除熒螢坰扃數字。)	迥韻(全部。除迥炯數字。)	徑韻(全部。除瑩字。)
蒸韻(全部。)	拯韻(全部。)	證韻(全部。)
登韻(全部。)	等韻(全部。)	嶝韻(全部。)
侵韻(全部。)	寢韻(全部。除衽字。)	沁韻(全部。除任紝妊賃數字。)

入聲韻母一·第二十一部

質韻(全部。除質鑕日實窒失茁數字。)
術韻(术恤律等字轉入。)
櫛韻(一部分。櫛字。)
迄韻(全部。)
陌韻(戟隙逆翟數字轉入。)
昔韻(全部。除石雙役數字。)
錫韻(全部。)
職韻(全部。除寔測惻側仄色嗇濇穡域罭閾數字。)
緝韻(全部。除十什拾入廿數字。)
月韻(歇羯揭竭蠍訐數字轉入。)

續表

黠韻(一部分。黠頡戛軋等字。)
屑韻(一部分。屑楔切竊結絜潔節垤耊迭跌絰咥鐵飻纈擷頁襭苶涅截齧臬闑噎咽撇瞥等字。)
薛韻(一部分。薛泄列烈冽裂桀傑榤熱舌孽滅鼈絶爇劣别孑等字。)
葉韻(一部分。葉妾接楫聶攝歙涉睫慴摺笈數字。)
帖韻(燮㬦二字轉入。)
業韻(全部。除怯字。)

入聲韻母ㄩ第二十二部

屋韻(竹竺筑築軸柚菊鞠掬孰熟塾粥祝叔畜蓄滀數字轉入。)
燭韻(燭屬矚囑旭勗局數字轉入。)
覺韻(朔槊斲琢啄卓數字轉入。)
質韻(質鑕日實窒失茁數字轉入。)
術韻(全部。除术恤律卒數字。)
物韻(屈詘掘數字轉入。)
職韻(寔字轉入。)
緝韻(十什拾入廿數字轉入。)

續表

月韻（全部。除歇羯揭竭蠍訐伐筏罰拔髮發韈謁暍數字。）
鍣韻（刷字轉入。）
屑韻（一部分。血決缺玦訣鴂抉穴闋等字。）
薛韻（一部分。折哲浙雪悦説閲設拙啜輟轍徹撤澈等字。）

入聲韻母ㄚ第二十三部（附複韻母ㄧㄚ及ㄨㄚ）

屋韻（秃字轉入。）
覺韻（一部分。學覺欒角桷埆搉榷確等字。）
藥韻（全部。除若綽矱縛數字。）
鐸韻（魄恪穫數字轉入。）
質韻（率蟀數字轉入。）
術韻（卒字轉入。）
櫛韻（一部分。瑟蝨數字。）
物韻（一部分。勿紱袚弗拂佛紼髴綍不等字。）
陌韻（全部。除戟隙逆翟索數字。）
麥韻（全部。除蟈幗數字。）

續表

昔韻(石隻數字轉入。)
職韻(測惻側仄色嗇濇穡數字轉入。)
德韻(全部。除墨北或惑國數字。)
月部(一部分。伐筏罰拔髮發韈謁暍等字。)
没韻(全部。除咄字。)
曷韻(全部。)
末韻(全部。除斡字。)
黠韻(一部分。札猾八察殺等字。)
鎋韻(全部。除刷字。)
屑韻(捏字轉入。)
薛韻(揲掇捋掣數字轉入。)
合韻(全部。)
盍韻(全部。)
葉韻(一部分。饁箑猷霎魘靥獵躐鬣等字。)
帖韻(全部。除燮屟數字。)
洽韻(全部。)

續表

狎韻（全部。）
業韻（怯字轉入。）
乏韻（全部。）

入聲韻母ㄛ第二十四部（附複韻母ㄨㄛ及ㄩㄛ）

屋韻（全部。除竹竺筑築逐軸柚菊鞠掬孰熟塾粥祝叔畜蓄滀秃數字。）
沃韻（全部。）
燭韻（全部。除燭屬矚囑旭曷局數字。）
覺韻（一部分。岳犖數鷽捉齷剥駮邈雹璞樸濁擢濯渥握幄喔等字。）
藥韻（若綽䕶縛數字轉入。）
鐸韻（全部。除魄恪穫數字。）
物韻（一部分。鬱字。）
陌韻（索字轉入。）
麥韻（蟈蟈數字轉入。）
昔韻（役字轉入。）
德韻（墨北或惑國數字轉入。）

續表

月韻（曰字轉入。）	
没韻（咄字轉入。）	
末韻（斡字轉入。）	

變音表

讀音轉韻詳前表矣。然一邑之中，甲地讀音異於乙地。一地之内，讀音語音往往互異。一字之音，又隨辭語而作異呼。是諸變遷根於慣習，所謂變音也。變音多者，如鴉午太等各有五音，媽蝦芋等各有四音，其他二三其音者更數見不鮮焉。因作左表。

字	音	訓釋
伯	（ㄅㄚ˙）（ㄅㄤ）	讀音爲「ㄅㄚ˙」。語音有二，如從子呼喚伯父爲伯伯，上一伯字呼「ㄅㄚ˙」音，下一伯字呼「ㄅㄤ」音。又如西北各島多稱父爲阿伯，亦呼「ㄅㄚ˙」音。至婦人稱夫兄爲阿伯，則呼「ㄅㄤ」音。
叔	（ㄙㄛ˙）（ㄙㄩ˙）（ㄙ廾）	讀音「ㄙㄛ˙」或「ㄙㄩ˙」，隨城鄉而異。語音則婦人稱夫弟爲阿叔呼「ㄙ廾」音，至從子稱叔父則爲阿大。
哥	（ㄍ禾）（ㄍㄨ千）	讀音爲「ㄍ禾」。語音或爲「ㄍㄨ千」，如連言兄弟爲阿哥（ㄍㄨ千）、阿弟（ㄉˊ宀）。
弟	（ㄉˊㄧ）（ㄉˊ宀）	讀音爲「ㄉˊㄧ」。語音或爲「ㄉˊ宀」，如呼喚其弟爲阿弟（ㄉˊ宀）。

續表

字	音	訓釋
姊	(ㄗㄧ)(ㄗㄭ)	讀音爲「ㄗㄧ」。語音有二，一呼「ㄗㄧ」音，如姊妹、大姊等；一呼「ㄗㄭ」音，如泛言人之女兄曰阿姊(ㄗㄭ)。
妹	(ㄇㄟ)(ㄇ彡)(ㄇ̍彡)	讀音爲「ㄇㄟ」。語音有二，一呼「ㄇ彡」音，如姊妹(ㄇ彡)、阿妹；一呼(ㄇ̍彡)音，如妹妹(ㄇ̍彡)。
母	(ㄇㄤ)(ㄇㄨ)	讀音爲「ㄇㄤ」。語音或爲「ㄇㄨ」，如舅母。
媽	(ㄇㄨ)(ㄇ̍ㄛ)(ㄇㄛ̇)(ㄇ禾)	讀音爲「ㄇ̍ㄛ」。語音有四，從子稱伯母爲媽媽，呼「ㄇ̍ㄛ」音；子女呼喚其母爲阿媽，城中呼「ㄇㄨ」音；孩童呼「ㄇ禾」音，鄉間呼「ㄇ̍ㄛ」音，或「ㄇㄛ̇」音。
婆	(ㄅˊ禾)(ㄅˊㄨ千)	讀音、土音皆爲「ㄅˊ禾」，惟稱年老婦人曰老太婆。(習慣以爲不尊敬之稱呼。)太呼爲「ㄊㄠ」音，婆呼「ㄅˊㄨ千」音。
姑	(ㄍㄨ)(ㄍㄨㄟ)	讀音爲「ㄍㄨ」。語音或呼「ㄍㄨㄟ」，如東鄉婦人呼喚其少姑爲阿姑「ㄍㄨㄟ」。
人	(ㄙˊ廾)(ㄬㄧㄥ)	讀音爲「ㄙˊ廾」。語音有二，其與别字聯結爲名詞者，多呼爲「ㄙˊ廾」，如人參、人格；獨用者，多呼爲「ㄬㄧㄥ」，如一個人(ㄬㄧㄥ)。
鬼	(ㄍㄨㄟ)(ㄐㄩ)	讀音爲「ㄍㄨㄟ」，語音爲「ㄐㄩ」。
賊	(ㄗˊㄚ)(ㄙˊㄚ)	讀音爲「ㄗˊㄚ」，語音爲「ㄙˊㄚ」。
顏	(ㄧ˙ㄭ)(ㄫㄢ)	讀音爲「ㄧ˙ㄭ」。語音爲「ㄫㄢ」，如顏色、顏姓等。
盛	(ㄙˊㄧㄥ)(ㄗˊㄤ)	讀音爲「ㄙˊㄧㄥ」。語音有二，通常皆呼「ㄙˊㄧㄥ」，惟盛姓呼「ㄗˊㄤ」。

續表

字	音	訓釋
吴	(ㄎㄨ)(ㄫ)	讀音爲「ㄎㄨ」。語音有二，通常皆呼「ㄎㄨ」，惟吴姓呼「ㄫ」。
秦	(ㄗ́ㄧㄥ)(ㄙ́廾)	讀音爲「ㄗ́ㄧㄥ」。語音有二，通常皆呼「ㄗ́ㄧㄥ」，惟秦姓呼「ㄙ́廾」。
樂	(ㄧ̇ㄚ̇)(ㄧ̇ㄠ)(ㄌㄛ̇)(ㄫㄛ̇)	樂字有四音，讀音、語音皆同。音樂讀「ㄧ̇ㄚ̇」，樂好讀「ㄧ̇ㄠ」，歡樂讀「ㄌㄛ̇」，樂姓讀「ㄫㄛ̇」。
戎	(ㄗ́廾)(ㄬㄩ廾)	讀音爲「ㄗ́廾」。語音有一，通常皆呼「ㄗ́廾」，惟戎姓呼「ㄬㄩ廾」。
魏	(ㄫㄨㄟ)(ㄨ̇ㄟ)	讀音爲「ㄫㄨㄟ」。語音有二，通常皆呼「ㄫㄨㄟ」，惟魏姓呼「ㄨ̇ㄟ」。
眉	(ㄇㄟ)(ㄇ宀)(ㄇㄧ)	讀音爲「ㄇㄟ」。語音有三，通常皆爲「ㄇㄟ」，如壽眉、八字眉等，惟眉毛二字連言則變爲「ㄇ宀」音，又顰蹙曰縐眉頭，則變爲「ㄇㄧ」音。
眼	(ㄧ̇宀)(ㄫㄢ)	讀音爲「ㄧ̇宀」，語音爲「ㄫㄢ」。
耳	(ㄦ)(ˋㄦ)(ㄬㄧ)	讀音爲「ㄦ」「ˋㄦ」二音。語音爲「ㄬㄧ」，如耳朵。
鼻	(ㄅ́ㄧ)(ㄅ́ㄧ̇)(ㄅ́ㄚ̇)	讀音有「ㄅ́ㄧ」「ㄅ́ㄧ̇」二音。語音有「ㄅ́ㄧ̇」「ㄅ́ㄚ̇」二音，如呼鼻爲鼻頭官。
口	(ㄎㄤ)(ㄎㄧㄤ)	讀音及語音，城廂多爲「ㄎㄤ」，鄉間多爲「ㄎㄧㄤ」。
頭	(ㄉ́ㄤ)(ㄉ́彡)	讀音爲「ㄉ́ㄤ」。語音有二，普通皆呼「ㄉ́ㄤ」音，如剃頭、河頭、柴頭等；其名詞之人格化者如老頭、癩頭、歪頭等及用爲詞尾者，如魚頭、井頭、河埠頭等，多呼「ㄉ́彡」音。

續表

字	音	訓釋
手	(ㄙㄧㄉ)(ㄙ宀)	讀音爲「ㄙㄧㄉ」。語音有二，通常皆呼「ㄙㄧㄉ」，惟名詞之人格化者則呼「ㄙ宀」，如瘋手。
脚	(ㄐㄧㄚ˙)(ㄐㄧ˙)(ㄐㄧㄤ)	讀音爲「ㄐㄧㄚ˙」。語音有三，通常皆呼「ㄐㄧㄚ˙」，鄉間或呼「ㄐㄧ˙」，惟名詞之人格化者則呼「ㄐㄧㄤ」，如拐脚、爛脚等。
背	(ㄅㄟ)(ㄅ彡)	讀音爲「ㄅㄟ」。語音有二，通常皆呼「ㄅㄟ」，惟名詞之人格化者則呼「ㄅ彡」，如駝背。
肚	(ㄅ́ㄨ)(ㄉ́禾)	讀音爲「ㄅ́ㄨ」。語音有二，通常皆呼「ㄅ́ㄨ」，惟肚皮二字連言則變爲「ㄉ́禾」音。
奶	(ㄋㄚ)(ˋㄋㄢ)	讀音爲「ㄋㄚ」。語音有二，如乳母稱奶娘及有身分之婦人稱奶奶皆呼「ㄋㄚ」音，而乳房、乳汁及乳母亦皆稱爲奶奶，惟音變爲「ˋㄋㄢ」。
淚	(ㄌㄟ)(ㄌ宀)	讀音爲「ㄌㄟ」。語音爲「ㄌ宀」，如眼淚。
牙	(ㄧㄚ)(ㄫㄛ)	讀音爲「ㄧㄚ」，語音爲「ㄫㄛ」。
角	(ㄐㄧㄚ˙)(ㄐㄩㄛ˙)(ㄍㄛ˙)	讀音，城廂爲「ㄐㄧㄚ˙」，鄉間多爲「ㄐㄩㄛ˙」。語音爲「ㄍㄛ˙」。
魄	(ㄆㄚ˙)(ㄆㄛ˙)	讀音爲「ㄆㄚ˙」。語音通常皆呼「ㄆㄚ˙」，惟魄尸二字連言則變爲「ㄆㄛ˙」音。
瞎	(ㄏㄚ˙)(ㄏㄢ)	讀音爲「ㄏㄚ˙」。語音通常皆爲「ㄏㄚ˙」，惟名詞之人格化者鄉間呼爲「ㄏㄢ」音，如推星命之瞽者曰算命瞎(ㄏㄢ)。

續表

字	音	訓釋
疥	(ㄐ一ㄝ)(ㄍㄚ)	讀音爲「ㄐ一ㄝ」，語音爲「ㄍㄚ」。
鷄	(ㄐ一)(ㄐ宀)	讀音爲「ㄐ一」。語音有二，在名詞之首者如鷄蛋、鷄籠等爲「ㄐ一」；在名詞之末者則爲「ㄐ宀」，如雌鷄呼爲草鷄(ㄐ宀)。
鵝	(ㄫ禾)(ㄫㄨ千)	讀音爲「ㄫ禾」。語音有二，在名詞之首者爲「ㄫ禾」，如鵝蛋；在名詞之末者或獨用者皆呼爲「ㄫㄨ千」，如小鵝、一隻鵝。
鴨	(ㄚ˙)(ㄢ)	讀音爲「ㄚ˙」。語音有二，在名詞之首者爲「ㄚ˙」，如鴨蛋、鴨背；在名詞之末或獨用者爲「ㄢ」，如雌鴨、一隻鴨。
鴉	(一ㄚ)(ㄩㄛ)(丄)(ㄛ)(ㄚ)	讀音有二，城廂爲「一ㄚ」，鄉間爲「ㄩㄛ」。語音有三，老鴉之鴉爲「丄」，鴉鵲之鴉爲「ㄛ」，鴉片之鴉爲「ㄚ」。
鵲	(ㄑ一ㄚ˙)(ㄑ一ㄤ)	讀音及城廂語皆爲「ㄑ一ㄚ˙」。鄉間語音則爲「ㄑ一ㄤ」，如鴉鵲呼爲(ㄛㄑ一ㄤ)。
雀	(ㄗ一ㄚ˙)(ㄗ一ㄤ)	讀音爲「ㄗ一ㄚ˙」。語音有二，凡在名詞之首者多呼「ㄗ一ㄚ」，如雀斑；在名詞之末者多呼「ㄗ一ㄤ」，如麻雀。
狗	(ㄍㄊ)(ㄍ一ㄊ)(ㄍ宀)	讀音爲「ㄍㄊ」〔一〕。語音有三，城廂爲「ㄍㄊ」，鄉間爲「ㄍ一ㄊ」，惟黄狗二字連言則呼「ㄍ宀」音。
猫	(ㄇㄠ)(ㄇㄢ)	讀音爲「ㄇㄠ」。語音有二，在名詞之首者爲「ㄇㄠ」，如猫頭、猫飯；在名詞之末或獨用者爲「ㄇㄢ」，如小猫、一隻猫。

〔一〕ㄊ：原誤作「ㄌ」，下同。

續表

字	音	訓釋
牛	(ㄬㄧㄤ)(ㄫㄤ)	讀音爲「ㄬㄧㄤ」，語音爲「ㄫㄤ」。
龜	(ㄍㄨㄟ)(ㄐㄩ)	讀音爲「ㄍㄨㄟ」。語音有二，通常皆爲「ㄍㄨㄟ」，惟烏龜二字連言則呼「ㄐㄩ」音。
蛇	(ㄙˊ˙ㄝ)(ㄗˊㄛ)	讀音爲「ㄙˊ˙ㄝ」，語音爲「ㄗˊㄛ」。
蟹	(ㄒㄧㄝ)(ㄏㄚ)	讀音爲「ㄒㄧㄝ」，語音爲「ㄏㄚ」。
蝦	(ㄒㄧㄚ)(ㄏㄛ)(ㄏㄭ)(ㄏ˙ㄝ)	讀音爲「ㄒㄧㄚ」或爲「ㄏㄛ」。語音有三，在名詞之首者爲「ㄏㄛ」，如蝦仁、蝦米；在名詞之末或獨用者如大蝦、一隻蝦等，城廂呼「ㄏㄭ」，鄉間呼「ㄏ˙ㄝ」。
畜	(ㄒㄩ.)(ㄒㄩㄛ.)(ㄑㄩㄛ.)	讀音，城廂爲「ㄒㄩ.」，鄉間爲「ㄒㄩㄛ.」。語音有二，通常皆爲「ㄒㄩ.」或「ㄒㄩㄛ.」，如六畜，惟畜生二字連言則呼「ㄑㄩㄛ.」音。
鳥	(ㄬㄧㄠ)(ㄉㄧㄠ)	讀音爲「ㄬㄧㄠ」，語音爲「ㄉㄧㄠ」。
魚	(ㄩ.)(ㄫ)	讀音爲「ㄩ.」，語音爲「ㄫ」。
梅	(ㄇㄟ)(ㄇ彡)	讀音及城廂語音爲「ㄇㄟ」，鄉語梅子常單呼一梅字，音爲「ㄇ彡」。
橘	(ㄐㄩ.)(ㄐㄩㄛ.)	讀音、語音，城廂皆爲「ㄐㄩ.」，鄉間或爲「ㄐㄩㄛ.」。
菊	同。	同。
竹	(ㄗㄩ.)(ㄗㄛ.)	讀音、語音，城廂皆爲「ㄗㄩ.」，鄉間或爲「ㄗㄛ.」。

續表

字	音	訓釋
芥	（ㄐㄧㄝ）（ㄍㄚ）	讀音爲「ㄐㄧㄝ」，語音爲「ㄍㄚ」。
芋	（ㄩ˙）（ㄬㄩ）（ㄬㄩ千）（ㄋ）	讀音爲「ㄩ˙」。語音呼芋爲芋奶，城廂作「ㄬㄩ」音，或轉爲「ㄬㄩ千」音，鄉間變爲「ㄋ」音。
茄	（ㄐˊㄧㄚ）（ㄐˊㄢ）	讀音爲「ㄐˊㄧㄚ」，語音爲「ㄐˊㄢ」。
粥	（ㄗㄩ˙）（ㄗㄛ˙）	讀音、語音，城廂皆爲「ㄗㄩ˙」，鄉間或爲「ㄗㄛ˙」。
羹	（ㄍㄚㄥ）（ㄍㄤ）	讀音爲「ㄍㄚㄥ」，語音爲「ㄍㄤ」。
丸	（ㄨ˙千）（ㄩ˙千）	讀音爲「ㄨ˙千」。語音則有二，凡丸字在一名詞之首者多呼爲「ㄨ˙千」，如丸藥；在一名詞之末者多呼爲「ㄩ˙千」，如藿香丸、安神丸等，亦有呼爲「ㄨ˙千」者。
藥	（ㄧ˙ㄚ˙）（ㄧ˙）	讀音、語音，城廂皆爲「ㄧ˙ㄚ˙」，鄉間或爲「ㄧ˙」。
仁	（ㄙˊ井）（ㄬㄧㄥ）	讀音爲「ㄙˊ井」。語音通常皆呼「ㄙˊ井」，惟果仁之仁或呼「ㄬㄧㄥ」，如杏仁、蝦仁；或呼「ㄙˊ井」，如生仁。
瓦	（ㄨㄛ）（ㄫㄛ）	讀音爲「ㄨㄛ」，語音爲「ㄫㄛ」。
架	（ㄐㄧㄚ）（ㄍㄛ）	讀音爲「ㄐㄧㄚ」，語音爲「ㄍㄛ」。
椅	（ㄧ）（ㄩ）	讀音爲「ㄧ」。語音爲「ㄩ」，如椅子、摇椅。
卓	（ㄗㄩ˙）（ㄩㄛ˙）	讀音、語音，城廂爲「ㄗㄩ˙」，鄉間或爲「ㄗㄛ˙」。

續表

字	音	訓釋
燭	同。	同。
櫃	（ㄍˊㄨㄟ）（ㄐˊㄩ）	讀音爲「ㄍˊㄨㄟ」，語音爲「ㄐˊㄩ」。
鑊	（ㄏˊㄛ̇）（ㄏˊ廾）	讀音、語音皆爲「ㄏˊㄛ̇」，惟語音尺四鑊之鑊變爲「ㄏˊ廾」。
尺	（ㄘㄧ̇）（ㄘㄚ̇）	讀音爲「ㄘㄧ̇」，語音爲「ㄘㄚ̇」。
錢	（ㄗˊ宀）（ㄉˊ宀）	讀音爲「ㄗˊ宀」。語音多爲「ㄉˊ宀」，惟錢姓之錢仍呼「ㄗˊ宀」。
衣	（ㄧ̇）（ㄩ）	讀音爲「ㄧ̇」。語音通常皆呼「ㄧ̇」音，如衣服、衣箱等，惟衣廚之衣則變爲「ㄩ」音。
帶	（ㄉㄝ）（ㄉㄚ）	讀音爲「ㄉㄝ」，語音爲「ㄉㄚ」。
展	（ㄐˊㄧㄚ̇）（ㄐㄧ̇）	讀音爲「ㄐˊㄧㄚ̇」，語音爲「ㄐㄧ̇」。
褥	（ㄙˊㄛ̇）（广ㄩㄛ̇）	讀音爲「ㄙˊㄛ̇」，語音爲「广ㄩㄛ̇」。
被	（ㄅˊㄟ）（ㄅˊㄧ）	讀音皆爲「ㄅˊㄟ」。語音被害之被呼「ㄅˊㄟ」，被褥之被呼「ㄅˊㄧ」。
水	（ㄙㄟ）（ㄙㄩ）	讀音爲「ㄙㄟ」，語音爲「ㄙㄩ」。
石	（ㄒˊㄧ̇）（ㄒˊㄚ̇）	讀音爲「ㄒˊㄧ̇」，語音爲「ㄒˊㄚ̇」。
河	（ㄏˊ禾）（ㄪㄨ）	讀音、語音皆爲「ㄏˊ禾」，惟展茅鄉語音爲「ㄪㄨ」。
港	（ㄐㄧㄤ）（ㄍ丄）	讀音爲「ㄐㄧㄤ」，語音爲「ㄍ丄」。

續表

字	音	訓釋
江	同。	同。
池	(ㄗ́ㄩ)(ㄗ́ㄧ)	讀音爲「ㄗ́ㄩ」，語音爲「ㄗ́ㄧ」。
舍	(ㄙ˘ㄝ)(ㄙㄛ)	讀音爲「ㄙ˘ㄝ」，語音爲「ㄙㄛ」。
社	(ㄙ́˘ㄝ)(ㄙ́ㄛ)	讀音爲「ㄙ́˘ㄝ」，語音爲「ㄙ́ㄛ」。
家	(ㄐㄧㄚ)(ㄐㄩㄛ)(ㄍㄛ)	讀音，城廂爲「ㄐㄧㄚ」，鄉間爲「ㄐㄩㄛ」。語音爲「ㄍㄛ」。
駕	同。	同。
齋	(ㄗㄝ)(ㄗㄚ)	讀音爲「ㄗㄝ」，語音多爲「ㄗㄚ」。
界	(ㄐㄧㄝ)(ㄍㄚ)	讀音爲「ㄐㄧㄝ」，語音爲「ㄍㄚ」。
個	(ㄍ禾)(ㄍ́禾)(ㄍ́ㄛ˙)	讀音爲「ㄍ禾」或爲「ㄍ́禾」，語音爲「ㄍ́ㄛ˙」。
間	(ㄐ宀)(ㄍㄢ)	讀音爲「ㄐ宀」，語音爲「ㄍㄢ」。
畝	(ㄇ力)(ㄇㄨ)	讀音爲「ㄇ力」，語音爲「ㄇㄨ」。
屆	(ㄐㄧㄝ)(ㄍㄚ)	讀音爲「ㄐㄧㄝ」，語音爲「ㄍㄚ」。
價	(ㄐㄧㄚ)(ㄍㄛ)	讀音爲「ㄐㄧㄚ」，語音爲「ㄍㄛ」。
日	(ㄙ́ㄩ˙)(ㄏㄧ˙)(ㄏㄧ)	讀音爲「ㄙ́ㄩ˙」。語音通常爲「ㄏㄧ˙」，如日光、三百六十日，惟昨天稱爲上日、前天稱爲前日則呼「ㄏㄧ」。

續表

字	音	訓釋
夜	（ㄧ̇ㄝ）（ㄧ̇ㄚ）	讀音爲「ㄧ̇ㄝ」，語音爲「ㄧ̇ㄚ」。
晚	（ㄪㄨ̇ㄢ）（ㄇㄢ）（ㄇㄧ）	讀音爲「ㄪㄨ̇ㄢ」。語音通常爲「ㄇㄢ」，如晚上、晚頭，惟即晚二字則音變爲（ㄐㄧㄇㄧ）。
朝	（ㄗㄧㄠ）（ㄗㄠ）	讀音爲「ㄗㄧㄠ」。語音爲「ㄗㄠ」，如今朝、明朝。
夏	（ㄧ̇ㄚ）（ㄧ̇ㄛ）（ㄏㄛ）	讀音爲「ㄧ̇ㄚ」，鄉間或爲「ㄧ̇ㄛ」。語音爲「ㄏㄛ」。
世	（ㄙㄩ）（ㄙㄧ）	讀音爲「ㄙㄩ」。語音則有二，稍高尚之名詞爲「ㄙㄩ」，如世界、時世皆讀爲「ㄙㄩ」；通行之名詞則呼爲「ㄙㄧ」，如半生曰半世。
歲	（ㄙㄟ）（ㄙㄩ）	讀音爲「ㄙㄟ」。語音則爲「ㄙㄩ」，如廿歲、拜歲之歲皆呼「ㄙㄩ」音。
甲	（ㄐㄧㄚ̣）（ㄍㄚ̣）	讀音爲「ㄐㄧㄚ̣」。語音則有二，凡在一名詞之首者多呼爲「ㄐㄧㄚ̣」，如六十甲子、甲魚等；在一名詞之末者多呼爲「ㄍㄚ̣」，如花甲、盔甲、鼈甲等。
庚	（ㄍㄚㄥ）（ㄍㄤ）	讀音爲「ㄍㄚㄥ」。語音爲「ㄍㄤ」，如年庚、同庚等。
午	（ㄨ）（ㄪㄨ）（ㄫㄨ）（ㄫ）（ㄏ́ㄐ）	讀音「ㄨ」或「ㄪㄨ」。語音則有三，如年庚之「甲午」午字呼爲「ㄫㄨ」，端午之午呼爲「ㄫ」，或逕呼端午爲「ㄉㄐ ㄏ́ㄐ」。
二	（ㄦ）（ㄦ̀）（ㄬㄧ）	讀音爲「ㄦ」亦爲「ㄦ̀」，語音則呼爲「ㄬㄧ」。
五	（ㄪㄨ）（ㄨ）（ㄫ）	讀音有二，一爲「ㄪㄨ」，一爲「ㄨ」，隨地隨時而異。語音則呼爲「ㄫ」。

續表

字	音	訓釋
六	(ㄌㄛ˙)(ㄌ廾)	讀音、語音皆爲「ㄌㄛ」，惟俗語謂望日前後曰十五六，則五呼爲「ㄫ」，六呼爲「ㄌ廾」。
萬	(ㄪㄢ)(ㄇㄢ)	讀音、語音皆爲「ㄪㄢ」，惟在馬將牌上之一万、二万等則呼「ㄇㄢ」，蓋馬將牌從他方流入，故有此音。
大	(ㄉˊㄚ)(ㄉˊ禾)	讀音爲「ㄉˊㄚ」，語音爲「ㄉˊ禾」。
下	(ㄧ˙ㄚ)(ㄩ˙ㄛ)(ㄏˊㄛ)	城廂讀音爲「ㄧ˙ㄚ」，鄉間讀音爲「ㄩ˙ㄛ」。語音則皆呼爲「ㄏˊㄛ」。
外	(ㄨ˙ㄝ)(ㄫㄚ)	讀音爲「ㄨ˙ㄝ」。語音爲「ㄫㄚ」。
前	(ㄗˊ宀)(ㄙˊ宀)	讀音爲「ㄗˊ宀」，語音爲「ㄙˊ宀」。
左	(ㄗ禾)(ㄗㄧㄚ)	讀音爲「ㄗ禾」，語音爲「ㄗㄧㄚ」。
賤	(ㄗˊ宀)(ㄙˊ宀)	讀音爲「ㄗˊ宀」，語音爲「ㄙˊ宀」。
貴	(ㄍㄨㄟ)(ㄐㄩ)	讀音爲「ㄍㄨㄟ」。語音富貴之貴爲「ㄍㄨㄟ」，昂貴之貴爲「ㄐㄩ」。
快	(ㄎㄨㄝ)(ㄎㄨㄚ)	讀音爲「ㄎㄨㄝ」，語音爲「ㄎㄨㄚ」。
慢	(ㄇㄢ)(ˋㄇㄢ)	讀音、語音皆爲「ㄇㄢ」，惟慢慢二字連言，婦孺多變爲「ˋㄇㄢ」。
遲	(ㄗˊㄩ)(ㄗˊㄧ)	讀音爲「ㄗˊㄩ」，語音爲「ㄗˊㄧ」。
狹	(ㄧ˙ㄚ)(ㄏˊㄚ˙)	讀音爲「ㄧ˙ㄚ」，語音爲「ㄏˊㄚ˙」。
冷	(ㄌㄚㄥ)(ㄌㄤ)	讀音爲「ㄌㄚㄥ」，語音爲「ㄌㄤ」。

續表

字	音	訓釋
煖	(ㄋ干)(ㄋ彡)	讀音、語音皆爲「ㄋ干」，惟煖鍋之煖音變爲「ㄋ彡」。
生	(ㄙㄚㄥ)(ㄙㄤ)	讀音爲「ㄙㄚㄥ」，語音爲「ㄙㄤ」。
熟	(ㄙ́ㄩ.)(ㄙ́ㄛ.)	讀音、語音皆爲「ㄙ́ㄩ.」。鄉間語音或爲「ㄙ́ㄛ.」。
閒	(ㄧ˙宀)(ㄏ́ㄢ)	讀音爲「ㄧ˙宀」，語音爲「ㄏ́ㄢ」。
假	(ㄐㄧㄚ)(ㄐㄩㄛ)(ㄍㄛ)	讀音城廂爲「ㄐㄧㄚ」，鄉間多爲「ㄐㄩㄛ」。語音爲「ㄍㄛ」。
嘉	同。	同。
臭	(ㄒㄧㄌ)(ㄘㄧㄌ)	讀音爲「ㄒㄧㄌ」，語音爲「ㄘㄧㄌ」。
絳	(ㄐㄧㄤ)(ㄍ丄)	讀音爲「ㄐㄧㄤ」，語音爲「ㄍ丄」。
黃	(ㄨ.丄)(ㄨ丄)	讀音、語音皆爲「ㄨ.丄」，惟黃梅及蛋黃之黃語音變爲「ㄨ丄」。
太	(ㄊㄝ)(ㄊㄚ)(ㄊㄚ.)(ㄊ禾)(ㄊㄠ)	讀音爲「ㄊㄝ」。語音通常皆爲「ㄊㄚ」，如太平、太公等。惟老太婆之太音變爲「ㄊㄠ」，又太過之太變爲「ㄊㄚ.」音，鄉間或同鄞人變爲「ㄊ禾」音。
去	(ㄑㄩ)(ㄑㄧ)	讀音爲「ㄑㄩ」，語音爲「ㄑㄧ」。
歸	(ㄍㄨㄟ)(ㄐㄩ)	讀音爲「ㄍㄨㄟ」，語音爲「ㄐㄩ」。
虧	(ㄎㄨㄟ)(ㄑㄩ)	讀音爲「ㄎㄨㄟ」。語音有時變爲「ㄑㄩ」，如吃虧。

續表

字	音	訓釋
吹	(ㄘㄟ)(ㄘㄩ)	讀音爲「ㄘㄟ」，語音爲「ㄘㄩ」。
吃	(ㄑㄧ̇)(ㄑㄩㄛ̇)	讀音爲「ㄑㄧ̇」，語音爲「ㄑㄩㄛ̇」。
交	(ㄐㄧㄠ)(ㄍㄠ)	讀音爲「ㄐㄧㄠ」。語音稍高尚之名詞，如交易、交通等，呼爲「ㄐㄧㄠ」；通行之名詞，如交手、交代等，呼爲「ㄍㄠ」。
埋	(ㄇㄢ)(ㄇㄚ)	讀音爲「ㄇㄢ」，語音作「ㄇㄚ」。
解	(ㄐㄧㄝ)(ㄍㄚ)	讀音爲「ㄐㄧㄝ」，語音爲「ㄍㄚ」。
戒	同。	同。
教	(ㄐㄧㄠ)(ㄍㄠ)	讀音爲「ㄐㄧㄠ」，語音爲「ㄍㄠ」。
賴	(ㄌㄢ)(ㄌㄚ)	讀音爲「ㄌㄢ」。語音如依賴、靠賴等皆呼「ㄌㄢ」音，惟無賴子之賴呼「ㄌㄚ」。
祝	(ㄗㄩ̇)(ㄗㄛ̇)	讀音、語音皆爲「ㄗㄩ̇」。鄉間語音或爲「ㄗㄛ̇」。
築	同。	同。
囑	同。	同。
學	(ㄧㄚ̇)(ㄩㄛ̇)(ㄏ́ㄛ̇)	讀音城廂爲「ㄧㄚ̇」，鄉間爲「ㄩㄛ̇」。語音爲「ㄏ́ㄛ̇」。
覺	(ㄐㄧㄚ̇)(ㄐㄩㄛ̇)(ㄍㄛ̇)	讀音爲「ㄐㄧㄚ̇」，鄉間或爲「ㄐㄩㄛ̇」。語音多變爲「ㄍㄛ̇」。
逐	(ㄗ́ㄩ̇)(ㄗ́ㄛ̇)	讀音爲「ㄗ́ㄩ̇」，語音或轉爲「ㄗ́ㄛ̇」。

續表

字	音	訓釋
孝	(ㄒㄧㄠ)(ㄏㄠ)	讀音爲「ㄒㄧㄠ」。語音有二，孝敬之孝爲「ㄒㄧㄠ」，孝服之孝爲「ㄏㄠ」。
降	(ㄐㄧㄤ)(ㄍ丄)	讀音爲「ㄐㄧㄤ」，語音爲「ㄍ丄」。
講	同。	同。
伏	(ㄪㄛ˙)(ㄅˊㄛ˙)	讀音爲「ㄪㄛ˙」。語音有二，用爲降伏及三伏之伏呼爲「ㄪㄛ˙」，偃臥之伏則呼「ㄅˊㄛ˙」。
加	(ㄐㄧㄚ)(ㄐㄩㄛ˙)(ㄍㄛ˙)	讀音城廂爲「ㄐㄧㄚ」，鄉間爲「ㄐㄩㄛ˙」。語音爲「ㄍㄛ˙」。
嫁	同。	同。
浮	(ㄪㄉ)(ㄏㄨ)(ㄏˊ禾)	讀音爲「ㄪㄉ」。語音通常皆爲「ㄏㄨ」，惟展茅鄉人呼「ㄏˊ禾」。
死	(ㄙ)(ㄙㄧ)	讀音爲「ㄙ」，語音爲「ㄙㄧ」。
染	(ㄙˊㄩ千)(ㄬ宀)	讀音爲「ㄙˊㄩ千」，語音爲「ㄬ宀」。
行	(ㄧ˙ㄥˊ)(ㄏˊㄤ)	讀音爲「ㄧ˙ㄥˊ」，語音爲「ㄏˊㄤ」。
繞	(ㄙˊㄧㄠ)(ㄬㄧㄠ)	讀音爲「ㄙˊㄧㄠ」，語音爲「ㄬㄧㄠ」。
饒	同。	同。
屈	(ㄑㄩ˙)(ㄑㄩㄛ˙)	讀音爲「ㄑㄩ˙」，語音有時變爲「ㄑㄩㄛ˙」。
習	(ㄗˊㄧ˙)(ㄙˊㄧ˙)	讀音爲「ㄗˊㄧ˙」，語音爲「ㄙˊㄧ˙」。

續表

字	音	訓釋
鑑	（ㄐ宀）（ㄍㄢ）	讀音爲「ㄐ宀」，語音爲「ㄍㄢ」。
監	同。	同。
我	（ㄫ禾）（ˋㄫ禾）（ㄫㄛ）	讀音爲「ㄫ禾」或「ˋㄫ禾」，語音爲「ㄫㄛ」。
孰	（ㄙˊㄩ˙）（ㄙˊㄛ˙）	讀音爲「ㄙˊㄩ˙」，語音或變爲「ㄙˊㄛ˙」。
阿	（禾）（ㄚ˙）（ㄤ）	讀音有「禾」「ㄚ˙」二音。語音用爲發語聲呼「ㄚ˙」音，如阿哥、阿弟等，惟呼母爲阿媽則變爲「ㄤ」音。
也	（ㄧㄝ）（ㄧ˙ㄝ）（ㄧ˙ㄚ）	讀音爲「ㄧㄝ」或爲「ㄧ˙ㄝ」。語音用爲亦義者呼「ㄧ˙ㄚ」，如也好。
了	（ㄌㄧㄠ）（ㄌㄟ）	讀音爲「ㄌㄧㄠ」。語音用爲完事之義者呼「ㄌㄧㄠ」，如了事；用爲助字者呼「ㄌㄟ」，如吃飯了。
什麼	（ㄙ禾）	什麼二字合爲「ㄙ禾」音，如什麼事體呼「ㄙ禾」事體。
怎麼	（ㄗˊ禾）（ㄗˊㄚ）	怎麼二字合爲「ㄗˊ禾」音，如詰問人「怎麼會道樣辦」則曰「ㄗˊ禾」會介做。又怎麼二字亦合爲「ㄗˊㄚ」音，如「怎麼做」則曰「ㄗˊㄚ」弄。
無庸	（ㄪ廾）（ㄪㄚㄥ）	無庸二字合爲「ㄪ廾」音，或爲「ㄪㄚㄥ」音，如「無庸再説」則曰「ㄪ廾」話，或曰「ㄪㄚㄥ」話。
無好	（ˋㄇㄠ）	無好，即不可之意，合爲「ˋㄇㄠ」音，如禁人不可做則曰「ˋㄇㄠ」弄。

俗字考

山陬海澨，言語岐異。驟聆於耳，似覺徒存其音聲，必無其文字。逮細察之，或爲秦漢遺音，班列《爾雅》《説文》《方言》古籍之中，或具見六朝以後《玉篇》《廣韻》《集韻》等書間。有尋常文字，偶因聲韻轉變，遂至不可究詰。其實十之七八，可考見焉。爰紬繹音韻文字諸籍，旁洎《通俗編》《新方言》諸書，彙成三表，或形屬僻見，或音乖通讀，或糾正俗謬，或援據典古，略具於兹。若夫俗有其音，古無其字，未敢嚮壁虛造；至於通俗習見之字，人所備知，亦擯不與列云。

表一　名物字類　凡名、代等詞屬焉

字（附詞語）	本音	俗音	訓釋
胡嚨			俗稱咽喉曰胡嚨。按《釋名》：「胡，互也，在咽下垂，能斂互物也。」《説文》：「嚨，喉也。」連言嚨胡。《後漢書》：「請爲諸君鼓嚨胡。」今俗顛倒言之曰胡嚨，胡字俗音亦變爲烏。
肩克（肩胛）（肩甲）	胛音甲。	胛讀ㄍㄚ。	俗稱肩曰肩克，亦曰肩胛，一作肩甲。按《説文》：「克，肩也。」是肩克之稱頗古。胛字見《後漢書·張宗傳》：「中矛貫胛。」注：「謂背上兩膊間也。」《正字通》作肩甲。
手肱（手梗）	肱，古弘切。	肱讀ㄍㄨㄤ。	俗稱手曰手肱。肱字，《廣韻》隸登韻，今讀古横切，則轉入庚韻。古音庚、登本合也。俗亦作手梗，一曰手骨。
腳脛（腳梗）	脛，胡定切。	脛讀ㄍㄨㄤ。	俗稱腳曰腳脛。脛字，《廣韻》隸徑韻，今讀古孟切，則轉入映韻。古音徑、映本合也。俗亦作腳梗，一曰腳骨。

續表

字(附詞語)	本音	俗音	訓釋
胃脘(胃腕)	脘音换。	脘讀ㄨ干。	俗稱胃曰胃脘，譌作胃腕。按《説文》：「脘，胃府也。」
胸脘頭	脘音管。	脘讀ㄍㄨ干。	俗稱胸腔曰胸脘頭。按脘字，《集韻》本有二音，一音胡玩切，即胃脘之脘；一音古緩切，即胸脘頭之脘也。
嬭嬭蒱	蒱音蒱。	讀ㄋㄢ ㄋㄢ ㄅˊㄨ。	按《集韻》：「蒱，雉膺肉也。」《通俗編》云：「俗亦謂人之胸部曰胸蒱。」今邑人謂乳房曰嬭嬭蒱，亦此意也。
肋胳肢下	胳音格。		俗稱腋下曰肋胳肢下。按《説文》：「胳，腋下也。」
手掙⿰扌致	掙音静，⿰扌致音致。		俗稱肘曰手掙⿰扌致。蓋謂肘爲掙札及支⿰扌致之用也。⿰扌致亦作拄。或曰肱音轉爲張，手肱椎，指肘之椎骨，言其形似椎也。
腳髁頭	髁音課。		俗稱膝蓋曰腳髁頭。《廣韻》：「髁，膝骨。」
腳腸肚	腸音陽。	腸讀广ㄧㄤ。	《易》：「咸其腓。」疏：「腓，足之腓腸也。」按醫經稱下胺内側之筋曰腓腸筋，腸讀如陽，故俗謂之腳腸肚，惟腸音轉如仰耳。
髀股(屁股)	髀音俾。	髀讀ㄆㄧ。	俗稱臀曰髀股。《説文》：「髀，股也。」通作屁股。
腡(螺)	音騾。		《廣韻》：「腡，手指紋也。」按俗謂指紋之作螺旋形者曰腡，亦作螺，即斗也。
筲			按俗謂指紋之作波浪形者曰筲。筲即筲箕之簡稱，蓋本謂之箕也。
峻(朘)	祖回切。	讀ㄐㄩ。	峻，赤子陰也。《老子》：「未知牝牡之合而峻作，精之至也。」《説文》作朘。按俗謂男孩之陰曰波羅峻。

續表

字(附詞語)	本音	俗音	訓釋
溲(尿)	音搜。	讀ㄕㄩ。	俗謂小便曰尿，讀如書。然尿即溺字，音奴弔切，不音書也。今按當作溲，溲屬尤韻，古音尤、魚本屬同部，如鉤狗苟耇等皆從句聲，故溲可轉爲書音也。
眠鼾	鼾音頇。	讀ㄏ彡。	俗謂熟寐時之鼾聲曰眠鼾。
胴肛	音洞江。	讀ㄉˊ廾 ㄍ廾。	胴，《玉篇》：「大腸也。」肛，《六書故》：「大腸端，肛門也。」按俗謂大腸端曰胴肛。
嘴酺	酺音腐。	酺音ㄅˊㄨ。	俗謂獸畜之喙曰嘴酺。按酺亦作⿰甫頁，通作輔，《説文》：「頰也。」《淮南子》：「靨酺在頰則好，在顙則醜。」
賺頭			俗謂猪舌曰賺頭。舌音近蝕，商家忌諱，故改爲賺。
準(瘃⿱自廾)	音拙。		俗謂雄鵝頭上肉瘤曰鵝⿱自廾。按⿱自廾，俗字，不見字書，蓋省鼻字之中而爲之。本當作準。《史記》：「高祖隆準。」準音拙，鼻尖也。鵝之肉瘤，似人之鼻準，故以爲名。或謂當作瘃。《説文》：「瘃，中寒腫核也。」因沿稱雄鵝頭上腫核爲瘃云。
脬(胞泡)	音抛。		《説文》：「脬，膀胱也。」按俗謂猪之膀胱曰猪尿脬。今作泡，亦通作胞。
近䁢眼	䁢音砌。		䁢，《説文》：「察也。」《廣雅》：「視也。」俗謂目之近視者曰近䁢眼。䁢亦作⿰目切，通作覷。
乜䁢眼	乜，母也切。	乜讀ㄇㄧ。	《集韻》：「乜，眼乜斜也。」按俗謂目之細狹而長者曰乜䁢眼。

續表

字(附詞語)	本音	俗音	訓釋
䱍瞭眼	䱍，呼訝切。	䱍讀ㄏㄛ。	俗謂蹙眥而視物者曰䱍瞭眼，謂目縫微啓如䱍也。
鬭雞眼			俗謂目瞳之逼近内眥者曰鬭雞眼，謂如雞争鬭時兩眼定向前也。或曰當作鬭瞭眼。兩目視線相輳曰鬭。
鏤眼	鏤音漏。	鏤讀ㄌㄤ。	俗謂深目者曰鏤眼，謂目眶如鏤穴也。或曰當是凹字，凹有婁音。
覞睛	覞音兜。	覞讀ㄊㄤ。	《説文》：「覞，目蔽垢也。」按今俗謂目疾之因淚管腫塞者曰覞睛，譌作偷鍼。
宣髮(蒜髮)			髮早白者，俗曰宣髮。此稱頗古。《易·説卦》「巽爲宣髮」是也。亦作蒜髮，見《北齊書·慕容紹宗傳》。
獠牙			俗謂齒之特長露於脣外者曰獠牙。
㾯(㾯掩)	音娩。		《集韻》：「㾯，瘍痂也。」按通作㾯掩。
趼(繭皽)	音繭。	讀ㄐㄧ。	胼胝也。即手足之厚皮。《莊子》：「百舍重趼而不敢息。」亦作皽，通作繭。
皰(泡)	音砲。		凡皮膚因傷暴起如水泡者，皆謂之皰。今通作泡。
血癊	癊音印。		皮膚因傷有血痕者，俗曰血癊。或謂血痕之隱約者，當是隱字。
瘤子	瘤音由。	瘤讀ㄒㄧㄤ。	《廣韻》：「瘤，息惡肉也。」按俗謂皮膚上所生贅肉曰瘤子，亦作疨子。
凍瘃	瘃音燭。		《説文》：「瘃，中寒腫核。」按俗謂之凍瘃。因皮膚驟受劇寒而起，生於手足及耳。

續表

字(附詞語)	本音	俗音	訓釋
開皸(開龜)	皸音君。		《說文》：「皸，足坼也。」按俗謂皮膚因寒坼裂曰開皸。本當作龜。《莊子》：「宋人有善爲不龜手之藥者。」釋文：「龜，舉倫反。」注：「不龜，謂凍不皸瘃。」按坼裂如龜背[一]，故云。
瘄風	瘄音查。		瘄亦作皻皶。紅暈似瘡浮起面鼻者也。俗曰發瘄風。
⿸疒高⿸疒老	音杲老。	讀ㄍㄚ˙ㄌㄠ。	《集韻》：「⿸疒高⿸疒老，疥瘡。」按今俗猶名疥瘡曰⿸疒高⿸疒老，實即疥癩之轉音。
臀皻	皻音展。		《廣韻》：「皻，皮肉之上魄膜也。」《內則》：「濯手以摩之，去其皻。」按俗謂兩股坐處生瘡曰臀皻。諺云：「快活似神仙，髀股生臀皻。」
疢	音趁。	ㄘ卄。	《說文》：「疢，熱病也。」俗謂患病曰生疢。面有不豫之色曰生疢氣。罵人之疲弱無力者曰疢鬼。
癀病	音皇。		疫病也。《聊齋志異》有《牛癀》篇。今鄉村鄙人罵詈輒曰生癀病，即此字。
虛⿸疒及病	⿸疒及，呼合切。	ㄒㄧ˙。	《說文》：「⿸疒及，病劣也。」繫傳引《本草》「苟杞療虛⿸疒及病」，「謂⿸疒及⿸疒及無氣力也」。按今謂人心有所疢曰生虛⿸疒及病。
有娠	音申。	娠讀ㄙ卄。	婦女有孕曰有娠，當作此字。亦作㑗。俗讀娠如辰，亦讀如震，遂别作身。

〔一〕 坼：原誤作「圻」。

續表

字(附詞語)	本音	俗音	訓釋
有孕	音滕。	ㄩ.ㄐ。	有娠亦曰有孕。孕俗讀如運。
阿嬷 阿姆	嬷音麼,姆音姥。	阿嬷讀ㄤ ̀ㄇㄛ, 阿姆讀ㄤㄇㄨ。	俗呼母曰阿嬷,亦曰阿姆。按嬷蓋媽麼之轉音,姆蓋母之轉音也。
奼(姹)	音妒。		俗稱姑母曰阿奼,亦曰奼奼。按《説文》:「奼,少女也。」亦作姹。
阿大 大大		大讀ㄉㄚ ́。	俗稱叔父曰阿大,亦曰大大。按此蓋本之《晉書》謝道藴之言「一門叔父,則有阿大、中郎」是也。
囝子		囝讀ㄫ。	俗呼男子子曰囝子,亦作伲子。
囡(媛)		囡讀ㄋ千。	俗呼女子子曰囡,亦作媛。
嬭歡		嬭讀ㄋㄚ。	俗呼食乳之嬰兒曰嬭歡。或作嬭花,謂乳汁培養若花也,花音轉爲歡。
孲孾	音鴉牙。	讀 ̀ㄫ ̀ㄫㄚ。	《集韻》〔一〕:「吴人謂赤子曰孲孾。」按今俗音略變,實皆嬰孩之轉音,蓋其啼聲似之也。
填房		填讀ㄇ。	俗稱繼室曰填房,謂房既空而填之也。填堙疊均,故俗又讀爲ㄇ。
老伻	伻,補耕切。	ㄅㄤ。	俗稱僕役曰老伻。按《爾雅》:「伻,使也,從也。」《書》:「伻來,以圖及獻卜。」

〔一〕集韻:原誤作「方言」。

續表

字(附詞語)	本音	俗音	訓釋
綷縩阿姆	綷縩音翠蔡。	讀ㄘㄧㄘㄛㄤㄇㄨ。	俗謂不修邊幅之人曰綷縩阿姆。按《類篇》:「綷縩,紈素聲。」蓋謂其行動無儀,故衣服作聲也。
惰貧		讀ㄉㄜˊㄅㄧˊ。	即惰民也。祝明允《猥談》:「奉化有丐户,俗謂之惰貧。」按吾邑謂之惰便。便即貧之轉音。
要貨(傻貨)		要讀ㄙㄛ。	《集韻》:「傻,輕慧貌。」按俗謂婦女之輕佻淫濫者曰傻貨,亦作要貨,猶言玩物也。
孱頭	孱音潺。	孱讀ㄘㄢ。	俗謂人之庸懦無能者曰孱頭。按《廣韻》:「孱,劣也。」《玉篇》:「孱,弱也。」
魄尸	魄音拍。	魄讀ㄆㄛ。	俗謂人之軀幹曰魄尸,然含輕蔑之意。蓋謂其人有魄而無魂,如已死之尸也。
襱	音籠。		《説文》:「襱,袴踦也。」《急就篇注》:「袴之兩股曰襱。」按今謂袴之兩股曰袴腳襱,衣之兩袖曰袖子襱。
衩	差去聲。	ㄘㄛ。	亦作紁。《玉篇》:「衣衩也。」按衣兩衽離而未縫之處,俗謂之衩子,亦曰開衩。
襠			《漢書·外戚傳》注:「窮袴,即今緄襠袴也。」按緄襠袴,今謂之滿襠袴。袴當兩股之中謂之襠。
下襬	襬音陂。	襬讀ㄅㄚ。	《方言》:「裙,自關而東,或謂之襬。」按今引申之,謂衣之底邊曰下襬,亦作擺。

續表

字(附詞語)	本音	俗音	訓釋
帽綖	綖音延。		《玉篇》：「綖，冕前後垂覆也。」《左傳》桓公二年：「衡紞紘綖。」通作延。《禮記·玉藻》：「前後邃延。」按今亦謂冠邊曰帽綖，亦作帽沿。
鈕襻	襻，普患切。	襻讀ㄆㄢ。	《類篇》：「衣系曰襻。」按今謂衣系之牡者曰鈕，牝者曰襻。亦曰鈕襻。
㡛子	㡛，烏丸切。	㡛讀ㄨㄢ。	《廣韻》：「㡛子，裁餘也。」按今謂袖下裁餘之布帛曰㡛子。
裁敷			俗謂衣服裁餘之布帛曰裁敷。
補靪	靪音丁。		《說文》：「靪，補履下也。」按今謂衣服補處曰補靪。
布綾帔	帔，部鄙切。	綾讀ㄌㄚㄥ，帔讀ㄅ〡ˊ。	《急就篇》：「帔幓囊橐不值錢。」按帔即布帛之殘餘者，俗謂之布綾帔，亦作帔。
彯帶(飄帶)	票平聲。		《廣韻》：「彯彯，長組之貌。」按俗謂帶之長者曰彯帶，通作飄。
襞(䙄)	音璧。	ㄅㄚ˙。	襞，摺疊也。按俗謂摺疊數層之布或紙，裱褙之使成一片曰襞。音轉如迫，俗作䙄。
綿綉(綿䩡、綿兜)	綉音透。	ㄉㄤ。	《集韻》：「吴俗謂綿一片爲綉。」按即今之絲綿可以絮衣者。今俗亦曰綿綉，綉音轉如兜。亦作綿䩡。《廣韻》：「䩡，冕前纊也。」今俗因綉假借爲刺繡之繡，故徑書作綿兜。或曰當作綿斗。綿斗乃敗繭所恢成，形如斗也。與綿一片爲綉者不同。
帽匱	匱音貴。	匱讀ㄎㄨㄟ。	匱亦作樻。《說文》：「筐當也。」《釋名》：「匱，恢也，恢廓覆髮上也。」按今謂製帽之型曰帽匱。

續表

字（附詞語）	本音	俗音	訓釋
鞻楥（鞻楦）	暄去聲。		《說文》：「楥，履法也。」徐曰：「織履中模。」按俗謂之鞻楥，亦曰楥頭。字又作楦。
釧臂（串臂）	釧，尺絹切。	釧讀ㄘㄝ。	《說文》：「釧，臂環也。」《墨莊漫録》：「條脱，即今臂釧也。」按今倒言釧臂，亦作串臂。釧音轉如采。
墜	垂去聲。	ㄗˊㄩ。	繫挂之飾物曰墜。如言扇墜、玉墜頭等。
杴	虚儼切。	ㄒㄧˋ。	《玉篇》：「鍬屬。」按俗稱掘地之鍬曰畈杴，出灰之鍬曰火杴。
號頭		號讀ㄏˊㄚ，頭讀ㄉㄤ。	喇叭，軍中吹器，俗曰號頭，見《正字通》引戚繼光《新書·號令》篇。按俗號讀如鞋上聲，頭讀如斗。
瓦瓪（瓦爿）	瓪音版。	瓪讀ㄅˊㄢ。	《說文》：「瓪，敗瓦也。」按俗曰瓦爿，爿當作瓪。
甎（船）	淳緣切。	ㄙˊㄩ𠆢。	甬俗呼盆之大而長者曰甎。如盛全鴨之盆曰鴨甎。亦作船。
甆（甗甆）			盛物陶器，底口同大而外飾緑油者，謂之緑甆。甆，亦作甗。
庎廚（楫廚）	庎音介。	庎讀ㄍㄚ。	甬呼食廚曰庎廚。庎字見《集韻》。亦作楫廚。
鋬	普患切。	ㄆㄢ。	《五音集韻》：「器系也。」按今器具之柄紐皆呼爲鋬，亦曰鋬頭。
甩		ㄍˊㄨㄢ。	凡物之襻以便手提者，俗多曰甩。如水桶之襻曰水桶甩，銅鑼之襻曰銅鑼甩。或曰即是鋬之轉音讀ㄍˊㄨㄢ者。

續表

字(附詞語)	本音	俗音	訓釋
笉		ㄑㄧㄤ。	甑盂桶盆等之篾束曰笉。案即拲之俗字。
屜	他計切。		《集韻》:「履中薦也。」俗謂筐篋之附於棹几者曰抽屜,亦曰抽斗。又謂間於器具之中或藉于底者曰屜層。又謂襲于衷服外衣之中者曰屜襖。
斲頭(榔頭)			椎有柄可擊者也。通作榔頭。《說文》:「斲,柯擊也。」
和頭(脉頭)(秝頭)〔一〕			棺之前端也。《廣雅》作脉頭。《類篇》作秝頭。
手梏			手械也。梏,今讀如靠。
高蹻(高蹺)	去遥切。		縛木棒於足下而行也。
木柿	柿音費。		木屑也。
弶	其兩切。		《廣韻》:「弶,張取獸也。」今謂捕鼠機曰老鼠弶,捕虎機曰老虎弶。
圈	其卷切。	ㄐㄩ´。	《說文》:「養畜之閑也。」按俗謂豕牢曰猪圈,音變如儉。今俗多書作楗閉之楗,亦通。
油銚(油刁)	銚音調。	銚讀雕。	藏醯醢等小甕也。俗作刁。
滗箕(溲箕)(筲箕)			淘米之具也。亦作溲箕。

〔一〕和頭:原誤作「頭和」。

續表

字（附詞語）	本音	俗音	訓釋
摇呼串（摇虎撑）		串讀ㄘㄤ。	江湖醫士所持之串鈴，俗曰摇呼串，因行路時，一方摇鈴，一方口中呼叫，故得此名。俗作摇虎撑。
䩩（远）	於阮切。		《説文》：「量物之䩩。」按俗稱物之時，須除盛物之器重量，名之曰䩩。音義與《説文》並合。俗借用遠之省文远字爲之。
𣟐（栓）（拴）（閂）	數還切。	ㄙㄩㄢ。	《集韻》：「關門機也。」按俗謂之門𣟐，亦省作褱。又借拴爲之。亦作閂。
儎		ㄙˊㄝ。	俗謂貨物之載於舟者曰儎子，亦曰儎頭。
榫（筍）	音筍。		《集韻》：「剡木入竅也。」按俗謂之榫頭。又謂脱卯曰脱榫，接卯曰鬭榫。亦作筍。
鑿（槽）	漕去聲。	ㄙˊㄠ。	《集韻》：「穿孔也。」《考工記》：「凡輻量其鑿深。」按俗凡孔隙皆謂之鑿，讀如槽。亦作槽。
欛柄（把柄）	欛音霸。		《廣韻》：「刀柄名。」《丹鉛録》：「得此欛柄。」按俗謂凡物可執持之處曰欛柄。因又謂事之可以挾持者曰欛柄。通作把柄。
鑊樻	樻音貢。	樻讀ㄍˊㄤ。	《集韻》：「格木也。」按俗謂飯鍋上蒸物之竹格曰鑊樻，音變如ㄍˊㄤ。
鑊匵	匵音感。		《增韻》：「匵，器蓋也。」按俗謂鍋蓋曰鑊匵。亦作㰹。
鍬	千遥切。		起土之具。俗亦謂起飯之銅鏟曰飯鍬。

續表

字（附詞語）	本音	俗音	訓釋
橛頭	橛音掘。		《列子·黄帝篇》注："斷木也。"按俗謂凡物之斷片曰橛頭。如言墨橛頭、香煙橛頭之類。又謂一段曰一橛。如言一橛樹、一橛魚之類。
梃（鋌）	徒鼎切。		《説文》："一枝也。"按俗謂墨一枚曰一梃。亦通作鋌。
幀	猪孟切。	ㄗˊ一ㄤ。	畫一幅曰一幀。俗亦謂紙一幅曰一幀。通作張，音變如丈。
幢	宅江切。	ㄗˊ丄。	《説文》："旌旗之屬。"《釋名》："幢，童也，其貌童童也。"按謂旌旗羽葆重疊也。故俗謂器物重疊相架曰幢。又器物多數積累者曰一幢，樓房亦曰一幢。
㠭	藏上聲。	ㄗˊ丄。	此字不見字書。俗讀如藏上聲。俗謂疊架曰㠭。如支閣箱籠之橱曰㠭橱，亦曰㠭箱橱，按當作幢。
涇	音憖。	ㄬ一ㄥ。	《爾雅》："澱謂之涇。"俗謂齒汙曰齒涇。
炭墼（炭結）	墼音激。		《廣韻》〔二〕："土墼未燒塼坯也。"按今摶炭屑爲塊曰炭墼，亦作炭結。
瀎布（抹布）	瀎音末。		《説文》："瀎，拭滅貌。"一曰塗也。《方言》："净巾謂之瀎布。"按俗作抹布。
筅帚（洗帚）	筅音銑。		《集韻》："筅，帚也。"按亦作箲帚。通作洗帚。
亮			俗謂燈曰亮。

〔二〕廣韻：原誤作"説文"。

續表

字(附詞語)	本音	俗音	訓釋
篥子	篥,力協切。	篥讀ㄌㄧㄚ。	《集韻》:「篥,竹笭,所以乾物。」按以竹篾織成長方形所以曬物者也。俗謂之篥子。
鐁刀(鏩刀)	鐁,槎轄切。	鐁讀ㄕㄚ。	鐁亦作鏩。《集韻》:「斷草刀也。」按俗謂斷草之刀曰鏩刀。
鑷子鉗	鑷音聶,亦音捻。	鑷讀ㄏㄧㄚ。	鑷亦作銸鑈籋筬。俗謂攝取毛髮之鉗曰鑷子鉗。按《釋名》:「鑷,攝也,攝取物也。」《雲仙雜記》:「王僧虔晚年惡白髮。一日對客,左右進銅鑷。僧虔曰:『卻老先生至矣。』」
珓(筊)	古孝切。	ㄍㄠ。	杯珓,所以占吉凶者。《演繁露》云:「珓用貝殼,或用竹根。」按後世皆以竹根爲之,故字從竹。以二者皆俯爲陽筊,皆仰爲陰筊,一俯一仰爲勝筊,亦作聖筊。《石林燕語》云「高辛廟有竹栝筊,以一俯一仰爲聖筊」是也。
鷂子			即紙鳶也。
眠牀橫	橫音廣。		《集韻》:「橫,組跗橫木也。」按俗謂牀前橫木曰眠牀橫,亦作牑桄。
消息子			洗刷耳垢之具,頂有絨毛者,俗謂之消息子。即耳聽消息之意。
碇(矴)(磸)(椗)	丁定切。		《集韻》:「錘舟石也。」亦作椗矴磸。俗謂事之費周折者曰起碇拔錨,以開船之手續煩瑣爲喻也。
㢋腳屋	㢋音辣。		㢋,亦作庲。《廣雅》:「庵也。」按俗謂小屋曰庲腳屋。
厙頭	厙音舍。	厙讀ㄙㄛ。	正屋與軒房交接處之室,俗曰厙頭,亦作舍頭。

續表

字（附詞語）	本音	俗音	訓釋
斢	天口切。	ㄊㄤ。	《集韻》：「斢斢，兵奪人物也。」按俗讀平聲，謂屋一所曰一斢。
石堪（石磡）		堪讀ㄎㄢ。	石堪，築石如臺也。亦曰堪墩。《説文》：「堪，地突也。」俗亦作墈。
簷楯	楯音盾。	楯讀ㄙㄣˊ。	俗謂簷下階除間曰簷楯，亦作簷巡、簷脣。按以簷楯爲正。楯，乳允切，音盾。橫曰楯，縱曰欄，階除前木欄也。《史記·滑稽列傳》：「秦始皇時有陛楯郎。」陛楯，即階除前欄也。惟今民間雖不施欄，而亦沿稱簷楯耳。
檐（牑）（篃）		ㄅㄢˊ。	《左傳》昭二十五年：「檐桷所以藉榦。」注：「棺中笭牀也。」又謂屋上短桷曰檐。何晏《景福殿賦》「爰有禁檐」是也。按今俗借稱椽上所以藉瓦者曰檐，以磚者曰磚檐，以竹者曰篾檐，俗作篃。亦作牑。《集韻》：「牑，屋簀也。」
篼子	篼音兜。		《正字通》：「竹輿也。篃之别名。」俗謂之篼子。
甿（坑）（埂）	音岡。	ㄍㄤˊ。	趙魏謂陌曰甿，見《説文》。今俗謂蔬畦間人行之道曰地甿，讀如岡之濁音。亦作坑埂。
淖泥茇頭			土塊曰淖泥茇頭。《説文》：「茇，草根也。」
埲塵（埄塵）（蓬塵）	埄，蒲蠓切。		《集韻》：「埄，塵起貌。」按俗謂塵埃曰埲塵〔一〕。亦作埄塵。通作蓬塵。
攋搕（垃圾）			《集韻》：「攋搕，和雜也。」今作垃圾，讀ㄌㄚㄕㄚ，亦讀ㄌㄚㄕㄢ。

〔一〕埲：原誤作「埄」。

字（附詞語）	本音	俗音	訓釋
豁罅（豁裂縫）			器物之裂縫曰豁罅，讀若好惡之惡。亦謂之豁裂縫。
窞	音萏。	ㄉ́彡。	《説文》：「坎中小坎也。」按俗通稱坎曰窞。
船港	港，胡貢切。		按港，本謂水中行舟之道。今稱造船時所開之水道曰船港，港字正讀紅去聲。
庭澤（庭糖）	澤音鐸。		簷冰曰庭澤，俗音變爲庭糖。
行當			事由曰當。《書言故事》：「宋丁晉公倅饒，判官白稹以片紙假緡五鐶〔一〕。公笑，書簡尾曰：欺天行當吾何有，立地機關子太乖。」按行當與機關對文，蓋宋時俗語謂所行之事也。今甬俗尚謂緣由曰行當，行讀如杭。又謂因事受愚曰上當。
家帑		帑讀ㄉㄥ。	家帑，家財也。帑讀如當。通作家當。亦曰家計。
麻餈（麻糍）	餈，才資切。	餈讀ㄙ́。	《釋名》：「餈，漬也。烝燥屑使相潤漬餅之也。」按俗以糯米粉和青蒿製成斜方形之餅，外糝以松花，於清明時食之，謂之麻餈。餈亦作糍。
油饊子	饊音散。	饊讀ㄗㄢ。	饊子，古謂之粔籹。《説文》：「粔籹，膏環也。」《齊民要術》：「粔籹名環餅，象環釧形。」《廣雅》謂之粰梳。今通名饊子。按亦曰寒具。劉禹錫《寒具》詩：「纖手搓成玉數尋，碧油熬出嫩黄深。夜來春睡無輕重，壓扁佳人纏臂金。」即此也。今俗謂油饊子，饊讀如盞。亦作糤。

〔一〕緡：原作「錢」，據《佩文韻府》引《書言故事》改。

續表

字(附詞語)	本音	俗音	訓釋
餛飩(䐀肫)(粠粍)(混沌)			餛飩,《廣雅》作䐀肫,《集韻》亦作粠粍,《玉篇》作餛飩。按實皆混沌之變。
粞糠	粞音細。		《類篇》:「米碎曰粞。」按舂米所餘之稃及米屑,俗謂之粞糠。
盲湯		盲讀ㄇㄤ。	《表異録》:「煎茶初滚曰蟹眼,漸大曰魚眼,故俗以未滚曰盲湯。」按今俗尚有此語。
糂(糝)	桑感切。	ㄙ彡。	《説文》:「糂,粒也。」按今謂飯屑曰飯糂。亦作糝。
梢瓜(綊瓜)(瓠瓜)(䏉瓜)			梢瓜之梢,亦作綊瓠䏉,即菜瓜也。
倒㼖(倒瓤)	㼖音練。		《廣韻》:「㼖,瓜中瓤也。」按俗謂瓜腐敗曰瓜倒㼖。㼖,亦作瓤。
瓤子	瓤音穰。	瓤讀ㄋㄥ。	甬俗稱人之家財曰瓤子,謂猶瓜心也。瓤讀如囊,蓋一聲之轉。
蕌頭			即薤也。《本草》:「薤一名蕌子。或作蕎,非。」按俗謂之蕌頭。蕌讀如橋上聲。亦作蕎頭。
稗草	傍卦切。	稗讀ㄅˊㄛ。	《廣韻》:「草似穀而實細。」按俗謂之稗草,讀如罷。亦作𥝧草。
㹶	烏猛切。	ㄤ。	《集韻》:「吴人謂犢曰㹶。」按俗亦有此語。
羯	音訐。		《急就篇注》:「羖之犗者爲羯。」按此專稱雄羊去勢者爲羯。今則凡畜類之去勢者多曰羯。如羯狗、羯羊等。

續表

字(附詞語)	本音	俗音	訓釋
羖猪(牯猪)			羖,夏羊之牡者,見《説文》。今湖北牡羊曰羊羖子,牡牛曰牛羖。而定人則惟牡豕曰羖猪,亦作牯猪,餘不名羖。
鐵雞(鮮雞)	鐵音線。		《賽齋瑣綴録》:「雄雞去勢謂之鐵。」按今誤作鮮雞。又案農書多稱閹雞。閹,鮮音變也。
𠫓参(秃参)			海参亦名沙噀,棘皮動物,産於海中,其幼者俗謂之秃参。按當作𠫓参。《説文》:「𠫓,不順忽出也〔二〕。从倒子。」幼参係母参初産之子,故云𠫓参。𠫓音他骨切。
蛷螋(蠼螋)(蠷螋)		ㄐㄧㄌㄒㄧㄌ。	俗誤名蚰蜒曰蠼螋。亦曰蠷螋,定語更轉爲蛷螋。
蚻蟧(知了)	音札勞。	讀ㄗㄛㄌㄠ。	《方言》:「蟬,其大者謂之蟧,其小者謂之麥蚻。」按亦連言蚻蟧,或轉爲知了。今俗音變爲詐斂。
牛蟲			米中小黑蟲也。《爾雅》:「蛄䗐,强蛘。」郝懿行疏:「此蟲大如黍米,赤黑色,呼爲牛子,音如甌子。登萊人語也。廣東人呼米牛,紹興人呼米象。」按定人呼牛蟲。
蟑螂(樟螂)			蟑螂,亦作樟螂,廚竈中紫褐色之臭蟲也。
蛆蟲		蛆讀ㄑㄧ。	俗謂孑孓曰蛆蟲。
墶	音搨,亦讀如榻。	ㄊㄚ。	《集韻》:「地之區處也。」按俗謂此處曰當(讀如唐)墶,彼處曰該(讀如ㄊㄧ)墶。鄞縣西鄉地名有姚黄墶。

〔二〕「不」上原衍「子」字,據《説文解字》删。

表二　形狀字類　凡形容詞、副詞屬焉，感歎詞亦附於是

字	本音	俗音	訓釋
殟（瘟）	音温。		《説文》：「暴無知也。」今冒人昏昧無知而又好作聰明曰瘟生，當作殟生。
儇（譞）（豩）	許緣切。	讀ㄏㄨㄢ。	《説文》：「譞，慧也。」按亦作儇豩。甬語謂小兒聰穎曰譞，亦謂小兒健全曰譞。或曰是頑之音轉。
俏			婦女美好曰俏，亦曰俏麗。
姡（滑）	音活。		《方言注》〔一〕：「建平郡人呼狡爲姡。」按今作狡猾。
獪（壞歹孬）	烏外切。	讀ㄨㄚ。	《方言》：「獪，可憎也。」按俗謂不好曰獪，蓋即壞之轉音。俗作歹。范成大《桂海虞衡志》作孬。
嬯（獃）	音臺。	ㄉㄝ。	《説文》：「遲鈍也。」《長箋》：「浙江方言曰阿帶，愚戇貌，阿入聲，帶平聲。」按俗謂書痴曰書嬯子，嬯正讀帶平聲，當作此字。今作書獃子，然獃音皚，實不讀帶平聲也。
嬪	音贊。		《説文》：「白好也。」按俗謂美麗曰嬪。
慳	苦閑切。	ㄎㄢ。	《廣韻》：「吝也。」按俗亦謂吝嗇曰慳。
佚	他骨切。	ㄊㄚ。	《集韻》：「忽忘也。」按俗謂悠忽度日曰佚。如言佚落、佚佚動等，當即此字。

〔一〕注：原脱。

續表

字	本音	俗音	訓釋
戇	陟降切。	ㄍㄤˊ。	《説文》：「愚也。」按俗謂愚直曰戇。如言戇大。
憨	音蚶。		《玉篇》：「愚也，癡也。」按俗謂癡愚者曰憨頭。
敀	博蓋切。	讀ㄅㄚ。	《集韻》：「物衺舛也。」按俗音轉如擺，凡人行步不正或物攲斜不正，皆曰馬敀。
痿（㾨萎）	音委。		《説文》：「病也。」按俗謂人多病體弱曰痿。亦作㾨。通作萎。
痷（殗𤸷）	音渰。	ㄧ˙。	瘦病也，見《五音集韻》。俗謂收縮曰痷。亦作𤸷殗。如拷痷。
䆀（黴）	音妹。		《集韻》：「禾傷雨則生黑斑也。」按亦作黴。
笡（趄）	遷謝切。	ㄑㄧㄚ。	《廣韻》：「斜逆也。」按俗亦謂斜曰笡。如日西斜曰太陽打笡〔一〕。亦作趄。《集韻》：「趄，趄腳立也。」按俗謂肩一聳一側者曰趄肩克。
殠（臭）	尺救切。		《説文》：「腐氣也。」《漢書·楊惲傳》：「單于得漢美食好物，以爲殠惡。」按此即香殠本字，古通作臭。《左傳疏》云：「臭是氣總名，元非善惡之稱，既謂善惡，則專以惡氣爲臭。」
溏	音唐。		《廣雅》：「淖也。」按俗謂不凝結曰溏。如便溼曰溏薄，食物中心未凝結曰溏心。

〔一〕斜：原誤作「斛」。

續表

字	本音	俗音	訓釋
侏		ㄕㄩ。	侏儒，短人也。梁上短柱亦曰侏儒。按俗凡草木及毛髮等短者，皆謂之侏。
興		ㄒㄧㄥ。	俗謂草木及毛髮等長者曰興。
鉛	音異。		《五音韻譜》：「磨礱漸消曰鉛。」
爂	匹妙切。	ㄆㄧㄠ。	《周禮・草人》「輕爂用犬」注：「輕爂，輕脆者。」按俗謂脃薄曰輕爂，爂讀平聲，通作輕飄。又謂物之脃嫩者曰爂，讀去聲。
舞			《漢書・張湯傳》注：「舞，變弄也。」按俗謂小兒好弄曰舞。
腩	南上聲。	ㄋㄢ。	《廣韻》：「煮肉曰腩。」《齊民要術》有腩炙法。按煮肉使柔曰腩，故俗謂柔曰腩。如輭糕亦曰腩糕。
驏（剗）	棧上聲。	ㄔㄢ。	《廣韻》：「馬不施鞍轡謂之驏。」《明史》：「乃乘驏馬。」按今俗凡物之不附加他物者，皆謂之驏，即淨意。亦作剗。古詩：「剗襪下香堦。」
䪼（奋）	音粕。	ㄆㄛ。	《廣韻》：「面大貌。」按俗凡漲大皆謂之奋。如言發奋。又鼓腮曰嘴巴奋起，亦作䪼。
蹁	便平聲。	ㄅ́ㄢ。	《説文》：「足不正也。」按俗謂足乖戾不正者曰蹁腳。
嗄（沙）			聲破曰沙胡嚨。沙字見《周禮・天官》。亦作嗄，見《老子》。

續表

字	本音	俗音	訓釋
暴			猝也，見《廣雅·釋詁》，故驟富曰暴富，驟貴曰暴貴。引申之，因謂初次曰暴，甬人方言多用之。如言初次作事曰暴出弄。又諺謂「暴喫饅頭三口生」，喻人初習技生也。又新花暴熱，意謂新著之棉絮能驟發熱，花即甬語之棉絮，以譏人對於新交密切也。
驃	音票。	ㄅㄧㄠ。	《玉篇》：「驍，勇也。」俗謂馬勇健曰驃，因又謂人驕傲曰驃，皆讀若ㄅㄧㄠ。
狃			《說文》：「犬性驕也。」《爾雅》：「復也。」注云：「狃忕復爲。」按俗謂人固執不化曰狃，亦曰狃拙，即狃忕之義也。
閬（朗）	音浪。		空曠也。俗亦謂稀曰閬，如言閬脚毛蟹。亦作朗。
體忲			定人謂身心優暇者曰體忲。按張衡賦有「憑虛公子者，心奓體忲」語，蓋本此。
尲尬（尷尬）			《說文》：「尲尬，行不正也。」俗謂事多生枝節曰尲尬。通作尷尬。
褦襶（累墜）	音耐戴。	ˋㄌㄟㄉㄟ。	褦襶，當暑，盛服請見，不曉事也。今謂人之不明理者曰褦襶，讀若乃對，變若耒對。小説中常作累墜。
㝗康	音郎康。	ㄌㄤ ㄍˊㄤ。	㝗康，《說文》：「屋閬也。」《玉篇》：「空也，虛也。」今謂器物徒佔地位曰㝗康，讀若朗抗。
覶縷（覼縷）	覶音羅。	覶讀ˋㄌ禾。	覶縷，委曲也。俗謂瑣屑曰覶縷。覶，通作覼。

續表

字	本音	俗音	訓釋
嚕囌（囉嗻、囉嗊、囉唕、落索）		ˋㄌㄜㄙㄜ。	俗謂瑣屑不曉事曰嚕囌。嚕囌，即落索之轉音。《顔氏家訓・治家》篇引諺曰「落索阿姑餐」。亦作囉嗻、囉唕、囉嗊。
嘈囋（嘈雜）	囋，才曷切。	ㄗˊㄠㄗˊㄚ。	聲繁也。通作嘈雜。
邋遢（皶皻）	邋音獵。	ㄌㄚㄊㄚ。	《廣韻》：「不謹事也。」按俗謂不潔曰邋遢。亦作皶皻。《篇海類編》：「皶皻，腥膻也。」
婠贓（腌臢）	婠音諳。	ㄠㄗㄠ。	《俗用雜字》：「婠贓，女志不净也。」按俗通稱汙穢曰婠贓，音轉爲奧糟。或作腌臢。亦作鏖糟。《漢書・霍去病傳》注云：「今謂糜爛爲鏖糟。」〔一〕
齷齪			不潔也。
膩腥			亦不潔之意。
蔭涼（洞涼）			涼曰蔭涼。《新方言》謂蔭當作洞，似非。
倭妥			俗謂婉順曰倭妥。倭讀如婀。按即委佗，婀娜之轉音。
腯猪	腯，土忽切。	腯讀ㄊㄚ˙。	俗譏人肥曰腯猪，謂肥如猪也。《左傳》：「犧牲肥腯。」
侎倢頭	侎倢音末闥。	侎倢讀ㄇㄚ˙ㄊㄚ˙。	俗謂身體癡肥或盛物充滿曰侎倢頭。《廣韻》：「侎倢，肥貌。」

〔一〕「漢書」以下云云，非《漢書注》文，出《誠齋集・詩話》。

續表

字	本音	俗音	訓釋
燥嘯	嘯音速。		《集韻》：「嘯，燥也。」按俗亦謂乾燥曰燥嘯。
殷青	殷，幺閑切。	殷讀宀。	《韻會》：「殷，赤黑色也。」按俗謂紫而略帶青色者曰殷青。或作燕青，非。
炣煖	炣，烏臥切。	炣讀禾。	《集韻》炣，猶言煖也。俗讀倭上聲。如温煖曰炣煖，或謂即和煖之轉音。亦作㶡煖。
藐然	藐音眇。		《孟子》「説大人則藐之」注：「藐，輕視也。」按俗謂輕視曰看得藐然。
蔽翹	蔽音耗。	蔽讀厂禾。	物乾燥暴起曰蔽。《考工記·輪人》：「則轂雖敝不蔽。」按俗音變如呵。如竹木因乾燥而橈曲曰蔽翹。
菲薄			俗謂極薄曰菲薄，亦作飛薄。
炄皺(炄熘)	炄音紐。		《集韻》：「炠炄，欲乾。」一曰半乾。按俗謂日中曝物，表面已皺縮，而中心尚未乾者曰炄皺。皺音變如灸。亦作炄熘。《集韻》：「熘，張流切。燥也。」
白皪皪 灰皪皪	皪音撲。		《集韻》：「皪，物氣蒸白也。」俗謂灰白色曰灰皪皪，或曰白皪皪。
紅彤彤		彤讀ㄉㄔ。	狀赤也。彤讀如東。
紅縠縠	縠，呼木切。	縠讀ㄒㄩ。	狀暗赤色也。縠讀如血。
紫糖糖			狀紫赤色也。

續表

字	本音	俗音	訓釋
黄蒼蒼			狀青黄色也。
白黴黴			狀灰白色也。
緑黝黝			狀暗緑色也。
白殕殕	殕音撫。		《集韻》：「物敗生白曰殕。」按俗謂物生白黴曰白殕殕。
溼溚溚	溚音答。		《集韻》：「溚，溼也。」按俗形容器物潮溼曰溼溚溚，又曰溚溚滯。
水汪汪 眼淚汪汪			汪汪，水深廣之貌。《後漢書·黄憲傳》：「叔度汪汪，若千頃陂。」按俗謂目光晶瑩曰水汪汪，又謂目中含淚曰眼淚汪汪。
燠焞焞	焞音孛。		焞亦作焞，《正韻》：「烝熱也。」按俗謂天氣蒸熱曰燠焞焞。
熄焞焞	熄音鄔。	ㄨㄌㄚㄥㄌㄚㄥ。	《字彙補》：「熄，火息也。」焞音屯，俗轉音爲敦。《玉篇》：「焞焞，無光耀也。」今俗謂燈光不明曰熄焞焞，又事之停頓、家之漸落皆曰熄焞焞，以火爲喻也。
渾沌沌			俗凡言水之不清、事之不明及家庭之不清白者，皆曰渾沌沌。沌讀頓平聲。
渾淘淘			與渾沌沌同。
燥燉燉	燉音殼。		《廣雅》：「火乾物也。」俗謂物乾燥曰燥燉燉。
冷清清	清，七正切。		寒也。

續表

字	本音	俗音	訓釋
寒澿澿	澿，渠飲切。	澿讀ㄐㄧˊㄥ。	俗謂冷曰寒澿澿，又謂寒儉曰寒澿澿。澿亦作噤。
寬复复	复音答。	复讀ㄊㄚ˙。	《玉篇》：「复，皮寬也。」按今俗尚有寬复复之語。
甄甄響	甄，力協切。	甄讀ㄌㄚ˙。	甄甄，蹈瓦聲，見《玉篇》。
⿰甘炎⿰甘炎動	⿰甘炎音琰。	⿰甘炎讀ㄧㄢ˙。	甬俗謂食物太甜，胃如欲嘔曰⿰甘炎⿰甘炎動。《集韻》：「⿰甘炎，甘也。」
噱噱笑		噱讀ㄍㄚ˙。	今俗形容笑聲曰噱噱笑。噱讀如格音。
⿰忄弋⿰忄弋動		⿰忄弋音弋。	《集韻》：「⿰忄弋，心動也。」按俗謂恐懼心動曰心⿰忄弋⿰忄弋動。
⿰忄沓⿰忄沓動	⿰忄沓音答。		《集韻》：「⿰忄沓，心恐也。」按俗謂心不安曰心⿰忄沓⿰忄沓動。
吹吹笑（哈哈笑）	吹，海平聲。	吹讀ㄏㄟ。	《集韻》：「笑不壞顏也。」按俗形容小笑曰吹吹笑。吹亦書作哈。
咥咥笑（嘻嘻笑）	咥音僖。		《詩·衛風》：「咥其笑矣。」按俗形容微笑曰咥咥笑。亦作欸。《説文》：「欸欸，戲笑貌。」俗亦作嘻。
欯欯笑（咭咭笑）	欯，許吉切。	欯讀ㄏㄧ˙。	《廣雅》：「欯欯，笑也。」按俗形容冷笑曰欯欯笑。亦作咭。
呵呵笑（⿰呵欠⿰呵欠笑）	呵，許我切。		俗形容大笑曰呵呵笑，又謂演劇時丑角化裝所飾之假鬚曰呵呵笑。按本作⿰呵欠。《廣雅》：「⿰呵欠⿰呵欠，笑也。」
⿰耳欠⿰耳欠哭	⿰耳欠，呼甲切。	⿰耳欠讀ㄒㄧ˙。	《集韻》：「⿰耳欠⿰耳欠，鼻息。」按俗形容人嗚咽而泣曰⿰耳欠⿰耳欠哭。

續表

字	本音	俗音	訓釋
歌歌響	歌，枯架切。	歌讀ㄎㄛ。	《集韻》：「歌，張口息也。關中謂權臥曰歌。」按俗形容人熟寐張口而發鼾聲曰歌歌響，又嬰兒學語時亦呼睡曰歌歌。亦作欱。
欣欣嗆	欣音鏗。	欣讀ㄎㄥ。	《玉篇》：「欣，欬也。」按俗形容人之劇嗽曰欣欣嗆。
欨欨吹	欨音訏。		《説文》：「欨，吹也。」《六書故》：「欨，温吹也。」欲煖者欨之。通作煦。按俗形容蹙口吹氣曰欨欨吹。亦作呴。俗用吁字。
殼殼響	殼音彤。		《説文》：「殼，擊空聲。」按俗形容敲擊空器之聲曰殼殼響。
涾涾滾	涾，徒合切。	涾讀ㄉㄚˊ。	《説文》：「涾，涫溢也。今河朔方言謂沸溢曰涾。」按俗形容水沸曰涾涾滾。涫，即滾之本字。
躃躃動		躃讀ㄅㄧˊ。	足不能行也。亦作躄。
䰬䰬叫	䰬音吁。		鬼叫也。
鹹鹹嚼	鹹音夾。	鹹讀ㄐㄧㄚ。	《廣韻》：「鹹，噍聲。」
嚃喰講	嚃喰音臺怠。	嚃喰讀ㄉㄚˊㄉㄢˊ。	《玉篇》：「嚃喰，言不止也。」今俗亦有此語。
窸窣響	窸窣音悉捽。	窸窣讀ㄙㄧˋㄙㄚ。	窸窣，聲也。杜甫詩：「枝撐聲窸窣。」
毗劉暴樂（必栗剥落）			俗謂器物零星散落地上曰必栗剥落。必栗剥落當作毗劉暴樂，見《爾雅·釋詁》郭注，謂樹木葉缺落影疏也。

續表

字	本音	俗音	訓釋
老木㑩傱	㑩傱音弄涷。		俗謂老年昏耄曰老木㑩傱。按《集韻》:「㑩傱,愚貌。」或曰當作老耄壟東。耄木一聲之轉。
尐尐一點	尐,姊列切。	尐讀ㄗㄧ。	《説文》:「少也。」按俗極言其少曰尐尐一點。
㘞	音和。		《玉篇》:「牽船聲。」按宋儒語録有「㘞聲落地」之語,今俗用力時亦發此聲。
㧓(拍)	匹麥切。	ㄆㄚ。	《集韻》:「射中物聲。」按近人小説皆書作拍。
欳	篇夷切。	ㄆㄧ。	《集韻》:「氣出聲。」按俗蔑視他人發聲曰欳。
欥	音欽。	ㄎㄧㄥ。	《玉篇》:「嘘也。」按形容噴嘘之聲。
欸(唉)	音哀。		歎聲。《芸窗私志》:「今人暴見事之不然者,必出聲曰欸。」按俗歎息時亦發此聲。亦作唉。
欯(呸)	音剖。	ㄆㄟ。	《集韻》:「語而不受也。」按俗聞人拂意之詞。激切反對之,亦發聲曰欯,音轉如坯。字亦作呸。
欱歇	欱音侯。歇,何加切。	ㄏㄉ ㄏㄛ。	《集韻》:「欱歇,咽病。又出氣也。」按俗形容人歐吐時咽中氣逆發聲曰欱歇。
唯			鄉村人癵聲。
呹	烏郎切。	ㄤ。	《廣韻》:「癵聲。」

續表

字	本音	俗音	訓釋
誯(喂)	音隈。	ㄨㄟ。	俗呼唤他人之際，動輒言喂。按喂，恐也，非此義。蓋當作誯。《集韻》：「誯，呼人也。又呼聲。」
⿰氵董	音董。		《集韻》：「物墜水聲。」按俗亦有此語。

表三　動作字類　凡動詞屬焉

字	本音	俗音	訓釋
抗	音坎。	ㄎㄤ。	擊也，見《集韻》。俗音轉如坑，謂擲去曰抗掉。
捼(挼攤挪)	奴禾切。	ㄎ禾。	兩手相切磨也。亦作挼攤挪。
亢(抗囥)			亢，蔽也，見《左傳》昭元年「不能亢宗」杜解。按蔽有藏匿義，故藏物曰亢。亦作囥抗。
撮	倉括切。	ㄔㄚ˙。	甬語謂拾曰撮。撮，採取也。如謂拾遺曰撮白粟。白，即不出代價而得之謂。撮白粟，即寡婦遺穗之風也。
摑	古獲切。	ㄍㄨㄚ˙。	批也，打也。俗謂掌頰曰摑巴掌。
摜	古患切。	ㄍˊㄨㄢ。	俗謂仆倒曰摜跌，亦曰摜交。
撦(扯)	車上聲。	ㄑㄛ。	裂開也。撦紙、撦布。俗作扯。
撬	音蹺。	ㄐˊㄧㄠ。	俗讀如橋上聲，謂以物捎起之也。如言賊撬門。

續表

字	本音	俗音	訓釋
攙（羼）	産平聲。	ㄔㄢ。	俗謂以物相雜曰攙。如言酒攙水。亦作羼。
攛、撬		ㄑㄩ千 ㄐㄧˊㄠ。	誘人爲非曰攛掇。又俗謂譖人曰撬，謂如以物捎之也。如言攛禍撬非。
㨶	胡刀切。	ㄠ。	《集韻》：「較多少曰㨶。」按俗讀如拗。角腕力曰㨶手勁。
掗	衣駕切。	ㄛ。	强與人物也。按俗謂强賣曰硬掗。
擤	亨上聲。	ㄒㄧㄥ。	《篇海》：「手捻鼻膿曰擤。」按俗亦有擤鼻涕之語。
栝（桰㮇）	添去聲。		《説文》：「炊竈木。」《廣韻》：「火杖也。」按俗謂剔燈之杖曰燈栝棒。因又謂以細棒撥之曰栝。如言栝油、栝眼藥。本作桰。亦作㮇。《容齋隨筆》「今挑剔燈火之杖曰㮇」是也。
緄（掍滚）	音衮。		衣服緣邊曰緄邊。通作滚。亦作掍。
佛（别）		ㄅˊㄧ˙。	回首曰佛轉頭。佛讀若弼，見《禮記》：「獻其鳥者，佛其首。」亦作别。杜牧詩：「别臉小底頭。」
迾	音列。	ㄌㄚ˙。	《廣韻》：「遮也。」《後漢書·輿服志》：「遮迾出入。」按俗亦謂攔截曰遮迾，讀若勒。或曰當作闌迾，即闌之轉爲入聲者也。
籑（篹趲）	音饌。	ㄐㄩ千。	《方言》：「凡取物而逆曰籑。」郭璞音饌。按籑亦可作篹。今謂爲人使用錢物而陰有侵盜曰篹錢。俗借作趲。
落			乾没人物曰落，所没之物曰落頭。

續表

字	本音	俗音	訓釋
討			索取財物曰討。此語漢末已有之，見《藝文類聚》八十五引《秦子》。
辱			罵詈曰辱。
担（攎揸扯）	音渣。		《説文》：「担，挹也。」今謂人手持曰一把担牢。亦作攎揸扯。
旻	讀若蓄。	ㄒㄩ。	《説文》：「旻，舉目使人也。讀若颩。」《繫傳》音隳悦反〔一〕。今謂嗾使人行事曰旻，音近義同。
攢	音鑽。		俗謂蟄居家中曰攢。攢，聚也。
攮	音囊。		《字彙》：「推也。」按俗謂推諉曰推來攮去。
⿰扌鬱	音鬱。	ㄩ。	《集韻》：「拗戾也。」按俗謂摺疊紙帛曰⿰扌鬱。亦作捥。
拎	音零。	ㄌㄧㄥ。	《玉篇》：「手懸捻物也。」按俗亦謂手高舉器物曰拎。
抿	眉貧切。	ㄇㄧㄥ。	拭也，摩也。婦女所用拭括鬢髮之刷曰抿刷。
戞（㪇軋）	古黠切。	ㄍㄚˊ。	《廣韻》：「戞，擊也。」如《書》：「戞擊鳴球。」又齟齬貌。韓愈文：「戞戞乎其難哉。」按俗變爲濁音，讀如ㄍㄚˊ。用爲擊義者，如擊碎核桃曰戞胡桃。用爲齟齬義者，如二人相傾軋曰戞五戞六。俗或用軋字，然軋音於黠切，不能轉爲ㄍㄚˊ音也。今亦别造㪇字。
戽	音虎。		俗謂田間用龍骨車汲水曰戽田水，亦謂掬水而洒之曰戽水。

〔一〕隳：原誤作「墮」，據《繫傳》改。

續表

字	本音	俗音	訓釋
戳	音綽。		俗謂以尖銳之物刺之曰戳，又謂圖章曰戳記，用印曰蓋戳。
拌	音潘。	ㄅㄨㄜ。	棄也，捐也。故俗謂輕生曰拌命，亦譌作拚拚。又讀盤上聲，俗謂調和曰拌。又讀半平聲，與搬同，俗謂攛掇曰拌嘴。
捽	昨没切。	ㄗˊㄚ˙。	《説文》：「持頭髮也。」按俗謂以手牽扯曰捽。如言捽頭髮、捽前胸。
拕	音駝。		引取也。俗謂取物曰拕東西。
捎（擷擷）	音筲。		俗謂帶物曰捎。如以箱篋等附帶於肩輿上者曰捎頭。亦作擷擷。
挭	音梗。	ㄍㄚㄥ。	《集韻》：「攪也，擾也。」按俗謂腹中積食腸胃擾動曰挭，又謂蛇蟲攻穴曰挭。
啄		ㄉㄚ˙ㄉㄛ˙。	鳥食曰啄，俗讀如得。按啄字，《集韻》亦音都木切。讀如得者，即都木切之轉音也。俗亦讀爲都木切，如啄木鳥曰啄木樹鳥，正讀此音。又敲門之聲曰剝啄，啄亦讀都木切。
揵（掮㨶搋）	音乾。	ㄐˊㄧ˙。	俗謂代人買賣貨物者曰掮客。按代人買賣有負責之意，所謂仔肩也，其字本當作揵。《集韻》：「揵，渠焉切。以肩舉物也。」亦作㨶。《集韻》：「㨶，負物也。」亦作搋。《通雅》：「以身肩物曰搋。」
捱	宜佳切。	ㄫˊㄚ。	《字典》：「俗謂延緩曰捱。」按今謂稽遲晷刻曰捱時辰。
掂（敁）	店平聲。		本作敁。俗謂量物輕重曰掂斤兩。

續表

字	本音	俗音	訓釋
捻	音念。		俗謂以指搓成之紙繩曰紙捻。
㧻（⿰豖攵⿰豖殳）	都木切。	ㄉㄛ˙。	《集韻》：「擊聲。」俗謂敲去旱煙斗中之餘灰曰㧻煙管，即此字。亦作⿰豖攵⿰豖殳。
㧾	音忽。		《廣雅》：「擊也。」按俗謂搏擊而擲去之曰㧾脱，又謂擺脱責任曰㧾開。
拚	蒲悶切。	ㄅˊㄚㄥ。	《集韻》：「手亂也。」按俗謂手持棍棒撥動雜物而檢出之曰拚。如言拚灰、拚垃圾。
捾（穵挖）	烏括切。	ㄨㄚ˙。	《集韻》：「抉也。」俗謂以指抉取曰捾。如抉目曰捾眼烏珠。亦作穵挖。
掀	音欣。		《説文》：「舉起也。」俗謂以手舉物曰掀。如掀帽子、掀蓋頭。
掏	徒刀切。		《集韻》：「擇也。」按俗謂檢取曰掏，讀如桃去聲。如撿取抽屜中之物件曰掏抽斗。又謂掘土曰掏，則讀平聲。如掘墓曰掏墳。
努	音弩。		勉也，用力也。按俗謂屏息用力曰努。如言努氣。
掽（碰）	蒲孟切。	ㄅˊㄚㄥ。	《字彙》：「撞也。」按俗謂撞擊曰掽。亦作碰。
搕（磕）	克盍切。	ㄎㄚ˙。	《集韻》：「擊也。」《字彙》：「撞也。」按俗謂行路不穩、東顛西仆曰搕搕碰碰。亦作磕。如叩首曰磕頭。
搲	音蛙。		《集韻》：「手捉物也。」《類篇》：「吳俗謂手爬物曰搲。」按俗亦謂以耙鉤取之曰搲。如言搲垃圾。

續表

字	本音	俗音	訓釋
揞	於陷切。	ㄤ。	《集韻》：「吳人云拋也。」《六書故》：「擲棄也。」按俗亦謂拋棄曰揞了，唯小兒言之，成人罕言也。
揢	音客，又丘駕切。	ㄎㄚ˙ ㄎㄛ˙。	《集韻》：「持也。」手把著也。按俗謂以手扼人咽喉曰揢胡嚨哮管，讀爲客。又謂以手把著器物曰揢，則讀丘駕切。如把筆曰揢筆，拈筯曰揢筷。因又謂捕捉之曰揢。如捕魚蟹曰揢魚揢蟹。
㩫	音致。		《說文》：「刺也。」揚雄《甘泉賦》：「洪臺握其獨出，㩫北極之嶟嶟。」按俗謂物將傾頹，以棒支之曰㩫。
捦（撳）（欽）	欽去聲。		《集韻》：「按也。」按俗謂用力按之使不動移曰捦。亦作撳。本祗作欽。李翊《俗呼小録》：「按謂之欽。欽去聲。」
搥	直追切。	ㄗˊㄩ。	《正韻》：「擊也。」按俗音轉如除，如言搥鑼鼓。
搨	音塔。	ㄊㄚ˙。	《集韻》：「冒也，摹也。」按俗謂面貌相似曰活搨過。
搭	音答。		附也，挂也。白居易詩：「熏籠亂搭舊衣裳。」按凡附加其上，俗皆曰搭。如附舟曰搭船。引申之，二物連類而及皆曰搭。如鳥與魚曰鳥搭魚。又引申之，謂女子有私曰搭老公，情人曰搭頭。
揭（搩擖）	巨列切。	ㄐㄧˊ˙。	亦作搩擖。《集韻》：「擔也，負也。」《戰國策》：「馮諼揭其劍。」《史記·東方朔傳》：「數賜縑帛，擔揭而去。」按俗謂以脅挾物曰揭，正讀傑音，意義與《國策》及《朔傳》並近。如揭書包。又代人負責曰揭。如召債曰揭債。

續表

字	本音	俗音	訓釋
舂（樁）	書容切。	ㄙㄥ。	《集韻》：「衝也。」〔一〕撞也，擣也。亦作樁。按俗音轉如桑，擣爲齏粉曰舂醬。
摐	音窗。		《廣雅》：「撞也。」按俗謂撞擊什物曰摐家私。
摙（輂）	音輂。	ㄌㄧㄢ。	《集韻》：「負擔也。」《埤雅》：「果蠃，摙泥作房。」按俗謂抱衾曰摙被。亦通作輂。
撩	音聊。	ㄌㄧㄠ。	取物也。按俗謂水中取物曰撩。如言撩金魚。
撈	音勞。	ˋㄌㄠ。	《方言》：「取也。」注：「謂鉤取也。」按俗凡以指撮取之皆曰撈。或曰撩，撈之聲轉。
擀	干上聲。	ㄍㄢ。	《集韻》：「以手伸物也。」按俗謂轢麪使展成薄片之器曰擀槌。
擂	雷上聲。	ㄌㄟ。	《玉篇》：「研物也。」按俗謂研粉曰擂末。又《韻會》：「推石自高而下也。」按俗亦謂器物自斜面墮落曰擂落。
擋	當去聲。	ㄉㄤ。	俗謂扶曰擋。如相瞽曰擋瞎子。俗亦用爲攩駕之攩。
撽		ㄒㄧㄠ。	俗讀如梟，謂揭去之也。如掀去缸蓋曰撽缸蓋。
擉（簎）	音齪。		刺取魚鱉曰擉。《莊子》：「冬則擉鱉於江。」按俗亦謂取鼈曰擉鼈。如言按洞擉鼈。亦作簎。

〔一〕《集韻》「舂」無「衝」訓，「摏，衝也」。

續表

字	本音	俗音	訓釋
撣	旦上聲。		俗謂拂去塵埃曰撣。如拂塵曰撣帚，驅蚊曰撣蚊蟲。
擋（擋）			《正字通》[一]：「今俗用爲抵擋字，遮遏也。」按此即阻擋之擋本字。
攏	聾上聲。		合也。郭璞賦：「攏萬川乎巴梁。」按俗凡言二物連合，皆以攏爲語助。如言合攏、并攏、連攏。
敹（繚）	音聊。		《書・費誓》「善敹乃甲胄」疏：「敹謂穿徹之。謂甲繩有斷絶，當使敹理穿治之。」[二]按俗亦謂粗略治衣曰敹一針。亦作繚。又引伸之，謂背誦經書時脱落詞句曰敹過。
敨	他口切。	ㄊㄡ。	《集韻》：「展也。」按俗謂舒展曰敨開。
揙（贗）	音厭。		《篇海》：「比長短也。」按俗謂量物長短之棒曰揙棒，量頭製帽曰揙頭寸。亦作贗。
搡	桑去聲。		距也。俗亦謂推而遠擲之曰搡。如言隔窗搡出去。
弄			俗謂戲侮曰弄。如侮人曰弄送，猶言斷送、葬送也。又謂作事曰弄。如作饌曰弄飯，竣事曰弄好。
掙	初耕切。	ㄘㄤ。	俗謂力疾曰硬掙，猶北人言掙札也。

[一] 正字通：原誤作「集韻」。
[二] 當：原誤作「嘗」，據《尚書正義》改。

續表

字	本音	俗音	訓釋
朻	渠尤切。	ㄍˊㄌ。	《説文》：「木下曲也。」按俗凡物彎曲皆謂之朻。如腓腸抽搐曰朻腳筋。
棰	音朵。	ㄉㄛ。	《説文》：「以杖擊也。」《周禮·天官》注：「薄腊曰脯，棰之而施薑桂曰鍛。」按今轢麪使成薄片曰棰麪，又謂製餛飩衣曰棰餛飩皮子。亦作椯。《説文》：「椯，箠也。」或曰即打字。
縋	馳僞切。	ㄗˊㄩ。	《説文》：「以繩有所懸也。」按俗讀如住。以重物繫繩懸之曰縋。如言縋落、縋倒之類。
窩（婐）	音倭。	禾。	《集韻》：「藏也。」藏於懷中亦曰窩。俗因謂抱於懷中曰窩。亦作婐。
揨（朾揨棖撜敦瞉敞殸）	除耕切。	ㄗˊㄤ。	《廣韻》〔一〕：「觸也，撞也。」按俗謂衝撞而入曰揨。如蛇入穴曰蛇揨洞。亦作朾揨棖撜敦瞉敞殸。俗亦讀上聲，謂觸動之曰揨，如腹因食而脹懣曰肚皮揨開。
隑	五來切。	ㄫㄝ。	《方言》：「企，立也。」俗謂植立不動曰隑。如言東隑西立。
踞		ㄍˊㄨ。	俗讀古之濁音，謂蹲於地曰踞。如言踞倒。
跽		ㄍˊㄩ。	俗讀其据切，謂跪曰跽。如言磕頭下跽。
困（睏）			困有居處義，有疲乏義，故俗謂眠曰困。亦作睏。

〔一〕 廣：原誤作「集」。

續表

字	本音	俗音	訓釋
遄(旋)		ㄙˊㄩ干。	俗呼周繞曰遄，讀若船上聲。亦作旋。
蹂		ㄋㄠ。	俗謂足踏地曰蹂地，蹂讀如腦。
甩		ㄏㄨㄚ· ㄏㄨㄤ ㄍˊㄨㄢ。	讀若ㄏㄨㄚ·，謂往返動揺也，如謂牛馬揺尾曰甩尾巴。亦讀若ㄍˊㄨㄢ，如撲去衣裳之塵埃曰甩灰，故撲被之籐器曰被甩。亦讀如ㄏㄨㄤ，如謂器物懸挂而揺動曰甩來甩去。
戤		ㄍˊㄝ。	影射曰戤。如冒人商標曰戤牌。俗因又謂站立他人之旁曰戤。
⿰亻尌(兑)			兑换之兑，本當作⿰亻尌。《説文》：「⿰亻尌，市也。」
儱	音銃。	ㄘ廾。	《篇海》：「斜儱。」俗謂屋斜曰儱。又謂人斜倒而未仆曰儱，如言七儱八跌。
軃(躲)	典可切。	ㄉㄛ。	本爲垂下貌，俗謂隱避曰軃。亦作躲。
刋(扦)	七見切。	ㄘ宀。	《玉篇》：「切也。」俗謂荸薺之去皮者曰刋光地栗，又謂修足趾之甲及堅皮曰刋脚，皆當作此。俗通作扦。刊刻之刊從干，與此異。
⿱埶方(勢劙)		ㄌㄧ。	俗謂以刀劃之曰⿱埶方。本亦作勢劙。
片			俗謂切片曰片。如白切肉曰白片肉。
剫(披批)	音披。	ㄆㄧ。	《集韻》：「刀析也。」俗謂薄切魚肉等曰剫。通作披。亦作批。

續表

字	本音	俗音	訓釋
剕	音果。	ㄎ禾。	《集韻》：「割也。」按《唐文粹》有劉寬夫《剕竹論》。俗謂割截竹木等之剩枝曰剕，讀如ㄎ禾。
蹩（蹳澁）	白銜切。	ㄅㄢˊ。	《廣韻》：「步渡水也。」按俗謂跨越曰蹩。如蹩地栿、蹩階沿之類。亦作蹳。一作澁。《集韻》：「澁，行淖中也。」
搴	巨偃切。	ㄍㄧˊ。	《爾雅》：「徒鼓磬謂之搴。」按俗謂擊鈸曰搴大鈸，當即此字，讀如ㄍㄧˊ，與巨偃切甚近。
寣	呼骨切。	ㄏㄨㄚ。	《説文》：「臥驚也。」按俗謂乍臥即醒曰寣一寣。
尥	音料。	ㄌㄧㄠ。	《説文》〔一〕：「尥，行脛相交也。」方言以足鉤之爲尥。按俗謂先屈足而後伸之曰尥。如涉水曰尥大水。因又沿稱伸手取遠處之物曰尥。
舀（抭）	以沼切。	ㄧㄠ。	挹彼注兹謂之舀。如言舀水。亦作抭。
砑	魚駕切。	ㄫㄛ。	《玉篇》：「光石也。」《正韻》：「碾砑也。」按俗謂以石磨物使發光澤曰砑，又謂堅物軋轢曰砑。
竄	音爨。		《説文》：「匿也。」逃也。凡俗言禽獸奔逃皆曰竄，正讀爨音。或讀如鼠，非。
笓（別）	薄必切。	ㄅㄧˊ。	《集韻》：「次也。」按俗謂依次排列曰笓。如言笓緊、笓牢之類。又定物之鍼曰笓鍼，通作別鍼，亦作鼻鍼。定物之釦曰笓釦，通作別釦。

〔一〕説：原誤作「解」。

續表

字	本音	俗音	訓釋
纏		ㄗ́ㄩ千。	言語重沓曰纏。如言纏過又纏。
攎	音禄。	ㄌ̀ㄛ。	振也，摇也。《周禮·大司馬》「三鼓攎鐸」注：「掩上振之爲攎。」按俗謂凡能發聲之物，摇動之令發聲，皆謂之攎。又形容振動之聲亦曰攎攎，如言攎攎拖來、攎攎響等。
跕	讀如店。	ㄉㄧ。	以足趾抵地，使足踵懸起，俗謂之跕。此字字書未收。
逼			俗謂追曰逼，音同弼。
張𥄫	音帽。	ㄇ̀ㄠ。	《説文》：「𥄫，突前也。」按今小兒捉迷藏爲戲，突出曰張𥄫，讀若旄之反濁音。
趏	音陌。	ㄇㄚ˙。	《集韻》：「越也。」按今亦言轉灣趏角。
瞌盹		ㄍㄚ˙ㄔ廾。	打瞌盹，假寐也。瞌讀如克，欲睡貌。盹，目鈍也，讀如春。
钃	音蜀。	ㄗㄩ˙。	《荀子》曰：「所謂以狐父之戈钃牛矢也。」今謂以小鉏拾狗糞曰钃狗汙，本此。钃讀若燭。
必(縪)			俗謂物以組約之而佩於身曰必。按《周禮·考工記·玉人》「天子圭中必」注：「讀如鹿車縪之縪。」謂以組約其中央爲執之，以備失墜，因謂可約之組曰必，故引伸爲約物而佩之之稱。如言必玉、必劍。必，亦可作縪。
㰷(嘷泛)	方萬切。	ㄈㄢ。	吐㰷也，見《玉篇》。俗謂吐曰㰷。亦作嘷。通作泛。

續表

字	本音	俗音	訓釋
瘌氣（瘷氣）	音別。	ㄅㄧˋ。	《集韻》：「腫瘮也。」按俗謂賭氣曰瘌氣。亦作瘷。
讕（賴）	音闌。	ㄌㄚ。	《説文》：「詆讕也。」《廣韻》：「逸言也。」《唐書·張亮傳》：「亮讕辭曰[一]：『囚等畏死見誣耳。』」[二]音義：「逸言也。」逸言，猶遁辭，謂不自承其前言也。本音闌，今讀若癩。引伸之，謂小兒逃學曰讕學，不還人欠曰讕銅錢。通作賴。
謾（瞞）		ㄇㄨㄜ。	《説文》：「欺也。」今謂欺隱曰謾。俗作瞞。古或作滿。《漢書·谷永傳》：「滿讕誣天。」
恚惡		ㄨㄟㄨ。	因羞愧而發怒曰恚惡，讀若畏武。此語婦人多言之。
作梗			甬人謂從中播弄曰作梗。按《文選》張衡《東京賦》：「度朔作梗，守以鬱壘。神荼副焉，對操索葦。」[三]注：「梗音哽。東海中度朔山有二神，一曰神荼，一曰鬱壘，領衆鬼之惡害者，執以葦索而用食虎。」《毛詩傳》曰：「梗，病也。」謂爲人作梗病者。按本謂鬼祟人使病曰作梗，今以喻小人之播弄。
訕	音口。	ㄎㄤ。	商訂明確曰訕實。《説文》：「訕，扣也。如求婦先訕叕之。」
轉噍	噍音醮。	噍讀ㄙˊㄧㄠ。	俗謂牛反芻曰轉噍。

〔一〕亮讕辭曰：原脱，據《新唐書》補。
〔二〕誣：原誤作「讕」，據《新唐書》改。
〔三〕索葦：原誤作「葦索」，據《文選》改。

續表

字	本音	俗音	訓釋
穿楎（穿扃）	音君。		楎，橛也，杙也。按俗謂牛鼻貫以短木曰穿楎，亦作穿扃。
咂（咂唼唼）	音帀。	ㄗㄚ。	魚食也，啖也。俗謂嘗味曰咂味，謂嘗味時開闔其上下脣如魚之食也。亦作噆。《淮南子》：「噆味含甘。」《集韻》：「噆，作答切。」
呚答	呚音兜。		《説文》：「讘呚，多言也。」《廣韻》：「輕出言也。」今俗謂僋言曰兜搭，當作呚答。
嗑	古盍切。	ㄍㄚˊ。	《廣韻》：「多言也。」今俗謂磨動齒牙曰嗑。如人多言無實曰廿八牙齒空嗑，即此字。讀如ㄍㄚˊ。
啐	七内切。	ㄔㄟ。	《説文》：「驚也。」按俗小兒受驚，父母提其耳，呼其名而嫗煦之曰啐啐，即此字。因謂壓驚曰啐魂靈。
嗆		ㄔㄧㄤ。	俗謂咳嗽曰嗆。
呵	許箇切。	ㄏㄛ。	《集韻》：「許箇切。嘘氣也。」俗亦謂嘘氣曰呵氣，音轉如ㄏㄛ。亦作歐，《字彙》：「虚加切。息也。」
嚵	音饞。	ㄙㄢ。	《説文》：「小啐也。」俗謂犬猫等咬人曰嚵一口，即此字。
囮	音訛。		以鳥媒誘鳥曰囮。俗謂欺詐他人曰囮人，亦謂捉囮頭。
嫌貶			謂憎惡而批評也。
縷數		數讀ㄕㄩ。	縷數謂縷覼，述人之過惡也。

續表

字	本音	俗音	訓釋
擾業		擾讀ㄙㄠˊ。	謂相罵也。相罵必因事而擾，故云。
燂（惔蕁）	徒南切。	ㄉㄢˊ。	《說文》：「火爇也。」《禮記》：「五日則燂湯請浴。」按俗讀如談，如烹茶曰燂茶。古亦作惔。《詩》：「憂心如惔。」鄭箋：「惔，燔也。」憂心如火灼爛之矣。又作蕁。
乜（睸瞇）		ㄇㄧ。	讀如米之反濁音，閉目也。亦作睸瞇。
怏	於亮切。	ㄤ。	《說文》：「不服懟也。」按甬人謂怨懟曰怏，音轉如盎平聲。怏從央，而轉爲於郎切，猶盎從央而轉爲於浪切也。或謂當作胦，《廣韻》：「胦，握江切。胦肛不伏人也。」
𣗥	音繭。	ㄐㄧ。	《說文》：「小束也。」《氾勝之書》：「藝麻之法，𣗥欲小，縛欲薄。」俗謂理麻曰𣗥麻，麻之白績者曰自𣗥麻。
打諢	諢，五困切。	諢讀ㄏㄨㄥˊ。	諢，弄言也。《遼史·伶官傳》：「打諢得不是黃幡綽。」按俗謂人言談或作事時在旁擾亂曰打諢。諢讀若渾。
鞝	諸兩切。	ㄙㄤˊ。	《玉篇》：「扇安皮也。」按俗讀若尚，謂靴鞖配皮底曰鞝。
欶	子聿切。	ㄗㄩ。	《玉篇》：「吮也。」一曰口飲謂之欶。按俗亦謂以口吸之曰欶。如吸乳曰欶嬭。亦借用啜歠。
歊	火酷切。	ㄏㄛ。	《說文》：「氣出貌。」班固詩：「吐金景兮歊浮雲。」按讀如霍。謂呼吸曰歊，如言口氣歊進歊出。

續表

字	本音	俗音	訓釋
欶	音速。		《説文》：「吮也。」《通俗文》：「含吸也。」按俗亦謂小兒吸乳曰欶嬭，又謂吮骨中之脂膏曰欶骨髓。
蹳（癶）	音撥。	ㄆㄚ。	俗音轉如潑，兩股展開曰潑腳。《説文》本作癶，從兩止相對，謂「足剌癶也」。
風			俗謂婦女放蕩曰風，讀去聲。按《書·費誓》：「馬牛其風。」疏云：「風，放也。牝牡相誘謂之風。」按賤視之，故以獸爲喻。
瞟	飄上聲。		邪視也。如俗言瞟一眼。
皴	七倫切。	ㄗㄥ。	《説文》：「皮細起也。」按俗讀如俊，謂蹙眉曰皴眉頭，蹙鼻曰皴鼻頭。
皵	音鵲。		《集韻》：「皮皵也。」按表皮或指甲等破損未斷俗謂之皵，又竹木等外皮斜起未斷亦謂之皵。
貣	音忒。	ㄊㄚ。	俗謂用原價由人轉售得曰貣來。亦作脱來。
蔑			俗謂欺人曰蔑。如言蔑了人做。
蘸	斬上聲。		以物沾水也。按俗謂以醬醋等調和食物曰蘸。
𥻨	初尤切。	ㄔㄧㄤ。	濾取粉也。按俗製年糕時，以米和水磨粉盛於坦筐中，上鋪以布，再用灰吸取其水使燥，謂之𥻨年糕粉。
糳（毇）（𥽇）（粹）（鑿）	音作，又音鏃。	ㄔㄚ。	亦作毇𥽇粹，通作鑿。《廣韻》：「糳，舂也。」《説文》：「米一斛舂爲九斗曰糳。」按俗亦謂舂米曰糳，音轉如拆。

續表

字	本音	俗音	訓釋
酘（逗）	音豆。		《集韻》：「酒再釀也。」俗謂以冷茶攙和熱茶曰酘，亦謂以物由原盛之器轉入他器曰酘。通作逗。
耧	楚絳切。	ㄔㄤ。	《廣韻》：「不耕而種也。」俗謂雜投曰耧，雜和之羹曰耧羹。
敂	音浥。		《玉篇》：「相及也。」《集韻》：「相著也。」按俗謂摺合曰敂攏。
合		ㄍㄚ。	俗讀如蛤，并也。如言同船合一命。又如上算曰合算，不上算曰不合算，眨目曰合眼睛。
䑋	他登切。	ㄉㄚㄥ。	《類篇》：「吴人謂飽曰䑋。」按俗讀如登去聲。凡過飽積食曰䑋。
熏			俗謂嗅曰熏，讀若訓。按熏本有平去二音，讀平聲者，物臭觸人也，如言煙熏火燂；讀去聲者，人嗅物氣也，如言熏嘴、熏面孔。
譅	他合切。	ㄊㄚ。	《正字通》：「方俗以言探人曰譅。」按今亦有此語，如言譅出來。
皸（皺皺）	音緻。		《廣韻》：「履皸底也。」按俗謂縫合鞋幫與鞋底曰皸鞋，讀若致。亦作皺皺。
擦繩			俗謂僞譽人善曰擦繩。按此語蓋有本。《左傳》：「蔡侯繩息嬀，以語楚。」〔二〕注：「繩之，譽之也。」
癀	讀如閧。	ㄏ。	方書：癀爪，亦曰代指，瘡名，生於手指甲内，初起腫熱，後漸潰爛成膿，甚至指甲脱落。今俗凡瘡瘍潰爛成孔，皆謂之癀。

〔二〕嬀：原誤作「僞」，據《左傳》改。

續表

字	本音	俗音	訓釋
窖	音窌。		《説文》：「地室也。」按今俗以物窖藏地窟使涼曰窖，亦謂以物座於冰或冷水中使涼亦曰窖。
潷（浥泌）	音筆。		去汁也。如藥在罐中，覆以罐蓋，使汁瀝出曰潷藥。亦作浥泌。
涒（氽）	他昆切。	ㄊㄚㄥ。	俗謂水傾瀉曰涒。如言大水涒過。由《説文》「食已而復吐之」義引伸也。俗作氽。
滰	其兩切。	ㄐㄧㄤˊ。	《説文》：「滰，浚乾漬米也。」今謂洗物曰滰，正作此音。
湛（浸）	子鴆切。	ㄗㄧㄥ。	與浸同。《字林》：「投物水中也。」《内則》：「湛諸美酒。」「漬於水中。」俗皆曰湛。亦作浸。
浞（濯）	士角切。	ㄗㄩˊ。	《説文》：「濡也。」按俗讀如濯。以物濡於水漿之中曰浞，作濯亦通。
渀（泡）	音泡。	ㄆㄠ。	《集韻》：「漬也。」按俗謂以沸水漬之曰渀。亦作泡。
渧	音帝。		《埤蒼》：「滴水也。」《地藏經》：「一毛一渧，一沙一塵。」按俗謂水一滴曰一渧，因又謂雨水落下曰渧。
泥			蜀人謂糊窗曰泥窗。花蕊夫人《宫詞》：「紅錦泥窗遶四廊。」凡以糊或泥土蠣灰等塗抹之，俗皆曰泥。
漂	匹妙切。	ㄆㄧㄠ。	水中擊絮也。《史記·淮陰侯列傳》「竟漂數十日」是也。俗凡久浸水中使之白浄，皆謂之漂。
瀝			本謂飲酒將盡時之餘瀝也。《史記·滑稽列傳》：「時賜餘瀝。」今俗則謂去汁曰瀝。如言瀝乾。

續表

字	本音	俗音	訓釋
滉	胡廣切。	ㄨㄥ。	滉漾，水摇動皃。今謂摇動不安曰滉。如言船滉。
熄	音鄔。		《字彙補》：「火息也。」按俗謂火息曰火熄，息燈曰吹熄。
燉	敦去聲。		俗謂緩火漸煮使熟曰燉。如言燉茶、燉胖蹄。
煬	音陽。		《集韻》：「爍金也。」或作烊。按俗謂金類鎔化曰烊，亦謂食物煮爛曰烊。
煺(煺)(㨃)	音推。		《集韻》：「以湯除毛。」或作㨃。《字彙》亦作煺。按俗凡殺牲畜，沃以沸湯撏去其毛，皆曰煺。如言煺猪、煺鷄。
煠(炸)	讀如閘。	ㄙˊㄚ。	俗謂油煎食物曰炸。如言油炸膾。亦謂以沸湯煮之曰炸。如言炸雞、炸蟹。
烤	考去聲。		俗謂以緩火煮之，使汁液漸乾曰烤。如言烤肉。
爆	包去聲。		俗謂以油熬之曰爆。
𤉎		ㄗㄉ。	本與炒同，俗讀如𦇧，謂以油熬之也。
炰(煿)	音缶。	ㄨ。	《玉篇》：「火熟也。」陸游詩：「自愛雲堂炰粥香。」自注：「僧雜菜餌之屬作粥，名炰粥。」按俗讀如鄔。凡粥飯之屬盛甆盂中埋於炭中而熟之，皆謂之炰。俗作煿。
埋		ㄇㄚ。	俗謂食餌等盛罐盂中置於炭上而温之曰埋。
眼	音浪。		《集韻》：「曝也。」按俗謂曝衣曰眼，曝衣之竹竿曰眼竿。
焊(熯)	罕上聲。		《廣韻》：「火乾也。」按俗謂飯鍋中蒸物曰焊。亦作熯。
灼	職略切。	ㄗˊㄧㄚ。	《廣韻》：「燒也。」按俗謂火燒曰火灼。

續表

字	本音	俗音	訓釋
焓	音洽。		《集韻》:「火貌。」按俗讀若哈。銀樓謂金經精鍊絶無渣滓者曰焓金。
煏(稫)(憊)	音愎。	ㄅˊㄧ˙。	《玉篇》:「火乾也。」《説文》作稫,謂「以火乾肉也」。按凡以火烘之使乾,俗皆謂之煏。如言煏茶葉。亦作憊。
煲	保去聲。		此爲粤人所製俗字,謂以火煮物也。今甬俗亦謂煖酒曰煲酒。
爊(熝)	音鏖。		亦作熝。《玉篇》:「温也。」《集韻》:「煨也。」按今謂煮飯曰爊飯。
熚(烞)	必結切。	ㄅㄧ˙。	《集韻》:「灼物焦也。亦作烞。」按俗謂炙之使乾曰熚。如諺言熱熚火炙。
火煄	之隴切。	ㄗ廾。	俗謂火災曰火煄。煄讀如種。按《玉篇》已有煄字,讀之隴切。《五音集韻》云:「火燒起也。」
燙	音宕。	ㄊ丄。	與盪同。俗讀如湯去聲,謂火灼肌膚曰燙,又謂熨衣曰燙衣,煖酒曰燙酒。
焗	音媚。		《玉篇》:「焃也。」按焃即火光,故今俗謂火灼曰焗。
瞠(瞪)	除更切。	ㄗㄤˊ。	按俗讀如ㄗㄤˊ,張目曰瞠,又稱雲中漏露日光曰瞠開。亦作瞪。
傴	委羽切。	ㄌ。	《説文》:「僂也。」《左傳》昭公七年:「再命而傴。」按俗謂曲脊曰傴,讀如歐去聲。因傴從區得聲,歐亦從區得聲,故傴可讀歐也。

〔康熙〕敬止録

【解題】高宇泰纂。私家修纂鄞縣地方志，康熙年間完成，未刊。鄞縣，轄今浙江省寧波市鄞州區、海曙區、江東區和江北城區等地。「方言考」見卷三六。録文據道光十九年（一八三九）鈔本《敬止録》。

方言考

楊子雲《釋别國方言》凡十三卷，郭璞别而解之。《容齋三筆》辨其亡，云漢魏之際好事者爲之。然景純序解則有之矣。予以鄞方言之可解、散見于諸書者録之，以見其皆有本也。

謂能事曰儇。《詩》：「之子儇兮。」

呼小廝曰烏鬟。對老蒼頭而言。

孩兒學語者曰阿婧。《萩園雜記》云：「婧，其緪反，謂子之幼穉者。」

呼女曰懦。懦韻在十五翰，如鄞人呼女之音，取懦弱之意。或曰本昌黎女挐之挐，訛作去聲。

呼犬盧盧。《詩》：「盧令令。」

呼鷄曰喌喌。喌音祝，又音咮。庾肩吾詩：「遺卻白鷄呼喌喌。」

不躁暴曰眠娗〔一〕。音眠腆。出《列子》，言柔膩不決裂也。

抱佛脚。孟東野詩：「垂老抱佛脚，教妻讀黄庭。」

謂物件曰東西。《齊豫章王嶷傳》：「止得東西一百，于事亦濟。」

謂飯之狼籍者曰飯粘。殷仲堪飯粘落席間，輒拾以噉之。

赴水曰透。《王遜傳》：「透水死者千餘人。」《羊侃傳》：「侯景欲透水，羊鶡抽刃斬之。」

没雕當。古有此語。鄞人呼當作仄聲，爲當字四聲本韻。没作平聲，近無音。

不潔曰鏖糟。《霍去病傳》「鏖皋蘭下」注以「世俗謂盡死殺人爲鏖糟」〔二〕。蓋血汙狼籍之意。俗借以言汙穢也。

點心。唐鄭傪爲江淮留後，家人備夫人晨餐，夫人顧其弟曰：「治裝未畢，我未及餐，爾且可點心。」

温噉。白樂天詩：「池水暖温噉。」王建《宫詞》：「新晴草色暖温噉。」

湊投。吴越風俗，除日互擎炒豆交納之，且餐且祈，曰湊頭。

俗以嚏爲有人説我。《詩》：「願言則嚏。」鄭氏箋：「汝思我，我則嚏也。」

瘧曰草病。范成大《桂海虞衡》謂寒熱時疫曰草子。

〔一〕娗：原誤作「誕」。

〔二〕死殺：原誤作「殺死」。

貨腳。《解酲語》云：「大賈呼極賤行商爲貨腳。」

挈設。鄞人以爲崇奉之詞，胡語言挈設。上賓則用羊背皮、馬背皮之類，其餘賓用前手、後手之類。蓋茶飯中之體薦也。見《草木子》。鄞人蓋仍元時蒙古之語耳。

一頓。《唐書》：「打汝一頓。」《世説》：「羅友曰：欲乞一頓食。」

歪賴。鄞人言人放刁之語，乃乖剌力達反之訛。北人無入音，剌讀如賴。東方朔謂「吾獨乖剌而無當」〔一〕，杜欽謂「陛下無乖剌之心」是也。

不潔曰剌撒。剌，力達反。佛印《與東坡書》：「佛法在痾屎剌撒處。」

大音惰眉癡。即《列子》墨屎二字〔二〕。墨音眉，屎音癡，但爲眉佞之義，而鄞人只作癡字義也。

不惜器物曰作獺。南唐張崇帥廬川，貪縱，伶人戲爲人死，被冥府謫判云：「焦湖百里，一任作獺。」

拿鵝頭。《觚不觚録》：「巡按御史出巡，不許食鵝，宴會用鵝，則以鷄頭飾之。」此語所自起也。

名筯爲快。此江湖長年語也。行舡諱滯，音與筯相近，反呼爲快。

〔一〕吾獨乖：原誤作「人强歪」，據《七諫》改。

〔二〕屎：原誤作「㞘」，據《列子》改，下同。

没意頭。　唐李義山《雜纂》有「没意頭」之目，如對屠兒説買物放生，對僧道説異端害正之類。

淚從肚裏落。　高宗德妃吴氏對上曰：大姐姐遠處北方，妾缺于定省，每遇天日清美，侍上宴集，才一思之，肚裏淚下。

以反切呼物。　突圞，團。鯽令，精。鯽跳，俏。窟籠，孔。勃蘭，盤。鶻盧，蒲。《容齋三筆》謂之切脚語。

凡工作人皆謂司務。　如篦頭爲待詔之類，其徒則呼爲師父，非司務也。

十指有長短。　曹植詩。

看人眉頭眼下。　《南北史》：「看人眉睫。」

對牛彈琴　作死馬醫　冷灰頭爆。　王勉夫《野客叢談》云：「皆禪録語也。」

日子。　鄞人謂擇吉日爲揀日子，出《文選》陳琳《檄吴將校部曲文》「年月朔日子」〔一〕，注：「發檄時也。」然則日子，日時也。

不在被中眠，安知被無邊。　盧仝詩：「不予衾之眠，信予衾之穿。」

婚禮傳席。　白樂天《娶婦》詩：「青衣轉氈褥，錦繡一條斜。」

〔一〕陳琳：原誤作「曹公」。

天河聽穀價。　鄞人謂七夕無天河，謂聽穀價去。

星月照爛土。　鄞人以雨後泥未乾而見星月爲雨未霽。王建《聽雨》詩：「半夜思家睡裏愁，雨聲落落屋簷頭。照泥星出依然黑，淹爛庭花不肯收。」

謂人肥白曰白蒲沙。　鯊魚有一種爲白蒲沙。

僕從桀驁爲大馬留。　馬留，猿猴也。宋人謂丁謂爲説法馬留。猿猴之大者，更難約束也。

靸鞋。　《輟耕録》云：「浙人以草爲履而無跟名曰靸鞋。婦女非纏足者通曳之。」靸，悉合切，在颯字韻下。今呼翣，誤。

席面。　《容齋五筆》：「今公私宴會稱與主人對席者曰席面。」言爲客特設之席也。《嬾真子》云：「古席面謂之客，列坐謂之旅。」席面，言爲一座所尊也。

蹻。　《廣韻》：「走蹻蹻貌。」〔一〕

麩炭。　白樂天詩：「日暮半鑪麩炭火。」

撲漉。　古詞云：「數點雪花亂委，撲漉沙鷗驚起。」此二字詞中多用之。

燒銜日。　鄞俗開店者，以每月初二、十六燒紙，謂之燒銜日。《容齋三筆》云：「韓詩

〔一〕走蹻蹻貌：原作「蹻蹻走貌。」

云：『如今便別官長去，直到新年衙日來。』疑是謂月二日也。」

挑燈火杖曰燈掭。　掭，他念切。見《容齋隨筆》。

屋山。　韓退之《見盧仝》詩有「每騎屋山下窺瞰」之句。

嘍。　鄞人發語多用此聲。《史記・皇后傳》：「武帝曰：嘍，大姊何藏之深也。」

頂缸。　昔人有詩云：「有錢買得鬼推磨，無力卻教人頂缸。」

夠。　陸容《菽園雜記》：「方言足爲勾。」又《魏都賦》：「繁富夥夠，不可殫究。」

天高皇帝遠。　鄞人常舉此語。《閒中今古録》云：「元末虐刑横斂，台、温處之民樹旌村落，曰：『天高皇帝遠，民少相公多。一日三遍打，不反待如何。』黄巖方國珍因而肇亂。」

惡没樣。　《雲間志》：「方言謂羞愧曰惡模樣。注：模音如没。」

派賴。　《雲間志》：「方言謂醜惡曰潑賴。注：潑音如派。」

弜出頭。　弜音强上音。昔蜀人從漢高祖出關者，謂之弜子。

伸兩臂量物曰庹。　音托。《菽園雜記》云：「廣西有庹姓，庹與度似，而又從尺，疑即量物之托也。」

鄙人堪賤者曰不郎不秀。　《留青日札》云：元時稱人以郎官，秀爲等第。元末富人沈萬三名富字仲榮，萬三乃行第，然人稱之必曰沈萬三秀。

缸面酒。　唐太宗遺蕭翼賺辨才《蘭亭》，才設缸面酒待之。

屋下小巷爲弄。《南史》：「蕭諶接鬱林王出至延德殿西弄弑之。」俗呼弄唐，唐亦路也。罵婦人爲婆娘。《輟耕録》謂：「南人云婦之無行者曰夫娘，鄙之曰婆娘。」笑言語弗明者曰記里鼓。《水東日記》：「永樂中，俞行之試記里鼓，皆不知所謂，莫能措一詞。」音義相同，或本諸此。

好嬉子。吾子行作一小印，曰好嬉子。一日，魏國夫人作馬圖，傳至子行處，子行爲題詩，倒用此印，觀者以爲悮，文敏見之曰：「他道倒好嬉子。」〔一〕

散誕。楊文貞《滿江紅》詞：「詔歸田里，長散誕，天恩彌厚。」

破天荒。荆州應舉者多不成，名爲天荒解。大中四年劉蜕以是州解及第，號破天荒。時崔鉉作鎮，以破天荒錢七十万資蜕。東坡贈瓊州士人姜公弼詩：「白袍端合破天荒。」

舂米細白曰𦧜。在十七洽韻。

骷髏格。乃庫露格之訛。玲瓏空虚，故曰庫露。今俗呼書格曰庫露格是也。皮日休詩：「襄陽作髹器，中有庫露真。」出《潛確類書》。

阿懛。丁采反，戴平聲。《菽園雜記》：「吴俊時用，美姿容而不拘小節，杭人呼爲吴阿懛。嘗自云：『我死，大書一石于墓前云：大明吴阿懛之墓。若書官位便俗矣。』」

〔一〕元《堯山堂外紀》作「此非誤也。他道婦人會作畫，倒好嬉子耳」。

戽。去聲，呼韻。抒水器也。鄞人以揚水爲戽水，此其字也。

洗面盆曰沙鑼。《雲麓漫抄》：國朝賜契丹、西夏使人皆用此語，軍中不暇持洗，古謂面盆爲洗。以鑼代之。正如用刁斗可以警夜，又可以炊飯。中原人以擊鑼爲篩鑼，篩、沙音相近，或訛耳。

罵幼年者曰雜種。《晉書・前燕載記》贊曰：「蠢茲雜種。」〔一〕

脜。音職。婦人髮爲膏澤所黏，必沐乃解者謂之脜。《考工記・弓人》注云：「脜，亦黏也。」《老學庵筆記》。

餉人物曰送人事。韓文公撰《王用神道碑》，用男送馬匹鞍銜、白玉腰帶，朝廷令受之。集中有《謝許受王用男人事物狀》。又撰《平淮西碑》。韓弘寄絹五百匹充人事〔二〕。又有《奏韓弘人事物狀》。

以揖爲相喚。古人揖必相呼，謂之諾。《老學庵筆記》曰：「古所謂揖，但拱手而已。今所諾，乃始于江左諸王。故支道林見子猷兄弟還，人問諸王何如，答曰：見一羣白項烏〔三〕，但聞喚啞啞聲。即今喏也。」觀此則宋人之唱喏，猶以相喚爲揖也。

〔一〕蠢：原誤作「蠶」。
〔二〕絹：原誤作「綃」。
〔三〕項：原誤作「頸」，據《老學庵筆記》改。

土氣。鄞人所最避者。《後漢書》：「安帝時，皇太子驚病不安，避幸乳母野王君王聖舍。太子廚監邴吉以爲聖舍新繕修，犯土禁，不可久御。」此土氣之説也。

酒囊飯袋。本禰衡云：「荀彧可與强言，餘皆酒瓮飯囊耳。」

鐵樹開花。王濟《日詢手鏡》云：「吴浙間見事難成，則云鐵樹開花。予于横州殷指揮家園中見一樹，高可四尺，幹葉皆紫黑色，葉小似石楠。問之，云：此鐵樹也，每遇丁卯年乃花，其花四瓣，紫白色，如瑞香，瓣少團，嗅之有草氣。不到此，烏知真有是物耶。」

嬾梳頭。鄞婦人常有此語。童貫用兵燕薊，敗走。一日内宴，伶人爲三婢狀。一當額爲髻，曰蔡太師家人；一髻偏墮，曰鄭太宰家人；一滿頭作髻，曰童大王家人。問其故，蔡太師者云：太師日覲皇帝，此名朝天髻；鄭太宰者云：太宰奉祠歸第，此名嬾梳頭；童大王者云：大王方用兵，此三十六髻也。

打。打網、打水、打傘、打酒等類，昔人曾言之。

無袖衣曰背搭。古謂之背子，又謂之搭護，故合言之爲背搭。

不還人物爲賴。《左傳》：「鄭人貪賴其田。」

呼操舟爲家長。蓋篙長也。

營生爲經紀。唐高宗《賜諸王玉帛勅》：「滕叔蔣兄，自能經紀。」

奴才。郭子儀禁無故走馬，犯者死。南陽夫人乳母子犯禁，都虞叔杖殺之。諸子泣訴虞侯縱横狀，公叱遣之。明日語客曰：「不賞父之都虞侯，而惜母之阿嬭兒，非奴才而何？」千年調。古詩：「人無百歲期，强作千年調。鑄爲鐵門限，鬼見拍掌笑。」遠回送土儀與人曰撒花。宋三佛齊國遣使來朝貢，見于延和殿，其使跪于地，先撒金蓮花，次以真珠、龍腦布于上前，謂之撒殿花。或本此。見《負暄雜録》，而林方塘《歸正集》亦引之。

多謝，出《趙廣漢傳》。卑末，出《欒巴傳》。行頭，出《吴語》。長進，出《和嶠傳》。功夫，出《王肅傳》。手下，出《太史慈傳》。本分，出《荀子》。古老，出《書·無逸》注。主人公，出《史記·范雎傳》。小家子，出《漢·霍光傳》。不中用，出《史記·外戚世家·王尊傳》。對岸，出《樂志》。年紀，出《光武紀》。合少成多，出《中庸》注。雜碎，出《仲長統傳》。十字街，出《北史·李庶傳》。見錢，出《漢書·王嘉傳》。分外，出魏程曉上疏。自「多謝」以下，俱《困學紀聞》。

〔乾隆〕鄞縣志

【解題】錢維喬修，錢大昕等纂。鄞縣，轄今浙江省寧波市鄞州區、海曙區、江東區和江北城區等地。「風俗」見卷一《建制沿革》中。録文據乾隆五十三年（一七八八）刻本《鄞縣志》。

風俗

四明人齒音多不正，而精照從牀心審諸母訛混尤甚，如呼招爲焦，張爲將，震爲晉，潮爲譙，全爲傳，陳爲秦，雪爲濕，升爲星，少爲小，壽爲就之類。新增。

舟人摇櫓皆向右，浙東操舟者多向左。舟之大者曰划船，小者曰橛頭船。新增。

一日三餐，早曰天亮飯，午曰晝過飯，晚曰夜飯。新增。

〔咸豐〕鄞縣志

【解題】張恕修，周道遵等纂。鄞縣，轄今浙江省寧波市鄞州區、海曙區、江東區和江北城區等地。「方言」見卷三一。録文據咸豐六年（一八五六）刻本《鄞縣志》。

方言

楊子雲《釋别國方言》凡十三卷〔一〕，郭璞别而解之，《容齋三筆》辨其亡，云漢魏之際好事者爲之，然景純序解則有之矣。今從高宇泰《敬止録》，以鄞方言之可解而散見於諸書者録之，以見其皆有本也。

稱父曰爹爹。《南史》：「始興王，人之爹，赴人急，如水火。」音待可切，與火叶。邑人則爲丁邪切，音異義同。

稱母曰娘，又曰姆。姆同姥。詩人多以爹娘、公姆並稱，皆母之謂也。

王父曰公公。庾仲文云：「不癡不聾，不爲姑公。」

〔一〕别：原誤作「列」。

祖母曰娘娘，又曰婆婆。如云大娘娘、小娘娘及婆婆萬福之類，皆尊稱也，故以稱祖母。

稱叔曰大。所謂阿大是也。

稱伯母曰大姆、二姆，叔母曰嬸，父之姊妹曰姑娘，母之姊妹曰姨娘，其夫曰姑丈、姨丈，妾曰姨，父妾亦曰姨娘。

呼卑幼婦曰娘子。柴紹婦率師謂娘子軍，少婦之謂也。

呼孩童曰小細孩兒，學語者曰阿娟。《菽園雜記》：娟，其緬反，謂子之幼穉者。

呼小廝曰烏鬟。對老蒼頭而言。

呼女曰懦。懦韻在十五翰，如鄞人呼女之音，取懦弱之意。或曰本昌黎「女挐」之挐，訛作去聲。

呼穩婆曰老娘，娼婦曰花娘。

謂能事曰儇。《詩》：「之子儇兮。」

不躁暴曰眠娗[一]。音眠腆。出《列子》，言柔膩不決裂也。

抱佛腳。孟東野詩：「垂老抱佛腳，教妻讀黄庭。」

謂物件曰東西。《齊豫章王嶷傳》：「止得東西一百，於事亦濟。」

謂飯之狼籍者曰飯黏。殷仲堪飯黏落席間，輒拾以噉之。

〔一〕娗：原誤作「誕」。

赴水曰透。《王遜傳》：「透水死者千餘人。」《羊侃傳》：「侯景欲透水，羊鵾抽刃斬之。」

没雕當。鄞人呼當作仄聲，呼當字四聲本韻。没作平聲，近無音。

不潔曰鏖糟。《霍去病傳》「鏖皋蘭下」注以「世俗謂盡死殺人爲鏖糟」〔一〕。蓋血汙狼籍之意。俗借以言汙穢也。

貪食曰麨䴬。《集韻》：「麨䴬，物未精也。」

不浄曰邋遢，又曰攋㩭。《宋韻》：「邋遢，行不謹也。」㩭音三入聲。

不勤緊者曰傝㒌。亦作闒靸。朱子云：「文字不奇而穩，只是闒靸。」

踟躕不進曰蹩躠。音鼈薛。

庸劣曰体。蒲本切，亦作笨。

堅牢曰砝實。砝音劫。

謹慎曰子細。《北史》云：「何必太子細也。」

潔浄曰清泚。夏侯嘉正《洞庭賦》：「秋之爲神，素氣清泚。」

無損傷曰好箇。失足曰躍跸。躍跸，音羅剉。

言語風生曰颯拉。不自在曰碌速。任華《草書歌》：「速禄拉颯動簷隙。」

詬誶之聲曰嚌嚐。

〔一〕死殺：原誤作「殺死」。

哈爲喝物聲。《九章》：「衆兆之所哈。」呼來切，謂調笑聲。邑人則爲喝物聲。

吡吡。韻書「鳴也」。邑人以不能言者爲啞吡吡。

嘩。音韋，相呼聲也。

吅。呼也。楊雄云：「大言吅吅。」

嗐。音害，大開口聲，驚訝意也。

欨。許激切，哭後作聲也。

小兒啼聲爲啛啛，父母噢咻之亦曰啛啛，又曰咊咊。

阿呀。驚也。

阿歆。餘六切，痛聲也。

夢中驚語曰噑。《列子》所謂「噑囈呻呼」也。

忿争聲曰嚬嚬。

喉曰烏嚨。《爾雅》：「亢，烏嚨。」則非，不典矣。

皮細起曰皴。皮細裂曰皴皵。皴，七倫切。皵，音雀。杜詩「手脚凍皴皵」是也。

手生堅皮曰䐑。音緇。

手足凍裂曰皸，又作龜。龜音軍。《莊子》「不軍手」，《漢書》「手足皸瘃」是也。

肉肤起曰㬥。又作皺，音雹。

吸而飲曰呷，又作欱。張平子賦：「總括趣欱。」

吮酒曰欶。音朔。昌黎詩：「酒醪傾共欶。」

酒入口曰咂。音匝。

氣不順曰打呃。一作嗌。楊子《方言》：「嗌，噎也。」

欸。音哀。楊子《方言》：「南楚凡言然者爲欸。」邑人以不然者爲欸。陳芳《芸窗私志》：「今人暴見事之不然者，必出聲曰欸。」又作唉，歎恨發聲之辭。

訝聲曰阿嗦。音遏奈。

目略一過曰覷。私窺曰睍。熟視曰矃。覷，鬭了切。睍，音張。矃，寧去聲。

眼光曰眼茸。韓偓詩：「四肢嬌入茸茸眼。」其證也。

深目曰曉。音歐。

貌不颺曰曉皺。

强有力曰圓硬，又曰硬倔。圓，音責。倔，箏上聲。《集韻》：「海岱謂勇悍曰倔。」

身長曰躴躿，又曰長敹敹。莽長曰一攀一敹，又曰長敹篠。面瘠曰白醶醶。躴躿，音郎穅。敹醶，俱離了切。

暫睡而覺曰㥵。音忽，或作瘖，多睡也，非小睡之義。

物飽滿曰綻。言飽而欲開也。

不飽曰癟。音鼈。

作事舛錯亦曰綻。言如衣之破綻也。

人疲弱曰癟，又曰癟都都、癟皶皶。皶，音擔入聲。

乳曰脫。居佳切。亦作嬭。

以舌取物曰㐁。同餂。

畏寒聲曰㖃㖃，又曰寒㴝㴝。㖃，音恤。字書謂口鳴。

爪刺曰掐。音怯。《晉書》所云「掐鼻灸眉」是也。

擲物於地曰摜。古患切。字書音同摜，引《左氏》「摜瀆鬼神」爲證，不載擲物之義，不知此邑方音也。

搓摩曰捼。亦作挪。奴禾切。

手扶曰攙。手覆曰揞。手重按曰捺。手捻鼻膿曰擤。捩轉曰柲。攙，楚銜切。揞，音庵上聲。擤，音亨上聲。柲，蒲結切。

性急而執曰拗𢇁。𢇁音鼈。

揭起曰掀。《左傳》：「掀公以出於淖。」

指執曰捝。音虀。亦作捻。《開元遺事》：「牡丹有一捻紅。」

藏物曰囥。苦浪切。毛奇齡《越語》作伉〔一〕，則爲伉儷之伉，誤矣。

倚人曰靠。整理曰周捉。

手撥曰爬。音琶。《進學解》謂「爬羅」是也。

足蹗曰踼。闊步涉水曰踫。足不能行曰暜。踼，音逖。踫，蒲銜切。暜，他銜切。《宋韻》云：「踫，步渡水也。」正是步越水意。

蹬蹬。音登。小兒學步也。

匍匐曰跁。急行曰跾。緩行曰踱，又曰踱索。久立曰站。

搕撞曰掽。

相助曰幫。

對裂曰撦。

細裂曰斯。《詩》：「斧以斯之。」亦離去之謂也。

研物曰擂。推石自高而下曰礌。急擊鼓曰檑。

田遠近之數曰稜。稜，去聲。杜詩：「塹抵公畦稜。」

肩承物曰挑。取水曰舀。潑水曰戽。舀，音杳。戽，又作𣳾，音呼去聲。

〔一〕語：原誤作「女」。

盛物曰齒。音著。

去汁曰潷。音筆。

舂穀曰搗。舂米曰臿。臿，音插。在十七洽韻。

扯物令長曰抻。勻物曰拌。抛物曰丢。抻，申去聲。拌，盤上聲。楊子《方言》：「楚人以揮棄物曰拌。」邑人以勻物曰拌。丢，丁羞切。

不正曰𨈃。音歪。

色不鮮者曰蔫。又作菸，音煙。東坡詩：「深紅任早蔫。」

正屋使直曰牮。曳物曰拕。牮，音薦。拕，音他。《前漢書》：「拕舟入水。」

兩手承物曰拕。音駝。

點心。唐鄭傪爲江淮留後，家人備夫人晨餐，夫人顧其弟曰：「治裝未畢，我未及餐，爾且可點心。」

殽饌曰下飯。《貴耳集》：「劉岑以選官圖爲下飯。」則爲通俗語矣。

煮物曰煠。音閙。

以湯除毛曰煺。以火爦物曰燂。煺，鋪灰切。燂，《禮》云「燂湯」是也。

温暾。白樂天詩：「池水暖温暾。」王建《宫詞》：「新晴水色暖温暾。」

湊投。吴越風俗，除日互擎炒豆交納之，且餐且祈，曰湊頭。

俗以嚏爲有人説我。《詩》「願言則嚏」，鄭氏箋：「汝思我，我則嚏也。」

瘧曰草病。范成大《桂海虞衡》謂寒熱時疫曰草子病。

貨腳。《解醒語》：「大賈呼極賤行商爲貨腳。」

挈設。鄞人以爲崇奉之詞，胡語言挈設。上賓則用羊背皮、馬背皮之類，其餘賓用前手、後手之類。蓋茶飯中之體薦也。見《草木子》。鄞人蓋仍元時蒙言之語耳。

一頓。《唐書》：「打汝一頓。」《世説》：「羅友曰：欲乞一頓飯。」

歪賴。言人放刁之語，乃乖剌之訛。北人無入音，剌，力達反，讀如賴。東方朔謂人强歪剌而無當，杜欽謂陛下無乖剌之心是也。

不潔曰剌撒。剌，力達反。佛印與東坡書：佛法「在痾屎剌撒處」。

眉癡。即《列子》墨屎二字〔一〕。墨音眉，屎音癡，但爲眉佞之義，而鄞人只作癡字義也。

不惜器物曰作獺。南唐張崇帥廬川，貪縱，伶人戲爲人死，被冥府謫判云：「焦湖百里，一任作獺。」

拿鵝頭。《觚不觚録》：「巡按御史出巡，不許食鵝，宴會用鵝，則以鷄頭飾之。」此語所自起也。

名筯爲快。此江湖長年語也。行船諱滯，音與筯相近，反呼爲快。

掭。他念切，火杖也，亦曰燈掭。

入水曰頞。烏勿切。皮日休詩：「學海正狂波，予頭向水頞。」蓋皮陸多以吴音入詩也，而邑人亦有之。

以身踊擲曰⿺走殳。音透。

〔一〕屎：原誤作「牀」，據《列子》改。

下濕曰湉湉，又曰湉湉渧。湉，惻洽切。

水推物曰氽。音吞上聲。

支牀几不平曰𧮂。加不緊曰㞎。𧮂，徒念切。㞎，音煞。

門闢曰㡾。户樞曰轉肘。户牝曰門臼。刻木入竅曰榫。㡾，音拴。榫，音筍。

斧斤之殘木曰柹。音廢。《晉書》：「王濬伐吴，造舟，木柹蔽江而下。」

物久而青黑曰黴。物敗生白曰㿥。酒醋上白曰醭。黴，音眉。《淮南子》曰：「堯瘦癯，舜黴黑。」㿥，音府。醭，音朴。白樂天詩：「酒甕全生醭。」

多曰够。少曰不够。左太沖賦「繁富够夥」是也。

呼竈突曰煙囱。音匆。

以酒母起麵曰發酵。音教。元天歷元年有酵課〔一〕。

春菜心曰蕻。胡貢切。梅堯臣詩：「獨有一叢盤嫩蕻。」

食變味曰餿。微熱曰煖烔烔。火盛曰烁烁。餿，音溲。烁，户孔切。

膱。音職。婦人髮爲膏澤所黏，必沐乃解者謂之膱。《考工記·弓人》注云：膱亦黏也。《老學庵筆記》。

謂人閒曰調代。蓋取有人當任去則閒也。

〔一〕元：原誤作「金」。

没意頭。唐李義山《雜纂》有「没意頭」之目，如對屠兒説買物放生〔一〕，對僧道説異端害正之類。

淚從肚裏落。高宗德妃吴氏對上曰：大姐姐遠處北方，缺於定省，每遇天日清美，侍上宴集，才一思之，肚裏淚下。

突圞。團。鯽令。精。鯽跳。俏。窟籠。孔。勃蘭。盤。鶻盧。蒲。以反切呼物也。《容齋三筆》謂之切腳語。

凡工作人皆謂司務。如篦頭爲待詔之類，其徒則呼爲師父，非司務也。

十指有長短。曹植詩。

看人眉頭眼下。《南北史》：「看人眉睫。」

對牛彈琴。作死馬醫。冷灰頭爆。王勉夫《野客叢談》云：「皆禪録語也。」

日子。鄞人謂擇吉日爲揀日子，出《文選》曹公《檄吴將校部曲文》「年月朔日子」，注：「發檄時也。」然則日子，日時也。

不在被中眠，安知被無邊。盧仝詩：「不予衾之眠，信予衾之穿。」

婚禮傳席。白樂天《娶婦》詩：「青衣轉氈褥，錦繡一條斜。」

天河聽穀價。鄞人謂七夕無天河，謂聽穀價去。

星月照爛土。鄞人以雨後泥未乾而見星月爲雨未霽。王建《聽雨》詩：「半夜思家睡裏愁，雨聲落落屋簷頭。照泥星出依然黑，漫爛庭花不肯收。」

〔一〕物：據《敬止録》補。

謂人肥白曰白蒲沙。鯊魚有一種爲白蒲沙。

僕從桀驁爲大馬留。馬留，猿猴也。宋人謂丁謂爲説法馬留。猿猴之大者，更難約束也。

靸鞋。《輟耕録》：「浙人以草爲履而無跟名曰靸鞋。婦女非纏足者通曳之。」靸，悉合切，在颯字韻下。今呼翣，誤。

席面。《容齋五筆》：「今公私宴會稱與主人對席者曰席面。」言爲客特設之席也。《孏真子》曰：「古席面謂之客，列坐謂之旅。」席面，言爲一座所尊也。

蹻。《廣韻》：「走蹻蹻貌。」〔一〕

麩炭。白樂天詩：「日暮半鑪麩炭火。」

樸漉。古詩：「數點雪花亂委，撲漉沙鷗驚起。」此二字詞中多用之。

燒衙日。鄞俗開店者，以每月初二、十六燒紙，謂之燒衙日。《容齋三筆》：韓詩云「如今便別官長去，直到新年衙日來」。疑是謂月二日也。

屋山。韓退之《見盧仝》詩有「每騎屋山下窺瞰」之句。

嘍。鄞人發語多用此聲。《史記・皇后傳》：「武帝曰：嘍，大姊何藏之深也。」

頂缸。昔人有詩云：「有錢買得鬼推磨，無力卻教人頂缸。」

惡没樣。《雲間志》：「方言謂羞媿曰惡模樣。注：模音如没。」

〔一〕走蹻蹻貌：原作「蹻蹻走貌。」

派賴。《雲間志》：「方言謂醜惡曰潑賴〔一〕。注：潑音如派。」

弜出頭。弜音强上音。昔蜀人從漢高祖出關者，謂之弜子。

伸兩臂量物曰庹。音托。《菽園雜記》：「廣西有庹姓，庹與度似，而又從尺，疑即量物之托也。」

鄙人堪賤者曰不郎不秀。《留青日札》：元時稱人以郎官，秀爲等第。元末富人沈萬三名富字仲容，萬三乃行第，然人稱之必曰沈萬三秀。

缸面酒。唐太宗遣蕭翼賺辨才《蘭亭》，才設缸面酒待之。

屋下小巷爲弄。《南史》：蕭諶接鬱林王出至延德殿西弄弑之。俗呼弄唐，唐亦路也。

罵婦人爲婆娘。《輟耕録》謂：「南人於婦之無行者曰夫娘，鄙之曰婆娘。」

笑言語弗明者曰記里鼓。《水東日記》：「永樂中，俞行之試記里鼓，皆不知所謂，莫能措一詞。」

好嬉子。吾子行作一小印，曰好嬉子。一日，魏國夫人作馬圖，傳至子行處，子行爲題詩，倒用此印，觀者以爲悮，文敏見之曰：「他道倒好嬉子。」〔二〕

散誕。楊文貞《滿江紅》詞：「詔歸田里，長散誕，天恩彌厚。」

破天荒。荆州應舉者多不成，名爲天荒解。大中四年劉蜕以是州解及第，號破天荒。

骷髏格。乃庫露格之訛。玲瓏空虚，故曰庫露。今俗呼書格曰庫露格是也。皮日休詩：「襄陽作髹器，中有庫露

〔一〕醜：原誤作「魏」。

〔二〕元《堯山堂外紀》作「此非誤也。他道婦人會作畫，倒好嬉子耳」。

真。」出《濳確類書》。

阿懛。丁來反，戴平聲。《菽園雜記》：「吴俊時用，美姿容而不拘小節〔一〕，杭人呼爲吴阿懛。」

洗面盆曰沙鑼。《雲麓漫抄》：國朝賜契丹、西夏使人，皆用此語，軍中不暇持洗，（古謂面盆爲洗。）以鑼代之。正如用刁斗可以警夜，又可以炊飯。中原人以擊鑼爲篩鑼，篩、沙音相近，或訛耳。

罵幼年者曰雜種。《晉書・前燕載記》贊曰：「蠢兹雜種。」

餉人物曰送人事。韓文公集中有《謝王用男人事物狀》，又撰《平淮西碑》。「韓宏寄絹五百疋充人事。」又有《奏韓宏人事物狀》。

以揖爲相喚。古人揖必相呼，謂之諾。《老學庵筆記》曰：「古所謂揖，但拱手而已。今所諾乃始於江左諸王。故支道林見子猷兄弟還，人問諸王何如，答曰：見一羣白頸烏，但聞喚啞啞聲。即今喏也。」觀此則宋人之唱喏，猶以相喚爲揖也。

土氣。鄞人所最避者。《後漢書》：「安帝時，皇太子驚病不安，避幸乳母野王君王聖舍。太子廚監邴吉以爲聖舍新繕修，犯土禁，不可久御。」此土氣之説也。

酒囊飯袋。本禰衡云：「苟彧可與强言，餘皆酒瓮飯囊耳。」

鐵樹開花。王濟《日詢手鏡》云：「吴浙間見事難成，則云鐵樹開花。予於横州殷指揮家園中見一樹，高可四尺，幹葉皆紫黑色，葉小似石楠。問之，云：此鐵樹也，每遇丁卯年乃花，其花四瓣，紫白色，如瑞香，瓣少團，嗅之有草氣。不到此，

〔一〕美姿：原誤作「姜咨」。

烏知真有是物耶。」

嬾梳頭。童貫用兵燕薊，敗走。一日内宴，伶人爲三婢狀。一當額爲髻，曰蔡太師家人。一髻偏墮，曰鄭太宰家人。一滿頭作髻，曰童大王家人。問其故，蔡太師者云：太師日覲皇帝，此名朝天髻。鄭太宰者云：太宰奉祠歸第，此名嬾梳頭。童大王者云：大王方用兵，此三十六髻也。

打。打網、打水、打傘、打酒等類，昔人曾言之。

無袖衣曰背搭。古謂之背子，又謂之搭護，故合言之爲背搭。

不還人物爲賴。《左傳》：「鄭人貪賴其田。」

呼操舟爲家長。蓋篙長也。

營生爲經紀。唐高宗賜諸王玉帛，勅：「滕叔蔣兄，自能經紀。」

奴才。郭子儀禁無故走馬〔一〕，犯者死。南陽夫人乳母子犯禁，都虞叔杖殺之。諸子泣訴虞侯縱橫狀，公叱遣之。明日語客曰：「不賞父之都虞侯，而惜母之阿嬭兒，非奴才而何？」

千年調。古詩：「人無百歲期，强作千年調。鑄爲鐵門限，鬼見拍掌笑。」

遠回送土儀與人曰撒花。宋三佛齊國遣使來朝貢，見於延和殿，其使跪於地，先撒金蓮花，次以真珠、龍腦布於上前，謂之撒殿花。見《負暄雜録》，而林方塘《歸正集》亦引之。

多謝。出《趙廣漢傳》。

〔一〕馬：原脱。

卑末。出《欒巴傳》。
行頭。出《吳語》。
長進。出《和嶠傳》。
功夫。出《王肅傳》。
手下。出《太史慈傳》。
本分。出《荀子》。
古老。出《書·無逸注》。
主人公。出《史記·范雎傳》。
小家子。出《漢·霍光傳》。
不中用。出《史記·外戚世家·王尊傳》。
對岸。出《樂志》。
年紀。出《光武紀》。
合少成多。出《中庸注》。
雜碎。出《仲長統傳》。
十字街。出《北史·李庶傳》。
見錢。出《漢書·王嘉傳》。

分外。出魏程曉上疏。

畜之牝者曰騲。牛之牡者曰牯，犢曰犡。騲，音草。犡，烏猛切。

牛羊以角觸人與發地皆曰蹶。音掘。

呼猪曰欶欶。音逾。

呼羊曰𠿜𠿜，又曰芈芈。芈，音乜。

呼驢馬曰都都。

呼鷄曰喌喌。亦作祝。祝，音咮。庾肩吾詩：「遺却白鷄呼喌喌。」

呼鴨曰㕷㕷。音惟。

呼牛曰唎𠿜，使牛曰犆犆。犆，粗上聲。

呼犬曰阿盧。《詩》：「盧令令。」

〔同治〕鄞縣志

【解題】戴枚修，董沛等纂。同治十三年（一八七四）修。鄞縣，轄今浙江省寧波市鄞州區、海曙區、江東區和江北城區等地。「方言」見卷七三。録文據光緒三年（一八七七）刻本《鄞縣志》。

方言

昒音勿〔一〕　蔡邕《青衣賦》：「昒昒將曙。」〔二〕○案，吾鄉謂天初曉曰白昒昒。

亮　《楊公筆録》：「浙諺云：雨下畏天亮。」方言以明爲亮。

霻　《集韻》：「普袍切，音𣯷，雪貌。」○案，俗有霻霻落雪之語，本此。

䨲　《説文》：「䨲，雨零也。」《玉篇》䨲，或作落。

䨱　《説文》：「䨱，小雨也。」《集韻》：「䨱，雨聲。」○案，狀小雨聲曰䨱䨱，本此。

黨　《餘冬序録》：「俗謂螮蝀曰黨。」○案，黨本雩字。《爾雅》釋文〔三〕：「雩，于句切。」音之轉也。

洋　《倿鯖録》：「洋者，山東謂衆多爲洋。」《爾雅》：「洋，多也。」○案，今謂海之中心爲洋，亦水之衆多處。

沙　《譚苑醍醐》：「吴人謂水中可爲田者曰沙。」

畈　《説文》：「畈，境也。一曰陌也。」《吴下方言考》：「謂田中徑曰田畈。」

蹬　《通俗編》：「蹬字見景祐《集韻》。或亦借差字用之，《韻會小補》引唐人詩：『枯木巖

〔一〕昒：本條均誤作「䀛」。《説文解字》有「昒」字，段玉裁、王筠等指爲「昒」字之訛。「昒」蓋又爲「昒」字之訛。勿：原誤作「匆」。

〔二〕昒昒：原誤作「䀛䀛」。徐堅輯《初學記》、張溥輯《蔡中郎集》、嚴可均輯《全後漢文》均作「昒昕」。

〔三〕釋文：原誤作「注」。

前差路多。』」〔一〕

隩　楊守陳《與柯孟時求志喜集書》：「諺曰：楊家隩。」隩者，方言即洲也。

稜　杜甫詩：「暫抵公畦稜。」陸龜蒙詩：「我本曾無一稜田。」范成大詩：「汙萊一稜水周圍。」稜字俱讀去聲。○案，俗謂田一壟曰一稜，韻書疄音鄰，訓田隴，則稜又通疄。

勃　《管天筆記》：「《水經注》巴峽歌云：『灘頭白勃堅相持，倏忽淪没别無期。』俗於水泡謂之勃，乃是雅語。」

弄　《枝山前聞》：「今人呼屋下小巷爲弄。《南史・蕭諶傳》：『接鬱林王出至延德殿西弄。』」《敬止録》：「俗呼弄唐。」

爹　《説文》：「爹，父也。」《玉篇》：「俗呼父爲爹。」《雅俗稽言》：「南人稱父曰爹。祖父曰爹爹。」

媽　《玉篇》：「媽，莫補切，母也。」○案，媽，母之轉語也。

娘　《敬止録》：「稱母曰娘，又曰姆。」姆同姥。詩人多以爹娘、公姆並稱。

嬸　《正韻》：「俗呼叔母曰嬸。」○案，《明道雜志》：「嬸乃世母二合也。」又呼夫之弟婦亦曰嬸。

姨　《敬止録》：「妾曰姨，父妾曰姨娘。」

〔一〕差：原誤作「跂」，據《韻會小補》改。

伯　《五雜俎》云：「《異聞録》載婦人呼夫兄曰伯，於書無所載，而引《爾雅》所稱兄公代之，然兄公二字亦甚詭怪。余謂婦人稱謂多從子，夫弟既可稱叔，夫姊妹既可稱姑，則夫兄稱伯又何疑哉？」

伀　《吕覽》：「姑伀知之曰：『爲我婦而有外心〔一〕，不可畜。』」○案，吾鄉新婦稱翁曰阿伀，亦曰伀伀。

大　《敬止録》稱叔曰大，所謂阿大是也。○案，阿大見《世説新語》。

姐　《直語補證》：「今人呼小艾曰姐。繁欽《與魏文帝牋》：『自左騏、史妠、謇姐名倡。』入文始此。」

懦　《敬止録》：「呼女爲懦。懦韻在十五翰。如鄞人呼女之音，取懦弱之意。或曰本昌黎女挐之挐，訛作去聲。」

小　《詩·邶風》「愠于羣小」注：「小，衆妾也。」○案，吾鄉謂妾爲小本此。

客　陸游《初夏閒居》詩：「陂塘移稻客相呼。」自注：「鄉中謂傭工者謂客。」《肯綮録》：「今人指傭工之人爲客作。三國時已有此語，焦先飢則出爲人客作〔二〕，飽食而已。」

鬼　《方言》：「自關而東趙魏之間謂之黠，亦謂之鬼。」○案，吾鄉謂狡黠不正者爲鬼。

〔一〕婦：原誤作「父」，據《吕氏春秋》改。

〔二〕先：原誤作「光」。

嫖《字典》：「俗謂淫邪曰嫖。」○案，吾鄉謂好狎邪遊者曰嫖客。

騷《直語補證》云：「《方言》：『吴楚偏蹇曰騷。』本言行不正也。今俗謂媚容取悦曰騷。」

䠷土了切《廣雅》：「䠷，身長貌。」

奘《爾雅》：「奘，粗也。」《方言》：「秦晉之間凡人之大謂之奘。」

敫《玉篇》：「敫，小長貌。」《敬止録》：「身長曰長敫敫，莽長曰一攀一敫，又曰長敫篠。」

痠《肯綮録》：「身體疼曰痠，音酸。」

癛音琴《集韻》：「癛，寒病。」

注《甕牖閒評》：「浙人有注船、注轎之説。」○案，俗云注浪本此。

弇《正字通》：「痂，瘡弇也。」○案，俗謂痂蜕爲弇。

寣火滑切《説文》：「寣，臥驚也。」段玉裁曰：「《廣雅》：『寣，覺也。』義相近。今江蘇俗語曰睡一寣。」《敬止録》：「暫睡而覺曰㤧，音忽，或作寣。」

皴《敬止録》：「皮細起曰皴。皮細裂曰皴皵。皴，七倫切。皵音雀。杜詩『手腳腳皴皵』是也。」

䵵音甾《集韻》：「䵵，手足膚黑。」《敬止録》：「手生堅皮曰䵵。」

皸《敬止録》：「手足凍裂曰皸，又作龜。龜音軍。《莊子》『不龜手』、《漢書》『手足皸瘃』

是也。」

艿　《鐘鼎字音》：「艿，乳也。」今人呼乳爲奶，呼乳娘爲奶娘，亦有所自。

䏭音猊　《集韻》：「楚人謂乳爲䏭。」《敬止録》：「乳曰䏭，亦作嬭。」

𥽈匹寐切，音算　《山海經》：「東始之山，泚水出焉，其中多泚魚，一首而十身，食之不𥽈。」注：「𥽈，失氣也。」《廣韻》：「𥽈同屁。下失氣也。」

⿰殳頁烏勿切　《玉篇》：「⿰殳頁，内頭水中也。」《敬止録》云：「皮日休詩：『學海正狂波，予頭向水⿰殳頁。』蓋皮、陸多以吴音入詩也。」而邑人亦有之。

磕　《古俗字略》：「叩頭有聲曰磕，音渴。」

薙　《周禮》「薙氏」注：「薙，讀如鬀。小兒頭之鬀。」〔一〕《説文》：「鬀，鬄髮也。」〔二〕徐鉉曰：「俗別作剃，非。」

笂　《雲煙過眼録》載王齊翰《巖僧笂耳圖》。○案，俗以撚耳爲笂耳〔三〕。

䣼　《玉篇》：「䣼，面白䣼䣼也。」《敬止録》：「面瘠曰白䣼䣼。」

⿰凹頁音坳　《玉篇》：「⿰凹頁，頭凹也。」《肯綮録》：「面凹曰⿰凹頁。」王延壽《魯靈光殿賦》：「⿰凹頁顤顟

〔一〕頭：原脱，據《周禮注疏》補。

〔二〕鬀：原誤作「薙」。鬄：原誤作「髟剔」。據《説文解字》改。

〔三〕撚：原誤作「燃」。

而睽睢。」

赯　《肯綮録》：「人面色紫曰赯。」

皰〔一〕　《說文》：「皰，面生氣也。」《正字通》：「凡手足臂肘暴起如水泡者謂之皰。」

曉　《玉篇》：「曉，深目貌。」○案，通作瞘。

覭　《廣韻》〔二〕：「覭，方小切。」《字林》云：「目有所察。」《敬止録》：「目略一過曰瞟。」

䁈音砌　《說文》：「䁈，察也。」《類篇》：「一曰衺視。」稽康《琴賦》：「明嫿䁈惠。」

𥇍音張　《集韻》：「𥇍，目大貌。」《敬止録》：「私窺曰𥇍。」

盯　《玉篇》：「䁿盯，視貌。」韓愈《城南聯句》：「眼瞟强盯䁿。」○案，俗謂力視不釋曰盯。

相　《說文》：「相，省視也。」段玉裁曰：「目接物曰相。」

晒　《月令廣義》引諺云：「六月三日雨一陣，上晝芸田下晝晒。」○案，俗謂眠曰晒。

瞈音翁　《五音集韻》：「瞈瞈，耳聲。」

齆音瓮　《埤倉》：「齆，鼻病也。」《十六國春秋》：「王謨齆鼻，言不清暢。」《甕牖閒評》：「王充《論衡》云鼻不知香臭爲瓮，則今人以鼻不清亮爲瓮鼻，作此瓮不爲無自矣。」

齂　《集韻》：「齂，臥鼻息。」

〔一〕皰：原作「靤」，據《說文解字注》改。本條下同。

〔二〕韻：原誤作「雅」。

呷　《説文》：「呷，飲也。」又作欱，《説文》：「歠也。」張平子《西京賦》：「欱澧吐鎬。」《敬止録》：「吸而飲曰呷。」

咂　《集韻》：「咂，啖也。」《風俗通》：「入口曰咂。」亦作欶，《越語肯綮録》：「酒略上口曰欶。」

欶音朔　《説文》：「欶，吮也。」《通俗文》：「欶，含飲也。」《敬止録》：「吮酒曰欶。昌黎詩：『酒醪傾共欶。』」

呃　《集韻》：「呃呃，吐貌。」

㐁　《説文》：「㐁，舌貌。」《敬止録》：「以舌取物曰㐁，同餂。」

㱿音吒　《説文》：「㱿，歐貌。」《左傳》哀二十五年：「君將㱿之。」《方言據》：「喉中物不能上下，因喀去之，曰㱿。」

嚃〔一〕　《禮記》：「毋嚃羹。」

歔音或　《玉篇》：「吐聲。」

嗼　《廣韻》：「嗼，徒洛切。口嗼嗼無度。」《越語肯綮録》：「信口出語曰嗼。」

叫　《説文》：「叫，呼也。」揚雄《解難》：「大語叫叫。」

咍　《説文》：「咍，嗤笑也。」《楚辭·九章》：「又衆兆之所咍也。」《敬止録》：「咍，呼來切，謂調笑聲。」○案，《吴都賦》注：「楚人謂相調笑曰咍。」邑人則爲喝物聲。

〔一〕 嚃：原誤作「嚺」，據《禮記》改。

嘽　《集韻》：「嘽，呼聲。」

嗐音轄，又音害　《玉篇》：「嗐，大開口。」《敬止録》：「嗐，大開口聲，驚訝意也。」

欯音闓　《集韻》：「欯，去涕也。」《敬止録》：「欯〔一〕，哭後作聲也。」

欸音哀　《說文》：「欸，訾也。」一曰然也。揚子《方言》：「欸、譥，然也。南楚凡言然者或曰欸，或曰譥。」《敬止録》：「邑人以不然爲欸。陳芳《芸窗私志》：『今人暴見事之不然者，必出聲曰欸。』又作唉，歎恨發聲之辭。」

唹　《列子・周穆王篇》：「眠中唹囈呻呼。」《敬止録》：「夢中驚語曰唹。」

嚄音臒　《史記・外戚世家》：「武帝下車泣曰：嚄！大姊何藏之深也。」正義曰：「嚄，責失聲，驚愕貌。」《敬止録》：「鄞人發語多用此聲。」

歐　《漢書・食貨志》：「歐民而歸之農。」〇案，歐，呼也。俗謂高呼曰歐。

嗄　《玉篇》：「嗄，聲破。」《集韻》：「楚人謂啼極無聲爲嗄。」《老子道德經》：「終日嗌而不嗄，和之至也。」〇案，俗謂應辭亦曰嗄，見《龐居士集》。

㖤音函　《玉篇》：「㖤，多言也。」〇案，吾鄉以旁人多言爲㖤。

謞　《正字通》：「謞，語不相入也。」

〔一〕欯：原誤作「郒」。

謆音扇 《類篇》：「謆，以言惑人也。」

欳 《廣韻》：「欳，許激切，笑聲。」

䶕音杷 《集韻》：「䶕，齖齒出貌。」○案，俗謂齒差跌者曰䶕牙。

齦康很切 《説文》「齦，齧也。」○案，俗謂以齒齧物曰齦，亦作狠。《札樸》[一]：「齒齧曰狠。」

擤 《篇海》：「擤，呼梗切上聲，手捻鼻膿曰擤。」焦竑《日用雜字》音省，義同。

爬 《廣韻》：「爬，搔也。」《敬止録》：「手撥曰爬。」《進學解》謂爬羅是也。

掀 《廣韻》：「掀，以手高舉也。」《左傳》成公十六年：「乃掀公以出於淖。」《敬止録》：「揭起曰掀。」

掜音孽 《正韻》：「掜，捻聚也。」《敬止録》：「指執曰掜，亦作捻。《開元遺事》：『牡丹有一捻紅。』」

撦 《韻會》：「撦，裂開也。」《敬止録》：「對裂曰撦，細裂曰斯。《詩》：『斧以斯之。』亦離去之謂也。」

叉 《説文》：「叉，手指相錯。」《增韻》：「俗呼拱手曰叉手。」

捧 《廣韻》：「捧，兩手承也。」《史記·藺相如傳》：「身所捧飯。」

擪 《説文》：「擪，一指案也。」

捺奴曷切 《廣韻》：「捺，手案。」《敬止録》：「手重案曰捺。」

〔一〕 本志《札樸》多誤作《札璞》，下徑改。

拓　《廣韻》：「拓，手承物。」杜甫詩：「罷酒酣歌拓金戟。」《吳下方言考》：「吳中以手量布帛之長短曰拓。」

擂　《玉篇》：「擂，研物也。」〔一〕又與礧同。《韻會》：「擂，推石自高而下也。」○案，擂本作雷。《通鑑》：「趙雲雷鼓震天。」胡三省注：「雷，盧對翻。」

扒　《元包經》：「拔户扒氏。」

撜音登　韓愈《石鼎聯句》：「豈比俎豆古，不爲手所撜。」○案，俗謂以手持物而審其輕重曰撜。

挌音客　《集韻》：「挌，手把着也。」《古俗字略》：「手握物曰挌。」

搲音蛙　《集韻》：「搲，手捉物也。」《類篇》：「吳俗謂手爬物曰搲。」

攘　《蜀語》：「手推人曰攘。」

抋讀若潎入聲　揚子《方言》：「南楚凡相推搏曰抋。」張衡《西京賦》「徒搏之所撞抋」注：「撞抋，謂撞而抋倒。」

拕　《説文》：「拕，曳也。」《漢書・嚴助傳》：「拕舟而入水。」《敬止録》：「曳物曰拕。」

抻　《集韻》：「申、展也。」伸物長也。《越語肯綮録》：「扯物令長爲伸。」

抯　揚子《方言》：「抯，摣取也。南楚之間凡取物溝泥中謂之抯，或謂之摣。」

挑　《增韻》：「挑，杖荷也。」《敬止録》：「承物曰挑。」

〔一〕研：原誤作「擂」，據《玉篇》改。

揵《集韻》：「揵，舉也。」《蜀語》：「手提曰揵。」

搭《集韻》：「搭，擊也。」《直語補證》：「以手輕撲人曰搭。」

揲《俗呼小録》：「抱持人物曰揲。」

庹《字彙補》：「庹，音託，兩腕引長曰庹。」《直語補證》：「以手量物曰庹。」○案，龐元英《文昌雜録》：「鴻臚陳大卿使高麗，以鐵碢長繩沈水中爲候，深及三十托。」只作托字。

旕《篇海》：「旕，比長短也。」

摜《敬止録》：「擲物於地曰摜。摜，古患切，字書音同患。引《左氏》『摜瀆鬼神』爲證，不載擲物之義，不知此邑方音也。」

攙《博雅》：「攙，扶也。」《敬止録》：「手扶曰攙。」

揞音庵上聲《韻會》：「揞，藏也。手覆也。」《敬止録》：「手覆曰揞。」

捼音穤平聲《説文》：「捼，摧也。一曰兩手相切摩也。」《敬止録》：「搓摩曰捼，亦作挪。」

掐音怯《敬止録》：「爪刺曰掐。」《晉書》所云「掐鼻灸眉」是也。

挨《廣韻》：「挨，亦背負也。」〔一〕

跁《玉篇》：「跁跒，不肯前。」《正字通》：「俗謂小兒匍匐曰跁。」

〔一〕出《古今韻會舉要》，今本《廣韻》無。

跳　《説文》：「跳，蹶也。一曰躍也。」○案，《類篇》跳或作䟣。《敬止録》：「急行曰䟣。」

踱　《玉篇》：「跮踱，乍前乍卻。」《敬止録》：「緩行曰踱，又曰踱索。」

站音佔　《集韻》：「站，久立也。」《篇海》：「站，坐立不動貌。」

蹻　《説文》：「蹻，舉足行高也。」〔一〕段玉裁曰：「今俗語猶然。」

趼　《廣韻》趼與皽同，皮起也。《類篇》：「久行傷足謂之趼。」

透　《説文》：「透，跳也。過也。」《敬止録》：「赴水曰透。《王遜傳》：『透水死者千餘人。』《羊侃傳》：『侯景欲透水，羊鶡抽刀斬之。』」

踼　《敬止録》：「足蹩曰踼。」

𨃚　《敬止録》：「闊步涉水曰𨃚，蒲銜切。《宋韻》云：『𨃚，步渡水也。』正是步越水意。」

蹮　《敬止録》：「足不能行曰蹮，仙銜切。」○案，字書無蹮字，當作跚。《韻會》：「蹣跚，跛行貌。」

𧺆　《廣韻》：「𧺆，自投下。或作跺。」《敬止録》：「以身踊躑曰𧺆。」

𧾆　《説文》：「𧾆，行遲也。」段玉裁曰：「今人通用慢。」

趬　《説文》：「趬，行輕皃〔二〕。一曰趬，舉足也。」段玉裁曰：「今俗語謂舉足正如此。」

竨音排　《説文》：「竨，短人立竨竨貌。」○案，吾鄉有竨竨坐之語，字當从此。

〔一〕行：原誤作「小」，據《説文解字》改。

〔二〕皃：原誤作「兒」，據《説文解字》改。

擦《廣韻》：「擦，七曷切，足動草聲。」

掰《俗書刊誤》：「掰，音擺，布裂曰掰。」

舀 伊鳥切。《説文》：「舀，抒臼也。」挹彼注此謂之舀。《敬止録》：「取水曰舀。」

軳《方言》：「凡以驢馬駝載物者謂之負佗。」《廣韻》：「軳，負。」《肯綮録》：「以肩負物曰軳。」〇案，一作駝。《俗呼小録》：「凡取物，寧波曰駝。」

䖪《廣韻》：「䖪，支也。出《通俗文》。」《敬止録》：「支牀几不平曰䖪。」

敳《直語補證》：「敳，攱，起也。才盍切。出《新字林》。《廣韻》引之。即今以木支物字也。」

擣《字典》：「擣，舂也。或作搗。」《敬止録》：「舂穀曰擣。」

批《方言據》：「削竹木令鋭曰批。蒲結切。相如賦『批巖衝擁』，《莊子》『批大郤』，批逆鱗，皆作入聲。」

刷《直語補證》：「今婦人澤髮之具曰刷。稽康《養生論》：『勁刷理髮，醇醴發顔。』注：『《通俗文》：所以理髮謂之刷。』即此。」

𠄏《玉篇》：「𠄏，丁了切。懸物貌。」〇案，又作鳥。

打《敬止録》：「如打網、打繖、打酒等類，昔人曾言之。」

丢《俗呼小録》：「舍去曰丢。」《敬止録》：「抛物曰丢。」

卸　《札樸》：「解車馬曰卸。」

⿰多甬音勇　《方言》：「凡大而多謂之⿰多甬。」

儇　《敬止録》：「謂能事曰儇。《詩》：『子之儇兮。』亦作⿰豕系，呼關切。《集韻》：『⿰豕系，輕慧貌。』《漢臯詩話》：『⿰豕系，頑也。劉禹錫詩：杯前膽不⿰豕系。趙嘏詩：呑䶥酒膽⿰豕系。』」○案，俗謂喆慧者曰⿰豕系。

体　《集韻》：「部本切。性不慧也。」○案，亦作笨。《升庵外集》：「笨，粗率也。」《晉書》：「豫章太守史疇肥大，時人目爲笨伯。」《宋書·王微傳》亦有粗笨之語。

⿸亡夋　《直語補證》〔一〕：「今俗呼直戇者曰⿸亡夋。《説文》⿸亡夋，岡朖反，岡上聲。」〔二〕

綻　《敬止録》：「作事舛錯曰綻，言如衣之破綻也。」

望　《直語補證》：「俗以年未盈數曰望。《容齋五筆》『人生五計』一條有『年踰七望八』之語，宋人已然。」

採　《北齊書》：「更不採輕霄。」○案，俗作睬。《字彙補》：「偢睬，俗言也。詞家多用此字。」

頓　《漢志》注引干寶《搜神記》：「李伯武寄其子佗書云：『當以八月八日日中時，武陵城南溝水畔頓汝。』」○案，頓猶候也。吾鄉語正如此。

〔一〕補：原誤作「考」。

〔二〕岡：原脱，據《直語補證》補。

苗　《直語補證》：「苗，窺面相戲之聲，音若毛。　郭忠恕逢人無貴賤輒呼苗，東坡《郭忠恕畫像贊序》載之作猫，本《傳》及《談苑》並作貓。」

訣　《通雅》：「以言託人曰訣。」○案，吾鄉勸客飲食曰訣，亦作抉。《玉篇》：「抉，勸也。」

杏〔一〕　《直語補證》云：「《説文》：『音〔二〕，相與語唾而不受也。』即音字。」

嚇　《莊子》：「鴟得腐鼠，鵷鶵飛而過之。仰視曰：『嚇！』」注：「嚇音噋，怒而拒物聲。」○案，俗謂恐嚇人曰嚇，本此。嚇字《廣韻》兩收，笑聲，呼雅切；怒聲，呼格切。

串　《爾雅》：「串，習也。」○案，俗謂相習曰老串，本此。

咋　《管天筆記》：「《答客難》云〔三〕：『孤豚之咋虎。』〔四〕注：『仕各切。』余鄉謂罵人曰咋。」即此字。

饒　《説文》：「饒，飽也。」段玉裁曰：「饒者，甚飽之亯也。引以爲凡甚之稱。　漢謡曰：『今年尚可後年饒。』謂後年更甚也。近人索饒、討饒之語，皆謂已甚而求已也。」

該　《説文》：「該，軍中約也。」〔五〕段玉裁曰：「凡俗云當該者，皆本此。」《正字通》：「該，猶言

〔一〕杏：原誤作「否」。

〔二〕音：原誤作「否」，據《説文解字》改。

〔三〕答：原脱。

〔四〕孤豚：原誤作「狐貍」，據《答客難》改。

〔五〕中：原脱，據《説文解字》補。

宜也。凡事應如此曰該。」

靠　《通俗編》云：「《説文》靠訓相違，無依倚義。唐曹松『靠月坐蒼山』始以俗訓入詩。」〔一〕

折　《荀子》「良賈不爲折閲不市」注：「折，損也。」謂損所賣之物價也。○案，俗謂商賈虧本爲折。

找　《通雅》：「補不足曰找。」

備　《升庵外集》：「昔高歡立法，盜私物十備五，盜官物十備三。音賠。今作賠，音義同，而賠字俗，從備爲古。」

當　見《左傳》哀八年。

⿰亻對　《説文》：「⿰亻對，市也。」《廣韻》⿰亻對，都隊切。○案，互市必與人對，故从對人，俗讀若兑，因借用兑。

賖　見《周官・泉府職》。

賴　《左傳》：「鄭人貪賴其田。」○案，《暖姝由筆》：「今人誣罔指事者，爲事推無者，得物不認者，皆名爲賴。」老泉《謚法考・辨論》中有曰賴者，注謂「不諱前過爲賴」，即此字也。

斡　《漢書・食貨志》：「欲擅斡山海之貨。」○案，俗謂買物減直曰斡。

茷音伐　《説文》：「茷，草葉多。」○案，茷，伐去其草而復長也。吾鄉數事之次第曰一茷、兩茷。

〔一〕蒼：原誤作「春」。《通俗編》誤作「看」。據《全唐詩》改。

够《魏都賦》：「繁富夥够。」《廣韻》：「够，多也。」○案，俗謂多曰够，少曰不够。

⿰貝匽音偃《廣韻》：「⿰貝匽，物相當也。」○案，吾鄉謂兩物相交曰⿰貝匽。

秚音伴《集韻》：「秚，物相和也。」○案，俗作拌亦有本，唐張賁青《飿飯》詩：「應宜仙子胡麻拌。」

通《字典》：「凡物色潤者謂之通。《周禮・春官・司常》『通帛爲旃』注：『通帛，無他物之飾也。』」○案，俗有通紅、通白之語，本此。

歹《字彙》：「歹，多改切，好之反也。」《元典章》：「管匠造作，或好或歹。」

⿰扌首《集韻》七夜切，且去聲，「衺梧也」〔一〕。○案，俗以斜字代之。

⿰叕出音掘《方言》：「⿰叕出，短也。」

窔音鳥《楚辭・招魂》：「冬有窔廈。」○案，窔，屋深曲也。吾鄉謂屋之曲折曰灣窔。

閇音别《荀子》：「外闔而不閇。」○案，閇，閉之實也。吾鄉謂門緊閉曰閇。

⿱分石《蜀語》：「正屋曰⿱分石，音薦，俗作牮。」○案，《通雅》：「牮，撐屋使不欹。」〔二〕

⿰石刷《蜀語》：「砌石曰⿰石刷。」

划音華《廣韻》：「划，撥進船也。」《集韻》：「舟進竿謂之划。」《正字通》：「方音，讀若話，俗呼小船爲划子。」

〔一〕梧：原誤作「牾」，據《集韻》改。

〔二〕牮：原作「⿱分石」，據《通雅》改。

桯　《説文》：「桯，牀前横木也。」徐鍇曰：「今人謂之牀桯是也。」

材　《南史·謝晦傳》：「景仁肥壯，買材不合用。」○案，俗呼凶具曰材。

棚　《札樸》：「牀棧曰棚。」

卓　《元史》大定七年肆赦於應天門外，設卓子。《正字通》：「俗呼几案曰卓。」

倚　宋鹵簿有金倚。○案，俗作椅。

䑧　《廣韻》：「䑧，捍船木也。」

牽　《通雅》：「船上水曳牽，即牽字去聲。」〔一〕

錨　《通雅》：「船上鐵猫曰錨。」

艞　《正字通》：「舟泊岸，置長板船首與岸接，以通往來，俗呼艞板，讀苦跳。」

簟　《示兒編》：「牽船篾，内地謂之簟〔二〕，音彈。」《字彙補》：「簟，牽索。」見黄福《安南日記》。

淰女減切　《字典》：「農具。取水底淤泥曰淰。」

戽音虎　《廣韻》：「戽斗，舟中渫水器也。」〔三〕《敬止録》：「潑水曰戽。」

〔一〕去：原誤作「上」，據《通雅》改。

〔二〕簟：《示兒編》作「亶」。

〔三〕舟：原誤作「酒」，據《廣韻》改。

篔《南史・庾詵傳》：「遇火止出書數篔。」

楤《廣韻》：「楤，尖頭擔也。」○案，俗謂樵擔曰楤。

瓨《直語補證》：「瓨即缸，貯水器。《貨殖傳》：『醯醬千瓨。』」

筍　卯《直語補證》：「凡剡木相入，以盈入虛謂之筍，以虛受盈謂之卯。故俗有筍頭、卯眼之語。」

⿱須巾相俞切《越語肯綮録》：「髭鬚垂紒曰頭須。初疑爲蘇，即流蘇之蘇，指垂下者，後見《廣韻》⿱須巾字曰頭⿱須巾，即此字也。」

筳《說文》：「筳，維絲筦也。」○案，俗呼筳子。

⿺𠃊𢆶《集韻》：「⿺𠃊𢆶，悲萌切。」音綳。以木架編繒帛刺繡曰⿺𠃊𢆶。

⿱⺮⿺𠃊𢆶《廣韻》：「織具曰⿱⺮⿺𠃊𢆶。」○案，俗謂⿱⺮⿺𠃊𢆶門即此。

襻《玉篇》襻，普患切。《類篇》：「衣系曰襻。」

鋬《五音集韻》鋬，普患切，音襻，器系。

褓《儂雅》：「小兒被爲褓，如俗呼褓裙、褓被是也。」○案，俗讀裙如巨。

箢《札樸》：「袜肚曰箢。」

栝音忝《說文》：「栝，炊竈木也。」○案，亦作掭。《肯綮録》：「掭，火杖也。」《容齋五筆》：「挑剔燈火之杖曰掭。」

麇《札樸》：「束縛曰麇。邱隕切。」

鍱《札樸》：「薄金曰鍱。」

鈿音殿 吴均《和蕭子顯古意》：「蓮花銜青雀，寶粟鈿金蟲。」○案，鈿，襯物也，今襯鈿字宜用此，俗用墊字。

煤《札樸》：「擊石取火曰煤。」

醡音詐 《廣韻》：「醡，壓酒具也。」蘇舜卿有「夜聞醡酒聲」詩。

鑞《爾雅》「錫謂之鈏」注：「白鑞。」字或作鑴。○案，俗謂錫爲鑞。

黰《廣韻》：「藍黰，染者也。」○案，俗作靛。

𥻦《廣韻》：「𥻦，米穀雜也。」《類篇》：「𥻦，米未舂也。」與糙同。

餕《玉篇》：「飯壞也。」與餿同。○案，俗謂餿氣本此。

齴《重論文齋筆録》：「味出口曰齴，音軒，與羶異義。羶者，氣觸鼻也。或混而一之，讀齴如羶，非也。」

醭《玉篇》：「醭，匹卜切。醋生白。」白居易詩：「酒甕全生醭。」《楊公筆録》：「物壞生青白衣，謂之醭。」

餑《知新録》：「《茶經》云：凡酌茶置諸盌，令沫餑均。沫餑，湯之華也。華之薄者曰沫，厚者曰餑。」

醲《通雅》：「酒厚曰醲。」

腈音精《集韻》：「腈，肉之粹者。」○案，俗謂肉之無脂者曰腈。

鮏《肯綮録》：「魚臭曰鮏。」

蕻《敬止録》：「春菜心曰蕻，胡貢切。梅堯臣詩：『獨有一叢盤嫩蕻。』」

醉《小信天巢詩》注：「以酒漬物曰醉。」

鹽《禮・内則》：「屑桂與薑，以灑諸上而鹽之。」鹽作去聲。○案，俗謂以鹽醃物曰鹽。

腌《札樸》：「鹽藏魚菜曰腌。」

煺《廣韻》：「煺，他回切，煺燖毛。出《字林》。」《越語肯綮録》：「以湯去鷄鶩毛曰煺。」

燂《玉篇》燂，似廉、似林二切，灰爛也，火熱也。《敬止録》：「以火爁物曰燂。《禮》云『燂湯』是也。」

煠《一切經音義》：「江東謂瀹爲煠。」《敬止録》：「煮物曰煠，音閘。」

湅《蜀語》：「煮熟曰湅，音練。」

㸃《札樸》：「火乾曰㸃。」

汏《説文》：「淅，汏米也。」

稠《説文》：「溺，多汁也。」段玉裁曰：「《淮南子・原道訓》注：「饘粥多瀋者曰溺。」今江蘇俗語謂之稠。」

澳《湛園札記》：「《石崇傳》『以飴澳釜』，音奥。胡氏注：『明、台人謂以水沃釜曰澳。』」

余鄉亦至今猶然。」

滮音泡 《集韻》：「滮，漬也。」○案，今用泡字。《清波雜志》宋高宗有温湯泡飯事。

潷 《通雅》：「去滓曰潷，音泌。」

寫 《湛園札記》：「御食於君所，器之溉者不寫，其餘皆寫。注：寫者，傳己器中乃食之也。」吾鄉俗以斟酒爲寫酒，蓋亦有所本云。

盪 《義府》：「水湯讀爲盪，謂以水滌器。」

瀝 《蜀語》：「漉去水曰瀝。」

渧音帝 《埤蒼》：「渧，渌漉。一曰滴水。」○案，俗謂餘瀝曰渧。

迮音詐 《齊民要術》：「平板石上迮去水。」○案，俗謂壓物去水曰迮。

烊 《廣韻》：「烊，消烊。出陸善經《字林》。」○案，俗謂鎔化金鐵曰烊。又通作洋，見《釋名》。

煻 《吴下方言考》：「以泥粉鑪曰煻。」○案，煻字出《齊民要術》。

黴 《敬止録》：「物久而青黑曰黴，音眉。《淮南子》曰：『堯瘦臞〔一〕，舜黴黑。』」

蔫音煙 《廣韻》：「蔫，物不鮮也。」《楚詞》：「蔫而無色兮。」○案，又作黫。《玉篇》：「黫，黑也。」宋沈遼詩：「冠帶不修衣袂黫。」

〔一〕 瘦：原誤作「瘐」，據《淮南子》改。

霏普惡反　《直語補證》：「俗以物著濕雹凹隆起謂之霏。《説文注》：『皮革得雨，霏然起也。』」

暍　《説文》：「暍，傷暑也。」○案，俗謂物之鬱蒸者曰暍，聲如遏，本此。

殕音撫　《博雅》：「殕，敗也，腐也。」《集韻》：「物敗生白曰殕。」

紕　《直語補證》：「繒欲壞爲紕，匹夷切，見《廣韻》。又物之薄者曰紕薄，讀上聲，見唐徐夤詩題中語。」

靸　《玉篇》：「靸，先盍切，履也。」《西湖游覽志餘》：「杭州市人諱低物曰靸，以其足下物也。」聲如吸。

癟　《説文》：「秕不成粟也。」段玉裁曰：「今俗評穀之不充者曰癟〔一〕，補結切，即秕之俗音俗字也。」《敬止録》：「不飽曰癟。」

鏽　《集韻》：「鏽，鐵生衣也。」本作鏥。

韌　《肯綮録》：「軟物而不斷曰韌，音刃。」○案，俗讀作銀上聲。

溦　《札樸》：「物傷濕曰溦，音媒。」

膉　《直語補證》云：「《廣韻》：『膉，臭貌。』今俗曰膉凍臭。」

〔一〕評：原誤作「評」。

餬　見《左傳》。○案，今人以薄鬻塗物謂之餬，俗作糊。

背　陸游詩：「自背南唐落墨花。」又《輟耕録》載褾背十三科，俗作褙。

油　蔡襄《茶録》：「佳茶多以珍膏油其面。」自注：「油，去聲。」

釘　《官韻考異》：「釘，鍊金爲餅，平聲。以釘釘物也，去聲。」

靪　《説文》：「靪，補履下也。」段玉裁曰：「今俗謂補綴曰打補靪，當作此字。」

韗音虧　《周禮·鮑人》：「卷而搏之，欲其無迤也。」注：「革不韗。」○案，韗帽、韗鼓皆謂之韗，硝皮亦曰韗皮。

鞔　《蜀語》：「皮冒鼓曰鞔，音瞞。《吕氏春秋》：『宋子罕之鄰爲鞔工。』」

繻　《肯綮録》：「縫衣曰繻。」○案，俗謂縫被曰繻被。

裰　《直語補證》：「裰，丁括切，補裰破衣也。亦見《廣韻》。今俗音讀若篤。」

袡　《札樸》：「衣加皮裏曰袡。」〔一〕

衮　《通雅》云：「《儀禮》注：『純，緣也。』純音衮，猶今言衮邊。」

斠　《説文》：「斠，平斗斛也。」古岳切。○案，今人持方木尺平量斗斛曰斗斠。斠呼爲割。

砑　《蜀語》：「碾物使光曰砑。」

〔一〕裏：原誤作「裹」。

鏟 《蜀語》：「削平曰鏟。」

鉋薄交切，音庖 《玉篇》：「鉋，平木器。」《正字通》：「鉋，鐵刃，狀如鏟，銜木匣中不令轉動，木匣有孔，旁兩小柄，以手反覆推之，用捷於鏟，方音讀若袍。」元微之詩：「方椽郢匠鉋。」

鐴 《字典》：「鐴，蒲計切，治刀使利。」○案，俗謂以刀磨瓦盆或皮上曰鐴。

夯 《字彙》：「夯，呼講切，人用力以肩舉物。」〔一〕

篐 《廣韻》：「以篾束物謂之篐。古胡切。」

羼 《顏氏家訓》：「典籍錯亂，皆因後人所羼。」○案，羼，雜和也。俗謂以假雜真曰羼。

釬 《說文》：「釬，臂鎧也。」一曰固金鐵藥。《廣韻》：「釬，金銀令相著。」○案，本作汗。《漢書·西域傳》顏師古注：「胡桐，亦似桐，其沫可汗金銀。」

囥口浪切 《集韻》：「囥，藏也。」《敬止録》：「藏物曰囥。」亦作康，《蜀語》：「蓋曰康，音漮。」

窨 《說文》：「窨，地室也。」段玉裁曰：「今俗語以酒水等埋藏地下曰窨，讀陰去聲。」

盦音曷 《說文》：「盦，覆蓋也。」

纏去聲 《方言據》：「用絲麻之類繞物謂之纏。」

〔一〕 肩：原誤作「堅」，據《字彙》改。

綳補盲切　《墨子・尚同》篇：「禹葬會稽，桐棺三寸，葛以綳束也。」〔一〕《説文》：「綳，束也。」○案，亦作瓨。《俗書刊誤》：「虛張曰瓨。」

紮　《類篇》：「紮，纏束也。」

頓　《荀子》：「若挈裘領，詘五指而頓之。」○案，吾鄉謂提衣領而抖直之曰頓。

膏去聲　《韻會》：「膏，潤也。以脂膏潤物曰膏。《詩》：『羔裘如膏。』『陰雨膏之。』」

竵　《説文》：「竵，不正也。」段玉裁曰：「俗字作歪。」

𩫖　《蜀語》：「不平曰𩫖，音竅。」

弓　《淮南子・説林訓》：「蓋非弓不能蔽日。」○案，弓謂隆起如弓也。俗謂物之中央高起者曰弓。

砯　《韻會》：「砯，音砰，水擊出巖聲。」○案，《正字通》云：「韓愈詩『瓿甊輾砯砰』，《韻會》合砯砰爲一，非。」

氽　《敬止録》：「水推物曰氽，音吞上聲。」○案，氽字見《桂海虞衡志》。

硶　《蜀語》：「石墮水曰硶。」

澾　《廣韻》：「澾，他達切，泥滑。」

𤃬　《越語肯綮録》：「越鄉以物浮水曰𤃬，音探。」

〔一〕葛以綳束也：原脱，據《墨子》補。

㓸《廣韻》：「㓸，呼麥切，破聲。」

逢音蓬《集韻》：「逢，鼓聲也。」《詩·大雅》：「鼉鼓逢逢。」

㱿音彤《博雅》：「㱿，鼓聲也。」《説文》：「擊空聲。」

绛《札樸》：「弦聲曰绛。」

䛒音𠩺《五音集韻》[一]：「䛒，按物聲，或省作㪻。」

䦧音蹋《韓詩外傳》：「䦧然投鐮於地。」○案，䦧通作堵，亦物墮聲。

閉音㓸《玉篇》：「閉，門聲。」《集韻》：「開也。」

花 邑人稱木棉花止稱花者，猶洛陽之牡丹也。

腦《直語補證》：「俗言花葉初發爲腦，亦曰腦頭。參寥《次東坡黄耳蕈》詩：『葵心菊腦厭甘涼。』」

蘮《廣韻》：「蘮，蘆蘮。」○案，俗謂蘆席爲盧蘮。

䊢於杏切《爾雅翼》：「吴人謂犢曰䊢。」《敬止録》作㹙。

騲 牯《敬止録》：「畜之牝者曰騲，音草。牛之牡者曰牯。」

㑃《札樸》：「馬不馴曰㑃。」

[一] 五音：原脱。

㲈　《吴下方言考》云：「《玉篇》：『㲈，伏行也。』吴中策馬牛類使行曰㲈。」

屬　呼犬聲，見《公羊傳》宣六年「呼獒而屬之」疏。今呼犬謂之屬，義出於此。

桊音眷　《説文》：「桊，牛鼻上環。」《廣韻》：「桊，牛拘也。」《蓬島樵歌注》：「俗稱牛鼻鈕曰桊。」

豱音掘　《玉篇》：「豱，豕食發土也。」

獶音鑽　《説文》：「獶，犬容頭進也。」〇案，今謂私營求者曰獶。狗洞俗作鑽。

虹　俗謂虹橋曰絳橋。《魏志》汝陰郡十縣有虹縣，虹音絳。〇案，《一切經音義》天弓即天虹，俗云絳。

日讀如蘗　王嗣奭《六十日謡》：「立夏種，立秋割。野月已三圓，奚名六十日。」自注：「日叶蘗，俗音。」

晚讀如漫上聲　《養新録》：「古音晚重脣，今吴音猶然。《説文》：『晚，莫也。』《詩》毛傳：『莫，晚也。』聲、晚聲相近。」

胖讀普旺切　錢大昕《與段若膺書》：「今人讀胖爲普旺切。」

望讀如茫上聲　《養新録》：「古讀望如茫，《釋名》：『望，茫也，遠視茫茫也。』」〇案，俗謂訪親友曰望。

作　《續明道雜編》：「韓退之作《方橋》詩云『可居兼可過』，後乃云『方橋如此作』，是讀作如做也。」

三讀如薩　《北史·李興業傳》：「薩四十家。」

大讀如唾　《韻會》：「大，猛也。甚也。」《禮記》「童子不衣裘裳」注：鄭康成「爲大温也」，陸德明音泰，徐邈音唾。

太　吾鄉謂太如忒，如忒長、忒短之類。漢太末縣音獺，是太有獺音也。

無讀如謨　《南唐書》：「越人謨信，未可速攻。」注：「謨信，無信也。閩人語音。」○案，吾鄉亦有此音。

退　《正字通》：「退，吐困切，與褪同。」王建詩：「粉光深紫膩，肉色退嬌紅。」

鬼讀如舉，歸讀如居，跪讀如巨，逵讀如瞿，緯讀如喻，虧讀如去平聲，椅讀於據切，《養新録》「吴中方言」云云。○案，鄞俗亦然。

帆讀爲篷　《音學辨微》：「風帆之帆，今呼爲篷，並奉轉也。」

蓋　《養新録》：「吴中方言蓋讀蓋如敢。」○案，吾鄉呼鑊蓋爲鑊敢。

褥讀如衲　《通俗編》云：「《廣韻》褥音内沃切者，初疑内字必肉字之訛，及觀其注曰『小兒衣』，始知果内字也。内沃切褥，即俗呼小兒藉者。」

丸讀如圓　方書丸多作圓。

鳥讀如弔　《詩》「蔦與女蘿」釋文：「蔦，《説文》音弔。」《廣韻》鳥，都了切。是鳥有弔音也。

伏《管天筆記》：「鳥抱卵曰伏，扶富切。鷄不能伏鵠卵，雄飛鳴伏，皆從此音。」

驢讀如閭 《周書・王會》篇有閭字，江永曰：「閭即今之驢也。」〇案，俗呼驢爲閭，猶古音矣。

猫《宋景文筆記》：「迎猫爲食田鼠。讀《禮》者不曰猫音茅，而曰猫音苗，避俗也。」案此知呼猫爲茅，由來久矣。

蝗 陸游《杜門》詩：「燒灰除菜蝗。」自注：「讀如横字去聲。」案，俗謂蝗蟲曰横蟲。

蚊《養新録》：「蚊古讀如門。《水經注・漢水》篇文水即門水也，今人呼蚊爲門。」

荷讀如夥去聲 陸放翁《題畫薄荷》詩：「薄荷花開蝶翅翻。」劉後村《失猫》詩：「籬開薄荷堪謀醉。」

日腳《才調集》無名氏《夏》詩：「彤彤日腳燒火升。」

月亮 李益詩：「庭木已衰空月亮。」

雪眼《紹與壬午龍飛録》：「越人以天欲雪而日光穿漏爲雪眼。」

停澤音鐸《蓬島樵歌注》：「《楚詞》云：『霜雪兮漼溰，冰凍兮洛澤。』今呼簷冰爲停澤，蓋洛澤之語轉。」〇案，鄞俗呼澤如唐。

温暾 王建《宫詞》：「新晴草色暖温暾。」〇案，亦作温黁，見皮日休《詠金瀨鵜》詩。

當年當去聲《韓詩外傳》：「先生者，當年霸。」

開年 庾信《行雨山銘》：「開年寒盡，正月游春。」

月邊　《直語補證》：「《公羊傳》：『是月者何？僅逮是月也。』注：『是，月邊也，魯人語。』月之幾於盡也。今俗猶有初十邊、二十邊、月盡邊之說。」

月半　《儀禮·士喪禮》：「月半不殷奠。」

日著　賈誼《新書》：「日著以請之。」〔一〕○案，日著者，每日如此也。俗謂論日計事曰日著，讀如逐。

日子　《敬止録》：「鄞人謂擇吉日爲揀日子，出《文選》陳琳《檄吳將校部曲文》『年月朔日子』〔二〕，注：『發檄時也。』然則日子，日時也。」○案，《隋書》袁充《表》云：「歲月日子，還共誕聖之時。」

連日　《後漢·王符傳》：「或連日累月，更相瞻視。」

開春　《楚詞》：「開春發歲風。」

疰夏　《元池説林》：「立夏日，取李汁和酒飲之曰駐色酒，曰令不疰夏。」○案，《博雅》疰音注，病也。

地方　《晉書·孝懷帝紀》：「蒲子地方馬生人。」

地頭　《唐書·食貨志》大歷元年有地頭錢，每畝二十。

當方　見《周官·大行人職》。

甕城　《五代史·朱珍傳》：「率兵叩鄆城門，已入甕城。」

〔一〕請：原誤作「著」，據《新書》改。

〔二〕陳琳：原誤作「曹公」。

水口　郭璞《方言注》：「汭，水口也。」

馬頭　《程途一覽》：「臨清爲天下水馬頭，南宫爲旱馬頭。」

步頭　《知新録》：「步頭，凡泊舟之所皆是。　昌黎《羅池廟碑》云：『步有新船。』柳子厚《鐵鑪步志》曰：『江之滸，凡舟可縻而上下曰步。』」○案，俗作埠頭。

羊溝　《御覽》引《莊子》：「羊溝之鷄。」○案，今本《莊子》無之。

屋山　韓愈《見盧仝》詩：「每騎屋山下窺瞰。」

頂公　《直語補證》：「頂公，俗語謂屋也，見明《吴忠節公年譜》。」

孝堂　《直語補證》：「喪家所懸素幙曰孝堂，殊無義。　案，《御覽》引《齊地記》曰：『巫山一名孝堂山，山上有石室，俗傳云郭巨葬母之所，因名焉。』今幕爲堂中之具，遂以爲名耳。」

煙囱　《越語肯綮録》：「越人呼竈突曰煙窗，讀作囱。」

埲塵　《越語肯綮録》：「埲塵曰埄塵，讀作蓬。」

混堂　案二字見《菽園雜記》「温泉」一條。

科座　《俗呼小録》：「所居謂之科座。」

篇子　《廣韻》：「竹障也。」

眠牀　《南史・魚宏傳》：「有眠牀一張，皆蹙柏。」

外公　外婁　《蜀語》：「母之父母曰外公、外婁。」

舅公　《湛園札記》：「郭況族姊爲皇祖考夫人，謁見光武。光武喜曰：『乃今得大舅乎。』」大舅，今稱舅公。

伯婆　叔婆　慶元六年龔大雅《義井題記》具列高曾祖、翁婆及伯翁[一]、叔翁、伯婆、叔婆、亡男、亡弟、媳婦、外翁、外婆、丈人、丈母諸名氏，知今之俗稱自宋已然。

丈人　《三國志》：「獻帝舅車騎將軍董承。」裴松之注：「古無丈人之名，故謂之舅。」○案，此則南北朝已稱丈人矣。俗稱丈人爲泰山，《酉陽雜俎》：「泰山有丈人峯，故丈人謂之泰山。」

丈母　柳宗元《祭獨孤氏丈母》，韓滉稱元佐母爲丈母，皆婦人長老之通稱。《顔氏家訓·風操》篇：「中外丈人之婦，猥俗呼爲丈母。」此今之表伯叔母也。後人以妻父爲丈人，隨以妻母爲丈母。

舅母　《集韻》：「俗謂舅母曰妗。」○案，《明道雜志》：「妗乃舅母二合也。」

妯娌　《廣雅》：「妯娌、娣姒，先後也。」

大伯　小叔　大姑　小姑　《知新録》：「夫之兄爲兄公，今稱大伯；夫之弟爲叔，今稱小叔；夫之姊爲女公，今稱大姑；夫之女弟爲女妹，今稱小姑。唐詩有『先遣小姑嘗』之語。」

家口　《南史·張敬兒傳》：「家口悉下至都。」

[一]「翁」上原衍「爲」字。

寶寶　《留青日札》：「今人愛惜其子，每呼曰寶寶。」

家屬　《史記·盧綰傳》：「燕王詐論他人，以脱張勝家屬。」

親家　《韻會》：「世俗謂姻家爲親家，七刃切。」○案，盧綸作《王駙馬花燭》詩，正作去聲。《隋書·李渾傳》有親家公之稱，俗語本此。

親眷　鮑照詩：「復與親眷違。」

連襟　《嬾真子》：「友壻，江北人呼連袂，亦呼連襟。」

半子　劉禹錫《祭陽庶子文》：「乃命長嗣爲君半子。」

孤孀　《玉篇》：「寡婦也。」

女客　《玄怪録》：「邀召女客。」

老娘　婆娘　《輟耕録》：「娘字，俗書也，古無之，當作孃，今乃通爲婦女之稱。謂穩婆曰老娘，娼婦曰花娘，謂婦人之卑賤者曰某娘、曰幾娘，鄙之曰婆娘。」《敬止録》：「駡婦人爲婆娘。」

貼身　《直語補證》：「俗謂左右媵妾曰貼身，見宋莊綽《鷄肋編》。」

偏房　《列女傳》：「晉趙衰妻頌曰：『身雖尊貴，不妒偏房。』」

大房　小房　《舊五代史·李專美傳》：「專美本出姑臧大房，與清河小房崔氏、北祖第二房盧氏、昭國鄭氏爲四望族。」

等輩　《説文》：「儕，等輩也。」○案，俗謂同輩曰等輩。

相公　《直語補證》云：「《舊五代史・末帝紀》：『大相公，吾主也。』俗稱士人年少者曰相公。」

官人　《昌黎集・王適墓志銘》：「一女憐之，必嫁官人。」

夥計　揚子《方言》：「凡物盛而多，齊宋之問謂之夥。」今鄞俗亦謂多曰夥，故謂同本合謀曰夥計。

小的　《吴越備史》：「錢俶入朝，宋以入内小底迎勞，凡三見。」俗語供役使者自稱小的，底、的一聲之轉。

奴才　《敬止録》：「郭子儀禁無故走馬〔一〕，犯者死。南陽夫人乳母子犯禁，都虞侯杖殺之。諸子泣訴公，叱遣之。明日語客，曰：『不賞父之都虞侯，而惜母之阿嬭兒，非奴才而何？』」

手下　《吴志・太史慈傳》注引《江表傳》曰：「先君手下兵數千餘人，盡在公路許。」

木作　《方言》：「杼、柚，作也。東齊土作謂之杼，木作謂之柚。」

司務　《敬止録》：「凡工作人皆謂司務，如篦頭爲待詔之類，其徒則呼爲司父，非司務也。」

〔一〕　馬：原脱，據《敬止録》補。

駕長　《敬止録》：「呼操舟爲家長，蓋駕長也。」

好漢　《舊唐書·狄仁傑傳》：「則天問仁傑曰：『朕要一好漢任使，有乎？』」

廢物　《吴越春秋》：「不能報仇，畢爲廢物。」

敗子　《史記·李斯傳》：「韓子曰『慈母有敗子，而嚴家無格虜』者何也？則能罰之加焉必也。」○案，亦作稗子，佛藏《寶積經》説僧之無行者如麥田中生稗子。周孟昉云：「俗謂不肖子曰敗子，當作稗子。」

下流　見《論語》。

下足　《直語補證》：「下足，微賤之稱。《傳燈録》：『黄糱云：舉足即佛，下足即衆生。』」

無賴　《史記·高祖紀》：「大人常以臣無賴。」

笨人　《抱朴子·行品》篇：「闇趨舍之臧否者，笨人也。」

男風　争風　《直語補證》：「《書》『馬牛其風』賈逵云：『風，放也。牝牡相誘謂之風。』今俗以男色爲男風。以兩人狎昵一人至於相争爲争風，本此。」

瘦馬　白居易《有感》詩：「莫養瘦馬駒，莫教小妓女。」○案，俗謂養小女者爲養瘦馬，本此。

私科　《容齋俗考》：「鷄雉所乳曰窠，即科也。《晏子春秋》：『殺科雉者〔一〕，不出三月。』私科，蓋言官妓出科，私妓不出科，如乳雉也。」○案，俗謂私妓曰私科子。

〔一〕雉：原脱，據《晏子春秋》補。

䏝子 《直語補證》：「䏝子，倡伎之稱，見《輟耕録》『醋鉢兒』一條，字書䏝同臕，肥澤之意，無仄聲，古人借作俗字，不妨據之。」○案，一作婊，《字典》云：「俗呼娼家爲婊。」又作表子，對内子而言，即外室也。

雜種 《投甕隨筆》：「今人詈人之桀猾不循理者曰雜種。《晉書·前燕載記》贊曰：『蠢兹雜種，奔世彌昌。』」

衆生 《直語補證》：「俗駡人曰衆生。衆音中，以畜呼之也。《翻譯名義集》云《漢書》中衆生去呼〔一〕，釋氏相承平呼。其實衆音終，古音也。《春秋傳》『衆父卒』釋文亦音終。」

賊牛 《管天筆記》：「吴人駡人曰傖，今訛爲賊牛。」○案，《俗呼小録》：「詬駡農甿之稱曰牛。」

眼茸〔二〕 《敬止録》：「眼光曰眼茸。韓偓詩：『四肢嬌入茸茸眼。』其證也。」

宣髮 《湛園札記》：「『車人之事，半矩謂之宣。』注：『頭髮皓落曰宣。』《易·巽》：『爲宣髮。』人頭髮早白謂之算髮，即宣髮之訛也。」

烏嚨 《敬止録》：「喉曰烏嚨。《爾雅》：『亢烏嚨。』則非不典矣。」○案，亦曰胡嚨。《漢書·息夫躬傳》注：「咽，喉嚨。」即今人言胡嚨耳。

下杷 《直語補證》：「兜不上下頦，俗謂人喜過甚者，見《齊東野語》。頦，本音孩，今俗説

〔一〕 譯：原作「繹」。

〔二〕 茸：原誤作「葺」，下同，據韓偓《春奩集》改。

下杷。」

虎牙　《說文》：「猗，虎牙也。」段玉裁曰：「今俗謂門齒外出爲虎牙，古語也。」

背脊　見《廣韻》脊字注。

肩甲　《說文》：「髆，肩甲也。」段玉裁曰：「單呼曰肩，絫呼曰肩甲。《靈樞經》作肩胛。」

寒毛　劉言史《觀繩技》詩：「閃然欲落卻收得，萬人肉上寒毛生。」〔一〕謂凜然而毛髮爲之寒豎也〔二〕。○案，俗謂人身毫毛曰寒毛。

癈子　《通雅》：「《素問》曰：『汗出見濕，乃生痤癈。』今俗通以觸熱膚生細疹曰癈子。」

⿸疒高⿸疒老　《集韻》：「⿸疒高⿸疒老，疥病。」《蜀語》：「疥瘡曰⿸疒高⿸疒老，音杲老，土音作格澇。」

凍瘃　《越語肯綮録》：「凍瘡曰凍瘃。即《漢書·趙充國傳》所稱『手足皸瘃』者。」

寒禁　《札樸》：「顫曰寒凚。」

草病　《敬止録》：「瘧曰草病。」自注：「范成大《桂海虞衡志》謂寒熱時疫曰草子。」○案，今曰草毛病。

脱形　《説文》：「脱，消肉臞也。」段玉裁曰：「消肉之臞，臞之甚者也。今俗謂瘦太甚者曰脱形。」

〔一〕寒毛生：原作「生寒毛」，據《全唐詩》改。

〔二〕爲：原誤作「謂」。

土氣　《敬止録》：「土气，鄞人所最避者。《後漢書》：『安帝時，皇太子驚病不安，避幸乳母野王君王聖舍。太子廚監邴吉以爲聖舍新繕修，犯土禁，不可久御。』此土氣之説也。」

圓硬　《敬止録》：「强有力曰圓硬，又曰硬偪。圓，音責；偪，箏上聲。《集韻》：『海岱謂勇悍曰偪。』」

曉皺　《敬止録》：「貌不颺曰曉皺。曉音歐。」

躼軁　《敬止録》：「身長曰躼軁。」

嚌嗗　《敬止録》：「詬誶之聲曰嚌嗗。」

阿唻　《敬止録》：「訝聲曰阿唻，音遏奈。」

阿呀　《敬止録》：「阿呀，驚也。」

阿欶　《敬止録》：「欶，余六切，痛聲也。」

打呃　《敬止録》：「氣不順曰打呃。呃一作嗌。揚子《方言》：『嗌，噎也。』」

媌條　《客座贅語》：「南都言人物之長曰媌條。」

有身　見《詩·大雅》。

小産　《説文義證》云：「《集韻》：『姅，褢子傷也。』今謂之小産。」

盪口　《説文》：「漱，盪口也。」

豁拳　《六研齋筆記》：「俗以手指屈伸相搏謂之豁拳。」

出恭　《直語補證》：「今人謂如廁曰出恭，殊不可解。案，《劉安別傳》：『安既上天，坐起不恭。仙伯主者奏安不敬，謫守都廁三年。』或本此。」

小便　《説文》：「屎，人小便也。」

黑飯　《升庵外集》：「杜詩：『豈無青精飯，使我顔色好。』青精，一名南天燭，又曰黑飯草，以其可染黑物也。」

飯乾　見《釋名·飲食》篇。

飯黏　《晉書·殷仲堪傳》：「飯黏落席間，輒拾以噉。」《敬止録》謂飯之狼籍者曰飯黏。

酒孃　酒腳　《大隱翁酒經》：「酴，酒母也。今人謂之腳飯，故又曰腳也。」

洮米〔一〕　《爾雅》：「溞溞也。」〔二〕注：「洮米聲。」○案，杜詩從俗作淘。

過飯　《齊民要術》：「鯉魚脯過飯下酒，極是珍美。」

下飯　《過庭録》：「惟飢可下飯耳。」《敬止録》：「殽饌曰下飯。」

迴殘　《直語補證》：「物之賸餘曰迴殘。唐天寶間修造紫陽觀敕牒有迴殘錢若干貫、迴殘銀若干兩之文，見元劉大彬《茅山志》。」

湯酒　《山海經》華山首説祠祀禮云「湯其酒百壺」，郭注：「湯或作温。」翟灝《通俗編》

〔一〕洮：原作「誂」，據《爾雅》改，下同。

〔二〕溞溞：原作「謠謠」，據《爾雅》改。

曰：「湯讀去聲，與《禮・月令》『如以熱湯』之湯同音。湯酒，即温酒也。宋人加皿。《擬老饕賦》有『盪三杯之卯酒』，其實爲贅。」○案，《古今韻會》：「湯，他浪切，熱水灼也。」

滚湯　《説文》：「涫，瀥也。」段玉裁曰：「《春秋繁露》：『燔以涫湯。』」〔一〕俗呼滚湯，一聲之轉。

喫酒　《溪上遺聞》：「喫酒，吾鄉土語也，乃少陵《送李校書》詩『對酒不能喫』，以飲酒爲喫酒，亦自典。」

發酵　《玉篇》酵，古孝切，酒酵。《齊書》：「永明九年正月〔二〕，詔太廟四時祭薦宣皇帝，起麪餅。」注：「發酵也。」《敬止録》以酒母起麪曰發酵。

中飯　《魏志・王脩傳》注引《魏略》云：「未嘗不長夜起坐，中飯釋餐。」

點心　《野客叢書》：「世俗例以早晨小食曰點心。」○案，《俗呼小録》：「午前、午後小食謂上晝點心、下晝點心。」唐鄭傪爲江淮留後〔三〕，夫人曰「爾且點心」，則唐時已然。

茶食　《大金國志》：「金人舊俗，壻納幣，戚屬偕行，以酒饌往，次進蜜糕，人各一盤，曰茶食。」

〔一〕燔：原誤作「潘」，據《説文解字注》改。
〔二〕九：原誤作「元」，據《南齊書》改。
〔三〕傪：原誤作「慘」。

饅頭　見《廣韻》饅字注。

壽桃　《正字通》：「麪食之長曰繭，斜曰桃。」施於生辰故曰壽桃。

餛飩　見《廣韻》餛字注。

包子　《直語補證》：「包子俗稱饅頭，見《黄山谷外集》。」

臑頭　《蜀語》：「豕項間肉曰臑頭，臑音曹。」

滋味　見《禮·月令》。

開葷　《表異録》：「東昏侯喪潘妃女，閹豎營肴羞，曰爲天子解菜，猶今云開葷也。」

量洪　《南史》：「梁元帝徐妃性嗜酒，多洪醉。」〇案，吾鄉謂酒量大曰量洪，本此。

禮物　見《書·微子之命》。

席面　《容齋五筆》：「今公私宴會，稱與主人對席者曰席面，言爲客特設之席也。」《嬾真子》云：「古席面謂之客，列座謂之旅。席面，言爲一座所尊也。」〇案，俗鄉有「不見席面」之諺。

鹼水鹼，古斬切，音減　《正字通》：「俗以竈灰淋汁曰鹼水，去垢穢。」

轉肘　《敬止録》：「户樞曰轉肘。」

門臼　《敬止録》：「户牝曰門臼。」

單被　《禮·喪大記》「布紟」皇氏疏：「單被也。」

被囊　見《唐語林》。

被頭　《喪大記》注："紞以組類爲之，綴之領側。"孔疏曰："領爲被頭，側爲被旁。"

小衣　《急就篇》："布毋縛下。"王應麟補注云："小衣也，猶犢鼻耳。"

衦𧙍　《玉篇》："衦𧙍〔一〕，小袴也。"○案，吾鄉借爲繫身帶曰衦𧙍。

背搭　《敬止録》："無袖衣曰背搭。古謂之背子，又謂之搭護，故合言之爲背搭。"○案，一作背荅。《河南通志》："短衫謂之背荅。"

襤褸　《肯綮録》："衣敝曰襤褸。"

了鳥　《玉篇》："𧙁，丁了切，短衣也。"《吴下方言考》："了鳥，短也，音弔。"董尋《疏》："衣冠了鳥。"

首飾　劉熙《釋名》有《首飾》篇。

頭面　《乾淳起居注》："太上太后幸聚景園，皇后先到宫中起居，入幕次，换頭面。"《俗呼小録》："首飾曰頭面。"

包頭　《直語補證》："宋釋惠洪贈尼昧上人詩：『不著包頭絹，能披壞墨衣。』"

頭巾　見《廣韻》幞字注。

枕頭　見《廣韻》枕字注。

手巾　《古詩爲焦仲卿妻作》："手巾掩口啼。"

〔一〕衦𧙍：《玉篇》作"𧙍衦"，訓"小袴也"，非"繫身帶"義。

靸鞋　《輟耕録》：「浙人以草爲履而無跟，名曰靸鞋，婦女非纏足者通曳之。」

腳手　《俗呼小録》：「鞋韈曰腳手。」

韈船　《直語補證》：「今人稱韈下緣曰船。杜詩：『天子呼來不上船。』一云船，領緣也。施之於韈，形更近似。」

襪肩　襪角　揚子《方言》：「繞緍謂之襪裺。」郭注：「衣督脊也。」○案，俗語有襪肩、襪角，皆當作襪。

帵子　《通雅》：「裁衣餘帛曰帵子。」帵，吾鄉讀如彎。

挑花　秦韜玉詩：「挑花日日出新奇。」

楥頭　《通雅》：「《説文》：『楥，履法也。』鞋工木胎爲楥頭。」○案，楥亦作楦。

絨黹　《方言據》：「刺繡曰絨黹。」

粗絛　《元典章》選絲事理有「夏季段疋，不堪粗絛」之語。

沙羅　《甕牖閒評》：「鈔鑼，字書云：鈔，素何切；鑼，與羅同音。當唤爲沙羅也。而今人竟用作沙羅者，姑取其一邊耳。」〔一〕○案，《廣韻》：「鈔鑼，銅器。鈔，素何切。」《敬止録》：「洗面盆曰沙羅。」

〔一〕　鈔：原誤作「鈔」。素：原誤作「泰」。用作：原誤作「唤爲」。據《甕牖閒評》改。

珓杯　《甕牖閒評》：「今人皆言珓杯，古人謂之杯珓。韓退之詩云：『手持杯珓導我擲，云此最吉難爲同。』又《集韻》云：『杯珓，巫以爲吉凶器者。』《唐韻》云：『杯珓，古者以玉爲之。』皆作杯珓也。」

筅帚　《廣韻》：「筅，蘇典切，飯具。」《通雅》：「析竹爲帚，以洒洗也。」宋韓駒有《謝人寄茶筅子》詩。

筲箕　《説文》：「筥，筲也。」徐鉉注：「今言筲箕。」

摇籃　《戒庵漫筆》：「今眠小兒竹籃名摇籃。郭晟《家塾事親》：『古人製小兒睡車曰摇車，以兒摇則睡故也。』蓋摇籃即因於摇車。」

木桶　見《廣韻》桶字注。

一撮　見《中庸》。

東西　《逌旃璅言》：「世稱錢物曰東西。」《敬止録》謂物件曰東西。

家生　《夢粱録》載家生動事，如交椅、兀子之類。《俗呼小録》：「家生，一曰家貨，又曰家私。」

麩炭　白居易詩：「日暮半爐麩炭火。」

木柹　《晉書·王濬傳》：「濬伐吴，造船，木柹蔽江而下。」《敬止録》：「斧斤之殘木曰柹，音廢。」

人事　《南史》：「齊王智深家貧，無人事，嘗餓五日不得食。」《敬止録》云：「韓文公集中有《謝王用人事物狀》，又撰《平淮西碑》『韓宏寄絹五百疋充人事』，又有《奏韓宏人事物狀》。」

撒花　《敬止録》：「遠回送土儀與人曰撒花。宋三佛齊國遣使來朝貢見於延和殿，其使跪於地，先撒金蓮花，次以真珠、龍腦布於上前，謂之撒殿花。見《負暄雜録》。」

吃茶　《茶疏》：「茶不移本，植必生子。古人結婚，以茶爲禮。取其不移植子之意〔一〕。今猶名其禮曰下茶。」《七修類稿》：「女子受聘謂之喫茶。」

妝奩　《字典》：「今俗以嫁女之具曰妝奩。」

鋪陳　《後唐史》：「上賜宰相李愚錢百緡，鋪陳物十三件。」

拜堂　王建詩：「雙杯行酒六親喜，我家新婦宜拜堂。」

傳代　《知新録》：「今人娶新婦入門，不令足履地，以袋遞相傳，令新婦步袋上，謂傳代。代、袋同音也。白樂天《題娶婦家》詩云：『青衣轉去聲氊褥，錦繡一條斜。』古人以氊褥者，富貴家重其事也；今則不用氊褥而用袋者，重其名也。」

大歸　《戲瑕》：「古人以去婦爲大歸。夫人姜氏歸於齊，大歸也。世俗歸寧輒曰大歸，豈『我思肥泉』之義哉？言出不祥，所宜亟正。」

催生　見《夢粱録》。

滿月　《北史·節義傳》：「李式坐事被收，子憲始生滿月。」

〔一〕「子」上原衍「生」字，據《茶疏》删。

周年《説文》：「晬，周年也。」《晉書·禮志》：「泰始二年八月詔曰：『此上旬先帝棄天下日也，便以周年。』」○案，以、已古今字。

茶筵　燒紙　見陸粲《庚巳編》。

寄庫《知新録》：「凡作佛事多燒紙，名曰寄庫。」

頭家《吹景集》：「博戲者，立一人司勝負，曰頭家。」

打鑽去聲《暖姝由筆》：「班固《答賓戲》云：『商鞅挾三術，以鑽孝公。』干謁求人者曰打鑽，取攻堅務入之意。」

翦綹《委巷叢談》：「夾翦衫袖以掏財物謂之翦綹。明律有翦綹條。」

打扮《中原雅音》：「俗以裝飾爲打扮。」○案，亦曰妝扮。沈明臣《竹枝詞》：「女兒妝扮采蓮來。」

經紀《委巷叢談》：「杭人稱善能營生者曰經紀。唐滕王蔣王皆好聚斂，高宗嘗賜諸王玉帛[一]，敕曰：『滕叔蔣兄，自能經紀，不煩賜物。』」○案，《武林舊事》子目有「小經紀」。

打鐵　見《廣韻》鍛字注。

裁縫《周禮》注：「内司服主宫中裁縫官之長。」○案，俗呼衣官爲裁縫。

陸鈔《直語補證》：「陸鈔，俗謂紛擾不靖也。習鑿齒《漢晉春秋》：『吴將朱然入柤中，

[一] 高：原誤作「太」，據《資治通鑑》改。

斬獲數千，柤中民吏萬餘家渡沔。司馬懿謂曹爽：「宜權留之。」爽曰：「非長策也。」懿曰：「設令賊二萬人斷沔，三萬人與沔南諸軍相持〔一〕，萬人陸鈔柤中，君將何以救之？」』

牢固　《吴志·陸抗傳》：「吾寧棄江陵而赴西陵，況江陵牢固乎。」

仍舊　見《論語》。

生活　見《孟子》。

手迹　《世説新語》注引《孔氏志怪》有盧充幽婚事，言充見父手迹，便歔歎無辭。

發迹　司馬相如《封禪文》：「公劉發迹於西戎。」○案，吾鄉謂人驟富爲發迹，本此。

利市　見《易·説卦傳》。

吉利　《三國志注》：「魏太祖一名吉利。」

順流　《史記·留侯世家》：「順流而下，足以委輸。」

和合　《易林》：「使媒求婦，和合二姓。」

興隆　諸葛亮《出師表》：「先漢所以興隆也。」

大吉　《直語補證》：「《燕北録》：『戎主太后嚏噴，近位臣僚齊聲呼「治夔離」，猶漢呼萬歲。』今俗傳小兒女嚏噴，亦呼大吉以解之。」

〔一〕南：原脱，據《漢晉春秋》補。

煩難　《淮南子·修務訓》：「不避煩難。」

不便　《魏志·陳植傳》：「丁正禮目不便。」

手段　元好問《三鄉雜詩》：「五鳳樓頭無手段，碧鷄坊外有家風。」

致意　《漢書·朱博傳》：「故事：二千石新到，輒遣吏存問致意，迺敢起職。」

受用　見《周官·太府職》。

多謝　《漢書·趙廣漢傳》：「至府爲我多謝問趙君。」

本分　《荀子·非相篇》：「見端不如見本分。」

守分　《文子·自然》篇：「廉者可令守分。」

長進　《吴志·張昭傳》：「長子承勤於長進。」

增氣　《史記》：「懦夫增氣。」〇案，吾鄉勵人上進曰增氣。

工夫　《魏志·王肅傳》：「治道工夫，戰士悉作。」

相與　《通雅》：「今稱交好爲相與。相於之轉。」

伴讀　《元史·許衡傳》：「奏取舊門生十二人爲伴讀。」《湛園札記》曰：「古博士亦作伴讀之稱。」

正經　《論語》「攻乎異端」疏：「言人不學正經善道，而治乎異端之書。」

豫先　《史記·酷吏列傳》：「奏讞疑事，必豫先爲上分別其原。」

謡言　《漢劉熊碑》：「采摭謡言。」《蜀志·劉焉傳》：「謡言遠聞。」

報應　《漢華山碑》：「靡不報應。」

修理　《後漢書·光武紀》：「建武十年正月，修理長安高廟。」

世故　《列子》：「端木賜者，籍其先貲〔一〕，家累萬金，不治世故，放意所好。」

年紀　《漢書·光武紀》建武十五年詔下州郡檢覈墾田頃畝及户口年紀。

媿屬　《史記·樊噲傳》：「大臣誅諸吕、吕須媿屬。」

家常　嵇康《養生論》：「此家常而不變者也。」

家道　陸士衡《百年歌》：「子孫昌盛家道豐。」

當家　《史記·始皇紀》：「百姓當家則力農工。」

談吐　《南史·賀革傳》：「子徽善談吐。」

分付　《漢書·原涉傳》：「分付諸客。」

招呼　《蒼頡篇》：「挑謂招呼也。」

含胡　《唐書·顔杲卿傳》：「禄山斷其舌，曰：『復能駡否？』杲卿含胡而絶。」

打算　《錢唐遺事》：「賈似道忌害一時任事閫臣，行打算法以汙之。」

〔一〕貲：原誤作「資」，據《列子》改。

擡舉　白居易《晚春重到集賢院》詩：「虚薄至今慚舊職，院名擡舉號爲賢。」《廣韻》：「擡，舉也。」

挈輔　《俗呼小録》：「今人以相助爲挈輔。語云『籬挈籬』，即輔車相依之謂，字宜从手爲是。」

奉承　見《左氏傳》。

相煩　《後漢書・馬援傳》：「何足相煩。」

辛苦　《直語補證》：「人有往來行役之事，彼此相慰勞，曰辛苦，猶問『無恙』云云也。《爾雅》矜字注『可矜憐者，亦辛苦』，疏引『爰及矜人』，鄭箋云：『可憐之人謂貧窮者，是辛苦之人也。』」

分外　《魏志・程曉傳》：「上不責非職之功，下不務分外之賞。」

見在　見《列子・仲尼篇》。

雜碎　《後漢書・仲長統傳》：「百家雜碎，請用從火。」

相唤　《敬止録》：「以揖爲相唤。古人揖必相呼，謂之諾。《老學庵筆記》曰：『古所謂揖，但拱手而已。今所喏，乃始於江左諸王。故支道林見子猷兄弟還〔一〕，人問諸王何如，答

〔一〕　弟：原作「道」，據《老學庵筆記》改。

曰：「見一羣白項烏〔一〕，但聞唤啞啞聲。」即今喏也。』觀此則宋人之唱喏，猶以相唤爲揖也。」

稱意　《攻媿集・答楊敬仲論詩解》：「今人謂遂意曰稱意。」

散誕　楊士奇《滿江紅》詞：「詔歸田里長散誕，天恩彌厚。」

孛相　《通俗編》：「《吴江志》俗謂嬉遊曰孛相，《太倉志》作白相，《嘉定志》作薄相。」

將攝　《北史・薛道衡傳》：「帝曰：爾侍奉誠勞，朕欲令爾將攝。」〇案，韓愈《與崔羣書》：「將息之道，當先理其心。」是亦作將息也。

屑窣　《漢華山碑》：「屑窣有聲。」亦作偲窣。劉禹錫《桃源》詩：「虚無天樂來，偲窣鬼兵役。」〇案，俗形小聲響動曰屑窣。

拮隔　《長楊賦》：「拮隔鳴球。」〇案，俗謂物之摩動作聲曰拮隔。

滑汰　《直語補證》：「《漢天井道碑》：『夏雨滑汰。』唐宋人詩多作滑澾，不如汰字之古。」〇案，蘇軾《秧馬歌》「聳涌滑汰如鳧鷖」，亦作汰。

鏖糟　《管天筆記》：「俗謂不净曰鏖糟。」〇案，鏖糟，見《漢書・霍去病傳》注。

磊淳〔二〕　《説文》：「磊淳，重聚也。」段玉裁曰：「磊淳，疊韻字，俗語猶有之。」〇案，《肯綮録》：「物下垂曰陲鴡，注：上音蕾，下都罪切。」

〔一〕項：原作「頸」，據《老學庵筆記》改。

〔二〕淳：原作「渟」，下同，據《説文解字》及段注改。

拉颯　見《晉書・五行志》。拉颯，言穢雜也。

偡齊　《札璞》：「長短相齊曰偡齊。偡聲如斬。」

儱侗　《廣韻》：「儱侗，未成器也。」

古老　見《書・無逸》注。○案，《猗覺寮雜記》：「今之五銖，世謂之古老錢。」

輕趬　《説文》：「趬，行輕貌。」段玉裁曰：「今俗語輕趬，當用此字。」

動澹　《蜀語》：「摇動不停曰動澹。」○案，《説文》：「澹，水摇也。」

揮擢　《雅俗稽言》：「摇手曰揮，反手曰擢。」

頓當　《吴中記》：「待事並爲者曰頓當。」

寬綽　《札璞》：「器幣有餘曰寬綽。」○案，二字見《詩・衛風》。

明白　《老子》：「明白四達。」

新鮮　《太玄經》：「新鮮自求，光於己也。」《蜀語》：「老不聾聵，疾不沈重，皆謂之新鮮。」

壏墳　《蜀語》：「地平曠曰壏墳，音覽坦。」

見笑　《莊子・秋水》篇：「吾長見笑於大方之家。」〔一〕

不快　《華陀傳》：「體有不快，起作一禽之戲。」《輟耕録》：「世謂有疾曰不快。」

〔一〕長：原誤作「嘗」，據《莊子》改。

掃興　出神　扯淡　《委巷叢談》：「杭人有諱本語而巧爲俏語者，如有謀未成曰掃興，無言默坐曰出神，言涉敗興曰殺風景，胡説曰扯淡，出自梨園市語之遺，未之改也。」

落棠　《淮南子·覽冥訓》：「日入落棠。」〇案，落棠，日所入之處也。吾鄉謂人無歸宿曰無落棠。

落魄　《漢書·酈食其傳》：「家貧落魄，無以爲衣食業。」〔一〕鄭氏曰：「魄，音泊。」師古曰：「落魄，失業無次也。」

照管　歐陽修《與焦千之簡》云：「某不久出疆，欲且奉託照管三數小子。」

攛掇　朱子《答陳同甫書》：「告老兄，且莫相攛掇。」

安置　陸象山《家訓》：「每晨興，家長率衆子弟致恭於祖禰祠堂，聚揖於廳，婦女道萬福於堂。暮安置，亦如之。」〇案，安置，猶云將睡時，對上晨興而言也。俗謂睡曰安置，本此。

布施　《周語》：「布施優裕。」

能可　《委巷叢談》：「杭人言寧可曰耐可，音如能可。《漢書》：『揚越之人耐暑。』注：『耐與能同。』李太白詩『耐可乘明月』，又『耐可乘流直上天』，皆讀如能。」

發作　《吳志·孫皎傳》：「因酒發作。」

打諢　《南史·伶官傳》：「打諢的不是黄繙綽。」《雅俗稽言》：「俗謂事不勇決曰打諢。」

〔一〕以爲：二字原脱，據《漢書》補。

閒介　《孟子》：「山徑之蹊閒介。」馬融《長笛賦》「閒介無蹊」，正用其語，俗作尷尬。《肯綮録》：「不正曰尷尬。」《俗呼小録》：「今人呼事在成否者爲尷尬。」

買賣　《直語補證》：「俗以貿易爲買賣。《説文》市字注『買賣之所也』，二字連用始此。」

財主　《世説新語》：「陳仲弓曰：『盜殺財主，何如骨肉相殘？』」

横財　見《廣韻》「詭」字注。又《獨異志》：「冥司有三十爐，爲張説鑄横財。」

發財　見《大學》。

本錢　《南史》：「竟陵王子良上言：泉貨歲遠，類多翦鑿，江東大錢，十不一在。公家所受，必須輪廓，遂買本一千〔一〕，加子七百。」

見錢　《漢書·王嘉傳》：「故少府、水衡見錢多也。」

息錢　《説文》：「瘜，寄肉也。」徐鍇曰：「息者，身外生之也，故古謂賒貸生舉錢爲息錢。」○案，二字見《後漢書·陳重傳》。

擡價　《五代史·王章傳》：「俸廩不堪者，命有司高估其價，估定又增，謂之擡價。」

張羅　《直語補證》：「俗以與人幹事曰張羅，取設法搜索之義，本《戰國策》。」

用度　《後漢書·光武紀》：「用度不足。」

破費　蘇軾詩：「破費八姨三百萬，大唐天子要纏頭。」

〔一〕　遂買本一千：原誤作「遂買本錢一錢」，據《南史》改。

落錢　《通雅》：「乾没，猶言白没之也。今人動言落錢，没即落字之意。」

嬥包　《巘山外集》：「京師婦女嫁方外人爲妻妾者，初看以美者出拜，及臨娶，乃以醜者易之，名曰嬥包兒。」○案，吾鄉謂凡以假易真者，皆曰嬥包。

合同　《通俗編》：「合同二字見《秋官·朝士》疏。今人産業買賣，多於契背上作一手大字，而於字中央破之，謂之合同文契。商賈交易，則直言合同而不言契。」

花字　《北齊·後主紀》：「連判文書，各作花字，不具姓名，莫知其誰。」

主故　《日知録》：「市井人謂頻相交易者爲主顧，《後漢書》有主故字，顧當是故之訛。」

盤纏　方回詩：「三日盤纏無一錢。」

梯己　《心史》：「元人謂自己物則曰梯己物。」

債主　《後漢書·陳重傳》：「有同署郎負息錢數十萬，債主日至，詭求無已。重乃密以錢代還，郎後覺之，而厚辭謝之。」

中人　《知新録》：「文契交易，必用中人。此字亦有所本。樂府云：『龍欲升天須浮雲，人之仕進待中人。』」

貨腳　《解酲語》：「大賈呼極賤，行商爲貨腳。」

生書　姚合詩：「開篋讀生書。」杜荀鶴詩：「歸同子弟讀生書。」

帳目　《北史·高拱之傳》：「祕書圖籍多致零落，詔令道穆總集帳目。」

行頭 《周禮·肆長》疏："若今行頭者也。"

蠱怪 《易林》："老狐多態〔一〕，行爲蠱怪。"○案，吾鄉謂人之怪僻者曰蠱怪。

離經 《難經》三至曰離經，四至曰奪精，五至曰死。○案，吾鄉責不合道者曰離經，謂去其常道也。

油頭 《直語補證》："山谷《戲題下巖》詩：『未嫌滿院油頭臭，蹋破苔錢最惱人。』注：『言兒女子混雜汙此浄坊也。』今俗油頭滑腦之謂，疑當時已有之。"

撒潑 《知新録》："今俗謂無賴子弟爲撒潑，舉動奢華則曰潑撒。宋時凡宗室之不肖者，俗呼爲潑撒太尉。此二字由來久矣。"

拵撞 《札璞》："觸牾曰拵撞。"

代調 《敬止録》謂人閒曰代調，蓋取有人當任，去則閒也。○案，今曰調代，音如調大。

僻脱 何平叔《景福殿賦》："僻脱承便，蓋象戎兵。"〔二〕○案，諺謂敏捷爲僻脱，僻作蹩。

蹩躠 《玉篇》："蹩躠，旋行貌。一曰跛也。"《敬止録》："踟躕不進曰蹩躠，音鼈薛。"

邋遢 《廣雅》："邋遢，不謹事也。"《敬止録》："不浄曰邋遢，又曰攋揰。"

𢽾魦 《集韻》："𢽾魦，物未精也。"《敬止録》："貪食曰𢽾魦。"

〔一〕態：原誤作"熊"，據《易林》改。

〔二〕便：原誤作"使"；象：原誤作"養"。據《文選》改。

眠娗〔一〕《敬止録》：「不躁暴曰眠娗。眠娗，音眠腆。出《列子》。言柔膩不決裂也。」

挈設《敬止録》：「挈設，鄞人以爲祟奉之詞，胡語言挈設。上賓則用羊背皮、馬背皮之類，其餘賓用前手、後手之類〔二〕，蓋茶飯中之體薦也。見《草木子》。鄞人蓋仍元時蒙古之語耳。」

作獺《敬止録》：「不惜器物曰作獺。南唐張崇帥廬州，貪縱，伶人戲爲人死，被冥府判云：『焦湖百里，一任作獺。』」

眉癡《敬止録》：「眉癡，即《列子》墨屎二字〔三〕，墨音眉，屎音癡，但爲眉佞之義，而鄞人只作癡字義也。」

歪賴《敬止録》：「歪賴，言人放刁之語，乃乖剌之訛。北人無入音，剌〔四〕，力達反，讀如賴。東方朔謂『吾獨乖剌而無當』〔五〕，杜欽謂『陛下無乖剌之心』是也。」

剌撒《敬止録》：「不潔曰剌撒。剌，力達反。佛印《與東坡書》：『佛法在痾屎剌

〔一〕娗：原誤作「誕」，本條同。
〔二〕手：原均誤作「乎」，據《草木子》改。
〔三〕屎：原誤作「牀」，據《列子》改，下同。
〔四〕剌：原誤作「賴」。
〔五〕吾獨乖剌：原誤作「人强歪賴」，據東方朔《七諫》改。

撒處。』」

拗棃　《敬止録》：「性急而執曰拗棃，音麓。」

傝儑　《敬止録》：「不勤緊者曰傝儑，亦作闒敽。朱子云：『文字不奇而穩，只是闒敽。』」

颯拉　殗速　《敬止録》：「言語風生曰颯拉。不自在曰殗速。任華《草書歌》：『速殗拉颯動簷隙。』」

好箇　《敬止録》：「無損傷曰好箇。」

躍跐　《敬止録》：「失足曰躍跐。音羅剉。」

砝實　《敬止録》：「堅牢曰砝實。」

清泚　《敬止録》：「潔浄曰清泚。夏侯嘉正《洞庭賦》：『秋之爲神，素氣清泚。』」

叿叿　《廣韻》：「叿叿，市人聲也。」通作訌，音烘。

嚇嚇　《朝野僉載》引諺：「正月見三白〔一〕，田公笑嚇嚇。」

呵呵　《廣雅》：「呵呵，笑也。」

呲呲　《類篇》：「呲呲，鳥聲。」《敬止録》：「邑人以不能言者曰啞呲呲。」

嚬嚬音顔　《説文》：「嚬嚬，争貌。」《敬止録》：「忿争聲曰嚬嚬。」

〔一〕見：原脱，據《朝野僉載》補。

哦哦《玉篇》：「哦哦，吹口貌。」《敬止録》：「畏寒聲曰哦哦，又曰寒噤噤。」

啀啀　咿咿《玉篇》：「啀，小兒語。」《集韻》：「啀，聲也。」《篇海》：「咿，小兒啼也。」《敬止録》：「小兒啼聲爲啀啀，父母噢咻之亦曰啀啀，又曰咿咿。」

蹬蹬《敬止録》：「蹬音登，小兒學步也。」

烔烔《直語補證》：「《廣韻》烔字下引《字林》：『熱气烔烔。』《詩》：『蘊隆蟲蟲。』徐先民音徒冬反，韓詩作烔烔，則烔烔甚古也。」〇案，《後漢書》引《詩》：「蘊隆烔烔。」《敬止録》云：「微熱曰暖烔烔。」

湉湉《敬止録》：「下濕曰湉湉，又曰湉湉滯。湉，凋洽切。」

烋烋《敬止録》：「火盛曰烋烋，户孔切。」

都都《敬止録》：「呼驢馬曰都都。」

咿嘪《敬止録》：「呼牛曰咿嘪。」

犆犆粗上聲《敬止録》：「使牛曰犆犆。」

嘪嘪　芈芈《玉篇》：「嘪，彌解切，羊鳴也。」《説文》：「芈芈，羊鳴。」〇案，《玉篇》作芈，《敬止録》：「呼羊曰嘪嘪，又曰芈芈，芈，音也。」

嚧嚧《敬止録》：「呼犬曰阿嚧嚧。《詩》：『嚧令令。』」

唯唯羊委切，音唯《篇海》：「唯，呼鴨也。」《敬止録》：「呼鴨曰唯唯。」

喌喌音祝《説文》：「喌，呼鷄重言之。」《敬止録》：「呼鷄曰喌喌。庾肩吾詩：『遺卻白鷄呼喌喌。』」

定盤星　朱子詩：「記取淵冰語，莫錯定盤星。」

過雲雨　宋趙汝鐩詩：「篷響過雲雨，帆開送水風。」

雨夾雪　婁元禮《田家五行》：「夾雨夾雪，無休無歇。」

連底凍　羅鄴詩：「蜀河連底凍無聲。」

上燈夜　王嗣奭《桂石軒》詩：「立春之日上燈夕。」自注：「正月十三日，俗稱上燈夜。」

大後日　《通俗編》云：「《老學庵筆記》：『後三日爲外後日，意其俗語耳。偶讀《唐逸史·裴老傳》乃有此語，裴，大歷中人也。』今又謂之大後日。」

十字街　見《北史·李庶傳》。

十字港　陸游詩：「上船初發十字港。」

五架屋　白居易詩：「五架三間一草堂。」

井花水　范成大詩：「折枝秋葉起圓瓜，赤小如珠嚥井花。」《蓬島樵歌注》：「俗謂井水曰井花水。」

笑面虎　龐元英《談藪》：「王公衮居常若嬉笑，人謂之笑面虎。」

剥面皮　《西京雜記》：「不如剥面皮矣。」

眼孔大　見《唐書·安禄山傳》。

眼孔小　《海録碎事》：「太祖曰：措大眼孔小。」

眼中釘　《五代史·趙在禮傳》：「眼中拔釘，豈不樂哉。」

老骨頭　《摭言》：「莫忘生身老骨頭。」

衝口出　東坡跋歐公書：「此數十紙，皆文忠公衝口而出。」

吃口令　《直語補證》：「吃口令，見《古今鞋》勾當條，今俗語訛爲急口令。。」

手掙注　《説文》：「肘，臂節。」段玉裁曰：「今江蘇俗曰手臂掙注是也。」

袼脂窩　《升庵外集》：「《深衣》：『袼之高下〔一〕，可以運肘。』注：『袼，一本作胳，腋也。今俗云袼脂窩。』」〔二〕

嬾梳頭　《敬止録》：「童貫用兵燕薊，敗走。一日内宴，伶人爲三婢狀。一當額爲髻，曰蔡太師家人；一髻偏墮，曰鄭太宰家人；一滿頭作髻，曰童大王家人。問其故，蔡太師者云：『太師日覲皇帝，此名朝天髻。』鄭太宰者云：『太宰奉祠歸第，此名嬾梳頭。』童大王者云：『大王方用兵，此三十六髻也。』」

抱佛腳　孟郊詩：「垂老抱佛腳，教妻讀《黄庭》。」

遺腹子　《淮南子·説林訓》：「遺腹子不思其父，無貌於心也。」

主人翁　《史記·范雎傳》：「主人翁習知之。」

〔一〕袼：《禮記》作「袼」。高：原誤作「上」。

〔二〕袼：《升庵外集》作「格」。

小家子　《漢書·霍光傳》：「使樂成小家子得幸將軍。」

小官人　《澠水燕談録》：「李文定曰：吾女不妻先生，不過爲一小官人妻。」

人看人　熊如至詩：「車馬往來人看人。」

好嬉子　《水東日記》：「吾子行作小印，曰好嬉子。」

快活人　白居易詩：「别有優游快活人。」

活死人　《鄭元祐集》有《活死人窩》歌，爲番陽胡道元賦。

没雕當　《湛園札記》：「宋朱彧《可談》記都下市井謂作事無據者曰没雕當，今吾鄉亦有無雕當之稱。宋當讀作去聲，吾鄉則入聲耳。」

没意頭　《敬止録》：「唐李義山《雜纂》有没意頭之目，如對屠兒説買放生、對僧道説異端害正之類。」

呆木大　俗謂不慧者曰呆木大，大讀作馱去聲。《輟耕録》院本名目有此。

記里鼓　《敬止録》：「笑言語弗明者曰記里鼓。《水東日記》：『永樂中，俞行之試記里鼓，皆不知所謂，莫能措一詞。』音義相同，或本諸此。」

耳邊風　杜荀鶴詩：「百歲有涯頭上雪，萬般無染耳邊風。」〇案，俗謂人聆言不省曰耳邊風。

看三色　《湛園札記》：「吾鄉諺語看三色，三色字出韓嬰《詩傳》《吕氏春秋》。」

有氣力　《史記·吕后紀》：「朱虚侯劉章有氣力。」

過劒門　《唐語林》有透劒門技，俗語過劒門本此。

水功德　《武林舊事》有水功德局，以求官、覓舉、訟獄、交易、假借聲勢脱漏財物爲事。

討便宜　寒山詩：「盡愛討便宜。」

打秋風　《暖姝由筆》：「今人干謁者謂之打秋風。靖江郭知縣某嘗題謁客所送扇轉贈之曰：『馬馱沙上縣新開〔一〕，城郭民稀半草萊。寄語江南諸子弟，秋風切莫過江來。』」《七修類藁》：「米芾札中有抽豐二字，即世云秋風之義。」

破靴黨　《淞南樂府》注：「生監不守分者曰破靴黨。」

拏訛頭　《日知録》：「泰昌元年八月，御史張潑言：京師姦宄，叢集游羣，有謂之杷棍者，有謂之拏訛頭者。」○案，亦作拿鵝頭。《觚不觚録》：「巡按御史出巡不許食鵝〔二〕，宴會用鵝，則以鷄頭飾之。此語所自起也。」

惡模樣　《雲閒志》：「方言謂羞媿曰惡模樣。注：模音如没。」

弜出頭　《敬止録》：「弜音强上聲。昔蜀人從漢高祖出關者，謂之弜頭子。」

高帽子　《通俗編》：「《北史·熊安世傳》：『宗道暉好着高翅帽、大屐，州將初臨，輒服以謁見。』今謂虚自張大、冀人譽己者，蓋本於此。」

〔一〕馱：原誤作「沙」，據《暖姝由筆》改。

〔二〕食：原誤作「拿」，據《觚不觚録》改。

千年調　古詩：「人無百年期，强作千年調。鑄爲鐵門限，鬼見拍掌笑。」

得人惜　俗謂人之可愛者曰得人惜。○案，此三字見王君玉《雜纂》。

不敢當　見《儀禮·士相見禮》。

不中用　見《禮·王制》。

不相干　《論衡》：「男女不相干。」

不耐煩　《南史·庾炳之傳》：「爲人强急而不耐煩。」

白蠟蠟　《直語補證》：「俗以作事無濟曰白蠟蠟。」

鬼畫符　元好問詩：「兒輩從教鬼畫符。」

死馬醫　《猗覺寮雜記》：「世俗無可奈何尚欲救之者，謂之死馬醫。」

無萬數　《湛園札記》：「趙與時《賓退録》曰：『諺謂物多爲無萬數，《漢書·成帝紀》語也。』吾四明諺語至今稱多曰無萬數。」

米泔水　《通雅》：「《説文》曰：『周謂瀋曰泔。』今人通謂米泔水。」

蜜林檎　《事物紺珠》：「酒名蜜林檎，言味如蜜，色如林檎。」

水皮襖　《小説補遺》：「淡酒一名水棉襖。」○案，吾鄉呼酒曰水皮襖，本此。

缸面酒　張彦遠《法書要録》引何延之《蘭亭記》云：「蕭翼過辨才院，就前禮拜，寒温既畢，延入房内，談説文史，意甚相得，便留夜宿，設堈面藥酒、茶果等。江東云堈面，猶河北稱甕頭，初熟酒也。」○案，俗謂初熟酒曰缸面清。

拜見錢　《草木子》：「元末官吏貪汙，其問人討錢，各有名目，始參曰拜見錢。」

地頭錢　見《舊五代史·唐明宗本紀》。

燒衙日　《敬止録》：「鄞俗開店者，以每月初二、十六燒紙，謂之燒衙日。《容齋三筆》曰：『韓詩云：「如今便別官長去，直到新年衙日來。」』疑是謂月二日也。」

天花板　《秇林伐山》：「綺井謂之鬬八，又曰藻井，俗曰天花板。」

庫露格《敬止録》作骷髏格　《正字通》：「庫露，器名。皮日休詩：『襄陽作髹器，中有庫露真。』注：『玲瓏空虛，故曰庫露。』今諺呼書格爲庫露格。」○案，吾鄉呼爲護書格。

筆韜管　《毛詩》疏引陸璣曰：「羊桃近下根，刀切其皮，著熱灰中脱之，可韜筆管。」○案，韜，俗作套。

細簡裙　梁簡文帝詩：「羅裙宜細簡。」

高底鞋　謝觀詩：「來索纖纖高底鞋。」

光辣撻　宋太祖《詠日》詩：「欲出不出光辣撻。」

直挺挺　《左傳》：「周道挺挺。」注：「直貌。」

圓衮衮　元稹詩：「繞指轆轆圓衮衮。」

實辟辟　《素問》：「脈實如指彈石辟辟然。」

虚飄飄　蘇軾有《虚飄飄》詩三首。

醉醺醺　岑參詩：「青門酒樓上，歌别醉醺醺。」

冷澱澱　《説文》：「澱，冷寒也。」楚人謂冷曰澱。○案，吾鄉謂冷曰冷澱澱。

白礞礞　《玉篇》：「礞，力小切，面白礞礞也。」〔一〕

白皏皏普幸切　《博雅》：「皏，白也。」《素問》：「肺氣之狀，色皏然白。」《吴下方言考》：「謂物之白者曰白皏皏。」

白皚皚疑開切　《説文》：「皚，霜雪之白也。」杜甫詩：「崖沈谷没白皚皚。」

焦巴巴　《通雅》：「陸佃曰：『芭蕉一葉舒，則一葉焦。』巴巴，亦蕉意也。」

大馬留　《敬止録》：「僕從桀驁爲大馬留。馬留，猿猴也。宋人謂丁謂爲説法馬留。猿猴之大者，更難約束也。」

白蒲沙　《敬止録》：「謂人肥白曰白蒲沙。鯊有一種爲白蒲沙。」

跳沙蛤　舒亶詩：「跳沙蛤趁潮。」注：「里語有跳沙蛤。」

天大地大　《説文》：「天大地大人亦大。」

四時八節　杜甫詩：「四時八節還知禮。」

〔一〕白：原脱，據《玉篇》補。

當夏六月　見《焦氏易林》。

十月小春　《初學記》：「十月天時和暖似春，故曰小春之月。」

朝三暮四　見《列子·黄帝篇》。

好時好節　陳造《雪夜次韻》詩注：「六一謂聖俞曰：『山婦云〔一〕：「好時好節，送詩擾人家。」』不知吾輩所樂在此。」

水落石出　見蘇軾《後赤壁賦》。

壁角落頭　見蘇軾《大慧真贊》。

東頭西頭　《世説》：「陸士龍住東頭，士衡住西頭。」

福至心靈　史炤《通鑑疏》引諺語云云。

壽比南山　見《南史·齊豫章王嶷傳》。

看風使柁　楊萬里詩：「相風使帆第一籌，隨風倒柁更何憂。」

打清水網　《委巷叢談》：「白手騙人謂之打清水網。」

一佛出世　《隋·經籍志》：「每一小劫，則一佛出世。」

骨肉至親　見《漢書·武五子傳》。

〔一〕婦：原誤作「歸」，據陳造《江湖長翁集》改。

結髮夫妻　蘇武詩：「結髮爲夫妻。」

洞房花燭　庾信詩：「洞房花燭明。」

養兒備老　元微之詩：「養兒將備老。」

瞎打把勢　《直語補證》：「俗以無所憑藉而妄自炫赫者，謂之瞎打把勢。」○案，把勢，本遼以東打鷹者名目，兼銜門行杖，率以流人子弟及奴僕爲之，見林佶《遼金備考》，打之名所由起也。

隔靴搔癢　《詩話總龜》：「詩不著痛癢，如隔靴搔癢。」

面目可憎　見韓愈《送窮文》。

一毛不拔　見《孟子》。○案，東坡《與陳季常尺牘》曰：「鄉諺有云『缺口鑷子』，君識之乎？自注：『缺口鑷子，取一毛不拔。』恐未嘗聞，故及。」

雪中送炭　范成大有《雪中送炭與龔養正》詩。

冷灰頭爆　《野客叢談》云禪録語也。

酒囊飯袋　《三國志》：「禰衡曰：『荀彧可與强言，餘皆酒瓮飯囊耳。』」

合少成多　《中庸》鄭康成注言天地山川「皆合少成多、自小致大」〔一〕。

生意活動　《圖繪寶鑑》：「吴道子畫人物，生意活動。」

撑門拄户　見王褒《僮約》。

〔一〕自：原作「積」，據《禮記》鄭注改。

債多不愁　李流芳詩：「人言債多能不愁。」

千變萬化　見《列子·湯問篇》。

四通八達　見《子華子·問黨篇》。

造言生事　《孟子集注》：「好事，謂喜造言生事之人也。」

鉗口結舌　見《論衡·賢難》篇。

脚踏實地　《聞見録》：「康節曰：『司馬君，實脚踏實地人也。』」

無邊無㝵　《譚苑醍醐》云：「佛經無邊無㝵，㝵與礙同，字書不載，僅見此爾。」

七菱八落　《直語補證》云：「萬光泰《鴛鴦湖采菱曲》注引諺『七菱八落』，言菱過七日則落云。」

青黄不接　《元典章》：「即日正是青黄不接之際。」

粗茶淡飯　楊萬里詩：「粗茶淡飯終殘年。」

飯來開口　元稹《放言》：「飯來開口似神鴉。」

鐵樹開花　《日詢手鏡》：「吴浙間有俗諺，見事難成則曰『鐵樹開花』。余在廣西殷指揮家見一樹，高可三四尺，葉皆紫黑色，質理細厚。問之曰：『此鐵樹也。』每遇丁卯年，乃花一開，花四瓣，紫黑色，如瑞香瓣，累月不凋。乃知鐵樹開花之説有自來矣。」

葉落歸根　陸游詩：「葉落喜歸根。」

條條秩秩　見《爾雅・釋訓》。

顛顛癡癡　見《北史・齊文宣本紀》。

汲汲忙忙　見《論衡・書解》篇。

端端正正　《路史》引《鶡冠子》：「物之始也傾傾，至其成形端端正正。」

平平穩穩　戴復古詩：「平平穩穩，爲公爲卿。」

安安穩穩　吴澄詩：「安安穩穩萬年枝。」

狹狹窄窄　白居易詩：「窄窄狹狹向陽屋。」○案，俗語倒呼之。

花花緑緑　元好問詩：「憑君細數東州客，誰在花花緑緑間。」

紅紅緑緑　王建詩：「紅紅緑緑苑中花。」

節節足足　《説文》爵字注：「飲器。象爵者，取其鳴節節足足也。」

百鳥朝凰　《文嘉嚴氏書畫記》有孫龍《百鳥朝凰圖》。

對牛彈琴　牟融《理惑論》：「公明儀爲牛彈《清角》之操，伏食如故，非牛不聞，不合其耳；轉爲蚊虻之聲，孤犢之鳴，即掉尾奮耳，蹀躞而聽。」〔一〕

天河司米價　《直語補證》：「宋戴石屏詩注：『俗讖以天河顯晦卜米價貴賤，至今相傳有

〔一〕聽：原誤作「聰」，據《理惑論》改。

此説。』」《敬止録》：「鄞人謂七夕無天河，謂聽穀價去。」〔一〕

有天没日頭　《七修類藁》：「宋神童詩：『真箇有天没日頭。』」

星月照爛土　《敬止録》：「鄞人以雨後泥未乾而見星月爲雨未霽。王建《聽雨》詩：『半夜思家睡裏愁，雨聲落落屋簷頭。照泥星出依然黑，爛漫庭花不肯收。』」

荒年無六親　見《紀歷撮要》。

天高皇帝遠　黄溥《閒中今古録》云元末民間語。

十指有長短　見曹植詩。

淚從肚裏落　《敬止録》：「高宗德妃吴氏對上曰：『大姐姐遠處北方，缺於定省，每遇天日清美侍上宴集，才一思之，肚裏落下淚。』」

三百六十行　《西湖志餘》：「杭州三百六十行，各有市語。」

看人眉頭眼下　《敬止録》云：「南北《史》：看人眉睫。」〔二〕

丁相公畫一字　《枌社賸觚》云：《山堂肆考》載元丁濟爲奉化尹，凡公論所在，一判不復移。民稱之曰「丁相公一字判」。今吾鄉謂作事固執者爲丁相公畫一字，亦有僅呼丁相公者，

〔一〕 穀：原作「米」，據《敬止録》改。
〔二〕 眉：原作「眼」，據《敬止録》改。

知俗語必有所自起。

一客不煩兩主　《黄山谷集・題跋》：「余與魚洞陳允之對棋〔一〕，以三紙書對樓子四間，而允之敗，遂以樓子施五通堂僧清巽。嘉允之能藏機願施，即書字遺之。紙窮未竟，復施二紙，冀允之解此意，并以樓屋旁餘舍施清巽，所謂一客不煩兩主人也。」

遠水不救近火　《韓非子》：「失火而取水於海，必不滅矣，遠水不救近火也。」

若要長看後樣　陳龍正《學言詳記》引鄉諺云云。

不服藥爲中醫　《漢書》：「有病不治，常得中醫。」

蛇無頭而不行　《金史・斜帽愛實傳》括粟榜文語。

東邊日出西邊雨　李賀詩。

外頭花花裏頭空　見《宣和政録》。

早起三朝當一工　樓鑰《午睡戲作》詩。

柴米油鹽醬醋茶　《夢粱録》：「人家每日不可缺者，柴米油鹽醬醋茶。」

人生五十不爲夭　《諸葛亮集》載先主遺勅謂後主曰：「人五十不稱夭年。」

新出猫兒惡如虎　《古今談概》〔二〕：「梅西野《酒令》舉諺云：『得志猫兒雄似虎，敗翎鸚

〔一〕洞：原誤作「桐」，據《黄山谷集》改。

〔二〕談：原誤作「讀」。

鵓不如鷄。』」○案，吾鄉俗語本此。

清明斷雪，穀雨斷霜　見《吴下田家志》。

日落胭脂紅，無雨也有風　見崔實《四民月令》。

若要小兒安，常帶三分飢與寒　元李治《古今黈》云：「小兒欲得安，無過飢與寒。」

謂胸曰肚　《廣雅》胸謂之肚。

謂不曰弗　朱子《偶讀漫記》：「浙人謂不爲弗。」

謂箸曰快　《菽園雜記》：「舟行諱住，以箸爲快。」

謂就曰鯽鰡　謂團曰突欒　謂精曰鯽令　謂孔曰窟籠　《宋景文筆記》：「孫炎作反切語，本出於俚俗常言，尚數百種。故謂就曰鯽鰡，凡人不慧者即曰不鯽鰡；謂團曰突欒，謂精曰鯽令，謂孔曰窟籠，不可勝舉。而盧仝詩云：『不鯽鰡鈍漢。』林逋詩云：『團欒空繞百千回。』是不曉里人反語。逋雖變突爲團，亦其謬也。」○案，俗謂癱曰蹋躝，亦反切語也。

謂五錢曰一花　《俗呼小録》：「數錢以五文爲一花。」

謂二十曰念　《説文》：「卄，二十并也。」《席氏讀〈説文〉記》：「宋人題開業寺碑有『念五日』字，亭林曰：『以卄爲念，始見於此。』楊用修云：『卄，韻書皆音入，惟市井商賈音念，而學士大夫亦從其誤也。』」○案，《戲瑕》：「夫差女名二十，故吴兒呼二十爲念。」

謂錢一貫曰一千　《猗覺寮雜記》：「錢元瓘據浙，浙人以一貫爲一千。」○案，亦曰一弔。千錢爲一弔，見何良俊《四友齋叢説》。

謂蜜曰蜂糖　《猗覺寮雜記》：「楊行密據揚州，淮人諱蜜，謂蜂糖。」

謂胡餅曰麻餅　《戲瑕》：「石勒名胡，故胡物皆改名，如胡餅曰麻餅、胡荽曰香荽、胡豆曰國豆。」

謂胡瓜曰王瓜　謂胡麻曰芝麻　《管天筆記》：「黄瓜原名胡瓜，晉五胡亂中原，諱胡尤峻，因改爲黄瓜，呼胡荽爲元荽、胡麻爲芝麻、胡桃爲核桃。」

謂石榴曰金罌　《青箱雜記》：「錢武肅王諱鏐，至今吴越間謂石榴爲金罌。」○案，《管天筆記》：「杭越之間呼石榴曰金罌，蓋避錢鏐諱云。」

謂雉曰野鷄　《猗覺寮雜記》：「吕后諱雉，以雉爲野鷄。」

謂鸜鵒曰八哥　《負暄録》：「李後主諱煜，改鸜鵒曰八哥。」

〔民國〕鄞縣通志（上）

【解題】張傳保、趙家蓀修，陳訓正、馬瀛等纂。鄞縣，今浙江省寧波市鄞州區、海曙區、江東區和江北城區等地。「方言」見《文獻志庚編》中，分「音讀」「俗名」和「諺語」三部分，卷末附録陳炳翰《古董諺鐸》。從《鄞縣通志》卷首「例言」與「編印始末記」看，該志的大部分約在民國二十六年（一九三七）基本完成，但「方言」部分完成的時間要晚一些，約在民國三十年至三十五年之間。録文據一九五一年鉛印本《鄞縣通志》。

方言

目録

韻符ㄝ第十一攝（入聲韻符ㄝ˙）

韻符ㄧㄝ第十二攝

韻符ㄩㄝ第十三攝

韻符ˇㄝ第十四攝

韻符ㄞ第十五攝

韻符ㄨㄞ第十六攝

韻符ㄟ第十七攝

韻符ㄨㄟ第十八攝

韻符ㄠ第十九攝

韻符ㄧㄠ第二十攝

韻符ㄤ第二十一攝

韻符ㄧㄤ第二十二攝

韻符ㄢ第二十三攝

韻符ㄧㄢ第二十四攝

韻符ㄨㄢ第二十五攝

韻符ㄬ第二十六攝

韻符一宀第二十七攝

韻符彡第二十八攝

韻符ㄨク第二十九攝

韻符千第三十攝

韻符ㄩ千第三十一攝

韻符ㄧㄣ第三十二攝

韻符ㄩㄣ第三十三攝

韻符ㄤ第三十四攝

韻符ㄧㄤ第三十五攝

韻符ㄨㄤ第三十六攝

韻符丄第三十七攝

韻符ㄨ丄第三十八攝

韻符ㄩ丄第三十九攝

韻符廾第四十攝

韻符ㄩ廾第四十一攝

韻符ㄥ第四十二攝

韻符ㄨㄥ第四十三攝

韻符ㄦ第四十四攝

鄞縣讀音轉韻表

韻符ㄧ第一部

韻符ㄦ第二部

韻符ㄨ第三部

韻符ㄩ第四部

韻符ㄚ第五部（附複合韻符ㄧㄚ及ㄨㄚ）

韻符ㄛ第六部（附複合韻符ㄨㄛ及ㄩㄛ）

韻符禾第七部

韻符ㄝ第八部（附複合韻符ㄧㄝ及ㄩㄝ）

韻符ㄝ第九部

韻符ㄞ第十部（附複合韻符ㄨㄞ）

韻符ㄟ第十一部（附複合韻符ㄨㄟ）

韻符ㄠ第十二部（附複合韻符ㄧㄠ）

韻符ㄤ第十三部（附複合韻符ㄧㄤ）

韻符ㄢ第十四部（附複合韻符ㄧㄢ及ㄨㄢ）

韻符宀第十五部（附複合韻符ㄧ宀）

韻符彡第十六部

韻符ク第十七部（附複合韻符ㄨク）

韻符千第十八部（附複合韻符ㄩ千）

韻符ㄣ第十九部（附複合韻符ㄧㄣ及ㄩㄣ）

韻符ㄤ第二十部（附複合韻符ㄧㄤ及ㄩㄤ）

韻符丄第二十一部（附複合韻符ㄧ丄及ㄨ丄）

韻符ㄥ第二十二部（附複合韻符ㄨㄥ）

韻符廾第二十三部（附複合韻符ㄩ廾）

韻符ㄧ˙第二十四部

韻符ㄩ˙第二十五部

韻符ㄚ˙第二十六部（附複合韻符ㄧㄚ˙及ㄨㄚ˙）

韻符ㄛ˙第二十七部（附複合韻符ㄨㄛ˙及ㄩㄛ˙）

韻符ㄝ˙第二十八部（附複合韻符ㄧㄝ˙）

鄞縣方言變音表

名物　形狀　動作　虛助

俗名

現代詞語

名物詞類表：天象　地理　歲時　人稱（附鬼神）　事類　身體　疾病　建築　衣飾

食品　用品　器具　動物　植物　數量　代名詞

形狀詞類表：顏色　聲音　臭味　形態　感覺　性質　等差　繫數字者　感歎詞

動作詞類表：屬目（附屬耳）　屬口（附屬鼻）　屬手　屬足　屬身體　屬意念　屬

行爲　屬事業　屬器物　屬水　屬火　屬動物

虛助詞類表：接續詞　介詞　助詞　接頭詞　接尾詞

古代詞語

古代詞語表：名物詞　形狀詞（附感歎詞）　動作詞

外來詞語

蘇滬流入詞語表

其他各地流入詞語表

英國流入詞語表

反切詞語

反語表

切音表

象形會意諧聲詞語

象形會意諧聲詞語表

市語

市語數詞表

嫛婗語

嫛婗語表

禽言

禽言表

簡字

簡字表

字語

字語表

諺語

儆戒語類表

慰勉語類表

感慨語類表

經驗語類表

贊美語類表

誇耀語類表

撝謙語類表

頌禱語類表

讖忌語類表

占驗語類表

諧謔語類表

比喻語類表

隱謎語類表

附録：陳炳翰《古堇諺鐸》

「方言」之稱始於揚雄書名，然其書具名爲《輶軒使者絶代語釋别國方言》，頗難瞭解。漢末應劭於《風俗通序》中釋之云：「周秦常以八月遣輶軒之使求異代方言，還奏籍之，藏於秘室。揚雄好之，天下孝廉衛卒交會，周章質問，以次續注云。」案絶代語及異代方言，皆謂古代語言尚遺留於各地人民口語中者。古輶軒使者采訪之，揚雄復解釋之，使人知爲書籍中何詞，或通用語中何物也。故其書中所載，皆爲較生僻之一二字名稱，未有全句語言。其實「方言」二字，廣義即謂一地語言，豈獨名稱已哉。後人泥古，凡續補《方言》、專著一書或方志中列「方言」目，皆效揚雄書，限於名稱；或搜羅奇字，以炫該博；或徵引古典，以明出處。然不過足資談助，絶無裨文字語言之研究與改革也。本編擴而充之，分爲四目：一曰音讀。確定鄞邑字音語音，使知與他邑方音區别。恐人不易得其音，故皆以注音符號拼合之，不用直音或反切。二曰俗名。分類表列鄞語中一音至二音以上名稱，俾人聞其名即得其字，皆依據語言學定理，輾轉考索，頗費日力，冀爲提倡大衆文學、普及工農教育及統一文字語言者稍有憑藉。三曰諺語。語言大别爲二，一散語，即信口所發。二諺語，傳自古人，於談論批評時常引用之以説服人者，此爲其地盡人皆知之習慣語。今廣采而類分之，並旁標注音符號，使不失其原語神情。後附近人陳炳翰、徐士琛等用諺語綴輯之聯語詩文，俾提倡地方文學者得觀摩之益。四曰謡歌〔一〕。甬人質樸，素鮮戀歌情詞，故所載多童謡，而謎語吃口令亦有音調，因附於末。蓋文字語言之改革與統一，實爲我國文化建設一大問題，故不惜巨幅載此一編，幸無譏焉。

音讀

世界各國文字，多屬拼音制，其語言一經字母拼成文字，讀音即不致變更。而因文字之有

〔一〕本編未録「謡歌」部分。

定形定音，語言亦收統一之效。故一國之中語言與文字，及各地之語言，雖亦略有差殊，然不至大相逕庭也。我國四千年來，沿用衍形文字，雖衍形文字之中十之八九爲形聲字，未嘗不可觀察其形而想像其音，然欲確定爲何音，不可得也。於是昔人創注音之法，或以讀如、讀若、長言、短言等比附其音；或以一字注一字，謂之直音；或用兩字拼合一字之音，謂之反切。自以爲可確定其音，不知其所注字音，亦隨時隨地隨人而變，而被注之本字亦不能不隨之而變，於是仍無確定之音矣。故一國之中，文字讀音因地時人而不同，語言亦然。如是而欲普施教育於民衆，而提高其文化，詎可得乎？故欲掃除文盲，普及教育，實非改衍形文字爲拼音文字不可。惟地域廣博，人口繁多，而歷史又悠久，一時未易改革。沿用衍形文字，當仍有頗長時間。而在改革之前，又當預作準備工夫，俾改革者知如何措手。此今日之編輯縣志不可不有方言一編，而方言編中又不可不立讀音一目也。鄞爲八達之區，疆域毗鄰者，有慈谿、鎮海、奉化、象山、寧海、嵊縣、上虞、餘姚八邑，故各鄉之讀音及語音，常與此八邑之方音相羼雜。而城市之中，又多旅客居民，耳濡目染，往往讀音語音亦爲同化，漸移於不自覺之中。且鄞人商於國内各地者，足跡幾徧，又常挾僑地方音以俱來。故欲確定何者爲鄞音，何者非鄞音，殊非易事。昔年編方言時，曾選城市與附郭之土著而年事較富者，審定其音，以爲標準，然未能詢謀僉同也。讀音一目中，分列五表：一曰注音符號表，以音符規定字音也。二曰聲符韻符與守温字母、《廣韻》韻目配合表，溝通古今聲韻也。三曰鄞縣方音全表，統計鄞人所發字音語音也。四曰鄞縣讀音轉韻表，以韻部歸納鄞之字音也。五曰鄞縣方言變音表，彙列一詞所有之字音語音也。冀爲異日改革文字、統一語言者作先驅焉。

注音符號表

「方言編」原稿在抗日以前已大部完成，故皆用注音符號拼合聲音。此次整補付印時，本思改用拉丁字母拼音，惟因今日各家所發表拉丁字母拼法，頗有出入，尚未經會議統一，明令規定。且原稿急須付印，改編亦頗不易，故衹得仍其舊貫。將來欲改用拉丁字母，閱者不難參互比較而得之也。國音注音符號，其初定時本有四十，即聲符二十四，韻符十六。今鄞音需用之符號則爲六十二，即聲符三十三、韻符二十九。其聲符三十三中，沿用國音注音符號者爲ㄅ、ㄆ、ㄇ、ㄈ、ㄪ、ㄉ、ㄊ、ㄋ、ㄌ、ㄍ、ㄎ、ㄫ、ㄏ、ㄐ、ㄑ、ㄬ、ㄒ、ㄗ、ㄘ、ㄙ二十聲符。將國音注音符號加以標識者爲ㄅ́、ㄉ́、ㄍ́、ㄏ́、ㄐ́、ㄒ́、ㄗ́、ㄙ́與ㄇ̀、ㄋ̀、ㄌ̀、ㄫ̀十三聲符。蓋國音注音符號之聲符無ㄅ、ㄉ、ㄍ、ㄏ、ㄐ、ㄒ、ㄗ、ㄙ八濁音及ㄇ、ㄋ、ㄌ、ㄫ五反濁音也。其不用國音注音符號ㄓ、ㄔ、ㄕ、ㄖ四聲符者，因鄞邑無此四舌葉音也。其韻符二十九中，沿用國音注音符號者，爲ㄧ、ㄨ、ㄩ、ㄚ、ㄛ、ㄝ、ㄞ、ㄟ、ㄠ、ㄢ、ㄣ、ㄤ、ㄥ、ㄦ十四韻符，其加以標識者爲ㄧ̣、ㄩ̣、ㄚ̣、ㄛ̣、ㄝ̣五入聲與ㄝ̀、ㄦ̀七韻符。而又別立禾、力、宀、彡、ク、干、丄、廾八韻符。蓋國音注音符號本不別立入聲符號，亦加標識以爲區分，而ㄝ之變音ㄝ̀，及ㄦ之反濁音ㄦ̀二韻符，又爲鄞音所特有，故即就原有韻符識別之也。鄞音歌戈等韻之字音，多非國音ㄛ符所能拼，故別立禾符，禾即稻禾之禾字，鄞音讀入歌戈韻也。 鄞音尤侯幽等韻之字音，實不合於國音用ㄡ符所拼之音，故不得不別立ㄌ符，而廢ㄡ符。 ㄌ即九字之省，鄞音讀入尤侯幽等韻也。 鄞音先仙鹽等韻之字音，大部分不合於國音用ㄢ符所拼之音，而小部分則可用ㄢ符拼之，故於ㄢ符之外，又別立宀符，宀即宀字之韻符，鄞音讀入先仙鹽等韻也。 鄞音寒覃元桓先等韻之字音，除一部分爲國音ㄢ符所能拼外，其餘大部分非國音所有，又當析爲三韻，故於ㄢ符之外，又別立彡、𠂊、千三符。彡即參字之省，因鄞音參加之參，其韻如此。𠂊即奐字之省，因鄞音奐字之韻如此。 千符借用干字之滬音，因鄞音無恰當之字可作韻符也。 鄞音江唐陽等韻之字音，非盡國音ㄤ符所能拼合，故別立丄符，丄即古文上字，爲鄞音上字之韻也。 鄞音東冬鍾等韻之字音，與國音以複合韻符ㄨㄥ、ㄩㄥ所拼者不合，故又別立廾符，廾即拱之古字，爲鄞音拱字之韻也。 此八韻符因專爲拼甬地方音而設，故謂之閏音，所以別於國音韻符也。 其中禾、ㄌ、宀、彡、千、丄、廾七符，爲昔年舊寧波府屬七邑教育聯合會所審定，故《定海縣志·方俗志》已采用之，惟甬音桓韻之字，舊時皆以複合韻符ㄨ千拼之，實不適合，故今又更立𠂊符也。

聲符

國音聲符

ㄅ伯	ㄆ潑	ㄇ末	ㄈ弗	万佛	ㄉ得	ㄊ脫	ㄋ納	ㄌ勒	ㄍ格
ㄎ克	兀額	ㄏ黑	ㄐ基	ㄑ欺	广尼	ㄒ希	ㄗ兹	ㄘ雌	ㄙ私

濁音聲符

ㄅ́白	ㄉ́特	ㄍ́⿰开可	ㄏ́合	ㄐ́其	ㄒ́移	ㄗ́慈	ㄙ́匙

反濁音聲符

ㄇ́　ㄇ之反濁音	ㄋ́　ㄋ之反濁音	ㄌ́　ㄌ之反濁音	ㄫ́　ㄫ之反濁音	ㄬ́　ㄬ之反濁音

獨用聲符

ㄫ讀若魚俗音	ㄫ́　ㄫ之反濁音	ㄗ兹	ㄘ雌	ㄗ́慈	ㄙ私	ㄙ́匙

韻符

國音韻符

ㄧ衣	ㄨ烏	ㄩ迂	ㄚ挨	ㄛ讀若鴉俗音	ㄝ謁也連讀	ㄞ哀	ㄟ謁追連讀	ㄠ凹	ㄢ唵
ㄣ謁因連讀	ㄤ讀若櫻俗音〔一〕	ㄥ恩							

〔一〕讀：原誤作「賣」。

國音複合韻符

一丫讀若鴉國音	ㄨ丫烏挨連讀	ㄨㄛ蛙	ㄩㄛ讀若鴉讀	一ㄝ讀若也平聲	ㄩㄝ迂也連讀	ㄨㄞ烏哀連讀	ㄨㄟ威
			音		平聲		
一ㄠ腰	一ㄢ衣唵連讀	ㄨㄢ灣	一ㄣ因	ㄩㄣ氳	一ㄤ央	ㄨㄤ烏亨連讀	ㄨㄥ温

閏音韻符

禾嬰	ㄝ謁者連讀	ㄉ歐	宀謁煙連讀	彡安	ㄅ謁歡連讀	千謁團連讀	丄讀若盎平聲	廾翁

閏音複合韻符

一ㄉ幽	一宀煙	ㄨㄅ豌	ㄩ千淵	ㄨ丄汪	ㄩ丄迂汪連讀	ㄩ廾雍

入聲韻符

一˙一	ㄩ˙讀若[扌鬱]攏之[扌鬱]	丫˙謁	ㄛ˙惡	ㄝ˙讀若打嚱之嚱

入聲複合韻符

一丫˙約	ㄨ丫˙挖〔一〕	ㄨㄛ˙讀若屋裏之屋	ㄩㄛ˙郁

〔一〕 丫˙：原脱，據「韻符ㄨ丫第六攝」補。

東方韻符

儿兒

聲符韻符與守溫字母《廣韻》韻目配合表

守溫字母三十六，與國音聲符二十四，及鄞邑方言之聲符三十三相參較，各有減，亦有增。鄞音聲符有減者，則因照穿牀審禪五正齒音，鄞音皆讀入精清從心邪五齒頭音中；知徹澄三舌上音，亦讀入精清從三齒頭音中；非奉二母，又讀入敷微二母中；日母，又讀入邪母中；而影母本爲韻符元音，不得爲聲符，故當減少十二母。其有增者，見溪羣疑曉匣六母，鄞音各析爲剛柔二種，惟疑母之柔音即爲娘母，匣母之柔音即爲喻母，再加以守温字母所未有之ㄇ、ㄋ、ㄌ、ㄫ、ㄬ反濁音五，當增加九母。故共得三十三聲符。《廣韻》韻目二百有六，而國音韻符僅十六，鄞音韻符亦僅二十三，即並複合韻符、入聲韻符及東方韻符計之，亦不過五十五。其所以相差如是之多者，蓋國音及鄞音韻符平上去三聲，皆統於一符，且韻符皆開口呼，若轉爲齊齒、合口、撮口三呼，即可以ㄧ、ㄨ、ㄩ三韻符爲介而叶成之，非如《廣韻》往往析開、齊、合、撮四呼爲數韻目，故如是之繁複也。鄞音韻符若析爲平上去入四聲，則共得一百四十一韻符，即平上去三聲各四十四韻符，入聲九韻符。已逾平水韻符一百有六之數。故鄞音之複雜，不亞於閩粤，而異地人學習甬語之困難，亦可概見矣。今將鄞音聲符、韻符與守溫字母、《廣韻》韻目互相配合，立爲此表，俾研究鄞邑方言者，知古今語言與各地方言之如何演變而成爲今日之複雜現狀，亦使學習鄞邑方言者得一入門之捷徑，且爲後列方音全表及讀音轉韻表作提綱挈領之用云爾。

聲符

聲符	守温字母	聲符	守温字母	聲符	守温字母	聲符	守温字母	聲符	守温字母
ㄅ	幫	ㄉ	端	ㄍ	見剛音	ㄐ	見柔音〔一〕	ㄗ	知精照
ㄆ	滂	ㄊ	透	ㄎ	溪剛音	ㄑ	溪柔音	ㄘ	徹清穿
ㄅ́	並	ㄉ́	定	ㄍ́	羣剛音	ㄐ́	羣柔音	ㄗ́	澄從牀
ㄇ	明	ㄋ	泥	ㄫ	疑剛音	ㄬ	疑柔音娘日俗音	ㄙ	心審
`ㄇ		`ㄋ		`ㄫ		ㄬ́		ㄙ́	邪禪日讀音
ㄈ	非敷	ㄌ	來	ㄏ	曉	ㄒ	曉柔音		
ㄪ	奉微	`ㄌ		ㄏ́	匣	ㄒ́	喻		影此爲韻符之音

韻符

韻符	廣韻中各韻之字轉入者			
	平韻	上韻	去韻	入韻
一	支脂之微魚虞齊	紙旨止尾語麌薺賄	寘至志未御遇霽祭廢	質術櫛迄月曷黠屑薛陌昔錫職緝葉怗業

〔一〕音：原誤作「剛」。

續表

韻符	廣韻中各韻之字轉入者			
	平韻	上韻	去韻	入韻
ㄨ	魚虞模	語麌姥有厚	御遇暮宥	
ㄩ	魚虞	語麌	御遇	質術物月鎋屑薛職緝葉
ㄚ	佳皆	蟹駭	泰卦怪夬	屋質術櫛物月没曷末黠鎋薛鐸陌麥昔職德緝合盍葉洽狎乏
ㄧㄚ	麻	馬	禡	屑藥鐸昔怗洽狎業
ㄨㄚ	佳皆	蟹駭	怪夬	没末黠鎋陌麥
ㄛ	佳麻	蟹馬	卦禡	屋沃覺燭没藥鐸陌麥德
ㄨㄛ	佳麻	蟹馬	卦夬禡	屋
ㄩㄛ	佳麻	蟹馬	卦禡	屋覺月物藥昔職緝
禾	模歌戈	姥哿果厚	暮箇過	
ㄝ				
ㄧㄝ	佳皆麻	蟹駭馬	卦怪禡	
ㄩㄝ				
˘ㄝ	麻	馬	禡	

續表

韻符	廣韻中各韻之字轉入者			
	平韻	上韻	去韻	入韻
ㄞ	支皆咍	紙駭海	至泰怪夬代	
ㄨㄞ	皆	駭	怪夬	
ㄟ	支脂微齊灰	紙旨尾薺賄海	寘至未遇霽祭泰怪夬隊廢	
ㄨㄟ	支脂微齊灰	紙旨尾薺賄海	寘至未遇霽祭泰怪夬隊廢	
ㄠ	肴豪	篠皓	效號	
ㄧㄠ	蕭宵肴幽	篠小巧黝	嘯笑效號幼	
冂	尤侯	有厚	宥候	
ㄧ冂	尤幽	有黝	宥候幼	
ㄢ	咍元寒删山先覃談咸銜凡	海阮潸產銑感敢儼豏檻范	願翰諫襇霰勘闞陷鑑梵	
ㄧㄢ			㮇	
ㄨㄢ	桓删山	緩潸產	換諫襇	
冖	寒先談	旱銑敢	翰霰闞	
ㄧ冖	元删山先仙覃鹽添咸嚴	阮潸產銑獮琰忝豏檻儼	願諫襇霰線豔㮇陷鑑釅	

續表

韻符	廣韻中各韻之字轉入者			
	平韻	上韻	去韻	入韻
彡	寒覃談銜	旱感敢豏	隊翰勘闞陷	
ㄨク	元桓	阮緩	願换	
干	桓	緩	换	
ㄩ干	元桓山删先仙鹽	阮緩潸産銑獮琰	願换諫襉霰線豔	
一ㄣ	真諄臻欣庚耕清青蒸登侵	軫準隱梗耿静迥拯寢	震稕焮映諍勁徑證沁	
ㄩㄣ	真諄文		震稕問	
ㄤ	庚耕	梗耿	映諍	
一ㄤ	江陽	講養	絳漾	
ㄨㄤ	庚	梗	映	
丄	江陽唐庚	講養蕩梗	絳漾宕映沁	
ㄨ丄	陽唐	養蕩	漾宕	
ㄩ丄			絳	
ㄥ	諄臻文魂痕庚耕蒸登侵	準吻混很梗耿拯等寢	稕問慁恨映耿證嶝沁	

續表

韻符	廣韻中各韻之字轉入者			
	平韻	上韻	去韻	入韻
ㄨㄥ	魂	混	慁	
卄	東冬鍾耕清青登	董腫耿静迥等	送宋用映勁徑嶝	
ㄩ卄	鍾庚	腫梗	用映	
ㄦ	支脂之魚	紙旨止	寘至志祭	

鄞縣方音全表

語言學家謂人類愈演進，則發音愈複雜。蓋事物煩劇，欲使聽者明瞭其所指事物及含義分別，有不得不分化之勢也。故統計一地所發聲音，不獨大有裨益於文字語言學，使異地之人得以循此而學習其地之方言，抑可以覘其民族純厖，風習淳漓與文化久暫焉。今將鄞邑所發之音，仿宋元人等韻表之排列法，以注音符號之韻符及複合韻符爲主，區分爲四十四攝。宋元人之等韻表所以僅有十六攝或十二攝者，因開、齊、合、撮四呼多併爲一攝也。即ㄧ、ㄨ、ㄩ、ㄚ、ㄧㄚ、ㄨㄚ、ㄛ、ㄨㄛ、ㄩㄛ、禾、ㄝ、ㄧㄝ、ㄩㄝ、◡ㄝ、ㄞ、ㄨㄞ、ㄟ、ㄨㄟ、ㄠ、ㄧㄠ、ㄉ、ㄧㄉ、ㄢ、ㄧㄢ、ㄨㄢ、宀、ㄧ宀、彡、ㄨㄅ、干、ㄩ干、ㄧㄣ、ㄩㄣ、ㄤ、ㄧㄤ、ㄨㄤ、丄、ㄨ丄、ㄩ丄、卄、ㄩ卄、ㄥ、ㄨㄥ、ㄦ是也。每攝列爲一表，以脣、舌、輭齶、硬齶、齒五音爲緯，清濁及平上去入四聲爲經，俾讀者在一表之中識其一字，即可得其全表之字音，而不致誤讀別字，甚利便也。由此四十四表統計之，鄞人所發之音凡二千五百有一，而有通用之音可標者，約不過一千四百七十音，爲全音十分之六。其餘皆有其音而無其字，亦無其詞也。然此不過就一般而言，其實鄞之方音，凡濁音之字上聲與去聲殊鮮區別，濁音爲脣音之ㄅ́、ㄇ、万，舌音之ㄉ́、ㄋ、ㄌ，輭齶音之ㄍ́，硬齶音之ㄐ́、广、ㄒ́，齒音之ㄗ́、ㄙ́等十四聲符所屬之音，與韻符ㄦ及獨用聲符兀、ㄗ́、ㄙ́三音。故不能有二千五百音之多。而有字之音，若將語言之俗音、變音除外，則亦未必有一千四百七十音，各有文字可標也。

韻符ㄧ第一攝　入聲韻符ㄧ．

脣音	平上去入	舌音	平上去入	輭齶音	平上去入	硬齶音	平上去入	齒音附韻符音	平上去入
ㄅㄧ	蓖匕閉必	ㄉㄧ	低底帝嫡			ㄐㄧ	饑几冀急	ㄗㄧ	齎濟霽即
ㄆㄧ	披痞譬匹	ㄊㄧ	梯體剃逷			ㄑㄧ	攲起器乞	ㄘㄧ	妻萋砌七
ㄅ́ㄧ	疲婢鼻愎	ㄉ́ㄧ	題弟地耋			ㄐ́ㄧ	奇技芰及	ㄗ́ㄧ	齊薺劑疾
ㄇㄧ	彌洱謎蜜	ㄋㄧ	你			广ㄧ	尼擬膩暱	ㄙㄧ	西徙細悉
ˋㄇㄧ	咪○	ˋㄋㄧ	你△			ˋ广ㄧ		ㄙ́ㄧ	徐　席
ㄈㄧ	非匪沸	ㄌㄧ	離麗吏栗			ㄒㄧ	犧喜戲肸		
万ㄧ	未尾微	ˋㄌㄧ				ㄒ́ㄧ	移徯異逸	ㄧ	衣倚懿乙

韻符ㄨ第二攝

續表

脣音	平上去	舌音	平上去	顎齶音	平上去	硬齶音		齒音附韻符音	平上去
ㄅㄨ	逋補布	ㄉㄨ	都覩妒	ㄍㄨ	孤古顧			ㄗㄨ	租祖
ㄆㄨ	鋪普鋪	ㄊㄨ	土兔	ㄎㄨ	枯苦褲			ㄘㄨ	粗楚厝
ㄅˊㄨ	酺簿捕	ㄉˊㄨ	徒杜渡	ㄍˊㄨ	踞○			ㄗˊㄨ	鋤齟助
ㄇㄨ	姥	ㄋㄨ	奴怒笯	ㄫㄨ	吾忤誤			ㄙㄨ	疏數△訴
ˋㄇㄨ	無○姆△	ˋㄋㄨ		ˋㄫㄨ				ㄙˊㄨ	
ㄈㄨ	敷撫赴	ㄌㄨ	盧魯路	ㄏㄨ					
ㄪㄨ	無武務	ˋㄌㄨ		ㄏˊㄨ	胡户護			ㄨ	烏塢汙

韻符ㄩ第三攝 入聲韻符ㄩ

脣音		舌音		顎齶音		硬齶音	平上去入	齒音附韻符音	平上去入
						ㄐㄩ	居舉據決	ㄗㄩ	諸主翥
						ㄑㄩ	驅去去缺	ㄘㄩ	趨杵處出
						ㄐˊㄩ	渠巨懼掘	ㄗˊㄩ	除 治
						ㄬㄩ	愚語御	ㄙㄩ	書暑絮雪
						ㄬˊㄩ		ㄙˊㄩ	如汝茹入

續表

脣音	平上去入	舌音	平上去入	輭齶音	平上去入	硬齶音	平上去入	齒音附韻符音	平上去入
						ㄒㄩ	虛許噓血		
						ㄒˊㄩ	俞羽豫月	ㄩ	迂淤飫鬱

韻符ㄚ第四攝 入聲韻符ㄚ˙

脣音	平上去入	舌音	平上去入	輭齶音	平上去入	硬齶音	平上去入	齒音附韻符音	平上去入
ㄅㄚ	擺○拜○伯	ㄉㄚ	帶○得	ㄍㄚ	街○解○界○格			ㄗㄚ	齋 債則
ㄆㄚ	派○潑	ㄊㄚ	他△太○脱	ㄋㄚ	揩○卡 克			ㄘㄚ	釵 蔡測
ㄅˊㄚ	排捭○敗白	ㄉˊㄚ	埭○汏○大特	ㄍˊㄚ	懈○𢴤			ㄗˊㄚ	寨擇
ㄇㄚ	埋○買○賣○末	ㄋㄚ	拏△奶納	ㄫㄚ	捱○外○額			ㄙㄚ	灑曬殺
ˋㄇㄚ		ˋㄋㄚ	那○	ˋㄫㄚ				ㄙˊㄚ	柴 石
ㄈㄚ	弗	ㄌㄚ	癩勒	ㄏㄚ	蟹○黑				
ㄪㄚ	佛	ˋㄌㄚ	拉○	ㄏˊㄚ	鞋○合			ㄚ	挨矮 謁

韻符ㄧㄚ第五攝 入聲韻符ㄧㄚ˙

脣音	平上去入	舌音	平上去入	輭齶音	平上去入	硬齶音	平上去入	齒音附韻符音	平上去入
ㄅㄧㄚ		ㄉㄧㄚ	爹			ㄐㄧㄚ	嘉△假△駕△覺△	ㄗㄧㄚ	姐 酌
ㄆㄧㄚ		ㄊㄧㄚ	帖			ㄑㄧㄚ	怯	ㄘㄧㄚ	笡鵲

續表

ㄅˊㄧㄚ		ㄉˊㄧㄚ	蝶			ㄐˊㄧㄚ	茄 劇	ㄗˊㄧㄚ	着
ㄇㄧㄚ		ㄋㄧㄚ				ㄬㄧㄚ	虐	ㄙㄧㄚ	寫卸削
ˋㄇㄧㄚ		ˋㄋㄧㄚ				ˋㄬㄧㄚ		ㄙˊㄧㄚ	斜 謝若
ㄈㄧㄚ		ㄌㄧㄚ	略			ㄒㄧㄚ	謔		
ㄪㄧㄚ		ˋㄌㄧㄚ				ㄒˊㄧㄚ	爺○野夜藥	ㄧㄚ	鴉△啞△亞△約

韻符ㄨㄚ第六攝　入聲韻符ㄨㄚ

唇音		舌音		輭齶音	平上去入	硬齶音		齒音附韻符音	平上去入
				ㄍㄨㄚ	乖△拐怪○括				
				ㄎㄍㄚ	快○闊				
				ㄍˊㄨㄚ					
				ㄫㄨㄚ	兀				
				ˋㄫㄨㄚ					
				ㄏㄨㄚ	歪 忽				
				ㄏˊㄨㄚ	懷△ 壞△活			ㄨㄚ	壞○挖

韻符ㄛ第七攝　入聲韻符ㄛ

續表

脣音	平上去入	舌音	平上去入	顆齶音	平上去入	硬齶音		齒音附韻符音	平上去入
ㄅㄛ	巴把霸博	ㄉㄛ	朵 篤	ㄍㄛ	嘉○假○駕○覺○			ㄗㄛ	遮鮓詐作
ㄆㄛ	葩 怕粕	ㄊㄛ	託	ㄎㄛ	齣跒揢○哭			ㄘㄛ	叉撦瘥錯
ㄅ́ㄛ	爬跁杷泊	ㄉ́ㄛ	鐸	ㄍㄛ				ㄗ́ㄛ	查槎乍昨
ㄇㄛ	麻馬禡莫	ㄋㄛ	拏 諾	ㄫㄛ	牙○瓦○砑○咢			ㄙㄛ	沙捨○舍○索
ㄇ̀ㄛ	媽○	ㄋ̀ㄛ	拏△	ㄫ̀ㄛ				ㄙ́ㄛ	蛇△社○射○辱
ㄈㄛ	福	ㄌㄛ	蘿 落	ㄏㄛ	蝦○啁鏄△涸				
ㄪㄛ	伏	ㄌ̀ㄛ	攞○	ㄏ́ㄛ	霞○下○夏○學○			ㄛ	鴉○啞○掗惡

韻符ㄨㄛ第八攝　入聲韻符ㄨㄛ

脣音	平上去入	舌音	平上去入	顆齶音	平上去入	硬齶音		齒音附韻符音	平上去入
				ㄍㄨㄛ	瓜寡卦				
				ㄎㄨㄛ	誇侉跨				
				ㄍ́ㄨㄛ					
				ㄫㄨㄛ					
				ㄫ̀ㄨㄛ					

續表

				ㄏㄨㄛ	花 化				
				ㄏˊㄨㄛ	華踝話			ㄨㄛ	蛙搲 屋○
韻符ㄩㄛ第九攝 入聲韻符ㄩㄛ									
脣音		舌音		轉齶音		硬齶音	平上去入	齒音附韻符音	平上去入
						ㄐㄩㄛ	嘉假駕覺		
						ㄑㄩㄛ	曲		
						ㄐˊㄩㄛ	局		
						ㄬㄩㄛ	玉		
						ㄬˊㄩㄛ			
						ㄒㄩㄛ	嚇鬩△		
						ㄒˊㄩㄛ	霞下夏學	ㄩㄛ	鴉啞亞郁
韻符禾第十攝									
脣音	平上去	舌音	平上去	轉齶音	平上去[一]	硬齶音		齒音附韻符音	平上去
ㄅ禾	波跛播	ㄉ禾	多鞞跢	ㄍ禾	戈果過			ㄗ禾	左佐

[一]「平上去」原脱，依體例補。下徑改。

續表

	脣音		舌音		顎齶音		硬齶音		齒音附韻符音	
	ㄆ禾	頗叵頗	ㄊ禾	拖妥唾	ㄎ禾	科顆課			ㄘ禾	蹉瑳剉
	ㄅˊ禾	婆 縛○	ㄉˊ禾	駝墮惰	ㄍˊ禾				ㄗˊ禾	矬
	ㄇ禾	摩麼磨	ㄋ禾	儺娜懦	ㄫ禾	莪我餓			ㄙ禾	娑鎖些
	ˋㄇ禾		ˋㄋ禾		ˋㄫ禾				ㄙˊ禾	坐座
	ㄈ禾		ㄌ禾	羅裸邏	ㄏ禾	訶火貨				
	ㄪ禾		ˋㄌ禾		ㄏˊ禾	和禍賀			禾	要婐涴

韻符ㄝ第十一攝 入聲韻符ㄝ·

脣音		舌音		顎齶音	入	硬齶音		齒音附韻符音	入
				ㄍㄝ	該○				
				ㄎㄝ					
				ㄍˊㄝ					
				ㄫㄝ					
				ˋㄫㄝ					
				ㄏㄝ	欬○				
				ㄏˊㄝ				ㄝ	噦○

韻符ㄧㄝ第十二攝

續表

脣音	平上去	舌音		輭齶音		硬齶音	平上去	齒音附韻符音	平上去
ㄅㄧㄝ	拜					ㄐㄧㄝ	皆鍇誡		
ㄆㄧㄝ	湃					ㄑㄧㄝ	揩楷		
ㄅ́ㄧㄝ						ㄐ́ㄧㄝ〔一〕	茄△		
ㄇㄧㄝ						广ㄧㄝ			
ㄇ́ㄧㄝ						广́ㄧㄝ			
ㄈㄧㄝ	嬡○					ㄒㄧㄝ	骸蟹		
ㄪㄧㄝ						ㄒ́ㄧㄝ	諧 夜	ㄧㄝ	也隘
韻符ㄩㄝ第十三攝 案此韻有聲而無其字									
脣音		舌音		輭齶音		硬齶音	平上去	齒音附韻符音	平上去
						ㄐㄩㄝ			
						ㄑㄩㄝ			
						ㄐ́ㄩㄝ			

〔一〕ㄐ́：原誤作「ㄐ」。

續表

脣音		舌音		輭齶音		硬齶音		齒音附韻符音	平上去
						ㄬㄩㄝ			
						ㄬ́ㄩㄝ			
						ㄒㄩㄝ			
						ㄒ́ㄩㄝ			
								ㄩㄝ	
韻符⁀ㄝ第十四攝									
脣音		舌音		輭齶音		硬齶音		齒音附韻符音	平上去
								ㄗ⁀ㄝ	嗟者柘△
								ㄘ⁀ㄝ	
								ㄗ́⁀ㄝ	
								ㄙ⁀ㄝ	奢捨舍
								ㄙ́⁀ㄝ	蛇社射
								⁀ㄝ	
韻符ㄞ第十五攝									
脣音	平上去	舌音	平上去	輭齶音	平上去	硬齶音		齒音附韻符音	平上去
ㄅㄞ	拜	ㄉㄞ	獃歹帶	ㄍㄞ	該改蓋			ㄗㄞ	災宰載

續表

ㄆㄞ	派	ㄊㄞ	胎 泰	ㄎㄞ	開 愷 慨			ㄘㄞ	猜 采 菜
ㄅˊㄞ	徘 敗	ㄉˊㄞ	臺 駘 代	ㄍˊㄞ	隑			ㄗˊㄞ	裁 在
ㄇㄞ	埋 買 賣	ㄋㄞ	能 乃 奈	ㄫㄞ	皚 騃 艾			ㄙㄞ	鰓 諰 賽
ˋㄇㄞ		ˋㄋㄞ	乃△	ˋㄫㄞ				ㄙˊㄞ	裁○ 儎○
ㄈㄞ		ㄌㄞ	來 賚	ㄏㄞ	哈 海				
ㄪㄞ		ˋㄌㄞ		ㄏˊㄞ	孩 亥 害			ㄞ	哀 欸 藹

韻符ㄨㄞ第十六攝

脣音		舌音		顎齶音	平上去	硬齶音		齒音附韻符音	
				ㄍㄨㄞ	乖 怪				
				ㄎㄨㄞ	快				
				ㄍˊㄨㄞ					
				ㄫㄨㄞ					
				ˋㄫㄨㄞ					
				ㄏㄨㄞ					
				ㄏˊㄨㄞ	懷 壞			ㄨㄞ	

續表

韻符ㄟ第十七攝									
脣音	平上去	舌音	平上去	輭齶音	平上去	硬齶音		齒音附韻符音	平上去
ㄅㄟ	杯俾背	ㄉㄟ	堆膭對	ㄍㄟ				ㄗㄟ	追摧醉
ㄆㄟ	胚嚭配	ㄊㄟ	推腿退	ㄎㄟ				ㄘㄟ	摧璀翠
ㄅ́ㄟ	裴琲佩	ㄉ́ㄟ	頹錞隊	ㄍ́ㄟ				ㄘ́ㄟ	隨　遂
ㄇㄟ	枚浼妹	ㄋㄟ		ㄫㄟ				ㄙㄟ	雖　碎
ˋㄇㄟ	妹△	ˋㄋㄟ		ˋㄫㄟ				ˋㄙㄟ	隋罪粹
ㄈㄟ		ㄌㄟ	雷累類	ㄏㄟ					
ㄪㄟ		ˋㄌㄟ	耒△	ㄏ́ㄟ				ㄟ	

韻符ㄨㄟ第十八攝									
脣音	平上去	舌音	平上去	輭齶音	平上去	硬齶音		齒音附韻符音	平上去
				ㄍㄨㄟ	龜軌桂				
				ㄎㄨㄟ	虧巋喟				
				ㄍ́ㄨㄟ〔一〕	逵跪匱				

〔一〕ㄍ́：原誤作「ㄍ」。

唇音	平上去	舌音	平上去	輭齶音	平上去	硬齶音	平上去	齒音附韻符音	平上去
				ㄫㄨㄟ	危硊僞				
				ㄫˊㄨㄟ					
				ㄏㄨㄟ	灰賄誨				
				ㄏˊㄨㄟ	回蔿位			ㄨㄟ	威委餧
韻符ㄠ第十九攝									
唇音	平上去	舌音	平上去	輭齶音	平上去	硬齶音	平上去	齒音附韻符音	平上去
ㄅㄠ	包飽豹	ㄉㄠ	刀倒到	ㄍㄠ	高暠誥			ㄗㄠ	嘲爪罩
ㄆㄠ	拋砲泡	ㄊㄠ	饕討韜	ㄎㄠ	尻考靠			ㄘㄠ	操草抄
ㄅˊㄠ	庖鮑暴	ㄉˊㄠ	陶道導	ㄍˊㄠ	峧○			ㄗˊㄠ	曹皁漕
ㄇㄠ	茅卯帽	ㄋㄠ	鐃惱橈	ㄫㄠ	敖敿○傲			ㄙㄠ	騷嫂燥
ˋㄇㄠ	猫△　皃△	ˋㄋㄠ		ㄫˊㄠ				ㄙˊㄠ	漕○
ㄈㄠ		ㄌㄠ	勞老嫪	ㄏㄠ	蒿好耗				
ㄪㄠ		ˋㄌㄠ	撈	ㄏˊㄠ	豪皓號			ㄠ	凹襖奥
韻符ㄧㄠ第二十攝									
唇音	平上去	舌音	平上去	輭齶音	平上去	硬齶音	平上去	齒音附韻符音	平上去

續表

ㄅㄧㄠ	鑣表裱	ㄉㄧㄠ	貂鳥弔〔一〕			ㄐㄧㄠ	交絞教	ㄗㄧㄠ	昭沼照
ㄆㄧㄠ	飄縹票	ㄊㄧㄠ	挑朓糶			ㄑㄧㄠ	敲巧趬	ㄘㄧㄠ	鍫悄陗
ㄅˊㄧㄠ	瓢鰾驃△	ㄉˊㄧㄠ	迢窕藋			ㄐˊㄧㄠ	喬蹻嶠	ㄗˊㄧㄠ	朝剿醮
ㄇㄧㄠ	苗眇廟	ㄋㄧㄠ				ㄬㄧㄠ	堯嬲溺	ㄙㄧㄠ	宵小笑
ˋㄇㄧㄠ		ˋㄋㄧㄠ				ˋㄬㄧㄠ	嫋△	ㄙˊㄧㄠ	韶紹邵
ㄈㄧㄠ		ㄌㄧㄠ	聊了寮			ㄒㄧㄠ	囂曉孝		
ㄪㄧㄠ		ˋㄌㄧㄠ				ㄒˊㄧㄠ	遥鷕耀	ㄧㄠ	腰杳要

韻符ㄡ第二十一攝

脣音	平上去	舌音	平上去	輭齶音	平上去			齒音附韻符音	平上去
ㄅㄡ	裒掫	ㄉㄡ	兜斗鬬	ㄍㄡ	鉤苟遘			ㄗㄡ	鄒走奏
ㄆㄡ	剖歆	ㄊㄡ	偷黈透	ㄎㄡ	彄口寇			ㄘㄡ	搊輙輳
ㄅˊㄡ	捊腤	ㄉˊㄡ	頭鍮豆	ㄍˊㄡ	跔			ㄗˊㄡ	剶鯫驟
ㄇㄡ	矛母茂	ㄋㄡ	羺穀耨	ㄫㄡ	牛耦偶			ㄙㄡ	搜叟瘦
ˋㄇㄡ		ˋㄋㄡ		ˋㄫㄡ				ㄙˊㄡ	愁

〔一〕鳥：原誤作「鳥」。

續表

ㄈㄡ	不否覆	ㄌㄡ	樓嘍陋	ㄏㄡ	齁吼鬣				
ㄪㄡ	浮缶復	ㄌ́ㄡ	鏤○	ㄏ́ㄡ	侯厚候			ㄡ	歐嘔漚
韻符ㄧㄡ第二十二攝									
脣音	平上去	舌音	平上去	輭齶音		硬齶音	平上去	齒音附韻符音	平上去
ㄅㄧㄡ		ㄉㄧㄡ				ㄐㄧㄡ	鳩久救	ㄗㄧㄡ	周帚咒
ㄆㄧㄡ		ㄊㄧㄡ				ㄑㄧㄡ	丘糗齨	ㄘㄧㄡ	抽丘殠
ㄅ́ㄧㄡ		ㄉ́ㄧㄡ				ㄐ́ㄧㄡ〔一〕	裘舅舊	ㄗ́ㄧㄡ	儔紂冑
ㄇㄧㄡ		ㄋㄧㄡ				广ㄧㄡ〔二〕	牛狃楺	ㄙㄧㄡ	收首狩
ㄇ́ㄧㄡ		ㄋ́ㄧㄡ				广́ㄧㄡ		ㄙ́ㄧㄡ	受授
ㄈㄧㄡ		ㄌㄧㄡ	劉柳溜			ㄒㄧㄡ	休朽臭		
ㄪㄧㄡ		ㄌ́ㄧㄡ	溜○			ㄒ́ㄧㄡ	尤有宥	ㄧㄡ	幽黝幼
韻符ㄢ第二十三攝									
脣音	平上去	舌音	平上去	輭齶音	平上去	硬齶音		齒音附韻符音	平上去
ㄅㄢ	班板扮	ㄉㄢ	單撣○旦	ㄍㄢ	姦○揀○監○			ㄗㄢ	盞蘸

〔一〕ㄐ́：原誤作「ㄐ」。

〔二〕广：原誤作「广́」。

續表

ㄆㄢ	攀盼襻	ㄊㄢ	灘坦炭	ㄎㄢ	慳坎嵌			ㄘㄢ	餐剗羼
ㄅ́ㄢ	瓣 辧	ㄉ́ㄢ	壇但憚	ㄍ́ㄢ				ㄗ́ㄢ	殘棧
ㄇㄢ	蠻矕慢	ㄋㄢ	難赧難	ㄫㄢ	巖眼○			ㄙㄢ	山散○訕
ㄇ̀ㄢ	慢○	ㄋ̀ㄢ		ㄫ̀ㄢ				ㄙ̀ㄢ	涎○
ㄈㄢ	翻反販	ㄌㄢ	蘭嬾爛	ㄏㄢ	喊莧				
ㄪㄢ	煩晚萬	ㄌ̀ㄢ		ㄏ́ㄢ	閒限○憾○			ㄢ	唵鴨○晏○
韻符ㄧㄢ第二十四攝									
脣音		舌音		輭齶音		硬齶音	平上去	齒音附韻符音	
						ㄐㄧㄢ			
						ㄑㄧㄢ			
						ㄐ́ㄧㄢ	茄○		
						ㄬㄧㄢ	廿○		
						ㄬ́ㄧㄢ			
						ㄒㄧㄢ			
						ㄒ́ㄧㄢ			

續表

韻符ㄨㄢ第二十五攝

脣音		舌音		輭齶音	平上去	硬齶音		齒音附韻符音	平上去
				ㄍㄨㄢ	關　慣				
				ㄎㄨㄢ	筷○				
				ㄍˊㄨㄢ	環○摜○				
				ㄫㄨㄢ	頑　玩				
				ㄫˊㄨㄢ					
				ㄏㄨㄢ	儇○甩○				
				ㄏˊㄨㄢ	還　患○			ㄨㄢ	灣　綰

韻符宀第二十六攝

脣音		舌音		輭齶音	平上去	硬齶音		齒音附韻符音	平上去
				ㄍ宀	干趕幹				
				ㄎ宀	看瞰勘				
				ㄍˊ宀	寒○				
				ㄫ宀	岸				

續表

				ㄫㄢ					
				ㄏㄢ					
				ㄏ'ㄢ				ㄢ	

韻符一ㄢ第二十七攝

脣音	平上去	舌音	平上去	軟齶音	平上去	硬齶音	平上去	齒音附韻符音	平上去
ㄅ一ㄢ	鞭褊徧	ㄉ一ㄢ	顛典店			ㄐ一ㄢ	堅繭見	ㄗ一ㄢ	箋翦箭
ㄆ一ㄢ	篇萹騙	ㄊ一ㄢ	天忝餂			ㄑ一ㄢ	牽遣譴	ㄘ一ㄢ	千淺蒨
ㄅ'一ㄢ	緶楩便	ㄉ'一ㄢ	田殄電			ㄐ'一ㄢ	乾件健	ㄗ'一ㄢ	前踐賤
ㄇ一ㄢ	眠緬麪	ㄋ一ㄢ				ㄬ一ㄢ	年撚硯	ㄙ一ㄢ	先銑霰
ㄇ'一ㄢ		ㄋ'一ㄢ				ㄬ'一ㄢ	黏○	ㄙ'一ㄢ	前○賤○
ㄈ一ㄢ		ㄌ一ㄢ	連輦練			ㄒ一ㄢ	軒顯獻		
ㄪ一ㄢ		ㄌ'一ㄢ				ㄒ'一ㄢ	賢峴現	一ㄢ	煙蝘宴

韻符彡第二十八攝

脣音	平上去	舌音	平上去	軟齶音	平上去	硬齶音	平上去	齒音附韻符音	平上去
ㄅ彡		ㄉ彡		ㄍ彡				ㄗ彡	簪○

續表

ㄆ彡		ㄊ彡	貪　探	ㄎ彡		ㄘ彡	叁慘
ㄅ́彡		ㄉ́彡	覃禫醰	ㄍ́彡		ㄗ́彡	
ㄇ彡	妹△	ㄋ彡	南腩妠	ㄫ彡		ㄙ彡	糝
ˋㄇ彡	妹△	ˋㄋ彡		ˋㄫ彡		ㄙ́彡	
ㄈ彡		ㄌ彡		ㄏ彡	酣罕漢		
ㄪ彡		ˋㄌ彡		ㄏ́彡	寒旱翰	彡	安侒按

韻符ㄨク第二十九攝

脣音	平上去	舌音		顎齶音	平上去	硬齶音		齒音附韻符音	平上去
ㄅㄨク	搬　半			ㄍㄨク	官管貫				
ㄆㄨク	潘坢判			ㄎㄨク	寬款鏉				
ㄅ́ㄨク	盤伴叛			ㄍ́ㄨク					
ㄇㄨク	瞞滿			ㄫㄨク					
ˋㄇㄨク				ˋㄫㄨク					
ㄈㄨク				ㄏㄨク	歡澱喚				
ㄪㄨク				ㄏ́ㄨク	桓緩換○			ㄨク	豌椀惋

續表

韻符干第三十攝

脣音	平上去	舌音	平上去	輭齶音	平上去	硬齶音	平上去	齒音附韻符音	平上去
ㄅ干		ㄉ干	端短鍛	ㄍ干				ㄗ干	專轉囀
ㄆ干		ㄊ干	湍疃彖	ㄎ干				ㄘ干	穿舛釧
ㄅ´干		ㄉ´干	團斷段	ㄍ´干				ㄗ´干	全撰饌
ㄇ干		ㄋ干	渜暖偄	ㄫ干				ㄙ干	酸算選
ˋㄇ干		ˋㄋ干		ˋㄫ干				ㄙ´干	船
ㄈ干		ㄌ干	鑾卵○亂	ㄏ干					
ㄪ干		ˋㄌ干		ㄏ´干				干	

韻符ㄩ干第三十一攝

脣音	平上去	舌音	平上去	輭齶音	平上去	硬齶音	平上去	齒音附韻符音	平上去
						ㄐㄩ干	涓卷眷		
						ㄑㄩ干	犈犬勸		
						ㄐ´ㄩ干	權　倦		
						ㄏ´ㄩ干	元阮願		

續表

						̀ㄬㄩ干			
						ㄒㄩ干	喧　絢		
						ㄒ́ㄩ干	員遠瑗	ㄩ干	淵蜎怨
韻符ㄧㄣ第三十二攝									
唇音	平上去	舌音	平上去	輭齶音		硬齶音	平上去	齒音附韻符音	平上去
ㄅㄧㄣ	賓臏稟	ㄉㄧㄣ	丁頂矴			ㄐㄧㄣ	金錦禁	ㄗㄧㄣ	真軫震
ㄆㄧㄣ	繽品聘	ㄊㄧㄣ	汀挺聽			ㄑㄧㄣ	欽謦撳	ㄘㄧㄣ	親寢浸
ㄅ́ㄧㄣ	頻牝病	ㄉ́ㄧㄣ	庭錠定			ㄐ́ㄧㄣ	琴近競	ㄗ́ㄧㄣ	秦盡乘
ㄇㄧㄣ	民泯愍	ㄋㄧㄣ				ㄬㄧㄣ	吟濘憖	ㄙㄧㄣ	新沈信
̀ㄇㄧㄣ	愍△	̀ㄋㄧㄣ				̀ㄬㄧㄣ		ㄙ́ㄧㄣ	尋靜甚
ㄈㄧㄣ		ㄌㄧㄣ	零領遴			ㄒㄧㄣ	欣廞衅		
ㄪㄧㄣ		̀ㄌㄧㄣ	拎○			ㄒ́ㄧㄣ	寅引胤	ㄧㄣ	因隱印
韻符ㄩㄣ第三十三攝									
唇音		舌音		輭齶音		硬齶音	平上去	齒音附韻符音	平上去
						ㄐㄩㄣ	均麕莙	ㄗㄩㄣ	諄準稕

續表

						ㄑㄩㄣ	困窘	ㄘㄩㄣ	春蠢
						ㄐˊㄩㄣ	羣郡	ㄗˊㄩㄣ	
						ㄬˊㄩㄣ		ㄙˊㄩㄣ	辰楯順
						ㄬㄩㄣ		ㄙㄩㄣ	荀筍舜
						ㄒㄩㄣ	薰訓		
						ㄒˊㄩㄣ	匀殞運	ㄩㄣ	氳醞

韻符ㄤ第三十四攝

脣音	平上去	舌音	平上去	顎齶音	平上去	硬齶音		齒音附韻符音	平上去
ㄅㄤ	綳浜	ㄉㄤ	打	ㄍㄤ	庚○梗△			ㄗㄤ	争○
ㄆㄤ	烹○	ㄊㄤ	鍚○	ㄎㄤ	坑			ㄘㄤ	撐
ㄅˊㄤ	彭搒	ㄉˊㄤ	宕○	ㄍˊㄤ	鯁○			ㄗˊㄤ	盛○
ㄇㄤ	氓猛孟	ㄋㄤ		ㄫㄤ	硬			ㄙㄤ	生○省○
ˋㄇㄤ		ˋㄋㄤ		ˋㄫㄤ				ㄙˊㄤ	
ㄈㄤ		ㄌㄤ	冷○	ㄏㄤ	亨				
ㄪㄤ		ˋㄌㄤ		ㄏˊㄤ	行○杏○行○			ㄤ	櫻○憎

續表

韻符ㄧㄤ第三十五攝

脣音	平上去	舌音	平上去	輭齶音	平上去	硬齶音	平上去	齒音附韻符音	平上去
ㄅㄧㄤ		ㄉㄧㄤ				ㄐㄧㄤ	薑繮韁	ㄗㄧㄤ	張獎帳
ㄆㄧㄤ		ㄊㄧㄤ				ㄑㄧㄤ	羌硄唴	ㄘㄧㄤ	鎗搶蹡
ㄅ́ㄧㄤ		ㄉ́ㄧㄤ				ㄐ́ㄧㄤ	强勥弶	ㄗ́ㄧㄤ	長丈仗
ㄇㄧㄤ		ㄋㄧㄤ				ㄬㄧㄤ	娘仰釀○	ㄙㄧㄤ	襄想相
ˋㄇㄧㄤ		ˋㄋㄧㄤ				ˋㄬㄧㄤ		ㄙ́ㄧㄤ	牆像匠○
ㄪㄧㄤ		ㄌㄧㄤ	良兩亮			ㄒㄧㄤ	香響向		
ㄈㄧㄤ		ˋㄌㄧㄤ				ㄒ́ㄧㄤ	陽癢漾	ㄧㄤ	央養怏

韻符ㄨㄤ第三十六攝

脣音	平上去	舌音	平上去	輭齶音	平上去	硬齶音	平上去	齒音附韻符音	平上去
				ㄍㄨㄤ	梗○				
				ㄎㄨㄤ					
				ㄍ́ㄨㄤ					
				ㄫㄨㄤ					

續表

				ˋㄫㄨㄤ					
				ㄏㄨㄤ					
				ㄏ́ㄨㄤ	橫○ 橫○			ㄨㄤ	奣○

韻符ㄥ第三十七攝

脣音	平上去	舌音	平上去	顎齶音	平上去	硬齶音		齒音附韻符音	平上去
ㄅㄥ	邦榜螃	ㄉㄥ	當黨讜	ㄍㄥ	江○講○絳○			ㄗㄥ	章掌障
ㄆㄥ	滂髈胖○	ㄊㄥ	湯儻曭	ㄎㄥ	康慷伉			ㄘㄥ	昌昶唱
ㄅ́ㄥ	旁棒○傍	ㄉ́ㄥ	唐蕩宕	ㄍ́ㄥ	戇○			ㄗ́ㄥ	藏 撞
ㄇㄥ	茫莽漭	ㄋㄥ	囊曩儾	ㄫㄥ	昂駠枊			ㄙㄥ	桑爽喪
ˋㄇㄥ		ˋㄋㄥ		ˋㄫㄥ				ㄙ́ㄥ	牀上狀
ㄈㄥ	方昉放	ㄌㄥ	郎朗浪	ㄏㄥ	夯○				
ㄪㄥ	房罔妄	ˋㄌㄥ		ㄏ́ㄥ	杭項巷			ㄥ	胦坱盎

韻符ㄨㄥ第三十八攝

脣音	平上去	舌音	平上去	顎齶音	平上去	硬齶音		齒音附韻符音	平上去
				ㄍㄨㄥ	光廣誑				

脣音		舌音		輭齶音		硬齶音	平上去	齒音附韻符音	
				ㄎㄨㄥ	匡恇壙				
				ㄍ́ㄨㄥ	狂徃狂				
				ㄫㄨㄥ					
				ㄫ́ㄨㄥ					
				ㄏㄨㄥ	荒慌況				
				ㄏ́ㄨㄥ	王晃旺			ㄨㄥ	汪往汪

韻符ㄩㄥ第三十九攝

脣音		舌音		輭齶音		硬齶音	平上去	齒音附韻符音	
						ㄐㄩㄥ	降		
						ㄑㄩㄥ			
						ㄐ́ㄩㄥ			
						ㄬㄩㄥ			
						ㄬ́ㄩㄥ			
						ㄒㄩㄥ			
						ㄒ́ㄩㄥ		ㄩㄥ	

續表

韻符廾第四十攝

脣音	平上去	舌音	平上去	輭齶音	平上去	硬齶音	平上去	齒音附韻符音	平上去
ㄅ廾	琫	ㄉ廾	東董湅	ㄍ廾	公拱貢			ㄗ廾	鍾腫種
ㄆ廾	夆捀	ㄊ廾	通侗痛	ㄎ廾	空孔控			ㄘ廾	悤寵蹱
ㄅ́廾	蓬莑槰	ㄉ́廾	同動洞	ㄍ́廾	共			ㄗ́廾	從重頌
ㄇ廾	蒙蠓夢	ㄋ廾	農齈齈	ㄫ廾				ㄙ廾	松悚送
ˋㄇ廾		ˋㄋ廾	齈○	ˋㄫ廾				ㄙ́廾	穴
ㄈ廾	封覂諷	ㄌ廾	龍隴弄	ㄏ廾	烘嗊哄				
ㄪ廾	逢奉縫	ˋㄌ廾		ㄏ́廾	洪澒鬨			廾	翁蓊瓮

韻符ㄩ廾第四十一攝

脣音	平上去	舌音	平上去	輭齶音	平上去	硬齶音	平上去	齒音附韻符音	平上去
						ㄐㄩ廾	軍冢絅		
						ㄑㄩ廾	芎		
						ㄐ́ㄩ廾	蛩		
						ㄬㄩ廾	顒		

續表

						ˋㄒㄩ廾			
						ㄒㄩ廾	胸洶		
						ㄒ́ㄩ廾	雄 用	ㄩ廾	雍擁壅
韻符ㄥ第四十二攝									
脣音	平上去	舌音	平上去	顎齶音	平上去	硬齶音		齒音附韻符音	平上去
ㄅㄥ	崩本奔	ㄉㄥ	登等嶝	ㄍㄥ	根頣艮			ㄗㄥ	增怎譖
ㄆㄥ	噴倗繃	ㄊㄥ	噋氽褪	ㄎㄥ	鏗肯硍			ㄘㄥ	琤忖讖
ㄅ́ㄥ	朋笨坌	ㄉ́ㄥ	騰囤鈍	ㄍ́ㄥ	⿰乞頁			ㄗ́ㄥ	存 贈
ㄇㄥ	門懣悶	ㄋㄥ	能⿰火內嫩	ㄫㄥ				ㄙㄥ	僧哂沁
ˋㄇㄥ		ˋㄋㄥ		ˋㄫㄥ				ㄙ́ㄥ	層
ㄈㄥ	分粉糞	ㄌㄥ	倫冷論	ㄏㄥ	亨△很				
ㄪㄥ	文問吻	ˋㄌㄥ		ㄏ́ㄥ	痕 恨			ㄥ	恩穩饐
韻符ㄨㄥ第四十三攝									
脣音		舌音		顎齶音	平上去入	硬齶音		齒音附韻符音	平上去入
				ㄍㄨㄥ	昆衮棍				

續表

				ㄎㄨㄥ	坤閫困				
				ㄍㄨㄥˊ					
				ㄫㄨㄥ	倱 顐				
				ㄫㄨㄥˊ					
				ㄏㄨㄥ	昏 惛				
				ㄏㄨㄥˊ	魂混慁			ㄨㄥ	溫穩揾
韻符ㄦ第四十四攝 獨用聲符ㄫㄗㄘㄙ									
獨用聲符	平上去	獨用聲符	平上去	獨用聲符	平上去	獨用聲符	平上去	獨用聲符	平上去
ㄦ	兒爾二	ㄫ	魚○你○	ㄗ	支止志	ㄘ	雌齒廁	ㄙ	私始四
ㄦˊ	兒△爾△二△	ㄫˊ		ㄗˊ	慈			ㄙˊ	匙視嗜

注意：一、凡表中文字，即鄞邑文字讀音，其字旁加○者，則此字之俗音；其字旁加△者，則此字之變音，而其音尚存於鄞邑者。二、各列有注音符號而無文字者，則爲語言中尚有此音，而不得其文字。三、全列無注音符號，亦無文字者，則雖語言亦無此音。四、入聲地位不注入字者，因注音符號此韻符本無入聲。

鄞縣讀音轉韻表

昔人謂千年不同韻，蓋以爲時代遷移，詩歌所叶之韻亦隨而轉變，故清代研究音韻學者多分漢魏以前爲古音階段，六朝唐宋爲《廣韻》階段，元明以下爲《中原音韻》階段。其古音之分部，則皆混合經傳、諸子、楚騷、漢賦而冶爲一爐，不知即此千數百年一階段中，其音韻已幾經變化。夏朝末年之《詩經・豳風・七月》，豈能與戰國末年之屈宋《楚辭》盡同？即同一周代中，十五「國風」之詩，民間各叶其韻，秦齊相去千里，安能謂「秦風」與「齊風」盡同？此清代古音學家之謬誤也。苟細析之，不特北人無入聲，南人少捲舌音。北曲與吳歌叶韻本不相同，即就寧波舊府屬各縣言之，鄞邑民歌叶韻與其餘各邑亦不盡同，可以知之矣。

今綜合鄞縣一般讀音，其平上去三聲之韻，各分爲ㄧㄦㄨㄩㄚㄛ禾ㄝ)ㄝㄞㄟㄠㄌㄢ亠彡ㄅ千ㄣㄤ丄ㄥ廾二十三部〔二〕。其複合韻符則附於各部之中，如附ㄧㄚ、ㄨㄚ於ㄚ，附ㄨㄛ、ㄩㄛ於ㄛ，附ㄧㄝ、ㄩㄝ於ㄝ，附ㄨㄞ於ㄞ，附ㄨㄟ於ㄟ，附ㄧㄠ於ㄠ，附ㄧㄌ於ㄌ，附ㄧㄢ、ㄨㄢ於ㄢ，附ㄧ亠於亠，附ㄨㄅ於ㄅ，附ㄩ千於千，附ㄧㄣ、ㄩㄣ於ㄣ，附ㄧㄤ、ㄨㄤ於ㄤ，附ㄨ丄、ㄩ丄於丄，附ㄨㄥ於ㄥ，附ㄩ廾於廾，附ㄧㄚ˙、ㄨㄚ˙於ㄚ˙，附ㄨㄛ˙、ㄩㄛ˙於ㄛ˙，附ㄧㄝ˙於ㄝ˙。平上去三聲所以匯爲同表，而不復如《廣韻》之各列爲韻者，因新式詩歌已如南北曲韻及拉丁化漢字不再區分平上去三聲也。其入聲，則分爲ㄧ˙ㄩ˙ㄚ˙ㄛ˙ㄝ˙五部，入聲所以與《廣韻》相同，仍各自爲韻，而不與平上去三聲混合如古音及北曲者，則因南方之入聲截然與平上去三聲殊異，迥非如北方之入聲讀爲平上去三聲可以通叶也。合得二十八部，凡現今鄞邑音韻之區別，略盡於兹矣。其每部之中，先分平上去三聲，劃分三列。入聲則獨立另爲部。每聲之中，又以《廣韻》之韻目爲綱，其本韻之中以各紐《廣韻》同音之字皆彙列一處，標一反切，又記其字數以圓圈分隔之，謂之一紐之第一字作標準

〔二〕ㄥ：原誤作「ㄙ」。

音，以爲目，若第一字過於生僻，則酌取同紐中易識之字以爲標準。若一紐僅有數字，而此數字皆甚生僻，即不復取此紐。若《廣韻》本屬同紐之字，而鄞邑讀音各不相同者，則各舉一字以爲標準。若《廣韻》本屬同韻或同紐之字，而鄞邑讀音卻屬於他部者，則別列此韻此紐之此一字於別一部以爲標準。如此，則不但欲撰述鄞邑方言之詩歌可藉本表而叶韻，即欲研究鄞邑字音之讀法，亦可藉本表而確定。至於同紐同音之字，本表因不勝枚舉，故除標準字外未能列入，讀者欲知其音，則可檢《廣韻》與標準字同紐者而得之也。其曰讀音，不曰方音者，因讀音較爲統一，而方音則更歧出。即其讀音，亦指城市較通行者而言，不能普舉鄉隅讀音。且新式詩歌叶韻，亦大抵以讀音爲標準也。其曰轉韻者，謂《廣韻》本屬異韻之字，今皆轉入此部而爲同韻也。本表雖篇幅未廣，然綴輯之功頗耗時日，冀略有裨助於研究鄞邑方音者焉。

韻符一第一部

平聲《廣韻》韻目	本韻各紐中標準字	上聲《廣韻》韻目	本韻各紐中標準字	去聲《廣韻》韻目	本韻各紐中標準字
支	移縻披羆奇岐羲崎宜皮提離羈脾彌漪劑	紙	靡麗髓技倚掎綺蟻豸徙匜邐屣弭婢施企	寘	避詈賁寄臂芰易（容易）議譬倚戲企（又上聲）縊屣（又上聲）灑掎（又上聲）
脂	姨琵齎飢尼耆伊梨惟遺麋胝訛	旨	鄙几姊匕履柅否（否塞）跽	至	祕利膩屁劓棄冀暨悸懿器季鼻比地畀肄遺（又平聲）
之	怡疑其欺姬貍僖醫漦	止	喜紀以里枲痔起矣擬你	志	吏餌異忌意記嬉亟（頻數）

續表

微	微霏飛肥祈機希依沂	尾	尾扆豈蟣斐匪豨	未	未沸費腓既毅氣餼幾衣
魚	徐𣞀	語	呂	御	慮覰
虞	婁(曳意)	麌	縷		
齊	齊黎妻低啼篦鷄奚翳倪西 棲梯鼙批齎迷泥谿攜	薺	薺禮體濟抵弟禰啓徯米涀	霽	霽帝劑替第砌細詣計系契殪謎 閉媲麗薜泥(滯泥)
				祭	祭敝斃蔽裔瘞藝例憩罽偈
		賄	痱		
				廢	廢肺吠刈
韻符儿第二部　附獨用聲符ㄫㄗㄘㄙ					
支	支兒疵貲施斯差(參差)螭 雌知馳釃眵	紙	紙是骴此爾侈弛紫舐跐褫 揓枳	寘	置豉積(積聚)賜刺胔智翅䨽躧
脂	脂師資鴟絺茨墀私尸	旨	旨視兕矢雉死黹	至	至嗜致稚二次恣四示自
之	之時思輜詩而詞錙癡持蚩 慈茲茬	止	止市徵(五聲)似史耳始士 俟子齒恥滓	志	志治寺哉思(思想)試剚字駛廁 置侍事熾
魚	梳				
				祭	掣制逝滯世猘
韻符ㄨ第三部					

續表

魚	初鋤疏臚	語	楚阻齟	御	疏助楚
虞	芻無扶雛敷跗	麌	甫武父撫數	遇	附赴務數付
模	蒲胡孤徒奴呼吴租盧蘇徂烏逋枯粗稌都鋪	姥	姥土杜魯覩古五簿祖虎鄔苦怒户普補	暮	渡路妒吐顧誤護訴祚怒布污怖醋庫步戽
		有	婦缶	宥	副富
		厚	部		
韻符ㄩ第四部					
魚	魚書居渠余胥疽㩭虚於猪諸除如蛆墟葅蜍䘌	語	語紵與煮汝暑杵貯胥褚女許巨咀舉序去（除意）紓苴	御	御據去署恕著翥飫箸遽絮沮詛洳豫噓女（嫁意）處絮（吹食）
虞	虞于吁衢儒須株貙殊俞區朱趨紆輸樞廚拘毹	麌	麌羽聚柱詡豎愈主傴踽拄乳窶矩取	遇	遇嫗樹住注句酗戍裕孺懼芋趣註驅
戈	靴				
韻符ㄚ第五部　附複合韻符ㄧㄚ及ㄨㄚ					
				泰	太大帶蔡癩
佳	街鞋牌柴釵歪	蟹	蟹買廌奶矮擺解灑拐夥（夥頤）㛹	卦	賣眦派債曬
皆	挨排差（差使）齋揩	駭	唉	怪	怪瘵界蒯
				夬	夬快蠆敗寨

續表

平		上		去	
麻	斜茄迦邪爹	馬	寫咩姐	禡	謝藉瀉借夜笡(甬人斜之俗語)
韻符ㄛ第六部　附複合韻符ㄨㄛ及ㄩㄛ					
		語	所		
佳	佳蝸蛙喎(口歪)叉差(差殊)娃扠	蟹	罷	卦	卦畫瘥稗(稗草)
				夬	話
麻	麻車奢遮嗟蛇華瓜花誇拏家霞葩鴉巴杈沙芽渣茶佘洼髽撾杷查侘岈婼些	馬	馬赭雅假啞灺下嗰(大笑)社捨把踝寡瓦惹鮓槎撦跨傻奼	禡	罵駕亞罅訝詫吒詐乍髂暇蔗赦麝霸怕華(華山)化跨傻杷嗄胯(膩也，油胯胯)蛇瓦踠
韻符禾第七部					
模	模無(南無)	姥	虜	暮	暮做
歌	歌蹉多娑駝艖蛾他羅儺何訶珂阿	哿	哿瑳躲(亦轉ㄛ部)舵我儸娜荷(負荷)可可婀左	箇	箇賀佐癉邏軻餓馱些呵拖
戈	戈垛蓑婆堶摩矬訛詑騾挼波頗和科倭脞	果	果埵朵(亦轉ㄛ部)鎖墮妥麼(亦轉ㄛ部)坐巵裸婐簸叵禍火顆爸(轉入ㄛ部)脞	過	過和(倡和)挫課唾播剉磨懦破座臥貨惰縛贏剁(轉入ㄛ部)磋(治象牙)侉(痛呼，今作啊)涴(泥汙物)
		厚	某		

韻符ㄝ第八部　附複合韻符ㄧㄝ及ㄩㄝ

續表

佳	涯	蟹	解(亦轉ㄚ部)解(亦轉ㄚ部)	卦	解(解除,亦轉ㄚ部)隘邂睚謑
皆	皆諧揩(亦轉ㄚ部)	駭	駭楷(亦轉ㄚ部)	怪	噫(打噫,讀ㄝ音)戒(亦轉ㄚ部)械拜湃
麻	茄(亦轉ㄚ部)	馬	也乜且	禡	藉(亦轉ㄚ部)夜(亦轉ㄚ部)射(射御)
韻符ㄝ第九部					
麻	奢嗟蛇(三字亦轉入ㄛ部)	馬	者(亦轉ㄚ部)捨社惹(三字亦轉入ㄛ部)	禡	柘舍射(三字亦轉ㄛ部)
韻符ㄞ第十部　附複合韻符ㄨㄞ					
支	衰	紙	灑		
				至	帥
				泰	泰(亦轉ㄚ部)蓋艾藹柰害外愒賴釱
皆	乖懷儕埋崍崽	駭	騃(亦即呆字)唉(亦轉ㄚ部)	怪	怪(亦轉ㄚ部)譮壞鎩
				夬	夬快(此二字亦轉入ㄚ部)敗(亦轉ㄚ部)犗餲
哈	哈開哀臺該才來災猜胎孩鰓獃(俗作呆)能(三足鼈)	海	海凱宰待乃改亥采在欸	代	代載賽貸漑慨礙愛瀣耐戴菜賚纔

韻符ㄟ第十一部　附複合韻符ㄨㄟ

續表

平		上		去	
支	爲嫣麾逶隳睢錘垂吹碑隨虧窺卑眭危痿厜規箠	紙	彼被毀委跪詭累蔿蕊俾捶揣跬菙	寘	惴爲埦帔累縋吹餧僞毀恚睡諈諉
脂	葵追龜蕤榱纍雖逵眉悲錐誰帷邳丕睢椎推攜巋	旨	美軌痏水壘揆癸鼓蕊唯䠠巋	至	位媚遂彗醉邃類匱濞備愧喟寐翠睢墜出
微	揮闈威巍歸	尾	偉鬼卉	未	貴胃魏尉諱
				遇	屨
齊	圭奎	薺	陛	霽	慧桂嘒
				祭	衛芮贅啐脆鋭綴税毳篲劌袂蕝
				泰	貝沛會兑儈最噦酹薈蕞旆蜕沬
				怪	聵憊
				夬	黵噦
皆	匯虺歲				
灰	灰恢隈回梅瑰雷頹崔磓挼摧培杯坯桅推	賄	賄猥磊罪每腿匯傀餒隗璀摧	隊	隊佩妹配誨對淬晬隈退憒潰瑰碎内耒背
		海	倍		
				廢	穢喙

韻符幺第十二部　附複合韻符ㄧ幺

續表

平		上		去	
蕭	蕭挑雕條澆聊堯曉幺墽	篠	篠皎鳥了朓杳嫋皛窕磽湫	嘯	嘯弔叫尿調竅料獟窔
宵	宵超朝潮枵樵驕焦鐃燒遥韶昭飈鑣瓢苗腰鴞喬鍪妖蹻弨漂翹燎趫	小	小兆沼夭少擾摽麨縹眇紹矯表覨殍舀悄勦繚朓闄	笑	笑照耀要召邵轎剽嘄妙峭療趬醮廟驃少熝裱翹繞
肴	肴交巢鐃梢茅哮包拋敲聱摷嘲鈔庖顤	巧	巧槑飽撓卯絞爪拗鮑咬儏炒獠	效	效教孝罩豹巧貌磝踔稍棹橈抓鉋抄勦樂(好樂)巢
豪	豪高勞蒿毛叨刀騷袍褒逃糟敖曹猱尻操藨	晧	浩抱老討道腦嫂倒草早阜杲好媢寶襖考	号	號導到告傲帽澇糙暴報漕奥掃犒竈好(愛好)
幽	彪瀌			幼	繆
韻符ㄡ第十三部　附複合韻符ㄧㄡ					
虞	諏				
尤	尤憂劉秋由牛啾酋修抽惆犨周讎柔收丘鳩不(姓)搜搊鄒愁休囚儔輈仇浮謀	有	有柳紐丑肘朽久首醜愀否糗蹂舅紂酉受滫颵酒溲帚紑掫	宥	又救胄晝狩殠岫臭呪舊瘦皺簉溜秀僦驟就糅復狖授蹂
侯	侯謳鯫樓鏤摳齁陬偷頭齵鉤兜鯫裒	厚	厚母培(培塿)斗蔪苟藕掊彀叟吼剖嘔塿走口揄鯫趣(趣馬,官名)	候	候寇茂踣豆鬭槈嗽奏透漚遘輳陋蔻偶
幽	幽虯樛烋繆(綢繆)	黝	黝糾蟉	幼	幼
韻符ㄢ第十四部　附複合韻母ㄧㄢ及ㄨㄢ					
				夬	邁

續表

哈	纔	海	凱		
元	煩翻藩	阮	晚挽反飯	願	販萬曼飯疲
寒	單難餐灘珊壇殘蘭	旱	亶坦散但瓚嬾侃	翰	炭旦憚衎爛攤粲繖贊囋
桓	岏巑謾鏝			換	玩漫
删	删關灣還班蠻顏姦攀頑馯鬜	潸	潸綰版赧僩阪昄	諫	晏（日晏）訕慢綰患慣棧襻
山	山鰥慳孱煽爛譠虩	產	產限鏟棧眼盞	襇	襇莧瓣盼幻綻扮鰥
仙	潺鉛	獮	棧		
覃	譚參（參考）函嵐耽堪毿	感	歜慘撍糝坎頷撼壈耽	勘	勘憾顑撍
談	談擔三藍聃甝	敢	覽毯膽啖槧喊	闞	瞰濫舔澹暫擔三（再三）
咸	鹹喦讒嵁			豔	塹
				㮇	念（俗作唸）廿
銜	銜巉巖攙衫監詀嵌	豏	豏湛減瀺斬闞摻喊	陷	陷站蘸儳
		檻	檻巉	鑑	鑑懺鑱
凡	凡氾	范	范鋄凵	梵	梵汎
韻符ㄢ第十五部　附複合韻符一ㄢ					
元	言軒鞬蔫腱	阮	偃蹇鍵巘檍	願	建堰獻健

續表

寒	干看	旱	稈	翰	幹岸
删	鳊顔(亦轉ㄢ部)豻			諫	諫雁晏(晏嬰)孿
山	艱閑訮殷(赤黑色)	産	限(亦轉ㄢ部)簡眼(亦轉ㄢ部)		
先	先前千箋天堅賢煙蓮田年顛牽妍眠駢邊袄	銑	洗腆典宴(宴安)殄繭峴眄扁辮	霰	霰倩電瑱練見晛繂現燕薦麪片荐殿(落後)韉
仙	仙錢遷煎延氈羶嗎連篇便綿沿鞭乾愆攣嫣焉	獮	癬演踐展碾淺遣謇翦輦甗件辨緬褊覸兖臠圈(猪圈)楩免蒧嫣	線	線戰彥譴面箭扇堰戀變卞賤騙輾衙便偏
覃	函(亦轉ㄢ部)弇	感	感唵	勘	淦
談	甘坩	敢	敢揜		
鹽	鹽廉砭暹籤詹蟾撏苫幨炎沾覘淹尖潛箝餍燖纖鍼	琰	餤斂險貶颭噞儉檢魘諂奄漸漸憸〔一〕	豔	豔厭窆驗閃殮覘幨悏潛占
添	添阽甜濂謙兼嫌鮎磏	忝	忝淰點簟歉瓻	㮇	㮇念(思念)店踮僭兼傔
咸	咸鹹攕蝛詀	豏	歉臉	陷	陷(亦轉ㄢ部)歉
		檻	檻(亦轉ㄢ部)黤	鑑	檻(亦轉ㄢ部)
嚴	嚴杴醃	儼	儼埯	釅	釅

〔一〕下「漸」字疑爲「磛」或「螹」之誤。

續表

				梵	劍欠俺
韻符彡第十六部					
				隊	內（亦轉乀部）
寒	寒安頇	旱	旱罕	翰	汗案漢
覃	潭男庵含蠶簪探唅	感	禫腩頷（亦轉ㄢ部）	勘	暗儈贉
談	酣蚶				
咸	喃	豏	黯		
韻符ㄅ第十七部　附複合韻符ㄨㄅ					
元	垣蜿樠	阮	婉		
桓	桓豌官歡寬盤瞞潘搬	緩	緩椀管款伴滿垹	換	換惋貫喚半判叛鋑
韻符千第十八部　附複合韻符ㄩ千					
元	元袁媛喧鴛	阮	阮遠卷綣諼	願	願怨券楦遠
桓	豲端湍酸團欑鸞鑽	緩	短疃算卵暖纂斷	換	竄段亂鍛彖蒜愞攢
删	櫰跧	潸	皖撰	諫	篡串亂
山	湲				
先	淵涓鋗玄	銑	撚泣畎犬	霰	絢縣狷肙

續表

仙	然邅蟬纏全宣鐫翾堧穿捐旋娟船詮專遄員佺栓權椽卷燀	獮	饘闡善雋轉卷圈輭舛踹篆剸選撰蜎	線	繕絹援釧掾眷倦縓鏇選饌傳羡囀纏
鹽	髯	琰	冉陜	豔	贍染
韻符ㄣ第十九部　附複合韻符ㄧㄣ及ㄩㄣ					
真	真因新辰仁神親申賓鄰堇珍陳津瞋秦寅繽頻銀巾筠囷珉貧駰豳彬民	軫	軫矖腎忍嶙紉緊盡儘牝斷窘引閔泯殞	震	震信刃胤吝擯陣慎藎憖晉釁鎮僅印趁親（親家）
諄	諄椿筍純瞤脣屯逡春勻旬馴均	準	準尹筍蠢吮	稕	訰峻浚殉駿舜閏順
臻	莘				
文	雲蘊羣薰君	吻	蘊	問	運訓醖皸郡
欣	欣殷勤斤鄞	隱	隱謹近齔听	焮	炘靳近隱垽
庚	英平驚明兵卿擎迎行獰	梗	丙警影省永皿憬檸	映	映敬競更慶命病柄詠行（品行）偵迎
耕	櫻儜姘	耿	幸黽併	諍	迸併褸
清	清情精盈營嬰貞檉成呈聲征輕名令并傾錫縈瓊騂頸	靜	靜逞郢痙潁領餅頸頃井癭請省	勁	勁清政聖鄭偵性令聘詗摒淨
青	青經刑庭丁星俜靈寧汀冥瓶熒扃	迥	迥茗頂挺珽謦濘婞醒鞞絅剄巊笭並詗	徑	徑佞醒壢定釘磬聽瑩零

續表

蒸	蒸承澄陵膺憑冰蠅繩升仍矜徵凝興稱砯	拯	拯	證	證孕賸塍乘認應興勝秤凝
登	棱				
侵	侵尋林琛（丑林切）斟沈砧忱壬深淫心愔鬵琴欽吟歆金音	寢	寢廩踸伈寑飪枕沈（姓）葚甚瀋噤錦蕈趁痒稟飲品	沁	浸妊枕噤禁賃蔭吟揕臨（哭臨）甚深
韻符ㄤ第二十部　附複合韻符ㄧㄤ及ㄨㄤ					
江	江腔	講	講蚌	絳[一]	降
陽	陽詳良香羌薑長張穰襄將娘牆槍央强張	養	養像獎兩鞅强（强迫）仰傖想響敞繈丈壤搶長（長輩）	漾	漾亮讓餉帳悵向仗釀匠怏弶醬仰相彊哾蹡
庚	庚（亦轉ㄥ部）坑盲横觥彭亨瞠鎗根	梗	梗杏猛浜奣打冷	映	孟横（兇横）倀掌膨
耕	浜繃橙棚			静	硬
				勁	盛（姓）
韻符ㄥ第二十一部　附複合韻母ㄨㄥ及ㄩㄥ					
江	江（亦轉ㄤ部）厖窗邦降（投降）缸䂫瀧雙龐胦幢樁淙	講	講（亦轉ㄤ部）港棒項㲉	絳	絳降（亦轉ㄤ部）巷戇撞漴胖䅘淙

〔一〕絳：原誤作「絳」。

續表

平韻	字	上韻	字	去韻	字
陽	商房章昌方創亡瓤牀莊常霜匡王芳狂	養	掌爽昶獷賞彷網罔放枉往怳上迋	漾	狀障尚償壯唱刱訪望況誑旺放（放逐）誆防
唐	唐郎當倉岡桑康荒黄光湯滂汪炕杭芒臧囊傍卬藏幫	蕩	蕩顙廣榜駔曩沆儻莽黨朗盎慷汪幌髈慌骯奘蒼（莽蒼）	宕	宕浪行（行第）盎葬傍（依傍）藏（庫藏）擋抗讜曠儻喪（喪失）潢桄荒漭汪
庚	蝗祊喤蒡傖磅	梗	礦	映	榜（榜人）
				沁	闖
韻符ㄥ第二十二部　附複合韻符ㄨㄥ					
		軫	哂	震	櫬
諄	輪遵	準	盾輪		
臻	榛				
文	文汾焚分扮紛氛	吻	吻粉憤忿藴	問	問湓奮份
魂	魂昆温門孫尊存敦暾豚村俾盆奔崙坤昏噴黁	混	混忖本損撙穩遯鱒鯀噇閫惀笨懣惛	慁	溷頓巽困揾悶鐏睔噴鈍寸坌諢論奔惛捘
痕	痕根恩吞	很	很墾詪	恨	恨艮
庚	庚（亦轉ㄤ部）横（亦轉ㄤ部）崢烹生衡	梗	梗（亦轉ㄤ部）		

續表

耕	耕鏗萌莖丁（伐木聲）崢琤橙（亦轉尢部）争	耿	耿	靜	靜
蒸	澄（亦轉ㄣ部）繒			證	甑瞪
登	登棱（亦轉ㄣ部）僧崩增層瞢朋薨能騰恒絚蘉淜	等	等倗肯能	嶝	凳贈亘蹭鄧懵堋倗增（剩意）
侵	琛（亦轉ㄣ部）森岑簪	寑	朕	沁	沁鴆譖讖
韻符廾第二十三部　附複合韻符ㄩ廾					
東	東同中蟲終忡崇嵩戎弓融雄夢穹窮馮風豐充隆空公蒙籠洪叢翁聰通椶蓬烘峣憹	董	董蠓孔侗總汞蓊琫攏嗊動唪	送	送鳳貢弄凍控粽甕謥洞痛仲諷夢艨瞷中葓齈衆銃戇
冬	冬彤琮農攻洚宗鬆			宋	宋綜統
鍾	鍾龍春松衝容封凶顒雍濃重（重複）從蹱逢峯蹤茸蛩慵恭淞樅銎	腫	腫寵隴擁亢重冢奉捧甬恐尰拱聳洶覂	用	用頌俸縫共葑供雍湩縱蹱種重躘恐從（侍從）摐[一]
庚	榮兄				
耕	宏轟泓				
登	弘肱				

〔一〕侍：原誤作「待」。

續表

韻符ㄧ.第二十四部					
入聲《廣韻》韻目	本韻各紐中標準字	入聲《廣韻》韻目	本韻各紐中標準字	入聲《廣韻》韻目	本韻各紐中標準字
質	騭秩悉一七匹吉暱逸詰咭 抶栗疾室唧密必鮚苾叱密 弼乙筆肸蛭	黠	黠劼戛軋傛	職	職直力飭陟食息植識畫極匿憶 棘翼即逼愊愎嶷堲
術	律朮	屑	屑切結節姪迭跌軼鐵頁涅 截齧蔑弸噎挈瞥蹩捩	緝	緝執襲揖溼葺及蟄縶立急岌泣 册吸戢邑熠孨
櫛	櫛	薛	薛列傑熱舌孼滅揭鼈爇瞥 別別(分別)孑	葉	葉接攝涉捷聶顳摺妾笈曅擪
迄	迄訖乞	陌	磔戟虩隙逆	怗	苶燮
月	歇訐竭钀	昔	昔積益亦釋赤擲席籍闢壁 僻射碧彳	業	業脅劫浥
曷	栫蘧	錫	錫激劈歷的檄鷊敵踢績喫 溺寂覓甓壁闃臭戚闃		
韻符ㄩ.第二十五部					
質	質日實窒失汨	鍇	刷刖唽	緝	十習集入

續表

術	術橘聿戌黜絀出鴆颭	屑	血缺決穴抉室	葉	輒
物	屈掘欻	薛	哲浙蕝雪悅缺噦說拙啜輟劣輚刷設蹶徹蜇掣		
月	月越厥橛闕	職	寔洫		
韻符ㄚ第二十六部 附複合韻符ㄧㄚ及ㄨㄚ					
屋	禿	黠	札拔擖猾八婠肭察殺茁	德	德則勒忒刻特黑賊塞殕劾袚堿
覺	覺樂（上二字亦轉ㄛ部）搦學（亦轉ㄛ部）	鎋	鎋刹瞎獺刮錣帓妠捌鏩	緝	澀
質	率茁	屑	捏	合	合鴿答颯沓踏雜匝拉納溘匌哈
術	捽卒	薛	劣（亦轉ㄩ部）茁	盍	盍臘榻卅蓋（姓）榼盒囃
櫛	瑟	藥	藥略腳灼酌爍若箬綽約卻虐婼削靳爵嚼鵲噱矍著（著衣）著（附著）躩懮謔	葉	獵鍤霎
物	物勿弗不厥（突厥）佛拂	鐸	恪穫	怗	帖協頰愜牒浹
月	伐髮襪謁	陌	陌白伯劇柵窄額客啞（笑聲）拆拍赫格砉宅虢擭	洽	洽恰牒夾眨插敆箑劄

續表

没	没骨勃兀突膃忽兀䨓窟訥窣猝捽紇滑卒	麥	麥獲馘檗隻責策繂剨覈隔摘戹摵	狎	狎霅壓甲翣呷
曷	曷褐喝怛闥遏辣渴達囋葛薩擦捺	昔	尺石隻皵	業	怯
末	末撥捊括闊活奪豁斡撮潑脱捋掇拔	職	崱測色仄	乏	乏法

韻符ㄛ.第二十七部　附複合韻符ㄨㄛ.及ㄩㄛ.

屋	屋獨穀斛哭啄速禄熇族蔟鏃僕扑卜木福伏縮六逐菊麴熟俶育鞠蹴肉粥叔畜竹蹙朒覆郁肅目蓄	月	曰	麥	幗
沃	沃毒篤酷鵠僕梏娼矐褥襮濼	没	咄柮	昔	役
燭	燭玉旭掬局蜀屬觸辱束欲躅録曲瘃足贖樸促續粟亍	藥	若綽（此二字亦轉ㄚ部）䨼縛玃	職	域
覺	覺（亦轉ㄚ部）角岳浞捉朔卓剥邈雹璞㲉濁握趠犖學（亦轉ㄚ部）㲉擉	鐸	鐸莫落託作錯各鄂粕惡泊鑿索涸鶴昨博諾霍郭臛廓	德	墨北匐或國覆
物	鬱	陌	索欂拍（亦轉ㄚ部）	緝	煜

續表

韻符ㄝ第二十八部　附複合韻符ㄧㄝ	
哈	該（甬俗稱彼物曰該東西，音讀ㄍㄝ）
錫	赥（甬俗音讀ㄏㄝ」，如赥赥笑）
月	噦（甬俗音讀ㄝ，飽而氣逆打噦）

鄞縣方言變音表

昔人皆知一字之讀音，因義異而音亦往往異，不知一邑之中同此一字，即義不異，而因東西南北鄉村城市之區域，其音亦隨之而變，此不過僅指讀音而言。至於同此一字，讀音與語音常不相同，昔人固亦知之，而不知語音之中，即同此一字，亦因詞類、詞位、意義與發音疾徐高低輕重及發言人年齡、階級、祖籍及僑居地方之殊異，往往作多種之音，此又語音之變化也。故我國之字，一字一音，讀音、語音互相符合者固多，而一字分讀音、語音爲二與讀音、語音各區數音者，亦數見不鮮。本表所列，每字少則二音〔一〕，多至五六音，綜計五百八十餘字。先分別爲讀音、俗音，即語音。再將讀音與讀音及俗音與俗音之不同，亦舉例析言之。所以俾研究與學習鄞邑方言者，不致信口胡謅而受南腔北調之誚。惟是聲音變化，因時因地因人而無窮，而一人見聞有限，一書篇幅亦未許盡容，祇能選擇此習見慣聞五六百字以爲標準。神而明之，在乎其人，挂漏之譏，所不敢辭，錯誤之處，更冀識者指正之。

〔一〕音：原誤作「字」。

詞	音		訓釋
	讀音	變音	
日	ㄙˊㄩ.〔一〕	ㄬ一. ㄇㄚ ㄇ一 ㄬ一	讀音爲ㄙˊㄩ.，俗音言日頭或每日呼ㄬ一.，今日呼几末（ㄇㄚ.）或几蔑（ㄇ一），昨日呼上尼（ㄬ一）。
虹	ㄏˊ廾	ㄏˊㄌ	讀音爲ㄏˊ廾，俗音呼ㄏˊㄌ。
霞	ㄒˊ一ㄛ ㄒˊ一ㄚ	ㄏˊㄛ	讀音爲ㄒˊ一ㄛ或爲ㄒˊ一ㄚ，俗音呼ㄏˊㄛ。
暴	ㄅˊㄠ	ㄅㄠ	風暴之暴俗音呼ㄅㄠ，暴虐之暴俗音仍呼ㄅˊㄠ。
颮	ㄉˊㄞ	ㄉˊㄚ	秋季驟風雨曰秋颮，俗音颮呼ㄉˊㄚ。
澤	ㄉˊㄛ.	ㄉˊ丄	雪釋簷霤凝結成冰如棒，俗曰庭澤澤，呼作ㄉˊ丄。
水	ㄙㄟ	ㄙ ㄙㄩ	讀音如ㄙㄟ，俗音如ㄙ，亦呼ㄙㄩ。
石	ㄙˊ一.	ㄙˊㄚ.	讀音爲ㄙˊ一.或ㄙˊㄚ.，俗音皆呼ㄙˊㄚ.，惟石榴、石花之石仍呼ㄙˊ一.。
江	ㄐ一ㄤ	ㄍ丄	讀音爲ㄐ一ㄤ，亦爲ㄍ丄，俗音皆呼ㄍ丄。
界	ㄐ一ㄝ	ㄍㄚ	讀音爲ㄐ一ㄝ或ㄍㄚ，俗音皆呼ㄍㄚ。
野	一ㄝ	ㄒˊ一ㄚ	讀音爲一ㄝ，俗音呼ㄒˊ一ㄚ。

〔一〕表中入聲韻符「一.ㄚ.ㄩ.ㄛ.ㄝ.」原作「一、ㄚ、ㄩ、ㄛ、ㄝ、」，據上文《注音符號表》統一，下同。

續表

詞	音		訓釋
	讀音	變音	
池	ㄗˊ	ㄗˊㄧ　ㄗˊㄩ	讀音爲ㄗˊ，俗音呼ㄗˊㄧ或ㄗˊㄩ。
甿	ㄍ丄	ㄍˊ丄	讀音爲ㄍ丄，俗音呼ㄍˊ丄，如地甿。
埏	ㄒˊㄧ宀	ㄧ宀	讀音爲ㄒˊㄧ宀，俗音呼ㄧ宀，如邊埏。
畈	ㄈㄢ	ㄅㄢ	讀音爲ㄈㄢ；俗音呼ㄈㄢ，如田野畈，或呼ㄅㄢ，如林下畈。
隘	ㄧㄝ	ㄍㄚ	讀音如ㄧㄝ，如狹隘；俗音呼ㄍㄚ，如邱隘、烏隘。
頂	ㄉㄧㄣ	ㄉㄥ	讀音爲ㄉㄧㄣ，俗音呼ㄉㄥ，如山頂、屋頂。
前	ㄗˊㄧ宀	ㄙˊㄧㄢ	讀音爲ㄗˊㄧ宀，俗音呼ㄙˊㄧ宀。
下	ㄒˊㄩㄛ　ㄒˊㄧㄚ	ㄏˊㄛ	讀音爲ㄒˊㄩㄛ或爲ㄒˊㄧㄚ，俗音呼ㄏˊㄛ。
外	ㄪㄨㄞ	ㄫㄚ	讀音爲ㄪㄨㄞ，俗音呼ㄫㄚ。
央	ㄧㄤ	ㄬㄧㄤ　ㄒˊㄧㄤ	讀音爲ㄧㄤ，俗音呼ㄧㄤ或ㄬㄧㄤ或ㄒˊㄧㄤ。
今	ㄐㄧㄣ	ㄐㄧ	讀音爲ㄐㄧㄣ，俗音亦多呼ㄐㄧㄣ，惟今日呼ㄦ末或ㄦ覓，則呼ㄦ（ㄐㄧ）。
昨	ㄗˊㄛ　ㄗˊㄛ	ㄙˊ丄	讀音爲ㄗˊㄛ或爲ㄗˊㄛ，俗音昨日則呼牀尼（ㄙˊ丄ㄬㄧ）。
明	ㄇㄧㄣ	ㄇㄥ	讀音爲ㄇㄧㄣ，俗音呼ㄇㄧㄣ，如明亮、光明，或呼ㄇㄥ，如明朝、明年。

續表

詞	音		訓釋
	讀音	變音	
時	ㄗˊ	ㄙˊ	讀音爲ㄗˊ，俗音呼ㄙˊ。
世	ㄙ　ㄙㄩ	ㄙㄧ	讀音爲ㄙ或ㄙㄩ，俗音亦同，惟言一生曰一世時則呼作ㄙㄧ。
歲	ㄙㄨㄟ	ㄙ　ㄙㄩ	讀音爲ㄙㄨㄟ，俗音呼ㄙ或ㄙㄩ。
夏	ㄒˊㄩㄛ　ㄒˊㄧㄚ	ㄏˊㄛ	讀音爲ㄒˊㄩㄛ或爲ㄒˊㄧㄚ，俗音呼ㄏˊㄛ。
伏	ㄪㄛ˙	ㄅˊㄛ˙	讀音爲ㄪㄛ˙，俗音多呼ㄪㄛ˙，如上伏、中伏、末伏等，惟秋厄伏之伏呼ㄅˊㄛ˙，又俯伏之伏與地伏之伏亦音ㄅˊㄛ˙。
遲	ㄗˊ	ㄗˊㄧ	讀音爲ㄗˊ，俗音呼ㄗˊㄧ。
晚	ㄪㄢ	ㄇㄢ	讀音爲ㄪㄢ，俗音呼ㄇㄢ。
晏	ㄧㄝ	ㄢ	讀音爲ㄧㄝ，俗音呼ㄢ。
甲	ㄐㄧㄚ˙	ㄍㄚ˙	讀音爲ㄐㄧㄚ˙或爲ㄍㄚ˙，俗音呼ㄍㄚ˙。
庚	ㄍㄥ	ㄍㄤ	讀音爲ㄍㄥ或爲ㄍㄤ，俗音呼ㄍㄤ。
午	ㄨ　ㄪㄨ	ㄫㄨ　ㄫ禾　ㄏˊ廾	讀音爲ㄨ，或爲ㄪㄨ，或爲ㄫㄨ，或爲ㄫ禾；俗音呼ㄫㄨ，或呼ㄫ禾，惟端午之午呼作紅（ㄏˊ廾）。

續表

詞	音		訓釋
	讀音	變音	
端	ㄉ千	ㄉ廾	讀音爲ㄉ千，俗音亦多呼ㄉ千，惟端午呼爲東紅（ㄉ廾 ㄏ廾）。
爹	ㄉㄧㄚ	ㄅㄞ	讀音爲ㄉㄧㄚ，俗音呼ㄉㄧㄚ或呼ㄅㄞ。
母	ㄇㄌ	ㄇㄨ	讀音爲ㄇㄌ，俗音呼ㄇㄨ，亦作姆。
媽	ㄇㄛ	ㄇ̀ㄛ ㄇㄛ. ㄇ禾 ㄇㄨ	讀音爲ㄇㄛ，俗音呼母或作ㄇㄛ音，或作ㄇ̀ㄛ音，或作ㄇㄛ.，或作ㄇ禾音，或作ㄇㄨ音，常因地域而異呼。
伯	ㄅㄚ	ㄅㄤ	讀音爲ㄅㄚ，俗音呼父仍作ㄅㄚ音，呼伯父則作ㄅㄤ音。
叔	ㄙㄛ ㄙㄩ.	ㄙ廾	讀音爲ㄙㄛ或爲ㄙㄩ.，俗音呼叔父作ㄙ廾音，呼叔祖仍作ㄙㄛ音。
姑	ㄍㄨ	ㄍㄨㄟ	讀音爲ㄍㄨ，俗音多呼ㄍㄨ，亦有呼ㄍㄨㄟ者。
妹	ㄇㄨㄟ	ㄇ̀ㄨㄟ	讀音爲ㄇㄨㄟ，俗音仍呼ㄇㄨㄟ，惟妹妹二字連呼則作ㄇ̀ㄨㄟ音。
兒	ㄦ	ㄫ	讀音爲ㄦ，俗音呼ㄦ，亦呼ㄫ。
女	ㄬㄩ	ㄋ千 ㄋㄛ	讀音爲ㄬㄩ，俗音呼女子子作ㄋ千音，字亦作嫒，兒女二字連呼或仍作ㄦ ㄬㄩ音，亦有變作ㄫ ㄋㄛ音者。
孫	ㄙㄥ	ㄙㄨ	讀音、俗音皆爲ㄙㄥ，惟俗音呼女孫作ㄋㄛ ㄙㄨ音。
朋	ㄅ́ㄥ	ㄅ́ㄤ	讀音爲ㄅ́ㄥ，俗音呼ㄅ́ㄥ或呼ㄅ́ㄤ。

續表

詞	音		訓釋
	讀音	變音	
孩	ㄏˊㄞ	ㄏˊ彡　ㄨㄢ	讀音爲ㄏˊㄞ，俗音通常仍呼ㄅˊㄞ，如孩子；惟小孩之孩呼作ㄨㄢ音，玩具人物曰人孩，呼ㄏㄧㄣ ㄏˊ彡。
人	ㄙˊㄧㄣ	ㄬㄧㄣ	讀音爲ㄙˊㄧㄣ，俗音呼ㄬㄧㄣ。
鬼	ㄍㄨㄟ	ㄐㄩ	讀音爲ㄍㄨㄟ，俗音呼ㄐㄩ。
賊	ㄗˊㄚ˙	ㄙˊㄚ˙	讀音爲ㄗˊㄚ˙，俗音呼ㄗˊㄚ˙或ㄙˊㄚ˙。
阿	ㄚ˙	ㄚㄤ	讀音爲ㄚ，俗音呼母曰阿母，作ㄤㄇㄨ音，呼阿姑阿姨等作ㄚ音。
顏	ㄒˊㄧ宀	ㄫㄢ	讀音、俗音皆有ㄒˊㄧ宀及ㄫㄢ二音，惟姓氏呼ㄫㄢ音。
任	ㄒˊㄩㄣ	ㄬㄧㄣ	讀音爲ㄙˊㄩㄣ，俗音責任呼ㄙˊㄩㄣ或ㄏㄧㄣ，姓氏則呼ㄬㄧㄣ。
盛	ㄙˊㄧㄣ	ㄗˊㄤ	讀音爲ㄙˊㄧㄣ，俗音茂盛呼ㄙˊㄧㄣ，姓氏呼ㄗˊㄤ。
樂	ㄒˊㄧㄚ˙　ㄌㄛ˙	ㄒˊㄧㄠ　ㄒˊㄩㄛ˙　ㄫㄛ˙	樂字讀音、俗音本各有ㄒˊㄧㄚ、ㄒˊㄩㄛ、ㄒˊㄧㄠ、ㄌㄛ四音，而姓氏則又別呼作ㄫㄛ˙。
戎	ㄗˊ廾	ㄬㄩ廾	讀音爲ㄗˊ廾，俗音戎狄仍呼ㄗˊ廾，姓氏則呼ㄬㄩ廾。
於	ㄒˊㄩ	ㄩ	讀音、俗音皆爲ㄒˊㄩ，惟姓氏俗呼ㄩ。

續表

詞	音		訓釋
	讀音	變音	
宓	ㄪㄛ˙	ㄇㄧ˙	讀音爲ㄪㄛ˙,姓氏俗音呼ㄇㄧ˙。
秦	ㄙˊㄧㄣ	ㄙˊㄩㄣ	讀音俗音皆爲ㄙˊㄧㄣ,俗音姓氏則呼ㄙˊㄩㄣ。
魏	ㄫㄨㄟ	ㄏˊㄟㄨ	讀音、俗音皆有ㄫㄨㄟ及ㄏˊㄨㄟ二音,惟俗音姓氏則呼ㄏˊㄨㄟ。
吳	ㄏˊㄨ ㄫㄨ	ㄫ	讀音、俗音皆有ㄏˊㄨ、ㄫㄨ二音,惟俗音姓氏則呼ㄫ。
房	ㄪㄨㄥ	ㄅˊㄥ	讀音有ㄪㄨㄥ、ㄅˊㄥ二音,俗音房屋呼ㄪㄨㄥ,姓氏呼ㄅˊㄥ。
賴	ㄌㄢ	ㄌㄚ	讀音爲ㄌㄢ,俗音姓氏及無賴皆呼ㄌㄚ,倚賴仍呼ㄌㄢ。
眉	ㄇㄟ	ㄇㄧ ㄇㄠ	讀音爲ㄇㄟ,俗音通常呼ㄇㄟ,惟眉毛或皺眉頭連言則呼ㄇㄧ,蛾眉月則呼ㄇㄠ。
眼	ㄒˊㄧ宀	ㄫㄢ	讀音爲ㄒˊㄧ宀或ㄫㄢ,俗音ㄫㄢ。
耳	ㄦ	ㄬㄧ	讀音爲ㄦ,俗音呼ㄬㄧ。
鼻	ㄅˊㄧ	ㄅˊㄧ˙	讀音爲ㄅˊㄧ,俗音呼ㄅˊㄧ˙。
巴	ㄅㄛ	ㄅˊㄛ	讀音爲ㄅㄛ,俗音通常皆呼ㄅㄛ,惟下巴呼ㄅˊㄛ。
胡	ㄏˊㄨ	ㄨ	讀音爲ㄏˊㄨ,俗音通常皆呼ㄏˊㄨ,惟胡嚨呼ㄨ。
鬚	ㄙㄩ	ㄙㄨ	讀音爲ㄙㄩ,俗音通常皆呼ㄙㄩ,惟牙鬚呼ㄙㄨ。

續表

詞	音		訓釋
	讀音	變音	
髭	ㄘ	ㄗ	讀音爲ㄘ，俗音鬍髭呼ㄗ。
頭	ㄉˊㄇ	ㄉˊ彡	讀音爲ㄉˊㄇ，俗音通常皆呼ㄉˊㄇ，如剃頭、河頭、柴頭等，惟人格化者及用作詞尾者多呼ㄉˊ彡，如老頭、癩頭、井頭、河埠頭等。
手	ㄙㄧㄇ	ㄙㄧ宀	讀音爲ㄙㄧㄇ，俗音通常皆呼ㄙㄧㄇ，惟人格化者則呼ㄙㄧ宀，如瘋手。
脚	ㄐㄧㄚ˙	ㄐㄧㄤ	讀音爲ㄐㄧㄚ˙，俗音通常皆呼ㄐㄧㄚ˙，惟人格化者則呼ㄐㄧㄤ，如拐脚。
殼	ㄎㄛ˙	ㄎㄚ˙	讀音爲ㄎㄛ˙，俗音腦殼頭呼ㄎㄚ˙。
角	ㄐㄧㄚ˙	ㄍㄛ˙	讀音爲ㄐㄧㄚ˙或ㄍㄛ˙，俗音呼ㄍㄛ˙，如額角。
牙	ㄧㄚ　ㄩㄛ	ㄫㄛ	讀音爲ㄧㄚ或ㄩㄛ或ㄫㄛ，俗音呼ㄫㄛ，如牙齒。
肱	ㄍ卄	ㄍㄨㄤ	讀音爲ㄍ卄，俗音手肱呼ㄍㄨㄤ。
脛	ㄒˊㄧㄣ	ㄍㄧㄤ	讀音爲ㄒㄧㄣ，俗音脚脛呼ㄍㄨㄤ。
膀	ㄅˊ丄	ㄅ丄	讀音爲ㄅˊ丄，俗音膀胱仍呼ㄅˊ丄，肩膀則呼ㄅ丄。
肚	ㄉˊㄨ	ㄉㄨ	讀音爲ㄉˊㄨ，俗音通常皆呼ㄉˊㄨ，惟獸胃曰肚子則呼ㄉㄨ。
奶	ㄋㄚ	ˋㄋㄢ	讀、俗爲ㄋㄚ，俗音通常皆呼ㄋㄚ，惟乳汁稱奶奶有時呼ˋㄋㄢ。
骶	ㄉㄧ	ㄗ	讀音爲ㄉㄧ，俗音尾骶骨呼ㄗ。

續表

詞	音		訓釋
	讀音	變音	
尾	ㄪㄧ	ㄇㄧ	讀音爲ㄪㄧ，俗音亦多呼ㄪㄧ，惟尾巴則呼ㄇㄧ。
淚	ㄌㄧ	ㄌㄧ　ㄌㄧ亠	讀音爲ㄌㄟ，俗音眼淚呼ㄌㄧ或ㄌㄧ亠。
嚏	ㄉㄧ	ㄊㄧ	讀音爲ㄉㄧ或ㄊㄧ，俗音呼ㄊㄧ，如噴嚏。
涎	ㄒˊㄧ亠	ㄙˊㄢ	讀音爲ㄒˊㄧ亠，俗音呼ㄙˊㄢ。
欬	ㄎㄞ	ㄎㄚ·	讀音爲ㄎㄞ，俗音呼ㄎㄚ·，如欬嗽。
鼾	ㄏˊ彡	ㄏ彡	讀音爲ㄏˊ彡，俗音呼ㄏ彡，如眠鼾。
眠	ㄇㄧ亠	ㄇㄧ	讀音爲ㄇㄧ亠，俗音通常皆呼ㄇㄧ亠，惟眠鼾呼ㄇㄧ。
呵	ㄏ禾	ㄏㄛ	讀音爲ㄏ禾，俗音通常呼ㄏ禾，惟呵氣、呵欠則呼ㄏˊㄛ。
欠	ㄑㄧ亠	ㄏ彡	讀音爲ㄑㄧ亠，俗音通常皆呼ㄑㄧ亠，惟呵欠呼ㄏ彡。
夢	ㄇ廾	ㄇ丄	讀音爲ㄇ廾，俗音爲ㄇ丄。
孕	ㄒˊㄧㄣ	ㄒˊㄩㄣ	讀音爲ㄒˊㄧㄣ〔一〕，俗音呼ㄒˊㄩㄣ。
溲	ㄙㄤ	ㄙㄩ	讀音爲ㄙㄤ，俗音通常皆呼ㄙㄤ，惟小便呼ㄙㄩ。

〔一〕ㄒˊ：原誤作「ㄏ」。

續表

詞	音		訓釋
	讀音	變音	
污	ㄨ	禾	讀音爲ㄨ，俗音通常皆ㄨ，惟大便呼禾。
肉	ㄙˊㄛ˙	ㄬㄩㄛ˙	讀音爲ㄙˊㄛ˙或ㄬㄩㄛ˙，俗音皆呼ㄬㄩㄛ˙。
魄	ㄆㄚ˙	ㄆㄛ˙　ㄅˊㄛ˙	讀音爲ㄆㄚ˙，俗音通常呼ㄆㄚ˙，惟魄尸呼ㄆㄛ˙，落魄呼ㄅˊㄛ˙。
瞎	ㄏㄚ˙	ㄏㄢ	讀音爲ㄏㄚ˙，俗音通常亦爲ㄏㄚ˙，如瞎眼、瞎子，惟星命瞽者稱算命瞎則呼ㄏㄢ。
齉	ㄋ廾	ˋㄋ廾	讀音爲ㄋ廾，俗音呼ˋㄋ廾，如齉鼻頭。
病	ㄅˊㄧㄣ	ㄅˊㄤ	讀音爲ㄅˊㄧㄣ，俗音通常皆呼ㄅˊㄧㄣ，惟人格化之聾病呼ㄅˊㄤ，俗作聾甏。
吃	ㄐㄧ˙　ㄑㄧ˙	ㄑㄩ˙　ㄍㄚ˙	讀音爲ㄐㄧ˙；或借作喫字爲ㄑㄧ˙。俗音借作喫字呼ㄑㄩ˙，如吃飯。稱語言艱澀曰吃舌頭、吃嘴則呼ㄍㄚ˙。
啞	ㄧㄚ	ㄛ	讀音爲ㄧㄚ或ㄛ，俗音皆呼ㄛ。
疥	ㄐㄧㄝ	ㄍㄚ	讀音爲ㄐㄧㄝ或爲ㄍㄚ，俗音呼ㄍㄚ，如疥癩。
癩	ㄌㄚ	ㄌㄠ	讀音爲ㄌㄚ，俗音癩頭呼ㄌㄚ，疥癩呼ㄌㄠ，俗亦作癆。
乏	ㄪㄚ˙	ㄈㄚ˙	讀音爲ㄪㄚ˙；俗匱乏音、缺乏呼ㄪㄚ˙，勞乏呼ㄈㄚ˙。
消	ㄙㄧㄠ	ㄙˊㄠ	讀音爲ㄙㄧㄠ，俗音通常皆呼ㄙㄧㄠ，惟消渴症稱火消病呼ㄙˊㄠ，俗亦作痟。

續表

詞	音		訓釋
	讀音	變音	
瘵	ㄗㄚ	ㄑㄧ˙	讀音爲ㄗㄚ，俗音癆瘵病稱瘵症，呼ㄑㄧ˙。
疝	ㄙㄢ	ㄙㄩ千	讀音爲ㄙㄢ，俗稱小腸氣爲疝氣，呼ㄙㄩ千。
屋	ㄛ˙	ㄨㄛ˙ ㄨㄚ˙	讀音爲ㄛ˙，俗音通常仍呼ㄛ˙，惟稱家曰屋裏則呼ㄨㄛ˙或ㄨㄚ˙。
家	ㄐㄩㄛ ㄐㄧㄚ	ㄍㄛ	讀音爲ㄐㄩㄛ或ㄐㄧㄚ，俗音呼ㄍㄛ。
舍	ㄙㄝ	ㄙㄛ	讀音爲ㄙㄝ或ㄙㄛ，俗音呼ㄙㄛ。
衙	ㄫㄛ	ㄫ丄	讀音、俗音各有ㄫㄛ、ㄫ丄二音。
黌	ㄏㄨㄤ	ㄏ廾	讀音爲ㄏㄨㄤ，俗音呼ㄏ廾，如言黌門秀才。
學	ㄒㄩㄛ˙ ㄒㄧㄚ˙	ㄏㄛ˙	讀音爲ㄒㄩㄛ˙或ㄒㄧㄚ˙，俗音皆呼ㄏㄛ˙〔一〕，如言學問、大學、學字等。
廈	ㄒㄩㄛ ㄒㄧㄚ	ㄏㄛ	讀音爲ㄒㄩㄛ或ㄒㄧㄚ，俗音皆呼ㄏㄛ，如江廈、廈門。
間	ㄐㄧ宀	ㄍㄢ ㄍㄤ	讀音爲ㄐㄧ宀或ㄍㄢ，俗音爲ㄍㄢ，如房間，又間架之間呼ㄍㄢ，又呼ㄍㄤ。
架	ㄐㄧㄚ	ㄍㄛ	讀音爲ㄐㄧㄚ或ㄍㄛ，俗音爲ㄍㄛ。
片	ㄆㄧ宀	ㄅ́ㄢ ㄆㄢ	讀音爲ㄆㄧ宀，俗音通常皆呼ㄆㄧ宀，惟稱瓦片時其全者呼ㄆㄧ宀音，碎者則呼ㄅ́ㄢ音，如言瓦片灘。俗亦別作爿，俗又稱汗巾曰絹片，呼作ㄆㄢ。

〔一〕ㄛ˙：原誤作「ㄛ」。

續表

詞	音		訓釋
	讀音	變音	
瓦	ㄨㄛ	ㄫㄛ　ㄫㄛ.	讀音爲ㄨㄛ或ㄫㄛ，俗音呼ㄫㄛ，如瓦片。惟硯瓦之瓦亦有呼作入聲如ㄫㄛ.者。
棖	ㄗㄥ	ㄗˊㄤ	讀音爲ㄗㄥ或ㄗˊㄤ，俗音呼ㄗˊㄤ。如言棖枋。
楣	ㄇㄟ	ㄇㄧ	讀音爲ㄇㄟ，俗音通常亦皆呼ㄇㄟ，惟門上横木稱楣時呼作ㄇㄧ。
栿	ㄪㄛ.	ㄅˊㄛ.	讀音爲ㄪㄛ.，俗音呼ㄅˊㄛ.，如地栿，有時亦呼ㄪㄛ.。
檻	ㄑㄧ六	ㄎㄢ	讀音爲ㄑㄧ六或ㄎㄢ，俗音皆呼ㄎㄢ，如門檻。
栅	ㄙㄚ.　ㄘㄚ.	ㄙㄚ.	讀音爲ㄙㄚ.或ㄘㄚ.，俗音呼ㄙㄚ.，如栅欄。
欄	ㄌㄢ	ㄌㄚ.	讀音、俗音皆爲ㄌㄢ，惟俗音稱栅欄時則呼ㄌㄚ.。
階	ㄐㄧㄝ	ㄍㄚ.	讀音爲ㄐㄧㄝ，俗音爲ㄍㄚ.。
監	ㄐㄧ六	ㄍㄢ	讀音爲ㄐㄧ六或ㄍㄢ，俗音呼ㄍㄢ，如監牢、監察。用作動詞者同。
廁	ㄘ	ㄙ　ㄗ	讀音爲ㄘ，俗音有二，稱茅廁時多呼ㄙ音，稱坑廁時多呼ㄗ音。
港	ㄐㄧㄤ	ㄍ丄　ㄏ廾　廾	讀音爲ㄐㄧㄤ或ㄍ丄，俗音皆呼ㄍ丄，惟稱船港時則呼ㄏ廾或廾。
圈	ㄑㄩ干	ㄐˊㄧ六	讀音、俗音皆爲ㄑㄩ干，惟俗音稱關牲畜之所呼ㄐˊㄧ六音，如牛圈、猪圈。
囱	ㄘ丄〔一〕	ㄘ廾	讀音、俗音皆爲ㄘ丄，惟俗音稱煙突曰烟囱呼作ㄘ廾。

〔一〕ㄘ：原誤作「ㄌ」。

續表

詞	音		訓釋
	讀音	變音	
衣	一	ㄩ	讀音、俗音皆爲一，惟簑衣之衣及衣廚之衣有呼作ㄩ者。
裳	ㄗˊ丄	ㄙˊ丄	讀音爲ㄗˊ丄，俗音呼ㄙˊ丄，如言衣裳。
襬	ㄅㄟ	ㄅㄚ	讀音爲ㄅㄟ，俗音呼ㄅㄚ，如言下襬。俗亦作擺。
袷	ㄍㄚ	ㄍ宀	讀音爲ㄍㄚ，俗音呼ㄍ宀，如言衩袷。
褓	ㄅㄠ	ㄅˊㄚ[一]	讀音、俗音皆爲ㄅㄠ，惟褓裙之褓有時呼ㄅˊㄠ。
裙	ㄐˊㄩㄣ	ㄐˊㄩ	讀音、俗音皆爲ㄐˊㄩㄣ[二]，惟褓裙之裙有時呼ㄐˊㄩ。
兜	ㄉㄤ	ㄉㄟ	讀音、俗音皆爲ㄉㄤ，惟肚兜之兜有時呼ㄉㄟ。
袱	万ㄛ	ㄅˊㄛ ㄅˊ廾	讀音万ㄛ，俗音呼ㄅˊㄛ，如搭袱、包袱，而戴頭袱之袱有時呼作ㄅˊ廾。
䘼	ク	ㄨ千	讀音爲ク，俗音呼ㄨ千，如裁餘曰䘼子。
裥	ㄐㄧ宀	ㄍㄢ	讀音爲ㄐㄧ宀，俗音呼ㄍㄢ，如言裙裥、打裥。
帕	ㄆㄛ	ㄆㄠ	讀音爲ㄆㄛ，俗音呼ㄆㄠ，如汗巾曰手帕。
鞋	ㄏˊㄚ	ㄏˊㄢ	讀音、俗音皆爲ㄏˊㄚ，惟昔年婦女睡鞋曰夜著鞋，鞋字呼作ㄏˊㄢ音。

〔一〕ㄚ：似爲「ㄠ」之誤。

〔二〕爲：原誤作「争」。

續表

詞	音		訓釋
	讀音	變音	
被	ㄅㄟˊ	ㄅㄧˊ　ㄅㄚ˙	讀音、俗音凡有爲意者讀ㄅㄟˊ，如言被人害；而被褥之被則讀作ㄅㄧˊ。有時亦變作ㄅㄚ˙音，如言被人打傷。
褥	ㄙㄛ˙ˊ	广ㄩㄛ˙	讀音爲ㄙㄛ˙ˊ，俗音爲广ㄩㄛ˙〔一〕，如言褥子。
絮	ㄙㄩ	ㄙㄧ	讀音爲ㄙㄩ，俗音爲ㄙㄧ，如言花絮。作動詞用時亦呼ㄙㄧ音，如言絮綿襖。
綉	ㄉ廾	ㄙㄧㄤ	本稱絲綿爲綿綉，讀ㄉㄤ，今皆借爲繡之簡字，讀作ㄙㄧㄤ。
襞	ㄅㄧ˙	ㄅㄚ˙	讀音爲ㄅㄧ˙；俗音呼ㄅㄚ˙，如言褙襞。
髻	ㄐㄧ	ㄗㄩ千	讀音、俗音皆爲ㄐㄧ，惟俗音有時呼ㄗㄩ千，如假髻之髻即呼此音。
簪	ㄗㄥ	ㄗ彡	讀音爲ㄗㄥ。俗音爲ㄗ彡，如言碧玉簪。
環	ㄏˊㄨㄢ　兀ㄨㄢ	ㄍˊㄨㄢ	讀音爲ㄏˊㄨㄢ或兀ㄨㄢ，俗音呼ㄍˊㄨㄢ，如言珠環、環子。其作動詞用者亦呼作ㄍˊㄨㄢ，如言兩頭環。
釧	ㄘㄩ千	ㄘㄞ	讀音爲ㄘㄩ千，俗音稱手鐲曰釧臂，呼ㄘㄞ。
戒	ㄐㄧㄝ	ㄍㄚ	讀音爲ㄐㄧㄝ或ㄍㄚ，俗音呼戒如印戒、戒指，作動詞用者亦皆呼ㄍㄚ，如戒煙、戒嚴等。

〔一〕广：原誤作「ㄏˊ」。

續表

詞	音 讀音	音 變音	訓釋
餽	ㄍㄨㄟ	ㄎㄨㄟ	讀音爲ㄍㄨㄟ，俗音稱帽箍曰帽餽，呼ㄎㄨㄟ。
味	ㄪ一	ㄇ一	讀音爲ㄪ一，俗音呼ㄇ一，如旨味、味道。
點	ㄉ一六	ㄉ一ㄚ　ㄉ一ㄝ	讀音、俗音皆爲ㄉ一六，惟點心之點有呼作ㄉ一ㄚ或ㄉ一ㄝ者。
餡	ㄒ´一六	ㄏ´ㄢ	讀音爲ㄒ´一六，俗音呼ㄏ´ㄢ，如餡子。
糝	ㄙㄢ	ㄙㄨㄟ	讀音爲ㄙㄢ，俗音呼ㄙㄨㄟ，如飯糝、末糝。
粥	ㄗㄨㄛ.	ㄗㄩ.	讀音爲ㄗㄨㄛ.，俗音亦爲ㄗㄨㄛ.，然亦有呼ㄗㄩ.者。
羹	ㄍㄥ	ㄍㄤ	讀音多爲ㄍㄤ，然亦有爲ㄍㄥ者，俗音皆呼ㄍㄤ。
饊	ㄙㄢ	ㄗㄢ	讀音爲ㄙㄢ，俗音爲ㄗㄢ，如呼油饊子。
粢	ㄗ	ㄘㄩ	讀音爲ㄗ，俗音粢飯呼ㄘㄩ。
餈	ㄗ´	ㄙ´	讀音爲ㄗ´，俗音麻餈呼ㄙ´。
賣	ㄇㄞ	ㄇㄚ　ㄇㄠ	讀音爲ㄇㄞ或ㄇㄚ，俗音皆爲ㄇㄚ，惟燒賣之賣呼作ㄇㄠ。
蜂	ㄈ廾	ㄈㄥ	讀音、俗音皆爲ㄈ廾，惟俗音蜂糖之蜂則呼ㄈㄥ。

續表

詞	音		訓釋
	讀音	變音	
丸	ㄏㄨㄅ	ㄒㄩ千	讀音呼ㄏㄨㄅ，俗音呼ㄏㄨㄅ或ㄒㄩ千〔一〕。
藥	ㄒ́ㄧㄚ.	ㄒ́ㄧ.	讀音呼ㄒ́ㄧㄚ.，俗音亦多呼ㄒ́ㄧㄚ.，然亦有呼ㄒ́ㄧ.者。
説	ㄙㄩ.	ㄒㄩㄛ.　ㄙㄧ	讀音爲ㄙㄩ.，俗音亦多爲ㄙㄩ.，然亦有呼ㄒㄩㄛ.或ㄙㄧ.者〔二〕。
範	ㄪㄢ	ㄇㄢ	讀音、俗音皆呼ㄪㄢ，惟俗音樣範之範有呼ㄇㄢ者。
户	ㄪㄨ	ㄪㄥ	讀音、俗音皆爲ㄪㄨ，惟一户二户之户俗音呼ㄪㄥ，或亦作門音，亦讀ㄪㄥ。又逕作份。房户之户亦呼ㄪㄥ。
分	ㄈㄥ	ㄪㄥ	讀音、俗音作分合之分用者皆爲ㄈㄥ，作身分、分量之分用者則爲ㄪㄥ。亦作份。
行	ㄒ́ㄧㄣ	ㄏ́ㄤ　ㄏ́⊥	讀音、俗音作行動之行用者爲ㄒ́ㄧㄣ；行爲之行讀音仍爲ㄒ́ㄧㄣ，俗音爲ㄏ́ㄤ；行業、行當之行讀音俗音則皆爲ㄏ́⊥。
結	ㄐㄧ.	ㄐㄧㄚ.　ㄐㄧ	讀音、俗音皆爲ㄐㄧ.〔三〕，惟結束之結俗音呼ㄐㄧㄚ.，又結拜之結俗音變作ㄐㄧ。字亦作繼或寄。

〔一〕ㄨㄅ：原誤作「ㄅㄨ」。

〔二〕ㄛ.：原誤作「ㄛ」。

〔三〕ㄐ：原誤作「ㄗ」。

續表

詞	音		訓釋
	讀音	變音	
束	ㄙㄛ	ㄙㄚ	讀音、俗音皆爲ㄙㄛ，惟結束之束俗音呼ㄙㄚ。
生	ㄙㄥ	ㄙㄤ	讀音多爲ㄙㄥ，俗音多爲ㄙㄤ，如先生、生意、生活、生熟之生皆如此。
宜	ㄬㄧ	ㄧ	讀音、俗音皆爲ㄬㄧ，惟便宜之宜俗音呼作ㄧ。
活	ㄏˊㄨㄚ	ㄏˊㄨㄛ	讀音、俗音皆爲ㄏˊㄨㄚ〔一〕，惟生活之活俗音有呼ㄏˊㄨㄛ者。
吹	ㄘㄟ	ㄑㄩ ㄘㄞ	讀音爲ㄘㄟ，俗音多爲ㄑㄩ，如言路吹、細吹、吹手、吹簫皆然。亦有呼ㄘㄟ者。而稱燃火紙曰紙吹時則呼ㄘㄞ音。
筋	ㄐㄧㄣ	ㄍㄥ	讀音、俗音皆爲ㄐㄧㄣ，惟筋斗之筋俗音呼ㄍㄥ。
斗	ㄉㄧㄫ	ㄉㄠ	讀音俗音皆爲ㄉㄧㄫ，惟筋斗之斗俗音呼ㄉㄠ。
差	ㄘ禾 ㄘ	ㄘㄛ	過差之差讀音俗音皆爲ㄘ禾，惟尋人過失俗語曰扳差頭則呼ㄘㄛ。參差之差讀音俗音則皆爲ㄘ。
撞	ㄅˊㄤ	ㄆㄤ	讀音、俗音多爲ㄅˊㄤ，惟俗語闖禍曰做蹚撞、相逢曰撞頭則呼作ㄆㄤ。
火	ㄏ禾	ㄏㄫ	讀音、俗音皆爲ㄏ禾，惟俗語賊火連言則呼ㄙˊㄚ ㄏㄫ。

〔一〕ㄏˊㄨㄚ：原誤作「ㄬㄨㄚ」。

續表

詞	音		訓釋
	讀音	變音	
服	ㄪㄛ˙	ㄅˊㄛ˙	讀音、俗音皆爲ㄪㄛ˙，惟俗語言服辯則呼ㄅˊㄛ˙。
押	ㄚ˙	ㄧㄚ˙	讀音、俗音皆爲ㄚ˙，惟俗語言花押則呼ㄧㄚ˙。
帑	ㄊㄥ	ㄉㄥ	讀音爲ㄊㄥ，俗音呼ㄉㄥ，如家帑亦作家當。
錢	ㄗˊㄧㄢ	ㄉˊㄧㄢ	讀音爲ㄗˊㄧㄢ，俗音金錢及兩錢之錢皆呼ㄉˊㄧㄢ，惟錢姓仍呼ㄗˊㄧㄢ。
窪	ㄨㄛ	ㄨ	讀音爲ㄨㄛ，俗音通常亦爲ㄨㄛ，惟鋼錢字冪稱字窪時則呼ㄨ。
粧	ㄗㄥ	ㄗㄧㄤ	讀音、俗音皆爲ㄗㄥ，惟俗音稱新嫁娘之花消曰分粧時則呼ㄗㄧㄤ。
榑	ㄅㄛ˙	ㄅˊㄛ˙	讀音爲ㄅㄛ˙〔一〕，俗音稱短小之物曰榑櫨時則呼ㄅˊㄛ˙。
櫨	ㄌㄨ	ㄌㄛ	讀音爲ㄌㄨ，俗音稱榑櫨槌時則呼ㄌㄛ。
肥	ㄪㄧ	ㄅˊㄧ	讀音爲ㄪㄧ，俗音亦多爲ㄪㄧ，惟稱肥糞及肥皂時則呼ㄅˊㄧ。
鑊	ㄏˊㄛ˙	ㄏˊ廾	讀音、俗音皆爲ㄏˊㄛ˙，惟俗音稱鑊之小者如小鑊、尺四鑊等則音變如ㄏˊ廾。
庎	ㄐㄧㄝ	ㄍㄚ	藏食物廚曰庎廚，讀音爲ㄐㄧㄝ，俗音呼ㄍㄚ。
浮	ㄪㄤ	ㄪㄨ　ㄅˊㄨ	讀音爲ㄪㄤ，俗音通常皆爲ㄪㄨ，惟稱浮瓢時則呼ㄅˊㄨ。

〔一〕ㄅ：原誤作「ㄌ」。

續表

詞	音		訓釋
	讀音	變音	
縫	万廾	万ㄥ	讀音爲万廾，俗音通常亦呼万廾，然亦有呼万ㄥ者。
鏄	ㄒㄩㄛ	ㄈㄨ　ㄨ	讀音爲ㄒㄩㄛ，然亦有爲ㄈㄨ者；俗音稱豁鏄時則由ㄈㄨ轉呼ㄨ。
筷	ㄎㄨㄞ	ㄎㄨㄢ	讀音爲ㄎㄨㄞ〔一〕，俗音呼ㄎㄨㄢ。
墜	ㄗˊㄟ	ㄗˊㄩ	讀音爲ㄗˊㄟ，俗音稱墜頭、扇墜等時則呼ㄗˊㄩ。
窩	禾	ㄨ	讀音爲禾，俗音稱地方曰窩堂及稱鋪位曰鋪窩時則呼ㄨ。
棚	ㄅˊㄤ	ㄅㄤ	讀音爲ㄅˊㄤ，俗音稱豆棚、搭棚時呼ㄅˊㄤ，稱臥具之棕棚、藤棚時則呼ㄅㄤ。或亦作綳。
卓	ㄗㄛ.	ㄗㄝ.　ㄗㄩㄛ.	讀音爲ㄗㄛ.，俗音亦多爲ㄗㄛ.，然稱卓子時亦有呼作ㄗㄝ.或ㄗㄩㄛ.者，字亦變作桌。
倚	ㄧ	ㄩ	讀音爲ㄧ，俗音倚賴、倚恃亦多呼ㄧ，惟稱倚子之倚時則多有呼作ㄩ者，字亦變作椅。
尺	ㄘㄚ.	ㄘㄧ.	讀音俗音皆爲ㄘㄚ.，然亦有爲ㄘㄧ.者。
車	ㄐㄩ	ㄘㄛ　ㄘ‿ㄝ　ㄘㄥ	讀音爲ㄐㄩ或ㄘㄛ，俗音多呼ㄘㄛ，車姓呼此音，然亦有呼ㄐㄩ者，如言車馬砲，至稱嬰孩坐車時有轉爲ㄘ‿ㄝ或ㄘㄥ者。

〔一〕音：原誤作「爲」。

續表

詞	音 讀音	音 變音	訓釋
梯	ㄊㄧ	ㄊㄞ	讀音爲ㄊㄧ，俗音亦多爲ㄊㄧ，惟扶梯、樓梯之梯亦有呼作ㄊㄞ者。
績	ㄗㄧ.	ㄗㄧㄚ	讀音、俗音皆爲ㄗㄧ.；惟俗音稱婦女針黹籃曰績筐時則呼ㄗㄧㄚ。
筐	ㄎㄨ丄	ㄎ廾	讀音、俗音皆爲ㄎㄨ丄，惟俗音稱績筐時則呼ㄎ廾。
椎槌鎚	ㄗㄟ	ㄗˊㄩ	椎槌鎚三字讀音皆爲ㄗㄟ，俗音則呼ㄗˊㄩ。
錘	ㄗˊㄟ	ㄗˊㄩ	稱錘之錘讀音爲ㄗˊㄟ，俗音呼ㄗˊㄩ。
熨	ㄨㄟ	ㄩㄣ ㄧㄣ	讀音、俗音皆爲ㄨㄟ，惟熨斗之熨俗音呼ㄩㄣ，亦有呼ㄧㄣ者。
緯	ㄏˊㄨㄟ	ㄒˊㄩ	讀音、俗音皆爲ㄏˊㄨㄟ，惟俗音稱織布之經緯時緯呼作ㄒˊㄩ音。
槽	ㄗˊㄠ	ㄙˊㄠ	讀音爲ㄗˊㄠ，俗音呼ㄙˊㄠ，如猪槽、一條槽等。
桊	ㄐㄩ干	ㄐㄩㄣ	讀音爲ㄐㄩ干，俗音稱牛穿桊之桊時則呼ㄐㄩㄣ音。
杵	ㄘㄩ	ㄗ	讀音、俗音皆爲ㄘㄩ，惟俗音稱搗杵頭時則呼ㄗ音。
鍘	ㄗˊㄚ.	ㄙˊㄚ.	讀音爲ㄗˊㄚ.，俗音稱切草之刀曰鍘刀時則呼ㄙˊㄚ.。
斫	ㄌ禾	ㄌ丄	讀音爲ㄌ禾，俗音稱擊物之斫頭時則呼ㄌ丄。

續表

詞	音		訓釋
	讀音	變音	
鏨	ㄗㄢˊ	ㄙㄢˊ　ㄙ彡ˊ	讀音爲ㄗㄢˊ，俗音呼ㄙㄢˊ或ㄙ彡ˊ。
鑷	ㄬ一˙	ㄬ一ㄚ˙	讀音爲ㄬ一˙，俗音呼ㄬ一ㄚ˙。
合	ㄏㄚ˙ˊ〔一〕	ㄍㄚ˙	讀音、俗音皆爲ㄏㄚ˙ˊ，惟稱升合時則爲ㄍㄚ˙音，又俗音言合藥料時亦呼ㄍㄚ˙音。
櫃	ㄍㄨㄟˊ	ㄐㄩˊ	讀音爲ㄍㄨㄟˊ，俗音爲ㄐㄩˊ。
鋤	ㄗㄨˊ	ㄙˊ	讀音爲ㄗㄨˊ，俗音爲ㄙˊ。字亦作耝。
錨	ㄇ一ㄠ	ㄇㄠ	讀音爲ㄇ一ㄠ，俗音呼ㄇㄠ。
帆	ㄪㄢ	ㄅˊ廾	讀音爲ㄪㄢ，俗音呼ㄅˊ廾。字亦作篷。
幔	ㄇㄢ	ㄇㄨク	讀音爲ㄇㄢ，俗音呼ㄇㄨク，如言天幔。
梏	ㄍㄛ˙	ㄎㄠ	讀音爲ㄍㄛ˙，俗音呼ㄎㄠ，如言手梏、脚梏。
矛	ㄇㄤ	ㄇ一ㄠ	讀音爲ㄇㄤ，俗音稱矛盾呼ㄇㄤ，稱長矛、矛子則呼ㄇ一ㄠ。
燭	ㄗㄛ˙	ㄗㄩ˙　ㄐㄩ˙　ㄐㄩㄛ˙	讀音、俗音皆爲ㄗㄛ˙，然俗音亦有呼ㄐㄩ˙或ㄐㄩ˙或ㄐㄩㄛ˙者。

〔一〕ㄏˊ：原誤作「ㄒˊ」。

續表

詞	音		訓釋
	讀音	變音	
宕	ㄉ́丄	ㄊㄤ	讀音、俗音皆爲ㄉ́丄，惟俗音宕鑼之宕則呼ㄊㄤ。
號	ㄏ́ㄠ	ㄏ́ㄚ	讀音、俗音皆爲ㄏ́ㄠ，惟俗音稱樂器之如喇叭者曰號頭時則號呼作ㄏ́ㄚ。
頭	ㄉ́ㄇ	ㄉ́彡　ㄉㄇ	讀音、俗音皆爲ㄉ́ㄇ，俗音有時亦變爲ㄉ́彡〔一〕，説已見前，惟俗音呼號頭則別作ㄉㄇ音。
陀	ㄉ́禾	ㄉ́丄	讀音、俗音皆爲ㄉ́禾，惟俗音稱攡陀螺時陀字呼ㄉ́丄音。
螺	ㄌ禾	ㄌ丄　ㄌ千	讀音、俗音皆爲ㄌ禾，惟陀螺之螺俗音變作ㄌ丄，而俗音稱螺蚌之螺時有時變作ㄌ千音，如言牙螺有作ㄌ千音者。
牌	ㄅ́ㄚ	ㄅ́ㄢ〔二〕	讀音、俗音皆爲ㄅ́ㄚ，惟俗音稱賭博之牌時有變作ㄅ́ㄢ音者，如言馬將牌。
串	ㄘㄩ千	ㄘㄤ	讀音、俗音皆爲ㄘㄩ千，惟俗音稱江湖醫生所持之串鈴曰摇呼串時則作ㄘㄤ音。
價	ㄐㄧㄚ	ㄍㄛ	讀音爲ㄐㄧㄚ或ㄍㄛ，俗音爲ㄍㄛ，如價值、物價。
畜	ㄒㄩㄛ.	ㄒㄩ.　ㄑㄩㄛ.	讀音爲ㄒㄩㄛ.或ㄒㄩ.，俗音通常皆呼ㄒㄩㄛ.或ㄒㄩ.，惟畜牲之畜則呼ㄑㄩㄛ.。
牲	ㄙㄥ	ㄙㄤ	讀音爲ㄙㄥ，如犧牲；俗音爲ㄙㄤ，如牲口。

〔一〕ㄉ́：原誤作「ㄌ」。

〔二〕ㄅ́：原誤作「ㄉ́」。

續表

詞	音		訓釋
	讀音	變音	
牛	ㄬㄧㄌ	ㄫㄌ	讀音爲ㄬㄧㄌ，俗音爲ㄫㄌ。
狗	ㄍㄌ	ㄍㄧ宀　ㄍㄥ	讀音、俗音皆爲ㄍㄌ，惟俗音言黄狗時則狗字呼作ㄍㄧ宀，亦有呼作ㄍㄥ。
猫	ㄇㄧㄠ	ㄇㄠ　ㄇㄢ	讀音爲ㄇㄠ，或亦爲ㄇㄧㄠ；俗音通常亦呼ㄇㄠ，如言猫頭、猫眼，惟獨言猫一字則呼ㄇㄢ。
鼠	ㄘㄩ	ㄘ　ㄗ	讀音爲ㄘㄩ或爲ㄘ，俗音通常亦爲ㄘㄩ，惟連言老鼠時則鼠字呼作ㄗ。
鳥	ㄬㄧㄠ	ㄉ́ㄧㄠ	讀音爲ㄬㄧㄠ，俗音呼ㄉㄧㄠ。
鴨	ㄚ˙	ㄢ	讀音爲ㄚ˙，俗音通常亦皆爲ㄚ˙，惟單言鴨時則呼ㄢ。
鵝	ㄫ禾	ㄫㄅ	讀音爲ㄫ禾，俗音通常皆呼ㄫ禾，然亦有呼作ㄫㄅ者。
駕	ㄍㄛ	ㄍ́丄	讀音爲ㄍㄛ，俗音稱鵝曰駕鵝時則呼作ㄍ́丄。
雁	ㄒ́ㄧ宀	ㄫㄚ　ㄫㄢ	讀音爲ㄒ́ㄧ宀，俗音稱鴻雁曰雁鵝時則雁字呼作ㄫㄚ或ㄫㄢ，字亦作外。
鵲	ㄘㄧㄚ˙	ㄘㄧㄤ	讀音、俗音皆爲ㄘㄧㄚ˙，惟俗音亦有呼作ㄘㄧㄤ者，如言紅嘴鴉鵲。
鴉	ㄩㄛ　ㄧㄚ	ㄛ丄　ㄨ丄	讀音爲ㄩㄛ或ㄧㄚ，俗音多爲ㄛ或ㄩㄛ，然老鴉二字連言時則鴉有時呼作丄。又一種水鳥鳴聲如鴉，夜間飛翔者，曰夜鴉，則呼作ㄨ丄，字亦作鷹。
雀	ㄗㄧㄚ˙	ㄗㄧㄤ	讀音、俗音皆爲ㄗㄧㄚ˙，然俗音麻雀連言時雀字有呼作ㄗㄧㄤ者。

續表

詞	音		訓釋
	讀音	變音	
鸚	ㄧㄣ	ㄤ	讀音爲ㄧㄣ，俗音爲ㄤ，如言鸚哥。
鵓	ㄅˊㄚ	ㄅˊㄨ	讀音爲ㄅˊㄚ，俗音言鵓鴿時則鵓字仍呼作ㄅˊㄚ，而言鵓鴣時則鵓字呼作ㄅˊㄨ。
訓	ㄒㄩㄣ	ㄏㄥ	讀音、俗音皆爲ㄒㄩㄣ，惟俗音稱猫頭鷹曰訓狐時則訓字呼作ㄏㄥ。
狐	万ㄨ	ㄏㄨ	讀音、俗音皆爲万ㄨ〔一〕，惟俗音言訓狐時則狐字呼作ㄏㄨ〔二〕。
龜	ㄍㄨㄟ	ㄐㄩ	讀音、俗音皆爲ㄍㄨㄟ，惟俗音烏龜連言時則呼作ㄐㄩ。
蛇	ㄙˊㄝ	ㄗˊㄛ　ㄙˊㄛ	讀音爲ㄙˊㄝ或ㄙˊㄛ，俗音多呼ㄗˊㄛ，然亦於呼ㄙˊㄛ者。
蟹	ㄒㄧㄝ	ㄏㄚ	讀音爲ㄒㄧㄝ，然多爲ㄏˊㄚ；俗音則皆呼ㄏㄚ。
蝦	ㄒㄧㄚ	ㄏㄛ　ㄏㄝ　ㄏㄫ	讀音爲ㄒㄧㄚ，然多爲ㄏㄛ；俗音多呼ㄏㄛ，然亦有呼ㄏㄝ或ㄏㄫ者。
蟚	ㄅˊㄤ	ㄅˊㄠ	讀音爲ㄅˊㄤ，俗音言蟚越蟹時則蟚音變作ㄅˊㄠ。
越	ㄒˊㄩ	ㄒˊㄩ千	讀音、俗音皆爲ㄒˊㄩ，惟俗音言蟚越蟹時則越字音變作ㄒˊㄩ千，故字亦書作鮑圓蟹。

〔一〕万：原誤作「厂」。

〔二〕「字」上原衍「時」字。

續表

詞	音		訓釋
	讀音	變音	
蝆	ㄇㄤ	ㄇㄨ	讀音爲ㄇㄤ，俗音言蝤蝆蟹時則蝆字呼ㄇㄨ。
鰂	ㄗˊㄚ˙	ㄙˊㄚ˙	讀音爲ㄗˊㄚ˙，俗音言烏鰂時則呼作ㄙˊㄚ˙，字亦作賊。
瑁	ㄇㄠ	ㄇㄟ	瑁字本讀ㄇㄠ，惟稱海中龜之一種曰玳瑁時，玳瑁字之音無論讀音、俗音皆變作ㄇㄟ。
鱟	ㄏˊㄤ	ㄏㄤ	鱟本讀ㄏˊㄤ，惟浙東一帶産此物，其讀音、俗音皆爲ㄏㄤ。
魚	ㄒˊㄩ	ㄫ	讀音爲ㄒˊㄩ，俗音呼ㄫ。
鯽	ㄗˊㄧ˙	ㄗㄧㄣ ㄗㄧ	讀音、俗音皆爲ㄗㄧ˙；惟俗音河鯽魚連言時則鯽字呼作ㄗㄧㄣ音，然亦有作ㄗㄧ音者。
金	ㄗㄧㄣ	ㄗㄧ	讀音、俗音皆爲ㄗㄧㄣ，惟俗音言金魚時金字之音有變作ㄗㄧ音者。
妾	ㄘㄧ˙	ㄘㄚ	讀音、俗音皆爲ㄘㄧ˙；惟俗音言妾婢魚，妾字之音變作ㄘㄚ，故俗亦書作差牌魚。
婢	ㄅˊㄧ	ㄅˊㄚ	讀音、俗音皆爲ㄅˊㄧ，惟俗音言妾婢魚時婢字之音變作ㄅˊㄚ，故俗亦書作差牌魚。
鯧	ㄘ丄	ㄘㄛ	讀音、俗音皆爲ㄘ丄，惟俗音有時呼作ㄘㄛ。
鰳	ㄌㄚ〔一〕	ㄌㄟ	讀音爲ㄌㄚ˙，俗音爲ㄌㄟ。

〔一〕ㄚ：似爲「ㄚ˙」之誤。

續表

詞	音		訓釋
	讀音	變音	
鯆	ㄗˊ	ㄙˊ	讀音爲ㄗˊ，俗音爲ㄙˊ。
鰒	ㄎㄛ	ㄅㄠ	海中蚌蛤之一種曰鰒魚者，本讀作ㄎㄛ，惟俗音言鰒魚時則鰒字呼作ㄅㄠ，字亦作鮑。
鯁	ㄍㄥ	ㄍˊㄤ	魚刺亘於喉中曰鯁，讀音爲ㄍㄥ，俗音爲ㄍˊㄤ。
蚊	ㄎㄥ	ㄇㄥ	讀音爲ㄎㄥ，俗音爲ㄇㄥ。
蠅	ㄙˊㄧㄣ	ㄧㄣ	讀音爲ㄙˊㄧㄣ，俗音爲ㄧㄣ。
蟻	ㄫㄧ　ㄧ	ㄏㄨˊㄛ　ㄏㄨㄥ	讀音爲ㄧ或ㄫㄧ，俗音通常爲ㄫㄧ，惟黃蟻二字連言蟻字呼作ㄏㄨˊㄛ，又螞蟻二字連言蟻字有呼作ㄏㄨㄥ音者。
黃	ㄏˊㄨ丄	ㄏˊㄨㄛ　ㄨ丄　丄	讀音、俗音皆爲ㄏˊㄨ丄，惟俗音黃蟻二字連言則黃字亦變作ㄏˊㄨㄛ，又蛋黃之黃及黃梅之黃音亦變作ㄨ丄，又黃顙魚之黃音變作丄。
蚻	ㄗㄚ.	ㄗㄛ	讀音爲ㄗㄚ.，俗音稱蟬曰蚻蟧時蚻字之音呼作ㄗㄛ〔一〕。
蟧	ㄌㄠ	ㄌㄧ亠	讀音爲ㄌㄠ，俗音言蚻蟧時蟧字之音變作ㄌㄧ亠〔二〕，字亦作知了。

〔一〕 蚻：原誤作「蜇」。蚻字：原誤作「字蚻」。

〔二〕 蚻：原誤作「蜇」。

續表

詞	音		訓釋
	讀音	變音	
蚱	ㄗㄚ˙	ㄍㄛ˙	讀音爲ㄗㄚ˙，俗音稱蚱蜢時蚱字呼作ㄍㄛ˙音，字亦作螜。
蚯	ㄑㄧㄌ	ㄑㄩ˙	讀音爲ㄑㄧㄌ，俗音言蚯蚓時蚯字之音變作ㄑㄩ˙。
蚓	ㄒˊㄧㄣ	ㄒˊㄧㄫ	讀音爲ㄒˊㄧㄣ，俗音言蚯蚓時蚓字之音變作ㄒˊㄧㄫ，字亦作曲蟮。
蜈	ㄫㄨ	ㄇㄥ	讀音爲ㄫㄨ，俗音言蜈蚣時蜈字之音變爲ㄇㄥ。
蛆	ㄗㄩ	ㄘㄩ　ㄘㄧ	蛆字本有ㄗㄩ、ㄘㄩ二音，稱蠅之幼蟲曰蛆時讀音、俗音皆爲ㄘㄩ，而稱蚊之幼蟲曰蛆蟲時俗音呼作ㄘㄧ音。
頵	ㄩㄣ	ㄑㄩㄣ	讀音爲ㄩㄣ，俗音稱猪之鼻肉曰頵頭肉時則頵字呼作ㄑㄩㄣ音。
餔	ㄪㄨ	ㄅˊㄨ	讀音爲ㄪㄨ，俗音稱獸類之口曰嘴餔時則餔字呼作ㄅˊㄨ音。
瞪	ㄊㄥ	ㄉㄥ	讀音爲ㄊㄥ，俗音稱鳥類之嗉囊曰瞪時則呼作ㄉㄥ音。
芋	ㄒˊㄩ	ㄬㄩ　ㄬㄩ千　ㄋ	讀音爲ㄒˊㄩ或ㄬㄩ，然亦有變爲ㄬㄩ千或ㄋ者。
芥	ㄐˊㄧㄝ	ㄍㄚ	讀音爲ㄐㄧㄝ，或爲ㄍㄚ；俗音皆呼ㄍㄚ。
茄	ㄐˊㄧㄚ	ㄐˊㄧㄢ	讀音爲ㄐˊㄧㄚ，俗音茄子連言呼ㄐˊㄧㄚ，單言茄字則呼ㄐㄧㄢ音。
瓠	ㄏˊㄨ	ㄅˊㄨ	讀音爲ㄏˊㄨ[一]，俗音爲ㄅˊㄨ。

〔一〕ㄏˊ：原誤作「ㄏ」。

續表

詞	音		訓釋
	讀音	變音	
蕌	ㄐ一ㄠ	ㄐ´一ㄠ	蕌字讀音本爲ㄐ一ㄠ，然俗稱薤曰蕌頭則呼ㄐ一ㄠ，亦作蕎。
稗	ㄅ´ㄨㄚ	ㄅ´ㄛ	讀音爲ㄅㄨㄚ，俗音稱稗草呼ㄅ´ㄛ。
粳	ㄍㄥ	ㄍㄤ	粳米之粳讀音爲ㄍㄥ，或爲ㄍㄤ，俗音則皆呼ㄍㄤ。
莧	ㄒ一宀　ㄒ´一宀	ㄏㄢ	莧菜之莧讀音爲ㄒ´一宀或ㄒ一宀，俗音呼ㄏㄢ。
莙	ㄐ´ㄩㄣ	ㄐㄩㄣ	莙蓬菜之莙讀音爲ㄐ´ㄩㄣ，俗音呼ㄐㄩㄣ。
蓬	ㄉ´ㄚ	ㄉ´一ㄚ	莙蓬菜之蓬讀音爲ㄉ´ㄚ，俗音呼ㄉ´一ㄚ。
萵	禾	ㄨ	萵苣筍之萵讀音爲禾，俗音呼ㄨ。
苣	ㄐ´ㄩ	ㄐㄩ	萵苣筍之苣讀音爲ㄐ´ㄩ，俗音呼ㄐㄩ。
萊	ㄌㄞ	ㄌ禾	萊字讀音、俗音皆爲ㄌㄞ，惟俗音連言萊菔則萊呼ㄌ禾，又作蘆，亦同，俗作蘿。菔本讀ㄅ´ㄛ，俗亦作蔔。
薄	ㄅ´ㄛ	ㄅ´禾	薄字讀音、俗音皆爲ㄅ´ㄛ〔一〕，惟草名薄荷之薄則俗音呼作ㄅ´禾。

〔一〕ㄛ：原誤作「ㄛ」。

續表

詞	音		訓釋
	讀音	變音	
荷	ㄏˊ禾	ㄏ禾	荷字讀音、俗音皆爲ㄏˊ禾，惟薄荷之荷俗音呼ㄏ禾。
荸	ㄅˊㄚ·	ㄅˊㄨ	荸薺之荸讀音爲ㄅˊㄚ〔一〕，俗音呼ㄅˊㄨ，字亦作蒲。
菱	ㄌㄧㄣ	ㄌㄥ	菱角之菱讀音爲ㄌㄧㄣ，俗稱老菱音變作ㄌㄥ。
蔆	ㄌㄧㄣ	ㄌㄥ	菠蔆之蔆讀音爲ㄌㄧㄣ，俗音呼ㄌㄥ。
藕	ㄫㄤ	ㄬㄧㄤ	讀音、俗音皆爲ㄫㄤ，然俗音亦有呼ㄬㄧㄤ者。
薀	ㄨㄥ	ㄏˊㄨㄥ	薀藻之薀讀音爲ㄨㄥ，俗音呼ㄏˊㄨㄥ。
藻	ㄗㄠ	ㄘㄠ	薀藻之藻讀音爲ㄗㄠ，俗音呼ㄘㄠ。
竹	ㄗㄛ·	ㄗㄩ·	讀音、俗音皆爲ㄗㄛ·，然俗音亦有呼ㄗㄩ·者。
菊	ㄐㄩㄛ·	ㄐㄩ·	讀音、俗音皆爲ㄐㄩㄛ·，然俗音亦有呼ㄐㄩ·者。
橘	ㄐㄩㄛ·	ㄐㄩ·	讀音、俗音皆爲ㄐㄩㄛ·，然俗音亦有呼ㄐㄩ·者。
橙	ㄐˊㄧㄣ ㄗˊㄥ	ㄗˊㄤ	讀音爲ㄐˊㄧㄣ或ㄗˊㄥ，俗音呼ㄗˊㄤ，如言新會橙。
梅	ㄇㄟ	ㄇ彡	讀音、俗音皆爲ㄇㄟ，然俗音單言梅有呼作ㄇ彡者。

〔一〕ㄚ：似爲「ㄚ·」之誤。

續表

詞	音		訓釋
	讀音	變音	
櫻	ㄧㄣ	ㄤ	讀音爲ㄧㄣ,俗音呼ㄤ,如言櫻桃。
杏	ㄒˊㄧㄣ	ㄏˊㄤ	讀音爲ㄒˊㄧㄣ或爲ㄏˊㄤ,俗音皆呼ㄏˊㄤ。
枝	ㄗ	ㄗㄧ	讀音、俗音皆爲ㄗ,惟俗音稱茘枝時枝字之音變作ㄗㄧ。
梗	ㄍㄥ	ㄍㄨㄤ	讀音爲ㄍㄥ,俗音呼ㄍㄨㄤ。
椏	ㄧㄚ	ㄛ	讀音爲ㄧㄚ或ㄛ,俗音皆呼ㄛ。
芽	ㄒˊㄧㄚ	ㄫㄛ	讀音爲ㄒˊㄧㄚ或ㄫㄛ,俗音皆呼ㄫㄛ。
蕻	ㄏˊ廾	ㄏ廾	讀音爲ㄏˊ廾,俗音呼ㄏ廾,如言菜蕻。
穗	ㄙˊㄟ	ㄅˊㄟ	讀音爲ㄙˊㄟ,俗音呼ㄅˊㄟ,如言稻穗。
蕊	ㄙˊㄟ	ㄬㄩ	讀音爲ㄙˊㄟ,俗音爲ㄬㄩ,如言花蕊。
果	ㄍ禾	ㄍㄨㄅ	讀音、俗音皆爲ㄍ禾,然俗音亦有呼ㄍㄨㄅ者。
莢	ㄐㄧㄚ·	ㄐㄧ· ㄍㄚ·	讀音爲ㄐㄧㄚ·,俗音呼ㄐㄧ·,然亦有呼ㄍㄚ·者〔一〕。

〔一〕ㄚ·:原誤作「ㄨ」。

續表

詞	音		訓釋
	讀音	變音	
核	ㄏˊㄚ·	ㄏˊㄨㄚ·	讀音爲ㄏˊㄚ·，俗音言果核之核呼作ㄏˊㄨㄚ·。
仁	ㄙˊㄧㄣ	ㄬㄧㄣ	讀音、俗音皆爲ㄙˊㄧㄣ，惟俗音果稱仁時則仁音呼ㄬㄧㄣ，如言杏仁。
屆	ㄐㄧㄝ	ㄍㄚ	讀音爲ㄐㄧㄝ，俗音呼ㄍㄚ，如言第一屆。
局	ㄐˊㄩㄛ·	ㄐˊㄩ·	讀音、俗音皆有ㄐˊㄩㄛ·、ㄐˊㄩ·二音，如言一局棋。
軸	ㄐˊㄩㄛ·	ㄐˊㄩ·	讀音、俗音皆有ㄐˊㄩㄛ·、ㄐˊㄛ·二音，如一軸畫。
紙	ㄆㄚ	ㄆㄤ	讀音爲ㄆㄚ，俗音呼ㄆㄤ，如言一紙鬚頭。
排	ㄅˊㄚ	ㄅˊㄧ	讀音、俗音皆爲ㄅˊㄚ，惟俗音有時呼作ㄅˊㄧ，如言一排椅子。
根	ㄍㄥ	ㄍㄨㄤ	讀音、俗音皆爲ㄍㄥ，惟俗音有時呼作ㄍㄨㄤ，如言一根凳、一根魚。
枚	ㄇㄟ	ㄇㄚ·	讀音、俗音皆爲ㄇㄟ，惟俗音言一枚指頭時則呼作ㄇㄚ·音。
段	ㄉˊ干	ㄊ干	讀音、俗音皆爲ㄉˊ干，惟俗音言一段路時則呼作ㄊ干音。
堵	ㄉㄨ	ㄉˊㄨ	讀音爲ㄉㄨ，俗音爲ㄉˊㄨ，如言一堵牆。
踹	ㄘㄧㄤ	ㄊ丄	讀音爲ㄘㄧㄤ〔一〕，俗音爲ㄊ丄，如言走一踹。

〔一〕ㄧㄤ：原誤作「ㄤㄧ」。

續表

詞	音		訓釋
	讀音	變音	
張	ㄗㄧㄤ	ㄗˊㄧㄤ	讀音、俗音皆爲ㄗㄧㄤ，惟俗音作數量用時則呼作ㄗˊㄧㄤ，如言一張牀、一張紙。
埭	ㄉˊㄞ	ㄉˊㄚ	讀音爲ㄉˊㄞ，俗音爲ㄉˊㄚ，如言一埭路。
疊	ㄉˊㄧㄝ. ㄉˊㄧㄚ.	ㄉㄚ.	讀音、俗音皆有ㄉˊㄧㄝ.、ㄉˊㄧㄚ.二音，惟俗音言一疊紙時則音變作ㄉㄚ.。
社	ㄙˊㄝ	ㄙˊㄛ ㄗˊㄛ	讀音、俗音皆有ㄙˊㄝ、ㄙˊㄛ二音，惟俗音賽會言一社會時則音變作ㄗˊㄛ。
齣	ㄘㄚ.	ㄘㄩ.	讀音爲ㄘㄚ.，俗音呼ㄘㄩ.，如言一齣戲。
夾	ㄐㄧㄚ.	ㄍㄚ. ㄍˊㄚ.	讀音爲ㄐㄧㄚ.或ㄍㄚ.[一]，俗音皆呼ㄍㄚ.，惟言一夾草時則仍呼作夾音，而脅下挾物稱夾時則又轉呼ㄍˊㄚ.音。
剮	ㄍㄨㄛ	ㄍㄛ	讀音、俗音皆爲ㄍㄨㄛ，惟俗音作數量用時則呼作ㄍㄛ，如言一剮西瓜[二]。
元	ㄫㄩ千	ㄒˊㄩ千	讀音、俗音皆有ㄫㄩ千、ㄒˊㄩ千二音，貨幣稱若干元時亦同，惟俗音稱元色借爲玄時則必呼ㄒˊㄩ千。
炷	ㄗㄩ	ㄗˊㄩ	讀音、俗音皆爲ㄗㄩ，惟俗音言一炷香時則呼作ㄗˊㄩ音。

〔一〕上「ㄚ.」原誤作「ㄚ」。

〔二〕言：原誤作「音」。

續表

詞	音		訓釋
	讀音	變音	
我	兀禾	兀ㄛ ㄚ	讀音爲兀禾，俗音呼兀ㄛ，惟言我等曰我類時我字之音又變作ㄚ，亦書作阿拉。
你	广ㄧ ㄋㄧ	兀	讀音爲广ㄧ或ㄋㄧ，俗音呼兀。
渠	ㄐˊㄩ	ㄐˊㄧ	讀音爲ㄐˊㄩ，俗音爲ㄐˊㄧ，字亦作其。
類	ㄌㄟ	ㄌㄚ	讀音、俗音皆爲ㄌㄟ，惟俗音稱我等曰我類、汝等曰你類時則音變作ㄌㄚ，字亦作拉。
自	ㄙˊ	ㄙˊㄧ	讀音、俗音皆爲ㄙˊ，惟俗音稱自己曰自家時則音變作ㄙˊㄧ。
孰	ㄙˊㄛ	ㄙˊㄝ ㄙˊㄩ	讀音、俗音皆爲ㄙˊㄛ或ㄙˊㄝ，惟俗音稱誰曰孰儂時則呼ㄙˊㄩ音。
當	ㄉ丄	ㄉˊ丄	讀音、俗音皆爲ㄉ丄，惟俗音稱此處曰當頭時則呼作ㄉˊ丄。
該	ㄍㄞ	ㄍㄝ	讀音、俗音皆爲ㄍㄞ，惟俗音稱彼處曰該頭時則呼作ㄍㄝ。
右名物詞類。			
二	ㄦ	ˋㄦ 广ㄧ ㄌㄧㄤ	讀音爲ㄦ，亦有讀ˋㄦ者；俗音呼广ㄧ〔一〕，今亦呼ㄌㄧㄤ，本當作兩。

〔一〕ㄧ：原脫。

續表

詞	音		訓釋
	讀音	變音	
五	ㄪㄨ	ㄨ ㄫㄨ ㄫ	讀音爲ㄪㄨ或ㄨ或ㄫㄨ，俗音呼ㄫ。
六	ㄌㄛ˙	ㄌㄚ˙ ㄌ廾	讀音爲ㄌㄛ˙，俗音通常亦皆爲ㄌㄛ˙〔一〕，惟稱望日前後曰十五六時則呼作ㄌ廾，又言紛亂曰雜七夾六時則呼作ㄌㄚ˙。
廿	ㄙˊㄩ˙	ㄬㄧㄢ	讀音本爲ㄙˊㄩ˙，則今與俗音同，亦呼作ㄬㄧㄢ矣。
百	ㄅㄚ˙	ㄅㄧ	讀音、俗音皆爲ㄅㄚ˙〔二〕，惟俗音言百發百中時則呼作ㄅㄧ˙。
萬	ㄪㄢ	ㄇㄢ	讀音、俗音皆爲ㄪㄢ，惟俗音亦有呼作ㄇㄢ者。
億	ㄧ˙	ㄧ	讀音爲ㄧ˙；俗音本亦呼ㄧ˙；今則多呼作ㄧ。
大	ㄉˊㄚ	ㄉˊ禾 ㄉˊㄛ˙ ㄉˊㄛ	讀音爲ㄉˊㄚ，俗音多呼ㄉˊ禾，惟有時亦有作ㄉˊㄚ音者，如言大家庭；而稱大衆曰大家時則呼作ㄉˊㄛ˙；又大大二字連言則上一大字呼作ㄉˊㄛ˙音，如言大大人。
太	ㄊㄞ	ㄊㄚ ㄊㄚ˙ ㄊ禾 ㄊㄠ	讀音爲ㄊㄞ，亦有爲ㄊㄚ者；俗音稱太公、太太等時呼作ㄊㄚ，稱太高、太低等時則呼作ㄊ禾或ㄊㄚ˙，稱老太婆時太音或變作ㄊㄠ。
少	ㄙㄧㄠ	ㄙㄠ	讀音、俗音皆爲ㄙㄧㄠ，惟近慈谿等鄉亦有呼作ㄙㄠ者。

〔一〕ㄛ˙：原誤作「ㄛ」。

〔二〕ㄚ˙：原誤作「ㄚ」。

續表

詞	音		訓釋
	讀音	變音	
完	ㄏˊㄨク	ㄒˊㄩ干	讀音、俗音皆多爲ㄏˊㄨク，惟亦有作ㄒˊㄩ干音者。
全	ㄗˊㄩ干	ㄙˊㄩ干　ㄗˊㄢ　ㄙˊㄧㄫ	讀音、俗音皆爲ㄗˊㄩ干，惟俗音亦有呼作ㄙˊㄩ干或ㄗˊㄢ或ㄙˊㄧㄫ者。
滿	ㄇㄨク	ㄇㄢ　ˎㄇㄢ　ㄇㄤ	讀音、俗音皆爲ㄇㄨク〔一〕，惟有時亦爲ㄇㄢ；俗音稱甚好曰滿好時則有呼作ˎㄇㄢ者，而稱石榴曰金滿時則呼ㄇㄤ音。
半	ㄅㄨク	ㄅㄢ	讀音、俗音皆爲ㄅㄨク，惟亦有呼ㄅㄢ者。
微	ㄪㄧ	ㄇㄧ　ˎㄇㄧ	讀音、俗音皆爲ㄪㄧ，惟俗音稱極小曰微微小時有呼作ㄇㄧ或ˎㄇㄧ者。
左	ㄗ禾	ㄗㄧㄚ	讀音、俗音皆多爲ㄗ禾，惟俗音稱左方曰左手邊時則左字呼作ㄗㄧㄚ音。
右	ㄒˊㄧㄌ	ㄙˊㄩㄣ	讀音、俗音皆多爲ㄒˊㄧㄌ，惟俗音稱右方曰右手邊時則右字呼作ㄙˊㄩㄣ音。
貴	ㄍㄨㄟ	ㄐㄩ	讀音爲ㄍㄨㄟ，俗音富貴之貴仍爲ㄍㄨㄟ，物價貴賤之貴則呼ㄐㄩ音。
賤	ㄗˊㄧㄫ	ㄙˊㄧㄫ	讀音爲ㄗˊㄧㄫ，俗音爲ㄗˊㄧㄫ或ㄙˊㄧㄫ。
快	ㄎㄨㄞ	ㄎㄨㄚ	讀音爲ㄎㄨㄞ或ㄎㄨㄚ，俗音呼ㄎㄨㄚ。

〔一〕ク：原誤作「干」。

續表

詞	音		訓釋
	讀音	變音	
慢	ㄇㄢ	ˋㄇㄢ	讀音、俗音皆爲ㄇㄢ，惟俗音有時亦呼作ˋㄇㄢ。
寬	ㄎㄨㄑ	ㄎㄩ千	讀音、俗音皆爲ㄎㄨㄑ，惟有時亦有呼作ㄎㄩ千者。
狹	ㄒˊㄧㄚ.	ㄏˊㄚ.	讀音爲ㄒˊㄧㄚ.，或亦爲ㄏˊㄚ.，俗音則呼ㄏˊㄚ.。
歪	ㄨㄞ　ㄏㄨㄞ	ㄏㄨㄚ	讀音本爲ㄨㄞ，亦變爲ㄏㄨㄞ，今多爲ㄏㄨㄚ；俗音則呼ㄏㄨㄚ。
斜	ㄙˊㄧㄚ	ㄗˊㄧㄚ　ㄘㄧㄚ　ㄙˊㄛ	讀音、俗音皆爲ㄙˊㄧㄚ，惟俗音稱綢斜裁時則呼ㄗˊㄧㄚ音，稱傾側曰斜時則呼ㄘㄧㄚ音，言目斜視曰斜時則呼ㄙˊㄛ音，亦作射。
橫	ㄏˊㄨㄥ	ㄏˊㄨㄤ　ㄨㄤ	讀音爲ㄏˊㄨㄥ，然多爲ㄏˊㄨㄤ；俗音則皆呼ㄏˊㄨㄤ，惟稱理曲曰橫理時則呼ㄨㄤ音。
曲	ㄘㄩㄛ.	ㄘㄩ.	讀音、俗音多爲ㄘㄩㄛ.，然亦有爲ㄘㄩ.者。
遐	ㄒˊㄩㄛ　ㄒˊㄧㄚ	ㄏˊㄛ	讀音、俗音多爲ㄒˊㄩㄛ，然亦有爲ㄒˊㄧㄚ或ㄏˊㄛ者。
遼	ㄌㄧㄠ	ㄌㄠ	讀音、俗音皆爲ㄌㄧㄠ，惟俗音稱甚遠曰遼遠時則呼作ㄌㄠ。
和	ㄏˊ禾	禾　ㄏˊㄨ	讀音、俗音爲ㄏˊ禾，惟俗音稱和暖時和音或呼作禾，又稱戲雀牌曰摣和及一種便席曰和菜時則仍從滬音呼作ㄏˊㄨ。
暖	ㄋ千	ㄋ彡	讀音、俗音皆爲ㄋ千，惟俗音有時呼作ㄋ彡。

續表

詞	音		訓釋
	讀音	變音	
冷	ㄌㄥ	ㄌㄤ	讀音爲ㄌㄥ或ㄌㄤ，俗音則皆呼ㄌㄤ。
熱	ㄬㄧ˙	ㄙˊㄩ˙	讀音、俗音皆爲ㄬㄧ˙；然俗音亦有呼ㄙˊㄩ˙者。
熟	ㄙˊㄛ˙	ㄙˊㄩ˙	讀音、俗音皆爲ㄙˊㄛ˙，然俗音亦有呼ㄙˊㄩ˙者。
實	ㄙˊㄩ˙	ㄙˊㄧ˙	讀音、俗音皆爲ㄙˊㄩ˙，惟俗音稱實心時則實字呼作ㄙˊㄧ˙音。
假	ㄐㄩㄛ ㄐㄧㄚ	ㄍㄛ	讀音爲ㄐㄩㄛ，然亦有爲ㄐㄧㄚ或ㄍㄛ者；俗音則皆爲ㄍㄛ。
閒	ㄒˊㄧ亠	ㄏˊㄢ	讀音爲ㄒˊㄧ亠或ㄏˊㄢ，俗音皆爲ㄏˊㄢ。
暇	ㄒˊㄩㄛ ㄒˊㄧㄚ	ㄏˊㄛ	讀音爲ㄒˊㄩㄛ，然亦有爲ㄒˊㄧㄚ或ㄏˊㄛ者；俗音則多爲ㄒˊㄩㄛ。
懈	ㄒˊㄧㄝ	ㄍˊㄚ	讀音爲ㄒˊㄧㄝ，俗音爲ㄒˊㄧㄝ或ㄍˊㄚ。
澀	ㄙㄧ˙	ㄙㄚ˙	讀音、俗音皆爲ㄙㄧ˙，或爲ㄙㄚ˙。
黏	ㄬㄧ亠	ㄬˋㄧ亠	讀音爲ㄬㄧ亠，俗音亦多呼ㄬㄧ亠，然亦有呼ㄬˋㄧ亠者。
盡	ㄗˊㄧㄣ	ㄙˊㄧㄣ	讀音、俗音皆爲ㄗˊㄧㄣ，或亦爲ㄙˊㄧㄣ。
硬	ㄫㄥ	ㄫㄤ	讀音爲ㄫㄥ或ㄫㄤ，俗音皆呼ㄫㄤ。

續表

詞	音		訓釋
	讀音	變音	
柔	ㄐˊㄧㄤ	ㄙˊㄧㄤ	讀音爲ㄐˊㄧㄤ或ㄙˊㄧㄤ，俗音多呼ㄙˊㄧㄤ，然亦有呼ㄐˊㄧㄤ者。
雜	ㄙˊㄚ˙	ㄗˊㄚ˙	讀音、俗音皆爲ㄙˊㄚ˙，然俗音亦有呼ㄗˊㄚ˙，如言雜七夾六。
胖	ㄆㄨㄑ	ㄆㄝ	讀音本爲ㄆㄨㄑ，今多讀作ㄆㄝ，與俗音同。
癟	ㄅˊㄧ˙	ㄅㄧ˙	讀音本爲ㄅˊㄧ˙，今多讀作ㄅㄧ˙，與俗音同。
鉛	ㄒˊㄩㄛ˙	ㄒˊㄧ	讀音本爲ㄒˊㄩㄛ˙，今多讀作ㄒˊㄧ，與俗音同。
唧	ㄗㄧ˙	ㄗㄧ　ㄐˊㄧ　ㄗˊㄧ	唧字讀音本爲ㄗㄧ˙；嘈字讀音本爲ㄗˊㄠ，然俗音唧嘈二字連呼，則隨地方及言語與意義而聲音有種種之變化，如呼ㄗㄧ ㄗㄚ，或呼ㄗㄧ ㄗㄤ，或呼ㄗㄧ ㄗㄛ，或呼ㄐˊㄧ ㄐㄧㄚ，或呼ㄗˊㄧ ㄗˊㄛ，皆屬雙音，詳見俗名形狀詞類表。
嘈	ㄗˊㄠ	ㄗㄚ　ㄗㄤ　ㄗㄛ　ㄐㄧㄚ　ㄗˊㄛ	
嘉	ㄐㄧㄚ　ㄐㄩㄛ	ㄍㄛ	讀音爲ㄐㄩㄛ，或爲ㄍㄛ，然亦有讀作ㄐㄧㄚ者；俗音多呼ㄍㄛ，然亦有呼ㄐㄩㄛ者。
佳	ㄐㄩㄛ　ㄐㄧㄚ	ㄍㄛ	與嘉字同。
儇	ㄒㄩ千	ㄏㄨㄢ	讀音爲ㄒㄩ千，俗音呼ㄏㄨㄢ，如言儇笨。
亨	ㄏㄤ	ㄏㄥ	讀音、俗音皆有ㄏㄤ及ㄏㄥ二音。
懷	ㄏˊㄨㄚ　ㄏˊㄨㄞ	ㄫㄨㄢ　ㄏˊㄨㄢ	讀音、俗音皆爲ㄏˊㄨㄚ或ㄏˊㄨㄞ，然有時亦變作ㄫㄨㄢ及ㄏˊㄨㄢ二音。

續表

詞	音		訓釋
	讀音	變音	
劣	ㄌㄚ˙	ㄌㄧ˙ ㄌㄩ˙	讀音爲ㄌㄚ˙，俗音亦多呼ㄌㄚ˙，然亦有呼作ㄌㄧ˙或ㄌㄩ˙者。
誤	ㄫㄨ	ㄏˊㄨ	讀音、俗音多爲ㄫㄨ，然亦有爲ㄏˊㄨ者。
瑕	ㄒˊㄩㄛ	ㄒˊㄧㄚ	讀音、俗音皆爲ㄒˊㄩㄛ，然讀音亦有爲ㄒˊㄧㄚ者。
亞	ㄩㄛ ㄧㄚ	ㄛ ㄏ禾	讀音爲ㄩㄛ，或亦爲ㄧㄚ；俗音多爲ㄛ，又俗音稱曲背曰亞背則呼作ㄏ禾音。
頑	ㄫㄨㄢ	ㄏˊㄨㄢ	讀音、俗音皆爲ㄫㄨㄢ，或亦爲ㄏˊㄨㄢ。
慳	ㄎㄢ	ㄎㄚ˙	讀音、俗音皆爲ㄎㄢ〔一〕，然俗音言慳嗇或言慳慳嗇嗇時慳字之音亦有隨嗇字之音而變作ㄎㄚ˙。
乖	ㄍㄨㄚ	ㄍㄨㄞ	讀音、俗音皆爲ㄍㄨㄚ或ㄍㄨㄞ。
艱	ㄐㄧㄝ	ㄍㄢ	讀音、俗音皆爲ㄐㄧㄝ，然俗音亦有呼ㄍㄢ者。
雅	ㄩㄛ	ㄧㄚ	讀音、俗音皆爲ㄩㄛ，或亦爲ㄧㄚ。
俗	ㄗˊㄛ˙	ㄙˊㄛ˙	讀音、俗音皆爲ㄗˊㄛ˙，或亦爲ㄙˊㄛ˙。
成	ㄗˊㄧㄣ	ㄙˊㄧㄣ	讀音、俗音皆爲ㄗˊㄧㄣ，或亦爲ㄙˊㄧㄣ。
敗	ㄅˊㄞ	ㄅˊㄚ	讀音、俗音皆爲ㄅˊㄞ，或亦爲ㄅˊㄚ。

〔一〕ㄎ：原誤作「ㄍ」。

續表

詞	音		訓釋
	讀音	變音	
危	ㄫㄨㄟ	ㄏㄨㄟ	讀音、俗音皆爲ㄫㄨㄟ，或亦爲ㄏㄨㄟ。
辱	ㄙˊㄛ˙	ㄙˊㄩ˙	讀音、俗音皆爲ㄙˊㄛ˙，或亦爲ㄙˊㄩ˙。
死	ㄙ	ㄙㄧ	讀音皆爲ㄙ，俗音皆呼ㄙㄧ。
常	ㄗˊㄥ	ㄙˊㄥ	讀音、俗音皆爲ㄗˊㄥ，或亦爲ㄙˊㄥ。
怪	ㄍㄨㄚ	ㄍㄨㄞ	讀音、俗音皆爲ㄍㄨㄚ，或亦爲ㄍㄨㄞ。
省	ㄙㄤ	ㄙㄧㄣ	讀音、俗音皆爲ㄙㄤ，然亦有時亦爲ㄙㄧㄣ，如省察。
奢	ㄙㄛ	ㄙㄝ	讀音、俗音皆爲ㄙㄛ，或亦爲ㄙㄝ。
鬱	ㄩㄛ˙	ㄩ˙	讀音、俗音皆爲ㄩㄛ˙，然亦有爲ㄩ˙者。
娛	ㄫㄨ	ㄋㄨ ㄏˊㄨ ㄬㄩ	讀音爲ㄫㄨ，然亦有爲ㄬㄩ者；俗音亦呼ㄫㄨ，然亦有呼ㄋㄨ及ㄏˊㄨ或ㄬㄩ者。
確	ㄑㄧㄚ˙	ㄎㄛ˙	讀音爲ㄑㄧㄚ˙，俗音呼ㄑㄧㄚ˙或ㄎㄛ˙。
怯	ㄑㄧㄚ˙	ㄑㄧ˙	讀音、俗音爲ㄑㄧㄚ˙，或亦爲ㄑㄧ˙。
赤	ㄘㄧ˙	ㄘㄩ˙	讀音、俗音皆爲ㄘㄧ˙；然俗音言赤腳、赤膊等時則呼作ㄘㄩ˙。
皁	ㄗˊㄠ	ㄙˊㄠ	讀音、俗音皆爲ㄗˊㄠ，或亦爲ㄙˊㄠ。

續表

詞	音		訓釋
	讀音	變音	
絳〔一〕	ㄐㄩㄥ　ㄐㄧㄤ	ㄍㄥ	讀音爲ㄐㄩㄥ，或亦爲ㄐㄧㄤ及ㄍㄥ，俗音皆呼ㄍㄥ。
肜	ㄉˊ廾	ㄉ廾	讀音、俗音皆爲ㄉˊ廾，惟俗音言紅肜肜時則呼作ㄉ廾。
殷	ㄧㄣ	ㄧ亠	讀音皆爲ㄧㄣ，惟紫紅色曰殷青時則作ㄧ亠音。
曖	ㄞ	ㄚ	讀音爲ㄞ，俗音言天氣陰曖時則呼作ㄚ。
簇	ㄘㄛ.	ㄘㄩ.	讀音、俗音皆爲ㄘㄛ.，惟俗音言簇新時或呼作ㄘㄩ.。
臭	ㄒㄧ力	ㄘㄧ力	讀音、俗音皆爲ㄒㄧ力，惟俗音稱氣味惡劣曰臭時則呼作ㄘㄧ力，字亦或作殠。
苦	ㄎㄨ	ㄎ禾	讀音、俗音皆爲ㄎㄨ，然俗音亦有爲ㄎ禾者。
鹹	ㄒˊㄧ亠	ㄏˊㄢ	讀音爲ㄒˊㄧ亠或ㄏˊㄢ音，俗音皆爲ㄏˊㄢ。
咸	ㄒˊㄧ亠	ㄏˊㄢ	與鹹字發音同。
仍	ㄐˊㄧㄣ	ㄒˊㄧㄣ	讀音爲ㄐˊㄧㄣ，俗音爲ㄐˊㄧㄣ或ㄒˊㄧㄣ。
亦	ㄒˊㄧ.	ㄒˊㄧㄝ	讀音爲ㄒˊㄧ.，俗音變作ㄒˊㄧㄝ，字亦改作也。

〔一〕絳：原誤作「綘」。

續表

詞	音		訓釋
	讀音	變音	
又	ㄒ´ㄧㄌ	ㄒ´ㄧ	讀音爲ㄒ´ㄧㄌ，俗音變作ㄒ´ㄧ。
若	ㄙ´ㄜ˙	ㄙ´ㄧㄚ˙	讀音、俗音皆爲ㄙ´ㄜ˙，或皆爲ㄙ´ㄧㄚ˙。
許	ㄒㄩ	ㄙㄩ　ㄏㄟ	讀音、俗音皆爲ㄒㄩ，惟俗音言少許時音變作ㄙㄩ，而言應許時音變作ㄏㄟ。
些	ㄙㄧㄝ	ㄙㄩ˙	讀音爲ㄙㄧㄝ，俗音呼ㄙㄩ˙，如言一些些。
無	ㄪㄨ	ㄇㄨ　ˋㄇㄨ	讀音爲ㄪㄨ，俗音呼ㄇㄨ或ˋㄇㄨ，然亦有呼ㄪㄨ者。
不	ㄅㄚ˙	ㄈㄚ˙	讀音爲ㄅㄚ˙，俗音爲ㄈㄚ˙，然亦有呼ㄅㄚ˙者。
未	ㄪㄧ	ㄇㄧ	讀音爲ㄪㄧ，俗音言未來時呼ㄇㄧ，而言地支午未之未時則仍呼作ㄪㄧ音。
右形狀詞類。			
眨	ㄗㄚ˙	ㄙㄚ˙	讀音爲ㄗㄚ˙，俗音呼ㄙㄚ˙，如言眨眼睛。
瞇	ㄇㄧ	ˋㄇㄧ	讀音爲ㄇㄧ，俗音呼ˋㄇㄧ，如言眼睛瞇攏。
瞠	ㄗ´ㄥ	ㄗ´ㄤ	讀音爲ㄗ´ㄥ，俗音呼ㄗ´ㄤ，如言眼睛瞠開。
望	ㄪㄫ	ㄇㄫ	讀音爲ㄪㄫ，俗音呼ㄇㄫ。
鑑	ㄐㄧ宀	ㄍㄢ	讀音爲ㄐㄧ宀或ㄍㄢ，俗音呼ㄍㄢ。

續表

詞	音		訓釋
	讀音	變音	
聞	万ㄥ	ㄇㄥ	讀音爲万ㄥ，俗音呼ㄇㄥ，如言聽聞，惟聞姓仍呼作万ㄥ。
咬	一ㄠ	兀ㄠ	讀音本爲一ㄠ，然今多爲兀ㄠ；俗音皆呼作兀ㄠ。
啃	ㄙㄚ˙	万ㄥ　ㄍ́ㄥ	讀音本爲ㄙㄚ˙，意義爲口聲，與俗爲以齒刮取骨上餘肉之意不同；俗音呼作万ㄥ或ㄍ́ㄥ。
啜	ㄘㄩ˙	ㄗㄩ˙	讀音啜泣意讀ㄗㄩ˙，嘗味意讀ㄘㄩ˙今俗音嘗味意亦呼ㄗㄩ˙。
講	ㄐ一ㄤ	ㄍ丄	讀音爲ㄍㄤ或ㄐ一ㄤ，俗音皆爲ㄍ丄〔一〕。
念	广一宀	广一ㄢ	讀音爲广一宀，亦有爲广一ㄢ者；俗音多爲广一ㄢ，其作誦讀意者，字亦作唸。
讕	ㄌㄢ	ㄌㄚ	讀音爲ㄌㄢ，俗音呼ㄌㄚ，如言讕錢，字亦作賴。
諫	ㄐ一宀	ㄍ́ㄢ	讀音爲ㄐ一宀，俗音對長上勸告仍呼ㄐ一宀，對平輩或下屬幼輩勸告曰ㄍ́ㄢ。
埋	ㄇㄢ	ㄇㄠ　ㄇㄚ	讀音爲ㄇㄢ，俗音埋葬之埋仍呼ㄇㄢ，稱責人曰埋怨則音變作ㄇㄠ，稱火中煨物時則呼ㄇㄚ。
唾	ㄊ禾	ㄊㄨ　ㄉㄛ	讀音爲ㄊ禾，俗音稱指斥人曰唾罵及口涎曰涎唾時皆呼作ㄊㄨ，其輕侮人曰唾罵時則唾字呼作ㄉㄛ。

〔一〕丄：原誤作「ㄤ」。

續表

詞	音		訓釋
	讀音	變音	
嚇	ㄏㄚ˙　ㄒㄩㄛ	ㄏㄛ	讀音、俗音威嚇之嚇皆爲ㄏㄚˊ˙，而嗾犬噬人曰嚇狗則爲ㄒㄩㄛ，惟俗音有時亦變作ㄏㄛ音，如受驚曰吃嚇。
擤	ㄏㄥ	ㄒㄧㄣ	讀音爲ㄏㄥ，俗音呼ㄒㄧㄣ，如言擤鼻涕。
拎	ㄌㄧㄣ	ˋㄌㄧㄣ	讀音爲ㄌㄧㄣ，俗音呼ˋㄌㄧㄣ〔一〕，如言拎得高。
扛	ㄍ丄	ㄍˊ丄	讀音、俗音皆爲ㄍ丄，俗音有時亦變作ㄍˊ丄。
扱	ㄘㄚ˙	ㄑㄧㄚ˙　ㄙㄚ˙	讀音爲ㄘㄚ˙，俗音稱助人舁物曰扱時呼作ㄑㄧㄚ˙，如言八擡八扱，又稱插衣角於帶曰扱時則呼作ㄙㄚ˙，如言衣裳扱去。
拉	ㄌㄚ˙	ˋㄌㄚ	讀音爲ㄌㄚ˙，俗音有時呼作ㄌㄚ˙，如言袖子拉上，字亦作拸。有時呼作ˋㄌㄚ，如言拉車子。
擺	ㄅㄞ	ㄅㄚ	讀音爲ㄅㄞ或ㄅㄚ，俗音皆呼ㄅㄚ。
撈	ㄌㄠ	ˋㄌㄠ	讀音爲ㄌㄠ，俗音呼ˋㄌㄠ。
捉	ㄗㄛ˙	ㄗㄩ˙	讀音、俗音皆爲ㄗㄛ˙，惟俗音有時呼作ㄗㄩ˙，如言捉帽子。

〔一〕ˋㄌ：原誤作「ㄌˊ」。

續表

詞	音		訓釋
	讀音	變音	
挌	ㄎㄚ˙	ㄎㄛ	讀音本有ㄎㄚ˙及ㄎㄛ二音，俗音有時呼作ㄎㄚ˙，如言挌喉嚨，有時呼作ㄎㄛ，如言挌筷，呼ㄎㄛ音者俗亦逕作捉字。
捏	ㄫㄧ˙	ㄫㄧㄚ˙	讀音爲ㄫㄧ˙，俗音爲ㄫㄧㄚ˙。
摝	ㄌㄛ˙	ˋㄌㄛ˙	讀音爲ㄌㄛ˙，俗音爲ˋㄌㄛ˙，如言摝鈴。
摟	ㄌㄤ	ˋㄌㄤ	讀音爲ㄌㄤ，俗音爲ˋㄌㄤ，如言摟耳朵。
搯	ㄘㄧㄚ˙	ㄘㄚ˙ ㄎㄚ˙	讀音爲ㄘㄧㄚ˙，俗音稱以指甲夾取小物曰搯時則呼ㄘㄚ˙音，如言兩指搯來，稱以指甲壓物曰搯時則呼ㄎㄚ˙音，如言搯蝨。
換	ㄏㄨㄑ	ㄏˊㄨㄑ	讀音爲ㄏㄨㄑ，俗音呼ㄏˊㄨㄑ。
挨	ㄞ	ㄚ	讀音爲ㄞ，俗音呼ㄚ，如言挨次序。
擘	ㄅㄚ˙	ㄆㄚ˙	讀音ㄅㄚ˙，俗音呼ㄆㄚ˙，如言擘蟹股。
搥	ㄗˊㄟ	ㄗˊㄩ	讀音爲ㄗˊㄟ，俗音呼ㄗˊㄩ，如言搥背。
溜	ㄌㄧㄤ	ˋㄌㄧㄤ	讀音爲ㄌㄧㄤ，俗音爲ˋㄌㄧㄤ，如言溜走。
逼	ㄅㄧ˙	ㄅˊㄧ˙	讀音爲ㄅㄧ˙，俗音稱壓迫曰逼時仍呼ㄅㄧ˙，如言硬逼，稱追逐時則呼ㄅˊㄧ˙，如言後背逼來。

續表

詞	音 讀音	音 變音	訓釋
跨	ㄎㄨㄛ	ㄍˊㄛ	讀音爲ㄎㄨㄛ，俗音爲ㄍˊㄛ，如言過頭、跨過。
跺	ㄉㄛ 去禾	ㄊㄛ	讀音本爲去禾，今讀作ㄉㄛ；俗音則呼ㄊㄛ，如言螞蟻跺殺。
跌	ㄉˊㄧ˙	ㄉㄧ˙	讀音本爲ㄉˊㄧ˙；今則讀音、俗音皆呼ㄉㄧ˙。
蹬	ㄅㄚ˙	ㄆㄚ˙	讀音爲ㄅㄚ˙，俗音呼ㄆㄚ˙，如言腳蹬開。
蹂	ㄙˊㄧㄫ	ㄋㄠ	讀音爲ㄙˊㄧㄫ，俗音呼ㄋㄠ，如言腳弗蹂地。
划	ㄏˊㄨㄛ	ㄨㄛ	讀音爲ㄏˊㄨㄛ，俗音呼ㄨㄛ，如言腳划船。
跔	ㄐˊㄩ	ㄍˊㄫ	讀音爲ㄐˊㄩ，俗音呼ㄍˊㄫ，如言頭跔進。
踞	ㄐㄩ	ㄍˊㄨ	讀音爲ㄐㄩ，俗音呼ㄍˊㄨ，如言踞倒去。
跪	ㄍˊㄨㄟ	ㄐˊㄩ	讀音爲ㄍˊㄨㄟ，俗音呼ㄐˊㄩ，如言跪下去。
隨	ㄗˊㄟ	ㄙˊㄟ	讀音爲ㄗˊㄟ，俗音呼ㄗˊㄟ或ㄙˊㄟ，如言隨便。
睡	ㄗˊㄟ	ㄙˊㄟ	與隨字發音同。
盹	ㄗㄩㄣ	ㄘ卄	讀音爲ㄗㄩㄣ，俗音呼ㄘ卄，如言打瞌盹。
傴	ㄩ	ㄫ	讀音爲ㄩ，俗音呼ㄫ，如言傴倒。

續表

詞	音		訓釋
	讀音	變音	
躲	ㄉ禾	ㄉㄛ	讀音爲ㄉ禾，俗音呼ㄉㄛ，然亦有呼ㄉ禾者。
挣	ㄘㄥ	ㄘㄤ　ㄗㄤ	讀音爲ㄘㄥ，俗音呼ㄘㄤ，如言挣弗住，亦呼ㄗㄤ，如言挣家計。
忘	万丄	ㄇ丄	讀音爲万丄，俗音呼ㄇ丄。
怏	ㄧㄤ	丄	讀音爲ㄧㄤ，俗音呼丄，如稱盛怒曰怏煞。
恚	ㄏㄨㄟ	ㄨㄟ	讀音爲ㄏㄨㄟ，俗音呼ㄨㄟ，如言惱羞曰恚惡。
争	ㄗㄥ	ㄗㄤ	讀音爲ㄗㄥ，俗音呼ㄗㄤ，如言争論，惟稱戰争仍讀ㄗㄥ音。
懺	ㄘㄢ	ㄘㄞ	讀音爲ㄘㄢ，俗音亦呼ㄘㄢ，惟有時轉爲ㄘㄞ，如言懺念。
輪	ㄌㄥ	ㄌㄧㄣ	讀音、俗音皆爲ㄌㄥ，惟俗音稱輪流作事曰輪時則呼作ㄌㄧㄣ，如言輪着。
攝	ㄙㄧ	ㄙㄩ	讀音、俗音皆爲ㄙㄧ；惟俗音稱潛行取去曰攝時則呼作ㄙㄩ音，如言鬼攝去。
打	ㄉㄧㄣ	ㄉㄤ　ㄉㄛ	讀音本爲ㄉㄧㄣ，今皆爲ㄉㄤ；俗音通常皆爲ㄉㄤ，惟言打扮或打發時則變爲ㄉㄛ音。
停	ㄉ́ㄧㄣ	ㄉ́ㄥ	讀音爲ㄉ́ㄧㄣ或ㄉ́ㄥ，俗音皆呼ㄉ́ㄥ。
湊	ㄘ几	ㄘㄟ	讀音爲ㄘ几，俗音通常亦爲ㄘ几，如言湊錢買物，惟稱結交曰湊隊時有時轉作ㄘㄟ音。

續表

詞	音		訓釋
	讀音	變音	
敲	ㄑ一ㄠ	ㄎㄠ	讀音爲ㄘ一ㄠ，俗音爲ㄎㄠ。
解	ㄐ一ㄝ	ㄍㄚ	讀音爲ㄐ一ㄝ或ㄍㄚ，俗音皆呼ㄍㄚ，如言解放。
數	ㄙㄨ	ㄙㄩ	讀音、俗音皆爲ㄙㄨ，惟俗音稱數錢物時則呼作ㄙㄩ。
討	ㄊㄠ	ㄊㄚ	讀音、俗音皆爲ㄊㄠ，惟俗音言討饒、討保時則討字變作ㄊㄚ音。
撒	ㄙㄚ˙〔一〕	ㄗㄚ˙　ㄗˊㄚ	讀音爲ㄙㄚ˙，俗音亦呼ㄙㄚ˙，惟有呼ㄗㄚ音，如言撒秧子穀，而稱大小便曰撒汙、撒溲時則又變作ㄗˊㄚ音。
揀	ㄐ一冖	ㄍㄢ	讀音本爲ㄐ一冖，今與俗音同呼作ㄍㄢ。
訪	ㄈ丄	ㄇ丄	讀音爲ㄈ丄，俗音呼ㄇ丄，如言訪朋友、拜訪等。
拜	ㄅㄞ	ㄅㄚ	讀音爲ㄅㄞ，然今多爲ㄅㄚ；俗音皆爲ㄅㄚ。
逢	万卄	ㄆ卄	讀音爲万卄，俗音通常亦多呼万卄，如言遭逢，惟有時轉爲ㄆ卄音，如言朋友逢着、逢運道等。
去	ㄑㄩ	ㄑ一　ㄑ一˙	讀音、俗音皆爲ㄑㄩ，惟俗音多轉爲ㄑ一〔二〕，如言出門去，而作介詞用時則又變作ㄑ一˙音，如言快去讀書。

〔一〕ㄚ˙：似爲「ㄚ˙」之誤。

〔二〕ㄑ一˙：原誤作「一ㄑ」。

續表

詞	音		訓釋
	讀音	變音	
歸	ㄍㄨㄟ	ㄐㄩ	讀音爲ㄍㄨㄟ，俗音多呼ㄐㄩ，如言歸家弗成。
産	ㄘㄞ	ㄙㄢ	讀音、俗音皆爲ㄘㄞ，惟稱婦女生子曰做産時則産字音轉爲ㄙㄢ。
帶	ㄉㄞ	ㄉㄚ	讀音爲ㄉㄞ，今多爲ㄉㄚ，如言帶行李；俗音皆爲ㄉㄚ。
戴	ㄉㄞ	ㄉㄚ	與帶字發音相同，惟俗音戴姓之戴仍呼作ㄉㄞ。
畀	ㄅㄧˊ	ㄅㄚ˙　ㄅㄧ˙	讀音爲ㄅㄧˊ，俗音稱給物與人曰畀時則變作ㄅㄚ˙或ㄅㄧ˙音，如言畀你一件東西，俗大抵書把字或撥字。
給	ㄐㄧ˙	ㄗㄩ˙　ㄍㄧ˙	讀音、俗音皆爲ㄐㄧ˙，惟俗音有時變呼ㄗㄩ˙，如給物與我曰給東西撥我呼ㄗㄩ˙音，又如給你之給亦呼作ㄍㄧ˙。
交	ㄐㄧㄠ	ㄍㄠ	讀音爲ㄐㄧㄠ或ㄍㄠ，俗音皆呼ㄍㄠ。
絞	ㄐㄧㄠ	ㄍㄠ	與交字發音相同。
綴	ㄗㄟ	ㄗㄚ	讀音、俗音皆爲ㄗㄟ，惟俗音稱聯飾物於衣服上時呼ㄗㄚ音，如言綴徽章。
縈	ㄒㄧㄣˊ	ㄧㄣ	讀音爲ㄒㄧㄣˊ，俗音稱纏繩曰縈則呼ㄧㄣ音。
繞	ㄙㄧㄠˊ	ㄫㄧㄠ	讀音爲ㄙㄧㄠˊ，俗音呼ㄫㄧㄠ，如言纏繞。
裁	ㄗㄞˊ	ㄙㄞˊ	讀音爲ㄗㄞˊ或ㄙㄞˊ，俗音呼ㄙㄞˊ。

續表

詞	音		訓釋
	讀音	變音	
縋	ㄗˊㄟ	ㄗˊㄩ	讀音爲ㄗˊㄟ，俗音呼ㄗˊㄩ，如言縋下去。
鑿	ㄗˊㄛ· ㄘㄛ·	ㄙˊㄛ· ㄘㄚ·	讀音爲ㄗˊㄛ·或ㄘㄛ·，俗音呼ㄙˊㄛ·，如言鑿洞，惟稱舂米曰鑿米時則呼作ㄘㄚ·音。
舂	ㄙ廾	ㄙ丄	讀音爲ㄙ廾，俗音呼ㄙ丄，如言舂米。
斫	ㄗㄧㄚ·	ㄗㄛ· ㄗㄩ·	讀音爲ㄗㄧㄚ·，俗音呼ㄗㄧㄚ·或ㄗㄛ·或ㄗㄩ·，如言斫柴。
贖	ㄗˊㄛ·	ㄗㄩ·	讀音爲ㄗˊㄛ·，俗音亦多呼ㄗˊㄛ·，如言贖當頭，惟稱買中藥曰贖藥時則贖字之音變作ㄗㄩ·。
迾	ㄌㄧ·	ㄌㄚ·	讀音爲ㄌㄧ·，俗音呼ㄌㄚ·，如言遮迾，字亦作勒。
搴	ㄐˊㄧ亠	ㄍˊㄧ亠	讀音爲ㄐˊㄧ亠，俗音呼ㄍˊㄧ亠，如稱擊鐃鈸曰搴大鈸。
折	ㄗㄛ·	ㄗㄩ· ㄗㄧ·	讀音、俗音皆爲ㄗㄛ·，或亦爲ㄗㄩ·，惟俗音有時呼ㄗㄧ·，如言折扣、折錢等。
摺	ㄊㄠ	ㄅˊㄠ	讀音爲ㄊㄠ，俗音呼ㄅˊㄠ，如言摺柴株，字亦作掏。
鐲	ㄗˊㄛ·	ㄗㄩ· ㄗㄛ·	讀音爲ㄗˊㄛ·，俗音呼ㄗㄩ·或ㄗㄛ·，如言鐲狗汙。
撣	ㄅˊㄢ	ㄅㄢ	讀音爲ㄅˊㄢ，俗音呼ㄅㄢ，如撣蚊蟲。
斠	ㄐㄧㄚ·	ㄍㄚ·	量米麥時以概劃平升斗曰斠，讀音爲ㄐㄧㄚ·，俗音呼ㄍㄚ·。

續表

詞	音（讀音）	音（變音）	訓釋
墊	ㄉㄧㄢ	ㄉ́ㄧㄢ	凡以他物襯補不足曰墊，讀音爲ㄉㄧㄢ〔一〕，俗音呼ㄉ́ㄧㄢ，如言墊銅錢、墊桌脚等，作名詞用者同。
箍	ㄍㄨ	ㄎㄨ　ㄎ禾	讀音本爲ㄍㄨ，今讀作ㄎㄨ；俗音通常呼ㄎㄨ，惟亦有呼ㄎ禾者，如言箍桶。
垂	ㄗ́ㄟ　ㄙ́ㄟ	ㄗ́ㄩ	讀音、俗音皆爲ㄗ́ㄟ，或亦爲ㄙ́ㄟ，惟俗音有時呼ㄗ́ㄩ，如言垂落、下垂等。
浹	ㄐ́ㄧㄚ	ㄍㄚ	讀音爲ㄐㄧㄚ，俗音亦多呼ㄐㄧㄚ，惟稱水溢出曰浹出時則呼作ㄍㄚ音。
灼	ㄗㄧㄚ	ㄗ́ㄧㄚ	讀音爲ㄗㄧㄚ，俗音呼ㄗ́ㄧㄚ，如言火灼。
炸		ㄗㄜ　ㄙ́ㄚ	炸爲俗字，不見字書。俗音稱爆裂曰爆炸或言轟炸時呼作ㄗㄜ，稱以油炸物曰炸時則呼作ㄙ́ㄚ，如油炸膾。此音字書本作煠音，亦讀ㄙ́ㄚ。
釋	ㄙㄧ	ㄙㄚ	讀音、俗音皆爲ㄙ́ㄧ；惟俗音稱物鎔解曰釋時則呼作ㄙㄚ音。
竄	ㄘㄩ	ㄘㄩ千	竄字讀音本爲ㄘㄩ千，今則多讀作ㄘㄩ音；而俗音則仍呼作ㄘㄩ千，如言狗竄去。

〔一〕ㄉㄧㄢ：原誤作「ㄉ́ㄧㄥ」。

續表

詞	音		訓釋
	讀音	變音	
拂	ㄈㄚ.	ㄈㄨㄚ.	讀音、俗音皆爲ㄈㄚ.，惟俗音有時轉爲ㄈㄨㄚ.音，如稱麈尾曰拂麈。
虧	ㄎㄨㄟ	ㄑㄩ	讀音爲ㄎㄨㄟ，俗音通常亦呼ㄎㄨㄟ，如言虧欠，有時變作ㄑㄩ音〔一〕，如言幸虧得、吃虧等。
教	ㄐㄧㄠ	ㄍㄠ	讀音爲ㄐㄧㄠ，俗音爲ㄍㄠ。
習	ㄙˊㄩ.	ㄗˊㄧ. ㄙˊㄧ.	讀音、俗音皆有ㄙˊㄩ.、ㄗˊㄧ.、ㄙˊㄧ.三音，隨各鄉方音而變。
集	ㄙˊㄩ.	ㄗˊㄧ. ㄙˊㄧ.	與習字發音相同。
覺	ㄐㄩㄛ. ㄐㄧㄚ. ㄐㄧㄠ	ㄐㄩ. ㄍㄛ. ㄍㄠ	覺字音變頗多。如覺悟之覺讀音有ㄐㄩㄛ.、ㄐㄧㄚ.、ㄐㄩ.三音，俗音有ㄐㄩㄛ.、ㄐㄧㄚ.、ㄐㄩ.、ㄍㄛ.四音，隨各鄉方音而轉變；睡覺之覺則讀音爲ㄐㄧㄠ，俗音爲ㄍㄠ。
孝	ㄒㄧㄠ	ㄏㄠ	讀音爲ㄒㄧㄠ，俗音孝順之孝呼ㄒㄧㄠ，而喪服曰孝則呼作ㄏㄠ〔二〕。
染	ㄙˊㄩ干	广ㄧㄢ	讀音爲ㄙˊㄩ干，俗音呼广ㄧㄢ。
降	ㄐㄩㄥ ㄐㄧㄤ	ㄍㄥ ㄏˊㄥ	讀音爲ㄐㄩㄥ，或亦爲ㄐㄧㄤ及ㄍㄥ；俗音呼ㄐㄩㄥ或ㄍㄥ，如言降落，惟降服之降讀音、俗音則皆爲ㄏˊㄥ。

〔一〕ㄑ：原誤作「ㄑˊ」。

〔二〕ㄏ：原誤作「ㄏˊ」。

續表

詞	音		訓釋
	讀音	變音	
加	ㄐㄩㄛ ㄐㄧㄚ	ㄍㄛ	讀音有ㄐㄩㄛ、ㄐㄧㄚ、ㄍㄛ三音，隨各鄉而變；俗音則呼ㄍㄛ。
減	ㄐㄧ宀	ㄍㄢ	讀音爲ㄐㄧ宀，或爲ㄍㄢ；俗音皆呼ㄍㄢ。
嫁	ㄐㄩㄛ ㄐㄧㄚ	ㄍㄛ	讀音爲ㄐㄩㄛ或ㄐㄧㄚ，俗音呼ㄐㄩㄛ或ㄍㄛ。
囑	ㄗㄛ	ㄗㄩ	讀音、俗音各有ㄗㄛ、ㄗㄩ二音。
築	ㄗㄛ	ㄗㄩ	與囑字發音同。
祝	ㄗㄛ	ㄗㄩ ㄉㄛ	與囑字發音同。惟俗音稱祈禱曰祝福時則祝字之音變作ㄉㄛ，福字之音變作ㄏㄨㄛ。
右動作詞類。			
了	ㄌㄧㄠ	ㄌㄚ ㄌㄟ	讀音爲ㄌㄧㄠ，俗音稱明了、完了時亦呼作ㄌㄧㄠ，而爲了二字連言作接續詞用時，如言爲了你，又作接尾語用時，如言講了不算數，皆呼作ㄌㄚ，然作助詞用表示已完者則又呼作ㄌㄟ，如言飯吃過了。
故	ㄍㄨ	ㄍㄨㄚ	故字讀音、俗音皆爲ㄍㄨ，惟俗音故而連言作接續詞用表示所以然者則故字呼作ㄍㄨㄚ。
而	ˋㄦ ㄦ	ㄌㄚ	而字讀音俗音皆爲ㄦ，或亦有爲ˋㄦ者；惟俗音故而連言故字既變作ㄍㄨㄚ，因之而字亦變作ㄌㄚ音矣。

續表

詞	音		訓釋
	讀音	變音	
祇	ㄗ	ㄗ一˙	讀音爲ㄗ，俗音呼ㄗ一˙；如言祇管、祇好，字亦作只。
只	ㄗ	ㄗ一˙ ㄗㄚ˙	讀音爲ㄗ，俗音借作祇字用時呼作ㄗ一˙音，借作隻字用時呼作ㄗㄚ˙音。
寧	ㄬ一ㄣ	ㄋㄥ	讀音、俗音皆爲ㄬ一ㄣ，如寧波、安寧等，惟俗音言寧可、寧使則音變爲ㄋㄥ。
曷	ㄏㄚ˙	ㄏㄨㄚ˙ ㄚ˙	讀音、俗音皆爲ㄏㄚ˙，惟俗音言何不曰曷弗時曷字之音變作ㄏㄨㄚ˙〔一〕，又言何處曰曷里時則變作ㄚ˙。
來	ㄌㄞ	ㄌㄚ˙	讀音、俗音皆爲ㄌㄞ，惟俗音作介詞用時如言安來桌上，又作接尾語用時如言睏來看書，則皆呼作ㄌㄚ˙音。
嗎	ㄇㄛ	ㄇㄚ ㄇㄚ˙	嗎本爲罵之俗字，故讀音爲ㄇㄛ，近人語言借作麼字用，本有ㄇㄛ、ㄇㄚ二音，甬人呼ㄇㄚ，或亦變作ㄇㄚ˙音。
呀	ㄏㄛ ㄫㄛ	一ㄚ ㄒ一ㄚ ㄏㄚ	讀音用作張口意時爲ㄏㄛ，用作重言，如言呀呀學語，則爲ㄫㄛ音。今俗語用作感歎詞，如咿呀、啊呀等，呼作一ㄚ音；又用作感歎助詞，如言天呀、命呀，字亦作吓，則呼作ㄒ一ㄚ音；有時亦呼作ㄏㄚ音，用作疑問助詞，如言是你弗是呀，則變作ㄏㄚ，字亦作啊。

〔一〕ㄚ˙：原誤作「ㄚ」。

續表

詞	音		訓釋
	讀音	變音	
介	ㄐㄧㄝ	ㄐㄧㄚ　ㄍㄚ	讀音有三，爲ㄐㄧㄝ、ㄐㄧㄚ、ㄍㄚ，隨各鄉方音而變；俗音皆呼ㄍㄚ，有如此意，如言介事體，又用作接尾語，如言雪介白。
個	ㄍ禾	ㄍ´禾　ㄍ´ㄛ	讀音、俗音皆爲ㄍ禾，如言個人，惟俗音用作數量名詞，如言一個人，或用作接尾語，如言好個、壞個時，則呼作ㄍ´禾或ㄍ´ㄛ。
的	ㄉㄧ˙	ㄉㄧ	讀音、俗音皆爲ㄉㄧ˙；惟俗音用作接尾語，如言做好的了，則的呼作ㄉㄧ，了呼作ㄉㄟ。
看	ㄎㄧㄫ	ㄎㄞ	讀音、俗音皆爲ㄎㄧㄫ，惟俗音作接尾語，用如言試試看、吃吃看，則呼作ㄎㄞ音。
著	ㄗㄩ　ㄗㄧㄚ˙	ㄗ´ㄛ˙　ㄗㄧㄚ˙	讀音本有ㄗㄩ、ㄗㄧㄚ˙二音，俗音言著作、著書時則呼ㄗㄩ，言著衣、著棋時則呼ㄗㄧㄚ˙，而用作動詞連言著落時，或用作接尾語如言朋友看著、酒食吃著則呼作ㄗ´ㄛ˙音，或亦呼作ㄗ´ㄧㄚ˙音。

右虛助詞類。